3

Forum Geschichte

Nordrhein-Westfalen Gymnasium G 9

Vom Kaiserreich bis zum Ende des Zweiten Weltkrieges

Herausgegeben von
Hans-Joachim Cornelißen

Cornelsen

Forum Geschichte

Band 3 wurde erarbeitet von:
Dr. Moritz Burgmann, Hans-Joachim Cornelißen, Julian Cornelißen, Cordula Gimbel, Thomas Kozianka, Tim Lodemann, Anja Petschulat, Natascha Rupp, Dr. Andrea Schallenberg

Mit Beiträgen von: Dr. Kerstin Arnold, Dagmar Bäuml-Stosiek, Aikko Bonanati, Nicky Born, Susanna Heim-Taubert, Irene Hufschmid, Steffi Jahn, Dr. Sonja Tophofen, Dirk Urbach, Veronika Weidemann, Kai Willig, Dr. Silvia Wimmer, Andreas Zodel

Herausgeber: Hans-Joachim Cornelißen
Beratung: Nicky Born, Katharina Grannemann
Redaktion: Andreas Holy, David Renger
Bildassistenz: Anne-Katrin Dombrowsky
Grafik: Erfurth Kluger Infografik GbR, Berlin; Elisabeth Galas, Bad Breisig
Gestaltung der Icons: Stan Hema, Berlin 2017/2018
Karten: Carlos Borrell Eiköter, Berlin
Technische Umsetzung: SPi Global
Umschlagbild: Blick in das Besucherzentrum des Holocaust-Mahnmals, Berlin, dpa Picture-Alliance/REUTERS

Das Lehrwerk enthält Fremdtexte, die aus didaktischen Gründen gekürzt wurden; sie sind in den Quellenangaben mit * gekennzeichnet. Fremdtexte, die gekürzt und bearbeitet wurden, sind mit ** gekennzeichnet.

www.cornelsen.de

1. Auflage, 1. Druck 2021

Alle Drucke dieser Auflage sind inhaltlich unverändert und können im Unterricht nebeneinander verwendet werden.

Druck: Mohn Media Mohndruck, Gütersloh

ISBN 978-3-06-065627-1 (Schülerbuch)

ISBN 978-3-06-065654-7 (E-Book)

PEFC/04-31-1033

PEFC zertifiziert
Dieses Produkt stammt aus nachhaltig bewirtschafteten Wäldern und kontrollierten Quellen.

www.pefc.de

1 Der erste deutsche Nationalstaat

2 Nationalismus und Imperialismus

3 Der Erste Weltkrieg 1914–1918

4 Die Weimarer Republik

5 Herrschaft und Alltagsleben im Nationalsozialismus

6 Zweiter Weltkrieg und Shoah

Anhang

Umschlag

So arbeitest du erfolgreich mit Forum Geschichte

Hier bekommst du einige Hinweise, damit du dich in diesem Buch gut zurechtfindest: wie die Kapitel aufgebaut sind, was die unterschiedlichen Farben bedeuten oder welche Texte, Materialien und Aufgaben es gibt.

Fragen stellen und sich orientieren

Jedes Kapitel beginnt mit der **Auftaktseite**.
Sie zeigt, worum es in dem Kapitel geht. Mithilfe des Webcodes und des QR-Codes kannst du dir alle Darstellungstexte des Kapitels online anhören.

Auf der **Orientierungsseite** erfährst du mehr: Die Zeitleiste gibt dir den Zeitraum an, mit dem du dich beschäftigen wirst, die Karte zeigt dir den Raum. Der Text und die Bilder führen dich in das Kapitelthema ein.

Ein Thema untersuchen

Auf den **Themenseiten** erklärt dir ein kurzer Text unterhalb der Überschrift, um welches Thema es auf der Doppelseite geht. Der Schulbuchtext (= Darstellungstext), die Abbildungen, die blau unterlegten „Quellentexte" oder Begriffserklärungen helfen dir, ein geschichtliches Thema zu untersuchen. Die Arbeitsaufträge sind vielfältig: Oft kannst du eine Aufgabe auswählen oder du findest Hinweise zu Partner- oder Gruppenarbeit. Der **Wortschatz** auf jeder Themenseite hilft dir beim Verständnis des Darstellungstextes und beim Bearbeiten der Aufgaben. Bei vielen Aufgaben findest du darüber hinaus Formulierungshilfen.

Wortschatz und Techniken zur Texterschließung

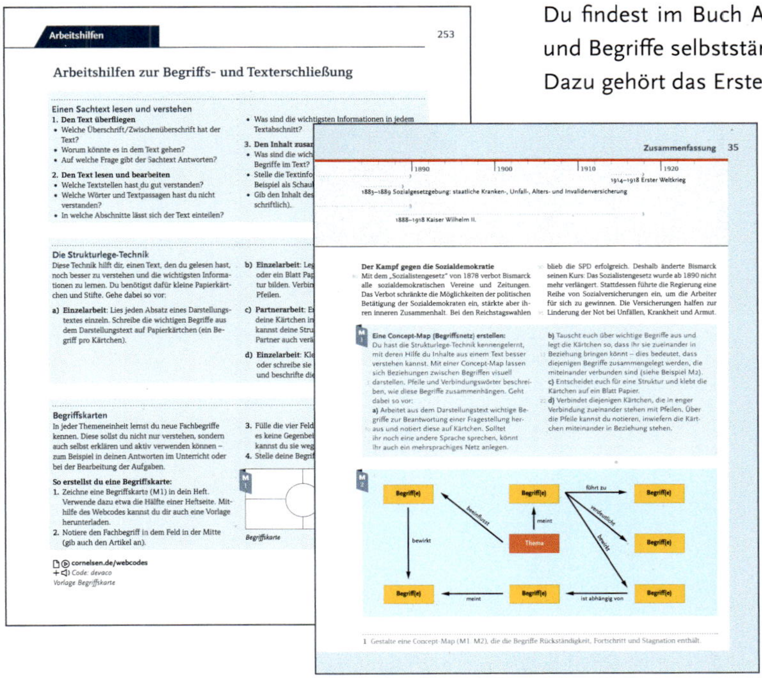

Du findest im Buch Anleitungen, wie du Darstellungstexte und Begriffe selbstständig verstehen und erarbeiten kannst. Dazu gehört das Erstellen einer Concept-Map.

Bereits eingeführte **Arbeitshilfen zur Begriffs- und Texterschließung** (zum Beispiel Strukturlege-Technik und Begriffskarten) findest du im Anhang.

Mit Medien und Methoden arbeiten

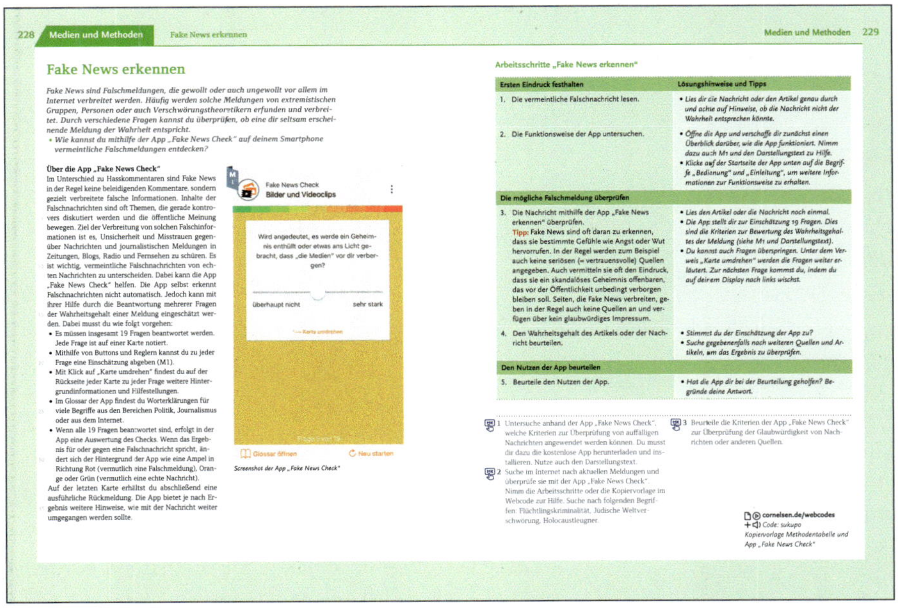

Auf den **Medien- und Methoden-Seiten** lernst du schriftliche Quellen, Bilder oder Karten fachgerecht auszuwerten. Manchmal lernst du auf diesen Seiten auch die Arbeit mit verschiedenen digitalen Angeboten (Apps) kennen. In der grünen Tabelle stehen links die Arbeitsschritte, nach denen du vorgehst. In der rechten Spalte gibt es sprachliche Formulierungshilfen oder Lösungshinweise zu dem Beispiel auf der Seite. Über einen Webcode auf der Seite kannst du dir auch eine Kopiervorlage mit den Arbeitsschritten herunterladen.

Differenzierung: Unterschiedliche Lernwege auswählen

Wähle-aus-Seiten

130 Wähle aus 4 Die Weimarer Republik

Frauen: Emanzipiert und gleichberechtigt?

In der Weimarer Republik konnten sich viele Frauen von den konservativen Geschlechterrollen lösen. Sie genossen mehr Individualität und Freiheit. Viele rauchten auf offener Straße, trieben Sport oder fuhren selbst Auto. Dies war ein völliger Gegensatz zum Kaiserreich, wo Kinder, Küche und Kirche das Leben fast aller Frauen prägte. Auch durften Frauen seit 1919 erstmals wählen. Vielen erschien das als bedeutender Schritt zur Emanzipation der Frauen.
• *Entscheide dich für A, C oder C und untersuche die Frage in der Überschrift.*

Frauen in der Weimarer Republik
Die Weimarer Reichsverfassung garantierte Frauen zum ersten Mal die volle rechtliche Gleichstellung mit den Männern. In den „Goldenen Zwanzigern" gingen Frauen vor allem in den Städten selbstbewusst einer eigenen Arbeit nach. Im Jahr 1925 übten 35,6 % aller Frauen einen Beruf aus. Zum Vergleich: im Jahr 2019 waren in der Bundesrepublik Deutschland 76,6 % aller 20- bis 64-jährigen Frauen erwerbstätig. Frauen arbeiteten in den 1920ern vor allem in neuen Büroberufen als Telefonistin, Buchhalterin oder Schreibkraft. 23 % der Frauen arbeiteten in Industrie und Handel, rund 12,% der erwerbstätigen Frauen waren Beamtinnen. Etwa jede zehnte erwerbstätige Frau war in der Landwirtschaft tätig. Fast die Hälfte aller erwerbstätigen Frauen arbeitete weiterhin als Haushaltshilfe. Durch ihren Beruf konnten Frauen – in der Regel aber nur in den Städten - unabhängig von einem Mann den eigenen Lebensunterhalt bestreiten, sie verdienten dennoch deutlich weniger als ihre männlichen Kollegen. Funktionen in Verwaltung und Staatsapparat übernahmen Frauen kaum, denn dort waren fast nur Männer beschäftigt – und auch in den politischen Parteien hatten Männer weiterhin das Sagen. Auf dem Land veränderte sich die Situation der Frauen kaum. Dort hatten sich die traditionellen Geschlechterrollen nicht verändert.

A

M1 **Auszug aus einer Entscheidung des Reichsgerichts (1927):**
Eine ... von einer Stadt beschäftigte Angestellte war infolge ihrer Eheschließung gemäß §626 BGB fristlos gekündigt worden. Das Reichsgericht hat in der Entscheidung vom 17.3.1925 ... die Kündigung gebilligt [= genehmigt]. Für den Arbeitgeber [war] die ununterbrochene Tätigkeit seiner Angestellten und die Bewältigung der den Einzelnen zugewiesenen Aufgaben ... für die Aufrechterhaltung eines ordnungsgemäßen Betriebes [wichtig]. Ein Abgehen von diesem Grundsatz hätte unvermeidliche Störungen der Geschäftsführung, aber auch eine Mehrbelastung der übrigen Angestellten und finanzielle Nachteile im Gefolge, die [der Arbeitgeber nicht auf sich nehmen kann] ... Durch die Verheiratung habe die Angestellte sich in eine Lage versetzt, die sie nach dem sittlichen Zweck der Ehe und dem gewöhnlichen Verlaufe der Natur bei Schwangerschaft und nach der Geburt ganz oder teilweise an der Wahrnehmung ihrer Tätigkeit hindern werde. Auch ohnedies werde ihre Arbeitskraft für die täglich 8–10 Stunden dauernde berufliche Tätigkeit durch die hinzutretende Inanspruchnahme als Ehefrau beeinträchtigt ... Bei der herrschenden Arbeitslosigkeit sei es aber auch angebracht, verheiratete Frauen, die ihre Männer nicht zu unterhalten brauchten, zu entlassen, um für Arbeitslose Platz zu schaffen.
Zit. nach Jens Flemming, Klaus Saul, Peter-Christian Witt (Hg.), Familienleben im Schatten der Krise. Dokumente und Analysen zur Sozialgeschichte der Weimarer Republik, Düsseldorf (Droste Verlag) 1988, S. 158.

1 Untersuche die Entscheidung des Reichsgerichts vor dem Hintergrund der verfassungsmäßig garantierten Gleichberechtigung der Geschlechter (M1, Darstellungstext).

Aufgabe für alle:
a) Nimm zur Frage der Überschrift Stellung.
b) Vergleiche die Stellung der Frauen der Weimarer Republik mit der Stellung der Frauen heute.

Wähle aus 131

B

M2 **Die Journalistin Julia Haungs über Frauen in der Weimarer Republik (2020):**
Raus aus dem engen Korsett und den langen, schweren Kleidern – rein in lockere, kurze Röcke oder gar Hosen! Flache Schuhe! Haare abschneiden und zum Bubikopf frisieren! Abnehmen und eine knabenhafte, sportliche Silhouette präsentieren! Alles an der Mode ist auf Tempo, Bewegung und Mobilität ausgerichtet. Frauen lassen die Muskeln spielen in den 1920er-Jahren. Sie haben erst das Wahlrecht erkämpft und dann ihren Platz im öffentlichen Raum. Selbst wenn der Großteil der Frauen weiterhin konventionellen Lebens- und Familienmodellen folgt ... eröffnen sich Experimentierfelder für neue Lebensentwürfe ...
Gegen Ende der Weimarer Republik werden die neuen Freiräume der Frauen enger, ihre gerade erworbenen Rechte werden beschnitten ... Frauen, die verheiratet sind und deren Mann arbeitet, sollen auf ihren Beruf verzichten. Die Kampagne beginnt Mitte der 20er-Jahre und wird von allen Parteien getragen ...
https://www.swr.de/swr2/wissen/die-neue-frau-der-1920er-traeume-vom-selbstbestimmten-leben-swr2-wissen-2020-10-08-102.html (Stand: 30.11.2020).

M3
Werbepostkarte der Firma AEG für den Staubsauger Vampyr, 1926. Die vornehm gekleidete Dame auf der Postkarte trägt einen sogenannten „Bubikopf".

1 Erläutere, welches Bild die Werbepostkarte M3 von der Frau in der Weimarer Republik zeichnet.
2 Stelle das Selbstverständnis vieler Frauen in der Weimarer Republik dar (M2, Darstellungstext).

C

M4 **Die Historikerin Kirsten Heinsohn über Frauen in der Weimarer Republik (2018):**
Gesellschaftlich war die Auffassung, dass Männer und Frauen „grundsätzlich" verschieden seien, so tief verankert, dass die wenigen Frauenrechtlerinnen und Politiker, die sich für die Gleichberechtigung ohne Einschränkungen einsetzten, kaum Gehör fanden ... Das Familienrecht von 1900, in dem eine patriarchale Familienstruktur [= der Mann bestimmte alle Angelegenheiten der Familie] sowie die Verfügungsmacht des Ehemannes über das Vermögen, die Arbeit und den Körper seiner Frau festgelegt wurde, blieb letztlich unangetastet. Damit fehlte den Frauen aber eine wesentliche Voraussetzung für eine tatsächliche Gleichstellung. Deutlich wurde dies vor allem bei jenen Themen, die traditionell allein von Männern besetzt waren ... Einfacher war es hingegen, Ausnahmegesetze für weibliche verheiratete Beamte zu erhalten ... Die spezifischen Regelungen, die Kündigung von verheirateten Beamtinnen aufgrund von Defiziten [= Fehlbeträgen] in den öffentlichen Haushalten wurden nur sehr zögerlich bis 1929 abgeschafft – um 1932 in der Wirtschaftskrise wieder eingeführt zu werden.
Zit. nach https://www.bpb.de/apuz/268362/grundsaetzlich-gleichberechtigt-die-weimarer-republik-in-frauenhistorischer-perspektive?p=all (Stand: 27.11.2020).

1 Untersuche mithilfe von M4, ob die garantierte Gleichstellung der Frauen mit Männern auch tatsächlich umgesetzt worden ist (Darstellungstext).

Historische Fragen lassen sich auf verschiedene Weise beantworten. Auf den orangefarbenen **Wähle-aus-Seiten** kannst du dich für ein Material entscheiden. Bei einer abschließenden **Aufgabe für alle** könnt ihr trotz unterschiedlicher Lösungswege zu einem gemeinsamen Ergebnis kommen.

3 Wähle eine Aufgabe aus:
a) Beurteile mithilfe dieser Doppelseite, inwiefern die nationalsozialistische Geschlechterpolitik konsequent verfolgt wurde.
b) Beurteile mithilfe dieser Doppelseite, ob Frauen im Nationalsozialismus Chancen zur Verwirklichung eigener (individueller) Interessen hatten.

Auf vielen Seiten siehst du **„Wähle-aus-Aufgaben"**. Wie der Name schon sagt, darfst du hier a, b, oder c auswählen. Die Aufgaben sind unterschiedlich, aber sie beziehen sich auf eine gemeinsame Frage.

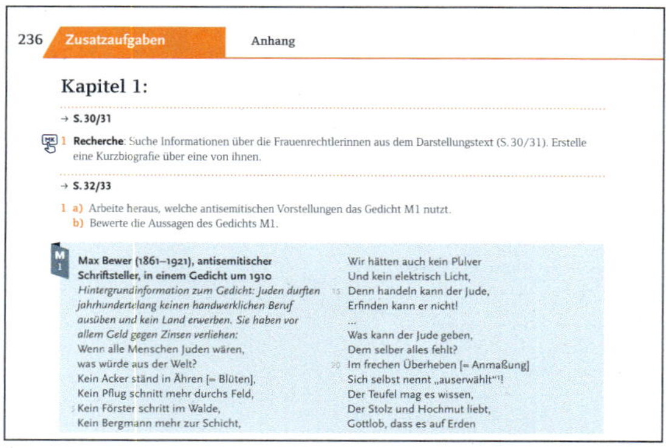
236 Zusatzaufgaben Anhang

Kapitel 1:

→ S. 30/31

1 **Recherche**: Suche Informationen über die Frauenrechtlerinnen aus dem Darstellungstext (S. 30/31). Erstelle eine Kurzbiografie über eine von ihnen.

→ S. 32/33

1 a) Arbeite heraus, welche antisemitischen Vorstellungen das Gedicht M1 nutzt.
b) Bewerte die Aussagen des Gedichts M1.

M1 **Max Bewer (1861–1921), antisemitischer Schriftsteller, in einem Gedicht um 1910**
Hintergrundinformation zum Gedicht: Juden durften jahrhundertelang keinen handwerklichen Beruf ausüben und kein Land erwerben. Sie haben vor allem Geld gegen Zinsen verliehen:
Wenn alle Menschen Juden wären,
was würde aus der Welt?
Kein Acker stand in Ähren [= Blüten],
Kein Pflug schnitt mehr durchs Feld,
Kein Förster schritt im Walde,
Kein Bergmann mehr zur Schicht,
Wir hätten auch kein Pulver
Und kein elektrisch Licht,
Denn handeln kann der Jude,
Erfinden kann er nicht!
...
Was kann der Jude geben,
Dem selber alles fehlt?
Im frechen Überheben [= Anmaßung]
Sich selbst nennt „auserwählt"!
Der Teufel mag es wissen,
Der Stolz und Hochmut liebt,
Gottlob, dass es auf Erden

Wenn du schneller bist als die anderen und dich für weitere Aspekte eines Themas interessierst, findest du **Zusatzaufgaben** im Anhang. Du kannst sie entweder mit den Informationen der Doppelseite oder mit anderen Materialien lösen.

4 Stelle dar, wie die Autoren von M4 und M5 den Erwerb von Kolonien begründen. **Tipp** → S. 241.

Bei manchen Aufgaben findest du **Tipps** zur Lösung im Anhang des Schülerbuchs. Nutze sie, wenn du möchtest.

Medienkompetenz: Digital arbeiten

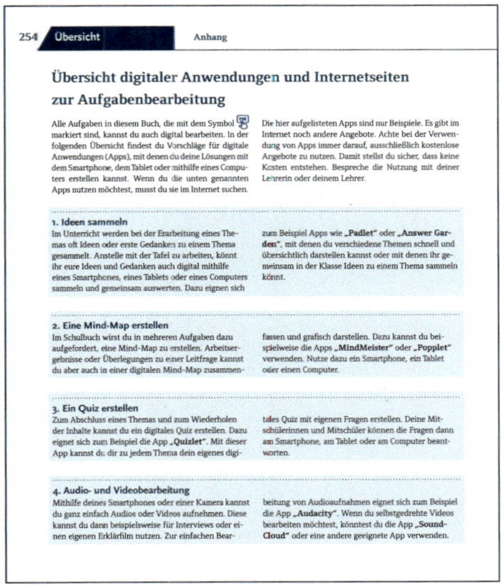
254 Übersicht Anhang

Übersicht digitaler Anwendungen und Internetseiten zur Aufgabenbearbeitung

Alle Aufgaben in diesem Buch, die mit dem Symbol MK markiert sind, kannst du auch digital bearbeiten. In der folgenden Übersicht findest du Vorschläge für digitale Anwendungen (Apps), mit denen du deine Lösungen mit dem Smartphone, dem Tablet oder mithilfe eines Computers erstellen kannst. Wenn du die unten genannten Apps nutzen möchtest, musst du sie im Internet suchen. Die hier aufgelisteten Apps sind nur Beispiele. Es gibt im Internet noch andere Angebote. Achte bei der Verwendung von Apps immer darauf, ausschließlich kostenlose Angebote zu nutzen. Damit stellst du sicher, dass keine Kosten entstehen. Bespreche die Nutzung mit deiner Lehrerin oder deinem Lehrer.

1. Ideen sammeln
Im Unterricht werden bei der Erarbeitung eines Themas oft Ideen oder erste Gedanken zu einem Thema gesammelt. Anstelle mit der Tafel zu arbeiten, könnt ihr eure Ideen und Gedanken auch digital mithilfe eines Smartphones, eines Tablets oder eines Computers sammeln und gemeinsam auswerten. Dazu eignen sich zum Beispiel Apps wie **„Padlet“** oder **„Answer Garden“**, mit denen du verschiedene Themen schnell und übersichtlich darstellen kannst oder mit denen ihr gemeinsam in der Klasse Ideen zu einem Thema sammeln könnt.

2. Eine Mind-Map erstellen
Im Schulbuch wirst du in mehreren Aufgaben dazu aufgefordert, eine Mind-Map zu erstellen. Arbeitsergebnisse oder Überlegungen zu einer Leitfrage kannst du aber auch in einer digitalen Mind-Map zusammenfassen und grafisch darstellen. Dazu kannst du beispielsweise die Apps **„MindMeister“** oder **„Popplet“** verwenden. Nutze dazu ein Smartphone, ein Tablet oder einen Computer.

3. Ein Quiz erstellen
Zum Abschluss eines Themas und zum Wiederholen der Inhalte kannst du ein digitales Quiz erstellen. Dazu eignet sich zum Beispiel die App **„Quizlet“**. Mit dieser App kannst du dir zu jedem Thema dein eigenes digitales Quiz mit eigenen Fragen erstellen. Deine Mitschülerinnen und Mitschüler können die Fragen dann am Smartphone, am Tablet oder am Computer beantworten.

4. Audio- und Videobearbeitung
Mithilfe deines Smartphones oder einer Kamera kannst du ganz einfach Audios oder Videos aufnehmen. Diese kannst du dann beispielsweise für Interviews oder einen eigenen Erklärfilm nutzen. Zur einfachen Bearbeitung von Audioaufnahmen eignet sich zum Beispiel die App **„Audacity“**. Wenn du selbstgedrehte Videos bearbeiten möchtest, könntest du die App **„SoundCloud“** oder eine andere geeignete App verwenden.

Auf vielen Seiten siehst du Aufgaben, die mit diesem Symbol versehen sind: MK Das „MK“ steht für Medienkompetenz. Diese Aufgaben kannst du in der Regel mithilfe eines Smartphones oder Computers bearbeiten. Durch die Medienkompetenz sollst du den Umgang mit digitalen Medien kennenlernen und trainieren.
Bei Aufgaben, die mit mithilfe der Arbeitsschritte einer Fachmethode zu bearbeiten sind, kannst du dir eine dazugehörige Kopiervorlage über einen Webcode herunterladen.

Das Schülerbuch enthält im Anhang eine Übersicht mit möglichen digitalen Anwendungen, mit denen du einzelne Aufgaben bearbeiten kannst. Dabei kannst du zum Beispiel ein digitales Quiz, eine Mind-Map oder ein eigenes Erklärvideo erstellen.

Wiederholen und die eigenen Kompetenzen prüfen

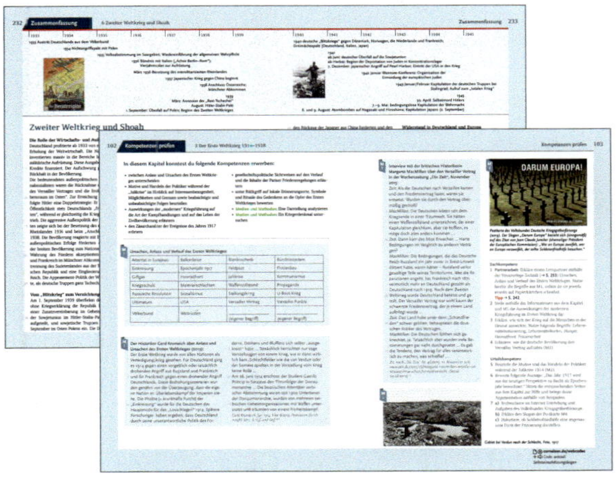

Auf der **Zusammenfassungsseite** fasst ein Text den Inhalt noch einmal zusammen. Die Zeitleiste hilft dir, die wichtigsten Daten zu wiederholen.

Wenn du wissen möchtest, was du im Kapitel gelernt hast, solltest du die Aufgaben auf der Seite **Kompetenzen prüfen** lösen. Lösungshilfen findest du im Anhang. Ein weiteres Hilfsmittel zur Überprüfung der erlernten Kompetenzen eines Kapitels ist ein Selbsteinschätzungsbogen, den du dir über einen Webcode auf der Seite herunterladen und bearbeiten kannst.

Hilfen im Anhang und im Umschlag

Der **Anhang** unterstützt dich bei der Arbeit.
Hier findest du:
- Zusatzaufgaben
- Lösungshinweise zu den Seiten „Kompetenzen prüfen“
- Arbeitshilfen zur Begriffs- und Texterschließung
- ein Lexikon mit Erklärungen schwieriger Begriffe
- ein Register zum schnellen Nachschlagen
- Unterrichtsmethoden
- eine Übersicht digitaler Anwendungen zur Aufgabenbearbeitung

In den **Umschlagklappen** kannst du die „Operatoren“ nachschlagen, die in den Arbeitsaufträgen verwendet werden. Dort findest du auch interessante Karten (Welt, Europa, Exkursionsziele).

18
Rundbahn
407

cornelsen.de/webcodes
Code: vocaca
alle Darstellungstexte zum Anhören

1
Der erste deutsche Nationalstaat

Blick aus der Fahrerkabine einer Straßenbahn auf das Kölner Rheinufer im Jahre 1910. Im Hintergrund ist die gerade eröffnete Eisenbahnbrücke über den Rhein sichtbar.

Das Bild ist Teil einer Computer-Animation, mit der heutige Besucherinnen und Besucher eines Museums eine Reise in einer Straßenbahn ins Köln der Kaiserzeit unternehmen können.

Beschreibe mithilfe dieser Computeranimation, dass im Kaiserreich Ursprüngliches und Fortschrittliches nebeneinander existierten.

Diskutiert, ob es sich bei diesem Bild um eine Quelle oder um eine Darstellung handelt.

Köln im Jahr 1910, Computeranimation

1870 | 1875 | 1880

1871–1873 Gründerjahre: nationale Begeisterung und Wirtschaftsaufschwung

1871–1890 Reichskanzler Bismarck bestimmt den politischen Kurs

1872–1878 „Kulturkampf“ gegen die katholische Kirche

1878–1890 „Sozialistengesetz“: Verbot der politischen Betätigung für die Sozialdemokratie

1871 Gründung des Deutschen Reichs

Der erste deutsche Nationalstaat

Der deutsche Nationalstaat entstand nicht aus einer Revolution, sondern war eine Kriegsgeburt. Der Sieg im Deutsch-Französischen Krieg 1870/71 führte zu großer nationaler Begeisterung im deutschen Kaiserreich. Die französische Kriegsentschädigung von fünf Milliarden Goldmark trug zu einem massiven Wirtschaftsaufschwung bei. Neue Industrien entstanden, sodass Millionen von Menschen vom Land in die Städte zogen, wo sie besser verdienten.
Der Aufbau der Gesellschaft änderte sich dadurch aber kaum. Herkunft, Rang und adlige Vorrechte zählten mehr als Leistung. Der Adel blieb die führende Schicht, obwohl auch Männer aus dem Bürgertum hohe Ämter in Politik und Verwaltung einnehmen konnten. Der wachsende Nationalismus erzeugte im Bürgertum ein neues „Wir-Gefühl“. Im militärischen Bereich führte der aggressive Nationalismus zu verstärkter Aufrüstung. Diese beunruhigte die anderen europäischen Großmächte. Die Politik des autoritär regierten Nationalstaates schloss Menschen aus der deutschen Gesellschaft aus, die eine andere Muttersprache, Kultur und Tradition ins Reich mitbrachten. Reichskanzler Bismarck nutzte die nationalistische Stimmung, um gegen Gruppen vorzugehen, die seiner Politik misstrauten oder sie ablehnten. Die sozialdemokratisch wählende Arbeiterschaft stand in Opposition zu Bismarck.

- Welche Ideen und Einstellungen bestimmten die Politik und das Leben im deutschen Kaiserreich?
- Wie lebten Minderheiten im deutschen Kaiserreich?
- Mit welchen Methoden wurde versucht, den Militarismus und das Nationalbewusstsein zu stärken?
- Wie fortschrittlich war das deutsche Kaiserreich?
- Welche Stellung und welches Selbstverständnis hatten Menschen jüdischen Glaubens im Kaiserreich?

M 1

Das deutsche Kaiserreich entstand aus dem Zusammenschluss von Ländern und Städten zu einem Bundesstaat. Das größte Land Preußen brachte drei Fünftel der Fläche und 60 % der Bevölkerung in den neuen Nationalstaat ein.

1885 | 1890 | 1910 | 1915

1914–1918 Erster Weltkrieg

1888–1918 Kaiser Wilhelm II.

ab 1883 Sozialgesetze: Einführung einer staatlichen Pflichtversicherung gegen Krankheit und Unfall

1890 Entlassung Bismarcks durch Kaiser Wilhelm II.

M 2

„Dienstmädchen" warten in einer Stellenvermittlung, Foto, Berlin 1913. Diese Frauen kamen meist aus ländlichen und armen Verhältnissen. Ihre Arbeitgeber bestimmten über ihre Kleidung und Ausgehzeit. Auch körperliche Strafen waren erlaubt.

M 3

Straßenszene in Berlin, 1914

M 4

Ein erstes Automobil. Zum Start musste der Motor angekurbelt werden. Foto, 1903

1 a) Das deutsche Kaiserreich war ein Bundesstaat. Benenne die drei größten Länder.
b) Die Entstehung eines neuen und militärisch starken Nationalstaats in der Mitte Europas beunruhigte die anderen Großmächte. Stelle dar, welche möglichen Folgen die geografische Lage Deutschlands im Falle eines Krieges hatte.

2 Wähle aus den Bildern M2 bis M4 eines aus. Gestalte dazu Sprech- und Denkblasen, in denen deutlich wird, was die Personen gerade sagen oder denken könnten.

3 Partnerarbeit: Diskutiert mithilfe der Materialien: In welchen Bereichen erschien das deutsche Kaiserreich den Menschen damals vermutlich eher fortschrittlich oder eher rückständig?

1871 – die ersehnte Einheit?

cornelsen.de/webcodes
+ Code: tezena
Film: Deutsche Einigung

Am 18. Januar 1871 wurde während der Endphase des Deutsch-Französischen Krieges mit seinen 180 000 Toten im Schloss von Versailles bei Paris der preußische König zum deutschen Kaiser Wilhelm I. ausgerufen.

- ***Wiederhole die Vorgeschichte der Gründung des deutschen Nationalstaats.***

M 1

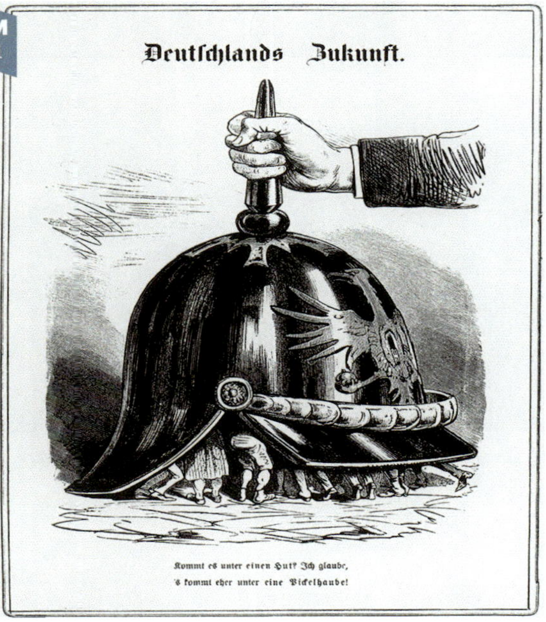

„Deutschlands Zukunft. – Kommt es unter einen Hut? Ich glaube, 's kommt eher unter eine [preußische] Pickelhaube!". Karikatur aus der Satirezeitschrift „Kikeriki", 1870

Das deutsche Nationalbewusstsein

Ab 1801 waren unter Napoleon alle linksrheinischen Gebiete Deutschlands französisch geworden. Das Heilige Römische Reich Deutscher Nation löste sich 1806 auf. In den von Napoleons Truppen besetzten Gebieten entwickelte sich eine wachsende antifranzösische Stimmung und es entstand allmählich ein deutsches Nationalbewusstsein. Viele Bürgerinnen und Bürger erhofften sich nach dem Ende der Herrschaft Napoleons einen einheitlichen Nationalstaat mit Meinungsfreiheit und politischer Selbstbestimmung. Diese Hoffnungen wurden durch die Neuordnung Europas auf dem Wiener Kongress 1815 enttäuscht. Das Ziel der dort tagenden europäischen Fürsten war die Restauration* der politischen Ordnung vor der Französischen Revolution. In Wien wurde kein deutscher Nationalstaat geschaffen, sondern die deutschen Staaten verbündeten sich im Deutschen Bund. Er war ein Staatenbund ohne gemeinsame Verfassung und Regierung. Doch trotz Versammlungsverboten und Pressezensur wurde die nationale und liberale Bewegung stärker.

Die Revolution 1848/49

Auf dem „Hambacher Fest" forderten 1832 rund 30 000 Menschen „Einheit" und „Freiheit". Da die Forderungen nach demokratischen Grundrechten nicht erfüllt wurden, kam es 1848 zur zunächst erfolgreich verlaufenden deutschen Revolution. Im Mai 1848 traf sich das erste frei gewählte Parlament in der Frankfurter Paulskirche. Die Nationalversammlung arbeitete eine Verfassung aus. In langen Debatten einigten sich die Abgeordneten auf die Staatsform der konstitutionellen Monarchie, in der die Macht des Königs oder Kaisers durch eine Verfassung eingeschränkt wird. Der künftige deutsche Nationalstaat sollte keine Gebiete Österreichs umfassen („kleindeutsche Lösung"). Als Farben für die Fahne wurde „Schwarz-Rot-Gold" gewählt, die Farbe der Uniform des Lützowschen Freikorps, das gegen Napoleon kämpfte. Der preußische König Friedrich Wilhelm IV. lehnte es jedoch ab, als „König von Gottes Gnaden" die ihm angebotene Kaiserkrone aus den Händen von Abgeordneten des Parlaments entgegenzunehmen. Die Verfassung mit den erarbeiteten Grundrechten* trat nie in Kraft. Ein deutscher Nationalstaat kam nicht zustande.

Einheitsbewegung von unten

Die Nationalbewegung erhielt in den 1860er Jahren neuen Auftrieb. Die Feiern anlässlich des 100. Geburtstages des Dichters Friedrich Schiller stellten 1859 die gemeinsame Kultur und die Sprache der Deutschen in den Mittelpunkt. In allen deutschen Staaten entstanden zahlreiche Sänger-, Turner- und Schützenvereine als Ausdruck nationalen Zusammengehörigkeitsgefühls. Unter schwarz-rot-goldener Fahne wurden Einheit, Freiheit und Demokratisierung beschworen.

Wortschatz: jemanden zum Kaiser proklamieren (= feierlich verkünden) • ein Nationalstaat • eine gemeinsame Kultur und Sprache • die nationale Einheit herbeiführen • Freiheitsrechte fordern • eine Reichsgründung „von oben" • eine Restauration (= Wiederherstellung früherer gesellschaftlicher oder politischer Verhältnisse)

Reichsgründung „von oben“

Der erste deutsche Nationalstaat entstand ohne die Mitwirkung des Volkes. Er wurde von „oben“ durch den Zusammenschluss der deutschen Fürsten unter der Führung Preußens geschaffen. Dem preußischen Ministerpräsidenten Otto von Bismarck gelang es durch zwei Kriege gegen Dänemark (1864) und Österreich (1866/67), Preußen zur Großmacht in Europa zu machen. Preußen schloss 1867 mit den Staaten nördlich des Flusses Main den „Norddeutschen Bund“.

Der Deutsch-Französische Krieg von 1870/71 entfachte in den deutschen Staaten ein nationales Zusammengehörigkeitsgefühl. Nach dem Sieg in der Schlacht von Sedan in Nordfrankreich am 2. September 1870 belagerte die deutsche Armee Paris. Frankreich verlor den Krieg und die Deutschen annektierten die französischen Provinzen Elsass und Lothringen. Die Reichsgründung und der gewonnene Krieg gegen Frankreich führten 1871 zur nationalen Begeisterung und zu Jubelfeiern. In Frankreich hingegen wuchs der Hass auf die Deutschen und die Franzosen riefen nach Revanche. Das bedeutete Rache für den Verlust der verlorenen Provinzen Elsass und Lothringen, die von Frankreich zurückerobert werden sollten. Die Farben der Flagge des neuen deutschen Nationalstaates waren Schwarz-Weiß-Rot, zusammengesetzt aus den Farben Preußens Weiß-Schwarz und den Farben der Hansestädte* Weiß-Rot.

Otto von Bismarck (1815–1898)

war Gutsbesitzer aus einer adligen preußischen Familie. Seine Erziehung war konservativ* und königstreu. Als Abgeordneter im preußischen Landtag bekämpfte er die Revolution von 1848. Der preußische König Wilhelm I. berief Bismarck 1862 zum Ministerpräsidenten. Mit aggressiver Kriegspolitik und geschickter Diplomatie erreichte er die Gründung des Deutschen Reichs unter preußischer Führung. Als Reichskanzler bestimmte er die Politik des deutschen Kaiserreichs bis 1890.

Wilhelm I. (1797–1888)

Er befürwortete 1848 die blutige Niederschlagung der Revolution durch Soldaten und bekämpfte liberale und demokratische Ideen. Als deutscher Kaiser ernannte er allein den Reichskanzler und konnte als militärischer Oberbefehlshaber ohne Zustimmung des Parlaments Kriege erklären und Frieden schließen. Kaiser und Reichskanzler bestimmten weitgehend allein den Kurs der Innen- und der Außenpolitik.

M 2

Tagebucheintrag der Baronin Spitzemberg über die Stimmung in Berlin, 3. März 1871:

Was für ein Friede für uns Deutsche! Herrlicher und glorreicher als wir je einen geschlossen! Vereint zu einem Reiche, dem größten, mächtigsten, gefürchtetsten in Europa, groß durch seine physische Macht [= durch seine territoriale Größe] nicht allein, größer noch durch seine Bildung und den Geist, der das Volk durchdringt! Jedes deutsche Herz hatte das erhofft, keines geahnt, dass seine Träume sich in dieser Weise, so bald und so herrlich erfüllen werden ... Möge Gott den Geist meines Volkes also lenken, dass seine Entwicklung eine friedliche und zivilisatorische bleibe, sein Reich ein Reich des Lichts, der Freiheit, der wahren, christlichen Gesittung [= Kultur] sei!

*Zit. nach Rudolf Vierhaus (Hg.), Das Tagebuch der Baronin Spitzemberg geb. Freiin v. Varnbüler. Aufzeichnungen aus der Hofgesellschaft des Hohenzollernreiches, Göttingen (Vandenhoeck u. Ruprecht) 1989, S. 121.***

cornelsen.de/webcodes
Code: casawa
Kopiervorlage Methodentabelle

MK 1 Stelle die Ereignisse, die zur Gründung des Deutschen Reichs führten, in einem (digitalen) Zeitstrahl dar (Darstellungstext). Nutze auch den Film im Webcode auf S. 14. **Tipp** → S. 241.

2 Wende die Strukturlege-Technik (→ S. 253) an: Erkläre die Umstände, die die Entstehung einer nationalen deutschen Identität förderten (Darstellungstext). Nutze den **Wortschatz**.

MK 3 **Methode:** Analysiere die Karikatur M1 mithilfe der Arbeitsschritte auf S. 257 oder der Kopiervorlage im Webcode. **Tipp** → S. 241.

4 Beschreibe, wie die Baronin in M2 den Sieg über Frankreich und die Reichsgründung erlebte.

5 Beurteile, ob durch die Reichsgründung der Traum vieler Deutscher von einem liberalen und demokratischen Nationalstaat erfüllt wurde.

Ein Verfassungsschaubild auswerten

Eine Verfassung ist die Zusammenstellung der grundlegenden Gesetze eines Staates. Die Gesetze regeln, wie ein Staat organisiert ist und wie das Zusammenleben der Menschen funktionieren soll. In der Verfassung ist festgelegt, mit welcher Staatsform regiert und wie die Macht zwischen den verschiedenen Staatsorganen verteilt wird.

- ***Untersuche die Verfassung des deutschen Kaiserreichs von 1871.***

Die Verfassung des Deutschen Reichs

Mit der Kaiserproklamation in Versailles im Januar 1871 stimmten die Fürsten der einzelnen deutschen Länder der Nationsbildung zu. In weiteren Beratungen über die künftige Organisation des deutschen Kaiserreichs musste geklärt werden, welche Rechte der deutsche Kaiser haben sollte und auf welche Rechte die Fürsten verzichten mussten. Die Lösung war ein Bundesstaat mit 25 Mitgliedern. Das mit Abstand größte Mitglied war Preußen, das in der Ländervertretung, dem Bundesrat, 17 von 58 Stimmen hatte. Schon 14 Stimmen reichten für ein Veto* gegen Beschlüsse des Bundesrates. Die Außenpolitik, das Militärwesen und die Gesetzgebung für Wirtschaft und Verkehr waren Reichsangelegenheiten, die von Berlin aus bestimmt wurden. Die Fürsten blieben Herrscher in ihren Einzelstaaten, die bestimmte Hoheitsrechte* behielten, wie zum Beispiel in der Länderverwaltung, im Kulturbereich und im Bildungswesen oder bei Post und Eisenbahn. Bei Streitfällen galt das Recht des neuen Kaiserreichs vor dem Recht der Länder.

Der neue Nationalstaat übernahm den Verfassungstext des Norddeutschen Bundes. In der feierlichen Einleitung wurde festgehalten, dass das deutsche Kaiserreich als Zusammenschluss der Fürsten entstand, als „Machtstaat vor der Demokratie", wie der Historiker Thomas Nipperdey urteilte. Denn anders als in der Verfassung von 1848 wurden 1871 die Grundrechte für die Bürgerinnen und Bürger nicht erwähnt. Nur einzelne Landesverfassungen enthielten bürgerliche Grundrechte. Die Verfassung trat am 4. Mai 1871 in Kraft und galt bis zum 9. November 1918. Sie war nach dem Urteil des Historikers Wolfgang J. Mommsen die „Entscheidung für einen militaristischen Obrigkeitsstaat preußischer Prägung statt eines bürgerlichen Parteienstaats".

M 1

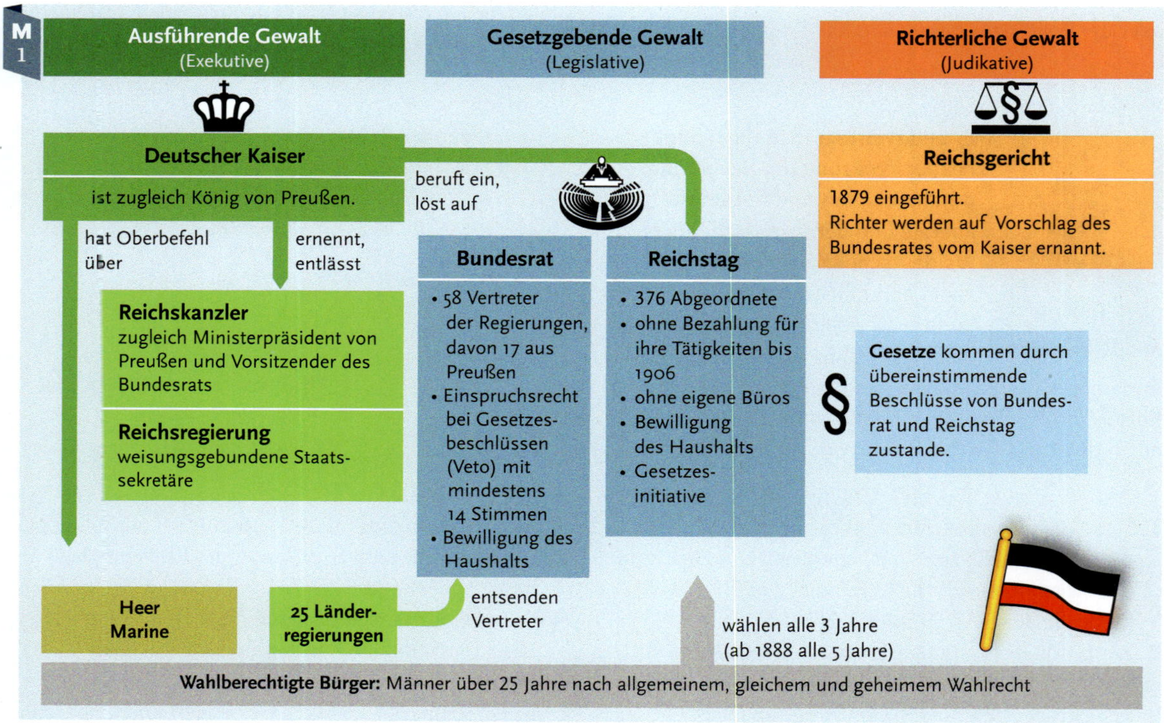

Die Verfassung des deutschen Kaiserreichs vom April 1871. Frauen durften nicht wählen.

cornelsen.de/webcodes
Code: hajune
Hilfen bei der Auswertung zu M1

Arbeitsschritte „Ein Verfassungsschaubild auswerten“

Historische Einordnung	Sprachliche Formulierungshilfen
1. Für welchen Staat galt diese Verfassung? Wann trat sie in Kraft? Wie lange blieb sie gültig? Durch wen wurde die Verfassung ausgearbeitet?	• ... • *Sie trat in Kraft am ... und galt bis ...*
Formalen Aufbau des Schaubilds erfassen	
2. Wie ist das Schaubild zu lesen (von unten nach oben, von links nach rechts)?	• *Es kann aus allen Zugangsweisen gelesen werden, die Aussagen ändern sich dadurch nicht.*
3. Welche Bedeutung haben Farben, Pfeile, Symbole?	• *Grün symbolisiert ..., Blau steht für ..., Orange ...* • *Die Pfeile verdeutlichen, ...* • *Die Waage steht für ...*
4. Welche Fachbegriffe werden verwendet und müssen geklärt werden?	• ...
Den Inhalt des Schaubilds erschließen	
5. Welche Staatsorgane sind dargestellt? Welche Aufgaben haben sie jeweils?	• *Eine herausragende Funktion hat der deutsche Kaiser. Seine besondere Machtposition zeigt sich darin, dass er ... Weitere Staatsorgane sind ...*
6. Wie ist die Macht verteilt? Ist eine Gewaltenteilung mit gegenseitiger Kontrolle erkennbar? Ist eine Machtkonzentration erkennbar?	• *Das Parlament (= der Reichstag) hat nicht das Recht, den Regierungschef (= Reichskanzler) zu wählen oder durch ein Misstrauensvotum zum Rücktritt zu zwingen, denn das darf nur ...*
7. Welche Grundrechte werden der Bevölkerung garantiert?	• *Die Grundrechte sind in der Reichsverfassung nicht festgeschrieben. Sie waren nur in einzelnen ... enthalten.*
8. Wer darf wen wie und für wie lange wählen?	• *Wahlberechtigt sind ... Der Reichstag wird nach ...*
9. Um welche Staatsform handelt es sich?	• *Es handelt sich um eine ... Monarchie, weil ...*
Die Verfassung beurteilen	
10. Erkennt man aus heutiger Sicht „Stärken“ und „Schwächen“ dieser Verfassung?	• *Die Stärken der Verfassung sind ...* • *Die Schwächen der Verfassung sind ...*
11. Welche Fragen bleiben offen? Was ist unklar geblieben?	• ...

MK **1** Werte die Verfassung M1 mithilfe der Arbeitsschritte aus. Du kannst dazu auch die Kopiervorlage im Webcode verwenden. Im Webcode findest du auch weitere Hilfen.

2 a) Der Historiker Eckart Conze urteilte 2020: Das Fehlen der Grundrechte unterstrich eine Vorstellung von Nation, die anders als ein Jahrhundert zuvor in Amerika oder Frankreich nicht als Zusammenschluss von Bürgern mit individuellen Bürgerrechten gedacht wurde, sondern von oben, vom Staat her. Erkläre und bewerte diese Beurteilung aus heutiger Zeit.

b) Stelle Vermutungen an, welchen Zeitgenossen im Jahr 1871 die Verfassung des Kaiserreichs eher fortschrittlich erschien.

cornelsen.de/webcodes
Code: cebobi
Kopiervorlage Methodentabelle

Wie modern war das deutsche Kaiserreich?

Im deutschen Kaiserreich existierten zahlreiche Gegensätze. Einerseits entwickelten sich die Wirtschaft und neue Techniken rasend schnell. Andererseits hielten die politische Führung – vor allem Kaiser und Kanzler – und die Gesellschaft an starren Traditionen fest.

- ***Untersuche, welche Folgen dieser Gegensatz für die Gesellschaft hatte.***

M 1 *Der Berliner U-Bahnhof Friedrichstraße, Farbdruck, 1910. In den europäischen Großstädten wie hier in Berlin fuhren erstmals elektrisch betriebene Untergrund- und Hochbahnen.*

M 2

Ein Festredner bei einer bürgerlichen Hochzeitsgesellschaft im Kaiserreich, Gemälde von J. Spielter, 1902

Technischer Fortschritt und Wirtschaftswachstum

Zwischen 1870 und 1914 entwickelte sich das Deutsche Reich vom Agrar- zum Industriestaat. Die Bevölkerungszahl erhöhte sich in den 20 Jahren vor dem Ausbruch der Ersten Weltkrieges 1914 von rund 50 Millionen auf 67 Millionen Menschen. Die bis dahin ständige Bedrohung durch Hunger und Seuchen verschwand fast vollständig, da neue landwirtschaftliche Techniken und der Kunstdünger die Ernteerträge erhöhten. Frischwasserleitungen und Abwasserkanäle erschwerten die Ausbrüche von Epidemien oder Krankheiten.

Auf vielen Gebieten forderte Deutschland die führende Industriemacht Großbritannien heraus. Großunternehmen mit mehreren zehntausend Beschäftigten entstanden. Vor allem bei der Entwicklung zukunftsträchtiger Technologien in Chemie, Physik und Medizin wurde Deutschland weltweit führend. Zwischen 1901 und 1914 ging jeder dritte Nobelpreis* für Naturwissenschaften an einen Deutschen.

Fortschritt, Stagnation oder Rückschritt?

Trotz der Modernisierung in Technik und Wirtschaft blieb die Gesellschaft im deutschen Kaiserreich konservativ. Sie beharrte auf Traditionen und wurde von Männern bestimmt. Der Adel hatte eine herausragende Stellung. Seine Werte, Vorstellungen und Privilegien bestimmten die öffentliche Meinung. Politische Mitbestimmung war nur in engen Grenzen möglich. Für die meisten Adligen und auch für den Kaiser waren Begriffe wie „Parlamentarismus“ und „Demokratie“ Schimpfwörter. Als Wirtschaft und Industrie stärker wuchsen, veränderte sich allmählich dieses Denken. Nun wurde Leistung wichtiger als Herkunft, Rang und Namen. Unternehmer und Wissenschaftler stiegen gesellschaftlich auf. Die Lage der Arbeiterinnen und Arbeiter war dagegen schlecht. Sie erhielten niedrige Löhne und ihre Arbeitsbedingungen waren hart. In den Industriezentren waren Wohnungen knapp und teuer. Zwischen Wohlhabenden und Arbeitern entwickelte sich ein neuer „Mittelstand“. Dieser war zumeist darauf bedacht, sich von den Arbeitern abzugrenzen.

Durch die Gründung neuer Realgymnasien und Oberrealschulen wurden die Lehrpläne stärker auf Mathematik, Naturwissenschaften und das Erlernen lebender Fremdsprachen ausgerichtet. Erst Ende des 19. Jahrhunderts kam es zur Gründung der ersten „höheren Mädchenschulen“, die bis zum Abitur führten.

M 3

Frauen in einem Fernsprechsaal in Stettin (heute Szczecin in Polen), Foto, 1892. Ein typischer Frauenberuf war die Telefonistin. Beim „Fräulein vom Amt“ wurden die Anrufer über eine Steckverbindung an einer großen Schalttafel mit den gewünschten Angerufenen verbunden. Eine direkte „Durchwahl“ gab es erst viel später.

M 4

Ausgewählte Neuerungen im deutschen Kaiserreich:

- Robert Koch entdeckte das Tuberkulose- und das Choleravirus und konnte nachweisen, dass Mikroorganismen Infektionskrankheiten auslösen. Seine Forschungen führten zur Erfindung zahlreicher lebensrettender Impfstoffe. Diese wurden in vielen Fällen an afrikanischen Menschen in den deutschen Kolonien ohne deren Wissen getestet.
- Wilhelm Conrad Röntgen entdeckte die nach ihm benannten Strahlen, die den Körper „durchsichtig“ machten und Krankheiten erkennen ließen.
- Kraftwerke erzeugten Strom für die Industrie, die neuartige Straßenbeleuchtung und die steigende Zahl der ans Netz angeschlossenen Haushalte.
- Der öffentliche Nahverkehr wurde ausgebaut.
- Große Kaufhäuser boten nach dem Prinzip „großer Umsatz, kleine Gewinnspannen“ Waren aller Art an, darunter erstmals Lebensmittel in Konserven.
- Viele neue Berufe entstanden und auch immer mehr Frauen wurden berufstätig.
- Die Erfindung von Auto und Telefon beschleunigte das Leben im Alltag.
- Benzinmotoren verdrängten die Dampfmaschine.
- Mit der Erfindung des Zeppelins gab es ab 1900 erstmals „Luftschiffe“.

1 a) Arbeite aus dem Darstellungstext sowie M1 bis M4 Beispiele für Veränderung und Beharrung (Stagnation) heraus. Erstelle dazu eine Tabelle. **Tipp** → S. 241.

b) Nenne Neuerungen aus dem deutschen Kaiserreich, die auch heute noch den Alltag erleichtern bzw. beeinflussen (Darstellungstext).

2 Beurteile aus Sicht einer Telefonistin, eines Unternehmers und eines Arztes (du kannst noch weitere Perspektiven wählen), welcher der folgenden Begriffe am besten die Situation im deutschen Kaiserreich beschreibt: Fortschritt, Stagnation oder Rückschritt. Nutze den **Wortschatz**.

3 Viele Menschen wurden von den technischen und gesellschaftlichen Veränderungen verunsichert. Diskutiere mithilfe der Materialien, ob es auch heute Veränderungen gibt, die „Verunsicherung“ in der Gesellschaft auslösen, und was die Ursachen dafür sind.

MK **4 Wähle eine Aufgabe aus:**

a) Recherchiere zu einer ausgewählten Neuerung (M4) im deutschen Kaiserreich und erstelle einen Kurzvortrag (→ S. 251).

b) Recherchiere zu einer ausgewählten Neuerung (M4) im deutschen Kaiserreich und erstelle eine digitale Präsentation (→ S. 255).

Wortschatz: einen Nobelpreis verleihen oder verliehen bekommen • etwas unter Aufsicht stellen • eine Schule besuchen • auf etwas beharren (= an etwas festhalten) • ein Privileg oder Privilegien (= Vorteile) haben • durch etwas verunsichert sein • ein Forschungszentrum • stagnieren (= stillstehen) • eine Stagnation • eine Tradition

Nationalismus und Militarismus

Der Begriff „Nation" entstand in der Zeit der Französischen Revolution. Er bezeichnete eine Gemeinschaft freier Bürger mit den gleichen Rechten. Stand, Herkunft und Religion sollte keine Rolle spielen. Bis zur Gründung des deutschen Kaiserreichs strebten der Nationalismus und der Liberalismus gemeinsam eine demokratische Staatsform für einen deutschen Nationalstaat an. Ab 1871 wurde der deutsche Nationalismus aggressiver, antidemokratisch und in Teilen rechtsradikal.

- ***Wie sehr bestimmten Nationalstolz und militärisches Denken den Alltag?***

M 1

Mädchen und Jungen mit der Reichskriegsflagge der Marine, Postkarte, um 1910

Nationalismus in Deutschland

Das deutsche Kaiserreich wurde später als andere Länder Europas zu einem Nationalstaat. Diesen Rückstand glichen die Deutschen durch besonders starken Nationalstolz aus. So wurde an besonderen Tagen Deutschlands neue Größe mit Militärparaden und Flaggenschmuck gefeiert. Solche Tage waren zum Beispiel der Geburtstag des Kaisers oder der Sieg über Frankreich am 2. September 1870 in der Schlacht von Sedan. Nationale Lieder und Gedichte betonten den Stolz auf die eigene Nation und die Vorrangstellung des Deutschen Reichs gegenüber anderen Ländern. Das neue nationalistische Bewusstsein wurde verbreitet durch kaisertreue Parteien und Verbände, die konservative Presse und die Lehrpläne in den Schulen. Der Nationalismus stärkte das „Wir-Gefühl" der Deutschen. Der Kaiser und das Militär genossen besondere Verehrung. Der aggressive Nationalismus führte aber auch zur Ausgrenzung: Freiheitlich-demokratische Einstellungen galten in der deutschen Öffentlichkeit ab den 1880er Jahren zunehmend als „undeutsch". Die Hetze gegen Sozialdemokraten, nationale Minderheiten und Deutsche jüdischen Glaubens nahm zu.

Militarismus und Obrigkeitsstaat

Von 1888 bis 1918 regierte Kaiser Wilhelm II. das deutsche Kaiserreich. Seine Vorliebe für Uniformen und militärischen Prunk sowie für einen soldatischen Umgangston teilten vor allem Angehörige der bürgerlichen Mittel- und Oberschicht. Als Deutschland in den 1890er Jahren mit dem Bau großer Kriegsschiffe begann, kauften viele Eltern ihren Kindern Matrosenanzüge. Damit wurde die Begeisterung für die neue deutsche Hochseeflotte ausgedrückt. Wer eine Uniform trug, genoss besonderen Respekt. Dabei war es egal, ob es sich um einen Dorfpolizisten oder einen Bahnbeamten in Uniform handelte. Einem Uniformträger musste immer gehorcht werden. Bei Festessen mit dem Kaiser durfte nach den herrschenden Regeln ein Leutnant der Armee näher beim Kaiser sitzen als ein hoher Politiker oder ein Nobelpreisträger. Wer als Offizier in der Armee gedient hatte, konnte daraus zahlreiche Vorteile im zivilen Leben genießen. Uniformen standen für Macht, Männlichkeit und Kaisertreue. Schon kleine Kinder wurden durch eine strenge Erziehung auf ihre Rolle als folgsame Untertanen vorbereitet. Die Bewunderung und die Überbewertung des Soldatentums bezeichnet man als Militarismus.

Das deutsche Kaiserreich war ein Obrigkeitsstaat. Damit wird eine politische Ordnung bezeichnet, bei der ein Herrscher seine Untertanen bevormundet und keine Mitsprache zulässt. Er wird von Beamten und der Armee unterstützt. Freiheiten und Rechte der Bürger sind eingeschränkt. Meistens ordneten sich die Bürgerinnen und Bürger freiwillig der Obrigkeit zum Wohle des Staates unter. Auf Ämtern traten die Bürger gegenüber den Beamten wie Bittsteller auf (S. 13, M3).

Wortschatz: jemanden ausgrenzen • einer Minderheit angehören • eine Uniform tragen (= damit bekleidet sein) • eine Weltanschauung vertreten • sich anderen überlegen fühlen • wie ein Bittsteller auftreten

M 2

Der Pfarrer Ernst Kucharski (1893–1969) erinnerte sich 1952 an nationale Feiern während seiner Kindheit in Ostpreußen:

Wir hörten Eltern und Lehrer mit großer Ehrfurcht[1] vom Kaiserhause reden ... Dass es Menschen geben sollte, die den Kaiser nicht liebten, wollte uns gar nicht in den Sinn. Das mussten doch ganz schlechte und böse Menschen sein. Wir erfuhren auch, wie man diese Menschen nannte: „Sozialdemokraten“. Vor diesen Menschen wurden wir gewarnt. Sie wollten also den Kaiser abschaffen und den Staat umwälzen. Sie waren böse Feinde ... Das mussten alle treuen Vaterlandsfreunde verhindern und dagegen kämpfen. Das geschah ausgiebig bei allen Festen und Gedenktagen. Die Festreden flossen über von Beteuerungen der Liebe zum angestammten Fürstenhause [= gemeint ist die Familie des Kaisers, die Hohenzollern] ... Mit einem dreifachen „Hoch“ auf den geliebten Kaiser endeten diese Ansprachen. War's im Saale, dann erhob sich alles von den Plätzen, die Hände flogen hoch, und feierlich erklang das „Heil dir im Siegerkranz.“[2] Fand die Feier im Freien statt, etwa am Kriegerdenkmal oder bei einer Einweihung, dann wirbelten die blanken Zylinder und die blitzenden Helme in der Luft ... Für uns Kinder waren es Höhepunkte unseres Lebens. Die Begeisterung war wirklich echt. Der Gedanke, es könnte jemals anders gewesen sein oder es könnte in Zukunft anders werden, ist uns überhaupt nicht gekommen.

*Ernst Kucharski, Erinnerungsbuch, S. 60 ff., unveröffentlichtes Manuskript 1950–1966 (Privatbesitz F. Terpitz).***

[1] Respekt; [2] preußisches Volkslied; wurde nach 1871 bei offiziellen Anlässen als „Kaiserhymne“ zur Melodie der britischen Nationalhymne gesungen

M 3

Forderungen Kaiser Wilhelms II. an Vertreter von Schulbehörden und Gymnasien (1890):

Wir müssen als Grundlage für das Gymnasium das Deutsche nehmen; wir sollen nationale junge Deutsche erziehen und nicht junge Griechen und Römer ...

Ebenso möchte ich das Nationale bei uns weiter gefördert sehen in Fragen der Geschichte Geografie und Sage ...

Die statistischen Angaben über die Verbreitung der Schulkrankheiten sind wahrhaft erschreckend. Bedenken Sie, was uns für ein Nachwuchs für die Landesverteidigung erwächst. Ich suche nach Soldaten, wir wollen eine kräftige Generation haben, die auch als geistige Führer und Beamte dem Vaterlande dienen.

*Wilhelm II., Ansprache zur Eröffnung der Schulkonferenz in Berlin am 4. 12. 1890, in: Kaiserreden. Ein Charakterbild des deutschen Kaisers, Leipzig (Weber) 1902, S. 283 ff.**

M 4

„In der preußischen Schule soll jetzt als neues Unterrichtsfach Staatsbürgerkunde eingeführt werden. Es ist wohl selbstverständlich, dass der Unterricht von Schutzleuten (= Polizisten) erteilt wird.“ Karikatur von Thomas Th. Heine aus der Satirezeitschift „Simplicissimus“, 1911

MK 1 **a)** Stelle in einer digitalen Mind-Map (→ S. 252). dar, mit welchen Mitteln im Kaiserreich das Nationalbewusstsein gefördert wurde (Darstellungstext). **Tipp** → S. 241.

b) Erkläre, warum Ausgrenzungen von bestimmten Personengruppen das Zusammengehörigkeitsgefühl der Nation stärkten. Nutze den **Wortschatz**.

2 **Partnerarbeit**: Verteilt die Aufgaben a und b.

a) Untersuche, wie der Verfasser von M2 die Funktion nationaler Feiern im deutschen Kaiserreich darstellt.

b) Stelle dar, wie der Verfasser von M2 die Erziehung im deutschen Kaiserreich beschreibt und welche Haltung er dazu einnimmt.

c) Diskutiert, warum die dargestellten nationalen Feiern und Erziehungsmaßnahmen im deutschen Kaiserreich wichtig waren.

3 **Wähle eine Aufgabe aus:**

a) Beurteile, warum das Motiv der Postkarte M1 im Kaiserreich sehr beliebt war. **Tipp:** → S. 241.

b) Überprüfe die zentrale Aussage der Karikatur M4 mithilfe von M3.

Ein Denkmal interpretieren

Denkmäler als „Nationalstolz in Erz und Stein" wurden im deutschen Kaiserreich in großer Zahl errichtet. Immer wieder gibt es heute Diskussion darüber, ob solche Denkmäler erhalten und gepflegt werden sollen. Denkmäler sind historische Quellen, die zeigen, was zum Zeitpunkt ihrer Errichtung als erinnerungswürdig galt.

- ***Auf dieser Doppelseite untersuchst du das Kaiser-Wilhelm-Denkmal in Porta Westfalica als Beispiel für ein Nationaldenkmal des Kaiserreichs.***

Nationaldenkmäler im deutschen Kaiserreich

Denkmäler waren im deutschen Kaiserreich ein beliebtes Mittel zum Ausdruck des neuen Nationalgefühls. Außerdem rechtfertigten die Denkmäler die Herrschaft der Kaiserfamilie der Hohenzollern im Reich und symbolisierten nach außen Macht und Stärke. Während der Kaiserzeit wurden einige Denkmäler zu Ausflugszielen, an denen Souvenirs gekauft, Ansichtskarten verschickt und Feste gefeiert wurden.

M 2

Das Standbild Kaiser Wilhelm I., Foto, 2020

M 1

Das Kaiser-Wilhelm-Denkmal auf dem Wittekindsberg in 268 Meter Höhe in Porta Westfalica, Foto, 2020. Das Denkmal wurde vom Architekten Bruno Schmitz (1858–1916) geplant und von dem aus Westfalen stammenden Bildhauer Caspar von Zumbusch (1830–1915) umgesetzt. Das Denkmal zeigt Kaiser Wilhelm I. (1797–1888). Die Inschrift zwischen den beiden Treppenaufgängen lautet: „Wilhelm dem Großen / Die Provinz Westfalen" (Westfalen war 1815 preußische Provinz geworden). Im ursprünglichen Entwurf des Architekten sollte sie lauten: „Wilhelm I. dem Gründer des Reiches / Das Westfälische Volk". Das Denkmal ist 88 Meter hoch, das Standbild (M2) ist 7 Meter hoch. Die verwendeten Materialien sind Bronze und Sandstein. Für Wilhelm I. wurden in ganz Deutschland über 400 Denkmäler errichtet.

Arbeitsschritte „Ein Denkmal interpretieren"

Beschreibung	Sprachliche Formulierungshilfen
1. Um welchen Denkmal-Typ handelt es sich (zum Beispiel Krieger-, Sieges- oder Heldendenkmal, Mahnmal) und wo wurde das Denkmal errichtet?	• *Das Kaiser-Wilhelm-Denkmal ist ein Nationaldenkmal zu Ehren ...* **Tipp:** *Informiere dich im Internet über die links genannten Denkmaltypen.*
2. Was sind die Hauptbestandteile?	• *Das Denkmal besteht aus ...*
3. Wie groß ist das Denkmal und aus welchem Material besteht es?	• *Das Denkmal weist eine Höhe/Länge/Breite von ... auf.* • *Das Standbild ist ... hoch.* • *... ist aus ... gefertigt.*
4. Welche Elemente, Symbole, Reliefs*, Allegorien* und Inschriften weist es auf?	• *Das Standbild hält ... / trägt ...* • *Die Inschrift erläutert/besagt ...* • *Im Vordergrund / Im Mittelpunkt sind ... zu sehen/ dargestellt.*
Historische Einordnung	
5. Aus welcher Zeit stammt das Denkmal?	• *Das Denkmal wurde ... errichtet.* • *Der Bau dauerte von ... bis ...*
6. Ist etwas über den Architekten und Bildhauer bekannt?	• *Der Entwurf stammt vom ....*
7. Wie wurde die Einweihung gestaltet?	**Tipp:** *Nimm den Webcode zu Hilfe.*
Deutung der Aussage	
8. Welche Absicht wurde mit der Standortwahl verfolgt?	• *Das Denkmal wurde auf/in ... errichtet und ist von Weitem zu sehen.*
9. Welche Aussageabsichten haben die einzelnen Elemente und Inschriften?	• *... steht für/verkörpert/stellt ... dar/symbolisiert/spielt auf ... an.*
10. Welche Funktion hatte das Denkmal bei seiner Errichtung?	• *Das Denkmal sollte an .... erinnern.*
11. Gab es mit der Zeit einen Wandel in der Wahrnehmung des Denkmals und wie wird es heute beurteilt?	• *Heute gilt das Denkmal als Sinnbild des übersteigerten Nationalismus des 19. Jahrhunderts sowie als touristisches Ausflugsziel.*
12. Gibt es weitere Quellen, die die Auswertung des Denkmals unterstützen?	• *Recherchiere nach weiteren Deutungen im Internet oder in Büchern und vergleiche diese miteinander.*

MK **1** Interpretiere das Kaiser-Wilhelm-Denkmal (M1 und M2) mithilfe der Arbeitsschritte. Du kannst auch die Kopiervorlage und die weiteren Informationen im Webcode nutzen. **Tipp** → S. 241.

MK **2** **a)** Recherchiere im Internet und in Büchern zu einem weiteren Denkmal des Kaiserreichs in deiner Umgebung.
b) Interpretiere es mithilfe der Arbeitsschritte.

3 **Gruppenarbeit:** Erstellt ein Placemat (→ S. 252). Nehmt Stellung, ob weiterhin öffentliche Gelder in die Erhaltung dieser Denkmäler fließen sollen.

4 Führt mithilfe der Arbeitsschritte auf S. 175 eine Exkursion zu einem Nationaldenkmal in eurer Nähe durch.

cornelsen.de/webcodes
Code: cagopu
Kopiervorlage Methodentabelle und Kaiser-Wilhelm-Denkmal

Nationale Minderheiten im Kaiserreich

Das deutsche Kaiserreich verstand sich als Nationalstaat der Deutschen. Aber im Reich lebten Polen, Dänen oder Elsässer, die alle Bürgerinnen und Bürger des deutschen Kaiserreichs waren, deren Muttersprache aber nicht Deutsch war.

- ***Durften die Minderheiten ihre Muttersprache und Kultur pflegen oder gerieten sie unter den Druck der „Germanisierung" (= Eindeutschung)?***

Wer gehörte zur Nation?

Etwa drei Millionen Einwohner des deutschen Kaiserreichs, vor allem in der Provinz Posen (Poznań, heutiges Polen), sprachen Polnisch als Muttersprache. Diese Gebiete waren durch die Teilung Polens im 18. Jahrhundert an Preußen gefallen. Die polnischsprachigen Bewohner waren überwiegend katholisch. In den Behörden und Gerichten durfte aber nur noch deutsch gesprochen werden. Deutsche Nationalisten forderten die Vertreibung der polnischsprachigen Bevölkerung zu Gunsten der Ansiedlung deutscher Bauernfamilien. Als die Reichsregierung das Polnische auf Ladenschildern, in Vereinen, in den Kirchen und im katholischen Religionsunterricht verbot, kam es zu Protesten und Aufständen. Die 15 Abgeordneten der polnischen Minderheit im Reichstag waren machtlos. Katholische Priester wurden verhaftet und zahlreiche Polen nach Russland ausgewiesen. Tausende Polen suchten Arbeit in den Zechen des Ruhrgebiets, wo sie als Arbeitskräfte zu niedrigeren Löhnen gerne von den Zechenleitungen eingestellt wurden. Von den Bergleuten vor Ort wurden die Neuankömmlinge als „Lohndrücker" verachtet. Sie fanden erst allmählich Anerkennung.

Auch in anderen Teilen des Reichs gab es Minderheiten: Im Norden kamen die Dänen der Region Schleswig 1864 zu Preußen. Im Westen des Reichs hatte Frankreich 1871 die Provinzen Elsass und Lothringen an das deutsche Kaiserreich verloren. Nur ein kleiner Teil der 1,6 Millionen Elsässer und Lothringer befürwortete die Annexion. Dort pflegten alle die französische Sprache und Kultur. Die Reichsregierung versuchte, alle Minderheiten zu „germanisieren", also der deutschen Lebensart anzugleichen. Der Gebrauch der Muttersprachen wurde in den Schulen verboten, mit Ausnahme von Französisch in Elsass-Lothringen.

A

M 1

Polnische Sprachgebiete im Deutschen Reich um 1900

M 2

Vertreibung polnischer Landarbeiter 1886, Gemälde von Wojciech Kossak, 1909. Der deutsche Landrat auf dem Pferd sagt: „Geht doch ins Kohlegebiet, da ist Platz für alle. Hier wird germanisiert!"

1 Beschreibe anhand der Karte M1, wo der Anteil der polnischsprachigen Bevölkerung besonders groß war.

2 Der polnische Landarbeiter berichtet am Abend seinen Kindern von den Geschehnissen. Formuliere, was er ihnen erzählen könnte. **Tipp** → S. 241.

B

M 3

„Unsere Fahne – trotz allem". Straßenszene in Straßburg (im Elsass) von 1871, Gemälde von A. Lemercie. Da die Farben der französischen Trikolore nicht getragen werden durften, zeigen sich junge Frauen nebeneinander jeweils in Blau, Weiß und Rot.

1 Beschreibe die Szene in M3 und erkläre das Verhalten der drei Frauen.

2 Stelle Vermutungen an, welche Reaktionen sie damit vor dem Hintergrund der Situation in Elsass-Lothringen bei Passanten auslösen könnten.

C

M 4

Der deutsche Kirchenbeamte Theodor Kaftan über das Verbot der dänischen Sprache:

Was erbitterte[1], war die Beseitigung jeglichen dänischen Sprachunterrichts. Das schädigte ... den in dänischer Sprache erteilten Religionsunterricht ... Aber nicht nur religiöse, auch humane [= menschliche] und wirtschaftliche Interessen wurden ... schwer verletzt. Es ist grausam, die Dinge so zu gestalten, dass das die Heimat verlassende Kind nicht in den Stand gesetzt wurde, einen Brief zu schreiben, den seine Mutter ohne fremde Hilfe lesen konnte ... Wundert man sich wirklich, dass hier Erbitterung Platz griff? ... Eine Staatsgrenze ist nicht eine Chinesische Mauer und erst recht nicht dann, wenn sie da gezogen ist, wo jahrhundertelang freier Verkehr stattgefunden hat. Fäden nicht nur verwandtschaftlicher, sondern auch wirtschaftlicher Interessen verbanden das Hüben und Drüben ...

*Zit. nach Reinhard Wittram, Die Nationalitätenkämpfe in Europa und die Erschütterung des europäischen Staatensystems 1848 bis 1917, Stuttgart (Ernst Klett Verlag) 1969, S. 38.***

[1] *wütend machte*

1 a) Stelle anhand von M4 die Auswirkungen der Sprachpolitik der deutschen Regierung auf die dänische Minderheit dar.

b) Nenne zwei bis drei mögliche Folgen dieser deutschen Politik für das Zugehörigkeitsgefühl der Dänen zum Deutschen Reich.

D

1 Der Historiker und Abgeordnete Heinrich von Treitschke erklärte 1871 im Reichstag zu Elsass-Lothringen: *„Die Aufgabe, diese entfremdeten Stämme deutscher Nation unserem Lande wieder einzufügen, ist so groß und schwer, dass man sie nur erprobten Händen anvertrauen darf. Und wo ist eine politische Kraft im Deutschen Reiche, die die Gabe zu germanisieren erprobt hat wie das alte glorreiche Preußen?"*

a) Analysiere die Haltung Treitschkes gegenüber den Elsässern und Lothringern.

b) Verfasse einen Protestbrief aus der Sicht eines Elsässers oder Lothringers an Treitschke und erkläre, warum er sich von dieser Aussage verletzt fühlt. **Tipp:** → S. 241.

Aufgabe für alle:

a) Beurteile den Umgang mit nationalen Minderheiten im deutschen Kaiserreich.

b) Recherchiere, welche Rechte die Minderheiten in der heutigen Bundesrepublik (Dänen und Sorben) besitzen.

Der Kampf gegen die „Reichsfeinde“

cornelsen.de/webcodes
Code: mowiso
Der „Kulturkampf“

Reichskanzler Bismarck und Kaiser Wilhelm I. wollten zusammen mit führenden konservativen Politikern das Kaiserreich zu einem mächtigen und autoritär regierten Staat ausbauen. Kritik wurde kaum zugelassen. Katholiken und Sozialdemokraten galten nun als „Reichsfeinde“.

- ***Warum kam es zu einem Konflikt zwischen Staat und katholischer Kirche?***
- ***Warum wurden die Sozialdemokraten im Reich bekämpft?***

M 1

„Keeping it down“, Karikatur bezogen auf die Sozialistengesetze, die am 22.10.1878 in Kraft traten. Auf der Box steht: „Der sozialistische Teufel aus dem Karton“, Holzstich aus der englischen Zeitschrift „Punch“, 1878

Maßnahmen gegen die Katholiken

Im Jahr 1871 hatte das Deutsche Reich rund 41 Millionen Einwohner, davon waren 62 % Protestanten und 36 % Katholiken. Im größten Bundesstaat, dem Königreich Preußen, waren etwas mehr als zwei Drittel aller Einwohner Protestanten. Der Kaiser in Berlin war zugleich Oberhaupt der deutschen Protestanten. Im gesamten Reich waren die Protestanten stärker in Ämtern und Ministerien vertreten. In den südlichen Ländern des Reichs wie zum Beispiel in Bayern und auch im Rheinland waren die Katholiken in der Mehrzahl. Das Bekenntnis zur Kirche prägte hier das Alltagsleben: Viele Schulen wurden von der katholischen Kirche geleitet und kontrolliert. Das Wort des katholischen Pfarrers zählte mehr als staatliche Verordnungen. Für die politische Führung im deutschen Kaiserreich war es nicht akzeptabel, dass sich katholische Bürgerinnen und Bürger des Reichs in vielen Lebensfragen lieber vom Papst in Rom als vom Kaiser in Berlin leiten ließen. Der Nationalfeiertag zum Sieg über Frankreich (Sedantag) wurde in katholischen Gegenden als „Satanstag“ verspottet. Als Papst Pius 1870 verkündete, dass er in Glaubensfragen unfehlbar sei, sich also niemals irren könne, kam es zum Konflikt. Durch die Partei „Das Zentrum“ übten die Katholiken über ihre Abgeordneten im Reichstag bedeutenden politischen Einfluss aus. Bei den Wahlen 1871 wurde die Partei zweitstärkste Kraft. Reichskanzler Bismarck veranlasste zahlreiche Veränderungen, die den Einfluss der Katholiken im Deutschen Reich einschränken sollten. Der Konflikt zwischen der Reichsregierung und den Katholiken wird als „Kulturkampf“ bezeichnet. In den 1880er Jahren verbesserte sich das Verhältnis der Regierung zu den Katholiken wieder. Die politische Führung brauchte sie als Verbündete gegen den neuen Feind: die Sozialdemokraten.

Maßnahmen gegen die Sozialdemokraten

Bismarck selbst hielt nichts von den sozialdemokratischen Forderungen nach allgemeinem Wahlrecht für Männer und Frauen oder der Forderung nach besseren Arbeitsbedingungen und mehr Mitbestimmungen der Arbeiterinnen und Arbeiter in den Betrieben und in der Politik. Dagegen waren auch die Unternehmer, die in Kaiser und Kanzler enge Verbündete hatten.

Als 1878 zwei Attentate auf den Kaiser verübt wurden, nahm Bismarck das zum Anlass, gegen die Sozialdemokraten vorzugehen. Die politische Führung erklärte die Sozialdemokraten zu „Reichsfeinden“, obwohl sie mit den Anschlägen nichts zu tun hatten. Nun verbündete sich der Reichskanzler mit der katholischen Zentrumspartei. Diese stimmten im Reichstag für sein Gesetz gegen die Sozialdemokraten. Es sollte deren in den Augen Bismarcks „gemeingefährlichen Bestrebungen“ verhindern. Das „Sozialistengesetz“ von 1878 verbot den Arbeiterinnen und Arbeitern jede politische

Wortschatz: etwas bewahren (= behalten) • eine Person ist unfehlbar (= unbestritten oder unangreifbar) • den Einfluss einschränken • ein Attentat verüben • eine Organisation auflösen • jemanden besänftigen (= beruhigen)

Betätigung. Alle Organisationen der Sozialistischen Arbeiterpartei (SAP), die sich 1890 in Sozialdemokratische Arbeiterpartei (SPD) umbenannte, wurden aufgelöst und Parteiversammlungen untersagt. SPD-Zeitungen waren verboten. Trotz dieser Schwierigkeiten verstanden die Arbeiterinnen und Arbeiter die SPD weiterhin als Partei ihrer „Klasse". 1890 wurde das „Sozialistengesetz" nicht mehr verlängert, weil es das von Bismarck angestrebte Ziel verfehlt hatte.

Stattdessen versuchte Bismarck, die Arbeiterinnen und Arbeiter auf eine andere Weise für den Staat zu gewinnen. Dazu führte die Reichsregierung von 1883 bis 1889 mehrere Sozialgesetze ein. Erstmals in Europa erhielten Arbeiterinnen und Arbeiter eine Kranken- und Unfallversicherung. Später kamen eine Invaliditäts- und Rentenversicherung hinzu. Arbeiter und Unternehmer zahlten unterschiedlich hohe Beitragssätze in die Kassen ein. Dies war die Geburtsstunde des heutigen deutschen Sozialversicherungssystems. Bismarcks Hoffnung, die Arbeiter damit von der Sozialdemokratie abzubringen, erfüllte sich aber nicht.

Gesetze gegen die katholische Kirche:

1871 „Kanzelparagraf": Den Geistlichen im Reich wurde verboten, in ihren Predigten politische Fragen so zu behandeln, dass sie „den öffentlichen Frieden" gefährdeten.

1872 Schulaufsichtsgesetz: Der Staat beaufsichtigte alle Schulen in Preußen.

1873 „Maigesetze": Ausbildung und Anstellung der Geistlichen in Preußen wurden ab sofort staatlich kontrolliert.

1874 Expatriierungsgesetz: Katholische Geistliche konnten zu einem bestimmten Aufenthaltsort gezwungen oder ausgebürgert werden.

1874 Zivilstandsgesetz: Nur noch die neuen Standesämter (und nicht mehr die Pfarrer) durften Urkunden über Geburt, Tod oder Eheschließung ausstellen.

1875 „Brotkorbgesetz": Preußen strich alle finanziellen Zuschüsse für soziale Einrichtungen der Katholiken.

1875 „Klostergesetz": Verbot fast aller Gemeinschaften von katholischen Mönchen und Nonnen in Preußen.

M 2

August Bebel (1840–1913), Führer der Sozialdemokraten im Reichstag, über die Auswirkungen des „Sozialistengesetzes" (1913):

Sobald das Gesetz verkündet und in Kraft getreten war, fielen die Schläge hageldicht. Binnen weniger Tage war die gesamte Parteipresse mit Ausnahme des „Offenbacher Tageblatts" und der „Fränkischen Tagespost" unterdrückt ... Ebenso verfielen der Auflösung die zahlreichen lokalen sozialdemokratischen Arbeitervereine, ... die Bildungs-, Gesang- und Turnvereine ... Durch die Verfolgung äußerst verbittert, zogen sie [die Sozialdemokraten] von Stadt zu Stadt, suchten überall die Parteigenossen auf, die sie mit offenen Armen aufnahmen, und übertrugen jetzt ihren Zorn und ihre Verbitterung auf ihre Gastgeber, die sie zum Zusammenschluss und zum Handel[n] anfeuerten. Dadurch wurde eine Menge örtlicher geheimer Verbindungen geschaffen.

*August Bebel, Aus meinem Leben, bearb. von Ursula Herrmann, Berlin (Dietz) 1983, S. 509 ff.***

1 Erkläre mithilfe des Darstellungstextes, warum im neu entstandenen deutschen Kaiserreich zuerst die Katholiken und dann die Sozialdemokraten als Bedrohung angesehen wurden. Nutze den **Wortschatz**.

2 **a)** Stelle dar, wie der Staat versuchte, den Einfluss der katholischen Kirche zu beschränken (Darstellungstext, Kasten).
b) Beurteile die Auswirkungen, die die Beschränkungen auf die Betroffenen hatten.

3 **Partnerarbeit:** Diskutiert, warum das Schulaufsichtsgesetz und Zivilstandsgesetz bis heute Bestand haben und die anderen Gesetze gegen die katholische Kirche heute nicht mehr existieren.

MK **4** **Methode:** Analysiere M1 mithilfe der Arbeitsschritte „Eine Karikatur analysieren" auf S. 257 oder mithilfe der Kopiervorlage im Webcode.

5 Beschreibe Auswirkungen des Sozialistengesetzes auf Arbeiter und Sozialdemokraten (M2).

6 Beurteile die Wirksamkeit der eingeleiteten Maßnahmen Bismarcks, um die „Reichsfeinde" zu schwächen. **Tipp** → S. 241.

MK **7** **a)** **Recherche:** Informiere dich über die Versicherungen, die unter Bismarck eingeführt wurden.
b) Bewerte (aus heutiger Sicht), inwiefern die damals eingeführten Versicherungen als fortschrittlich angesehen werden können.

cornelsen.de/webcodes
Code: casawa
Kopiervorlage Methodentabelle

Eine Bildquelle mit thinglink interpretieren

Im Geschichtsunterricht habt ihr euch bereits mehrfach mit schriftlichen und bildlichen Quellen auseinandergesetzt. Die Untersuchung und Auswertung von Bildquellen sind ein wichtiger Teil der Arbeit von Historikerinnen und Historikern. Karikaturen gehören zu den Bildquellen. Die digitale Anwendung thinglink hilft dir bei der Interpretation einer Bildquelle.

- *Auf dieser Doppelseite lernst du anhand einer Karikatur zum Kulturkampf, wie du mithilfe von thinglink eine Bildquelle mit digitaler Hilfe interpretieren kannst.*

M1

„Kulturkampf: Zwischen Berlin und Rom“, Karikatur aus der Zeitschrift „Kladderadatsch“, 1875

cornelsen.de/webcodes
Code: nodeyu
Arbeiten mit thinglink

Arbeitsschritte „Eine Bildquelle mit thinglink interpretieren"

Die Bildquelle suchen	**Tipps und sprachliche Formulierungshilfen**
1. Die Bildquelle in thinglink suchen. **Tipp:** *In thinglink werden nur ausgewählte Bilder angeboten. Voraussetzung ist, dass eine Nutzerin oder ein Nutzer ein Bild dort hochgeladen und mit weiteren Informationen versehen hat. Dazu ist eine vorherige Registrierung notwendig.*	• *Öffne die Webseite von thinglink (Webcode auf S. 28) und gib im Suchfenster den Titel der Karikatur ein („Kulturkampf: Zwischen Berlin und Rom").*
2. Die Bildquelle in thinglink öffnen.	• *Klicke auf das entsprechende Bild in den Suchergebnissen. Anschließend öffnet sich eine neue Seite. Achtung: Ein Motiv kann auch mehrmals hochgeladen worden sein. Du hast also oft die Wahl.*
Die Bildquelle mit thinglink analysieren	
3. Verschaffe dir einen Überblick über die Funktionsweise von thinglink.	• *Fahre mit deiner Computermaus über die auf dem Bild liegenden Punkte oder Symbole.*
4. Die Bildquelle beschreiben.	• *Auf der Karikatur mit dem Titel ... sind ... und ... zu erkennen. Beide Personen sitzen ... und spielen ...*
5. Weitere Informationen zur Bildquelle recherchieren.	**Tipp:** *Oft helfen dir die Informationen in den anklickbaren Kreisen in thinglink, manchmal verbergen sich dahinter aber auch Links zu Webseiten. Ab und zu finden sich dort auch weitergehende Fragen, die dir bei der Analyse helfen können. Offene Fragen oder die Bedeutung weiterer unklarer Symbole in der Bildquelle kannst du mithilfe deines Schulbuchs, eines Lexikons oder einer Internetrecherche beantworten.*
Die Bildquelle interpretieren	
6. Die Kernaussage der Bildquelle schriftlich festhalten.	• *Die Hauptaussage des Bildes ist ...*
Die Arbeit mit thinglink bewerten	
7. Den Nutzen der Anwendung thinglink reflektieren und bewerten.	• *Die digitale Anwendung thinglink hat mir bei der Analyse des Bildes geholfen/nicht geholfen, weil ...* • *Besonders gut/schlecht fand ich ...* • *Ich finde die App geeignet/nicht geeignet, weil ...*

MK 1 Analysiere die Karikatur M1 mithilfe der Arbeitsschritte „Eine Karikatur analysieren" auf S. 257. Nutze zur Unterstützung die digitale Anwendung thinglink und die Arbeitsschritte 1 bis 6 auf dieser Seite.

MK 2 **Gruppenarbeit**: Bearbeitet und diskutiert in Kleingruppen mithilfe eines Placemats (→ S. 252) den Arbeitsschritt 7. Sammelt in der Mitte des Placemats Argumente für und gegen die App.

MK 3 Entwickelt Ideen für eine neue App, die Schülerinnen und Schüler im Geschichtsunterricht behilflich sein könnte.

cornelsen.de/webcodes
Code: guyubi
Kopiervorlage Methodentabelle

Welche Rechte forderten Frauen?

Das deutsche Kaiserreich war eine von Männern dominierte Gesellschaft. Die meisten von ihnen waren der Auffassung, Frauen hätten in der Politik und Öffentlichkeit nichts zu suchen. Frauen sollten sich um die Familie und den Haushalt kümmern. In der Ehe durfte nur der Mann über die Verwendung des Geldes und alle die Kinder betreffenden Fragen entscheiden. So legte es das Bürgerliche Gesetzbuch von 1900 fest.

- ***Untersuche das Frauenbild im Kaiserreich und welche Rechte Frauen forderten.***

M 1

Frauen montieren Teile in einer Fabrik. Foto, um 1900

Die rechtliche Stellung und das Rollenbild der Frau

Frauen durften im Kaiserreich nicht wählen und ohne Zustimmung ihres Mannes keinen Beruf ausüben. Frauenvereine kämpften seit Ende des 19. Jahrhunderts immer wieder gegen die Benachteiligungen der Frauen. Sie forderten eine bessere rechtliche Stellung in der Ehe, politische Mitbestimmung und gleiche Bezahlung bei gleicher Arbeit. Kaiser Wilhelm II. (Regierungszeit: 1888–1918) reagierte darauf und erklärte 1910: „Sie sollen lernen, dass die Hauptaufgabe der deutschen Frau nicht auf dem Gebiet des Vereins- und Versammlungsrechts liegt, sondern in der stillen Arbeit im Haus und in der Familie."

Die soziale Wirklichkeit

Ende des 19. Jahrhunderts waren rund 40 % der Frauen aus dem Bürgertum unverheiratet, verwitwet oder geschieden. Viele mussten einer eigenen Arbeit nachgehen, um den Lebensunterhalt zu bestreiten. Angemessene Tätigkeiten waren aber schwer zu finden. Oft bekamen die Frauen nur Stellen als Erzieherin oder Begleiterin für reiche Damen. Erst durch neue Erfindungen entstanden typische „Frauenberufe", wie Sekretärin oder Telefonistin. In Arbeiterfamilien sah es nicht besser aus: Dort herrschte meist Armut. Fast alle Frauen mussten in der Fabrik oder als Dienstmädchen arbeiten. Die Löhne für Frauen waren bei gleicher Arbeit niedriger als für Männer, oft verdienten sie weniger als die Hälfte für die gleiche Arbeit. Viele Frauen konnten nur als schlecht bezahlte Heimarbeiterin tätig sein. Sie mussten nebenbei noch die Kinder und den Haushalt versorgen.

Was erreichten die Frauen?

In Leipzig gründete Louise Otto-Peters 1865 den „Allgemeinen deutschen Frauenverein". Ihr schlossen sich viele Bürgerinnen an. Der „Bund Deutscher Frauenvereine" umfasste 1894 bereits 2000 Vereine mit fast 500 000 Mitgliedern. Helene Lange, Lehrerin, Politikerin und Journalistin, setzte sich für die Einführung höherer Schulen für Mädchen ein, da sie in Preußen Ende des 19. Jahrhunderts noch keine Gymnasien besuchen durften. Lange gründete 1889 in Berlin die „Realkurse" für Mädchen, die 1893 von „Gymnasialkursen" abgelöst wurden. Im Jahr 1896 haben dort zum ersten Mal Mädchen das Abitur abgelegt. Ab 1908 durften in Preußen alle Abiturientinnen auch studieren. Dies durften Frauen erstmals 1900 in Baden (1908 dann im ganzen Kaiserreich). Im gleichen Jahr beschloss der Reichstag ein Gesetz, das es Frauen erlaubte, politisch tätig zu werden und Mitglied einer Partei zu sein. Den Sozialdemokraten war das nicht genug: Sie wollten die Lage der Frauen durch eine Revolution verändern. Sie vertraten die Auffassung, nur so könnten die Frauen unabhängig und gleichberechtigt werden. Die SPD und die Fortschrittliche Volkspartei (FVP) griffen die Forderungen der Frauen auf und setzten sich für das Frauenwahlrecht ein. Es wurde im November 1918 eingeführt.

Wortschatz: eine von Männern dominierte (= angeführte) Gesellschaft • eine bessere rechtliche Stellung • das Abitur ablegen • politisch tätig (= aktiv) sein • ein hartes Los (= hier: Schicksal) kennen lernen • einen Lebensunterhalt bestreiten (= Geld für sein Leben verdienen) • verfehlt sein (= etwas ist falsch)

M 2

Die Heimarbeiterin Ottilie Baader berichtete um 1875 über ihre Arbeitsbedingungen:

Ich kaufte mir nach dem Weggang aus der Fabrik eine eigene Nähmaschine und arbeitete zu Hause. Dabei habe ich das Los [= Schicksal] der Heimarbeiterin zur Genüge kennen gelernt. Von morgens um sechs bis nachts um zwölf, mit einer Stunde Mittagspause, wurde in einer Tour „getrampelt" [= genäht]. Um vier Uhr aber wurde aufgestanden, die Wohnung in Ordnung gebracht und das Essen vorbereitet ... Nichts konnte einem mehr Freude machen, als wenn man ein paar Minuten aussetzen konnte ... Und die Jahre vergingen, ohne dass man merkte, dass man jung war ... Ich kann nicht sagen, dass ich immer sehr froh war. Schließlich hatte auch ich etwas anderes vom Leben erhofft. Ich habe manchmal das Leben so satt gehabt ... von dem Schönen in der Welt sah und hörte man nichts, davon war man einfach ausgeschlossen.

*Zit. nach Ottilie Baader, Ein steiniger Weg. Lebenserinnerungen einer Sozialistin. Mit einer Einleitung von Marie Juchacz, 3. Aufl., Berlin, Bonn (Dietz) 1979, S. 16 ff.***

M 4

Aus dem Vorwort eines Chemie-Schulbuchs für höhere Mädchenschulen[1] (1885):

Es würde ... vollständig verfehlt [= falsch] sein, den Unterricht in der Chemie ... in der wissenschaftlichen, systematischen Ausdehnung zu treiben, wie dies für höhere Knabenschulen vorgeschrieben ist. Es ist vielmehr der Lehrstoff wie in allen anderen Unterrichtsfächern der höheren Mädchenschulen so auch hier einer durchgreifenden Sichtung zu unterwerfen, welche das für die weibliche Bildung Wertvolle heraussucht und die weiblichen Lebensverhältnisse zu ihrem Recht kommen lässt. Nach diesem ... Grundsatz ... werden ... die Stoffe und Vorgänge, welche uns täglich entgegentreten und namentlich in der Hauswirtschaft und Familien-Gesundheitspflege, diesen wichtigen Gebieten weiblichen Wirkens, eine bedeutende Rolle spielen.

*Albert Fricke, Chemie, 7. Aufl., Braunschweig (E. Appelhans & Comp.) 1908, S. III.***

[1] Seit dem 18. Jahrhundert existierende weiterführende Schule für Mädchen. Das Abitur konnte dort vor 1908 aber nicht abgelegt werden.

M 3

„Wie, gnädiges Fräulein wollen sich dem ärztlichen Beruf widmen? Aber ich bitt' Sie, mit so einem hübschen Gesicht studiert man doch nicht!" Bild aus den „Fliegenden Blättern", 1909

1 **a)** Beschreibe die Arbeitsbedingungen der Frauen auf dem Bild M1.
b) Vergleiche M1 mit den Arbeits- und Lebensbedingungen der Heimarbeiterin in M2.
c) Beurteile die Vor- und Nachteile der jeweiligen Berufe für die Frauen.

2 Gestalte eine Antwort aus Sicht der Frau auf den Kommentar des Mannes (M3), in dem die Situation der Frauen damals deutlich wird.

3 Erkläre, warum sich der Unterricht der Jungen von dem Unterricht der Mädchen unterschied (Darstellungstext, M4). Nutze den **Wortschatz**.

4 **Wähle eine Aufgabe aus:**
a) Vergleiche die Vorgaben aus M4 mit den Anforderungen an den heutigen Unterricht. Stelle Gemeinsamkeiten und Unterschiede dar.
b) Gestalte den Einleitungstext des Chemiebuches (M4) so um, dass er auf das heutige Frauenbild zutrifft.

5 **a)** Beurteile die Rolle der Frauen in der Gesellschaft des deutschen Kaiserreichs. **Tipp** → S. 241.
b) Vergleiche die Rolle der Frauen im Kaiserreich mit der Rolle der Frauen in der heutigen Gesellschaft.

Zusatzaufgabe → S. 236

Jüdisches Leben im deutschen Kaiserreich

cornelsen.de/webcodes
Code: wufamu
Außerschulischer Lernort:
Jüdisches Museum Westfalen

Von der Französischen Revolution über die preußischen Reformen bis zur Gründung des deutschen Kaiserreichs wurden die Rechte der Menschen mit jüdischem Glauben gestärkt. Trotzdem gab es immer wieder gewalttätige Übergriffe und Diskriminierungen, die im Kaiserreich wieder zunahmen.
- ***Welche Stellung hatten Menschen jüdischen Glaubens im deutschen Kaiserreich?***

M 1

Die Synagoge in Essen, Foto, 1913. Sie wurde 1913 erbaut, in der Pogromnacht (S. 180/181) 1938 schwer beschädigt. Heute ist sie das „Haus jüdischer Kultur".

Gleichstellung und Aufstieg

Die Französische Revolution brachte zunächst den Juden Frankreichs die vollen Staatsbürgerrechte. In Preußen war es die „Judenemanzipation" des Jahres 1812. Im deutschen Kaiserreich lebten 1871 rund 512000 Menschen jüdischen Glaubens, die alle die vollen Bürgerrechte genossen. Die rechtliche Gleichstellung ermöglichte es jüdischen Familien, in der Gesellschaft des deutschen Kaiserreichs aufzusteigen. Da sie oft über eine gute Bildung und Erfahrung in unternehmerischen Berufen verfügten, gehörte die Mehrheit bald zur bürgerlichen Mittel- und Oberschicht. Viele waren im Bankwesen, als Arzt oder als Rechtsanwalt tätig. Im Jahr 1895 war rund 1 % der Menschen jüdischen Glaubens im deutschen Kaiserreich in der Landwirtschaft, 22 % in Industrie und Gewerbe, rund 7 % im öffentlichen Dienst und über 50 % im Handel tätig. Im Vergleich zur allgemeinen Bevölkerung war dies ein Unterschied. Dort waren circa 75 % in der Landwirtschaft oder in Industrie und Handwerk und weniger als 10 % im Handel tätig. Zahlreiche jüdische Künstler und Schriftsteller lieferten einen wichtigen Beitrag zur deutschen Kultur im 19. und frühen 20. Jahrhundert. Trotz der rechtlichen Gleichstellung wurden Menschen jüdischen Glaubens im Kaiserreich von Führungspositionen in Justiz, Universitäten oder der Armee ausgeschlossen.

„Rassedenken" in Europa

In der zweiten Hälfte des 19. Jahrhunderts verbreitete sich in vielen europäischen Ländern die Auffassung, dass Menschen anhand ihrer biologischen Merkmale (Hautfarbe oder Schädelform) bestimmten „Rassen" angehörten, die als höher- oder minderwertiger zu bewerten seien. Hierdurch wurde das grundlegende Menschenrecht – alle Menschen sind gleich – aufgehoben. Diese Wissenschaften lieferten keine Fakten (= Pseudowissenschaften), sondern diskriminierende Unwahrheiten. Nach der „Rassenlehre" wurden auch Menschen jüdischen Glaubens als minderwertig angesehen. Es entstand eine neue Judenfeindlichkeit, die mit dem Begriff Antisemitismus* bezeichnet wird. Der Antisemitismus wurde ebenso rassenbiologisch „begründet" – Juden wurden nicht als Angehörige der jüdischen Religion angesehen, sondern als „Rasse".

Neue Judenfeindschaft in Deutschland

Als nach massiven Pogromen in den 1880er Jahren in Russland Hunderttausende Flüchtlinge Deutschland auf dem Weg zu den Überseehäfen Hamburg und Bremen durchquerten, waren für die meisten Deutschen „zu viele Fremde" im Land. Fast alle Flüchtlinge wanderten nach Amerika aus. Nur wenige mittellose Juden aus Osteuropa blieben in Deutschland. Neu war, dass sich eine spürbare Judenfeindschaft jetzt auch gegen die Deutschen jüdischen Glaubens richtete. In bestimmten Kreisen der bürgerlichen Gesellschaft wurde es in Zeiten wirtschaftlicher Probleme üblich, gegen Menschen mit jüdischem Glauben zu hetzen.

Wortschatz: ein gleichberechtigter Staatsbürger sein • gegen jemanden hetzen (= über jemanden Negatives verbreiten) • die Judenemanzipation (= rechtliche Gleichstellung der Juden) • ein Pogrom (= gewalttätige Verfolgung von Menschen, die einer Minderheit angehören) • der Patriotismus (= eine begeisterte Heimatliebe)

Als Deutsche mit jüdischem Glauben teilten viele den deutschen Patriotismus, obwohl sie die Ablehnung und Diskriminierung durch breite Teile der Gesellschaft im Kaiserreich zu spüren bekamen. Der Antisemitismus bewirkte, dass die deutschen Juden nicht als gleichberechtigt angesehen und schrittweise aus der Mehrheitsgesellschaft ausgegrenzt wurden. Sie galten fortan nicht mehr als Deutsche, sondern als Juden – hier zeigte sich der Rassismus. Konservative Parteien und Verbände nahmen antisemitische Passagen in ihre Programme auf und verboten den Deutschen mit jüdischem Glauben die Mitgliedschaft.

M 2 *Antisemitische Postkarte, um 1900. „Anstatt zu ackern und zu pflügen, legt sich der Jude aufs Betrügen!" Mit solchen Postkarten wurden zu Unrecht antisemitische Vorurteile und Stereotypen verbreitet.*

M 3 **Der Historiker Arno Herzig über jüdisches Leben im deutschen Kaiserreich (2010):**

Wenngleich die zahlreich gegründeten jüdischen Kultur- und Sozialvereine eine neue, säkulare [= weltliche] Form jüdischer Identität dokumentierten, lässt sich kaum von einer jüdischen Subkultur sprechen. Obwohl sie das jüdische Vereinswesen förderten und – allerdings nur an den hohen Festen – am jüdischen Gemeindeleben teilnahmen, integrierten sich die jüdischen Bürger vollständig in das bürgerliche Gesellschaftsleben ...
Ein sichtbarer Beweis für die erfolgreiche Integration in die ländliche bzw. kleinstädtische Gesellschaft war die Mitgliedschaft in den Schützengesellschaften, in denen Juden nun auch Schützenkönige werden konnten – was Anfang des 19. Jahrhunderts noch auf erhebliche Ablehnung gestoßen war. Jüdische Identität und bürgerliche Identität schlossen sich für die meisten Juden nicht mehr aus, sondern ergänzten sich ...
Die jüdische Tradition pflegten in erster Linie die Frauen, so in der familiären Gestaltung der Feiertage oder aber in der Vermittlung der Grundanschauungen des Judentums. Die Männer gingen dagegen am Sabbat[1] vielfach ihren Berufsverpflichtungen nach wie auch die Kinder ihrem Schulbesuch. Geschlossen blieben allerdings die Heiratskreise, das heißt Ehepartner wurden fast ausschließlich im jüdischen Milieu gesucht. Dabei spielte die „gute Partie" durchaus eine Rolle ...

*Arno Herzig, Jüdisches Leben in Deutschland (= Informationen zur politischen Bildung 307), Bonn (bpb) 2010, S. 42.**

[1] *Der Samstag gilt im Judentum als siebter und heiliger Wochentag, an dem keine Arbeit verrichtet werden darf.*

1 Erläutere, wie sich die Situation der Juden im 19. Jahrhundert in Deutschland entwickelte (Darstellungstext). Nutze den **Wortschatz**. **Tipp** → S. 241.

2 **Wähle eine Aufgabe aus:**

a) Erläutere mithilfe von M3, wie sich Menschen jüdischen Lebens in die Gesellschaft integrierten und inwiefern sie ihre jüdischen Traditionen auslebten. Nutze auch den Darstellungstext.

b) Stelle mithilfe des Darstellungstextes und M3 die Position der Menschen jüdischen Glaubens im Kaiserreich dar. Berücksichtige auch M1 und M2.

3 **Gruppenarbeit:** Diskutiert in Kleingruppen: Gibt es auch heute noch Antisemitismus in Deutschland?

a) Entwickelt Ideen, wie Politik und Gesellschaft mit Antisemitismus umgehen müssten.

MK **b)** **Methode:** Fasst eure Ergebnisse in einem Erklärvideo (→ S. 255) zusammen.

MK 4 Recherchiere zu einer der folgenden Personen und stelle sie in einem Kurzvortrag (→ S. 251) vor: Walther Rathenau, Carl Fürstenberg, Otto Wallach, Emmy Noether.

Zusatzaufgabe → S. 236

cornelsen.de/webcodes
Code: sakovo
Jüdisches Leben im Kaiserreich

1860 1870 1880

1870/71 Deutsch-Französischer Krieg

1871 Gründung des Deutschen Reichs; Juden erhielten in der Reichsverfassung alle Bürgerrechte

1871–1890 Bismarck Reichskanzler

1872–1878 „Kulturkampf“ gegen die katholische Kirche

1878–1890 Sozialistengesetz gegen die Sozialdemokratie

Der erste deutsche Nationalstaat

Eine Monarchie mit Parlament

Das 1871 gegründete deutsche Kaiserreich bestand aus 25 Einzelstaaten. Der Kaiser hatte eine herausragende Stellung: Er konnte den Reichstag einberufen und auflösen, war oberster Befehlshaber der Armee und ernannte ohne Zustimmung des Parlaments den Reichskanzler. Zugleich war er Oberherr der deutschen Protestanten. Anders als 1848 waren die Grundrechte der Deutschen nicht in der Verfassung festgelegt. Wählen durften Männer über 25 Jahre.

Die Gesellschaft im Kaiserreich

Zwischen 1871 und 1914 entwickelte sich das Deutsche Reich zur führenden Industrienation in Europa. Trotz der **Modernisierung** in Technik, Wissenschaft und Wirtschaft blieb die Gesellschaft konservativ und hielt an **alten Traditionen** fest. Das Militär hatte eine herausragende Stellung. Wer eine Uniform trug, genoss besonderes Ansehen. Die Bürgerinnen und Bürger des Reichs befolgten meist kritiklos die Entscheidungen der Obrigkeit. Dieser aus heutiger Sicht „blinde Gehorsam“ war ein Kennzeichen des **Obrigkeitsstaates**. Das Wohlergehen des Einzelnen war nicht so wichtig wie das des Staates. So entstand eine neue und aggressiv nach außen gerichtete Form des Nationalismus. Trotz einiger Krisen verzeichnete das deutsche Kaiserreich insgesamt ein stabiles Wirtschaftswachstum. Die deutschen Universitäten entwickelten sich zu international angesehenen Einrichtungen. Die Lehrpläne in den Schulen wurden stärker auf die Anforderungen der Wirtschaft ausgerichtet. Millionen Menschen zogen vom Land in die Städte, wo sie in den neuen Großunternehmen besser verdienten. Obwohl der Adel weiterhin die herrschende Schicht war, gelang es auch Bürgern, hohe Positionen in Politik und Verwaltung einzunehmen. Es entwickelte sich eine neue Mittelschicht. Frauen erkämpften sich nur langsam wenige Rechte. Sie blieben benachteiligt, abhängig von ihrem Ehemann und erhielten bei gleicher Arbeit eine schlechtere Bezahlung als Männer. An Wahlen durften Frauen nicht teilnehmen. Um 1900 erhielten Mädchen die Möglichkeit zum Universitätsstudium.

„Germanisierung“ – Politik gegen Minderheiten

Im Deutschen Reich wurden Menschen mit anderer Sprache, Kultur und Herkunft ausgegrenzt. Die Politik des Staates zielte darauf ab, **nationale Minderheiten** wie Polen, Dänen oder Elsässer und Lothringer mit Zwang zu integrieren. In Schulen, Ämtern und Gerichten durfte (außer in Elsass-Lothringen) nur noch deutsch gesprochen werden. Auf Proteste reagierten die deutschen Behörden mit Einschüchterung und Ausweisungen.

Jüdisches Selbstverständnis im Kaiserreich

Ausgegrenzt wurden ab den 1880er Jahren zunehmend auch die **jüdischen Bürger** des Deutschen Reichs. Die meisten Deutschen jüdischen Glaubens pflegten die deutsche Kultur, bekleideten angesehene Berufe und betrachteten sich in ihrem Selbstverständnis genauso als Deutsche wie ihre nichtjüdischen Mitbürger. Seit dem Ende des 19. Jahrhunderts erstarkte der **Antisemitismus** als neue Form von Judenfeindlichkeit. Menschen mit jüdischem Glauben galten demnach als fremde und minderwertige „Rasse“. Konservative und nationalistische Parteien und Vereine vertraten judenfeindliche Positionen. Einige Vereine verboten Deutschen mit jüdischem Glauben die Mitgliedschaft.

Bismarck gegen die katholische Kirche

Der **„Kulturkampf“** herrschte ab 1871 zwischen der Regierung und den Katholiken. In allgemeinen Lebensfragen galt den Katholiken das Wort ihrer Pfarrer und des Papstes in Rom mehr als das des Reichskanzlers. Unter Bismarcks Leitung wurden zahlreiche kirchliche Rechte auf den Staat übertragen. Der Kulturkampf endete, da Bismarck die Katholiken als Verbündete gegen die Sozialdemokraten brauchte.

1890 | 1900 | 1910 | 1920

1914–1918 Erster Weltkrieg

1883–1889 Sozialgesetzgebung: staatliche Kranken-, Unfall-, Alters- und Invalidenversicherung

1888–1918 Kaiser Wilhelm II.

Der Kampf gegen die Sozialdemokratie

Mit dem **„Sozialistengesetz"** von 1878 verbot Bismarck alle sozialdemokratischen Vereine und Zeitungen. Das Verbot schränkte die Möglichkeiten der politischen Betätigung der Sozialdemokraten ein, stärkte aber ihren inneren Zusammenhalt. Bei den Reichstagswahlen blieb die SPD erfolgreich. Deshalb änderte Bismarck seinen Kurs: Das Sozialistengesetz wurde ab 1890 nicht mehr verlängert. Stattdessen führte die Regierung eine Reihe von Sozialversicherungen ein, um die Arbeiter für sich zu gewinnen. Die Versicherungen halfen zur Linderung der Not bei Unfällen, Krankheit und Armut.

M 1

Eine Concept-Map (Begriffsnetz) erstellen:
Du hast die Strukturlege-Technik kennengelernt, mit deren Hilfe du Inhalte aus einem Text besser verstehen kannst. Mit einer Concept-Map lassen sich Beziehungen zwischen Begriffen visuell darstellen. Pfeile und Verbindungswörter beschreiben, wie diese Begriffe zusammenhängen. Geht dabei so vor:

a) Arbeitet aus dem Darstellungstext wichtige Begriffe zur Beantwortung einer Fragestellung heraus und notiert diese auf Kärtchen. Solltet ihr noch eine andere Sprache sprechen, könnt ihr auch ein mehrsprachiges Netz anlegen.

b) Tauscht euch über wichtige Begriffe aus und legt die Kärtchen so, dass ihr sie zueinander in Beziehung bringen könnt – dies bedeutet, dass diejenigen Begriffe zusammengelegt werden, die miteinander verbunden sind (siehe Beispiel M2).

c) Entscheidet euch für eine Struktur und klebt die Kärtchen auf ein Blatt Papier.

d) Verbindet diejenigen Kärtchen, die in enger Verbindung zueinander stehen mit Pfeilen. Über die Pfeile kannst du notieren, inwiefern die Kärtchen miteinander in Beziehung stehen.

M 2

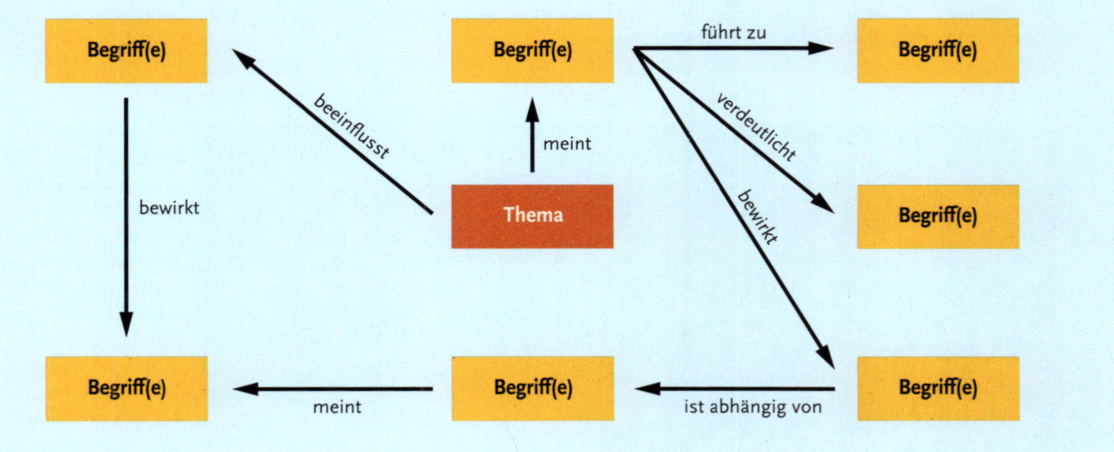

1 Gestalte eine Concept-Map (M1, M2), die die Begriffe Rückständigkeit, Fortschritt und Stagnation enthält.

In diesem Kapitel konntest du folgende Kompetenzen erwerben:

- den Charakter des deutschen Kaiserreichs zwischen Fortschritt, Stagnation und Rückständigkeit beurteilen
- die Stellung und das Selbstverständnis von Menschen jüdischen Glaubens anhand politischer, wirtschaftlicher und gesellschaftlicher Aspekte darstellen und die Entstehung des neuen Antisemitismus im 19. Jahrhundert in Deutschland beschreiben
- **Medien und Methoden:** Ein Verfassungsschaubild auswerten
- **Medien und Methoden:** Ein Denkmal interpretieren
- **Medien und Methoden:** Eine Bildquelle mit thinglink interpretieren

M 1

Der Historiker Thomas Brechenmacher über jüdisches Leben im deutschen Kaiserreich (2011):

Deutsch-jüdische Geschichte im Kaiserreich auf Ausgrenzung, Judenfeindschaft und misslungene Integration [= Eingliederung] zu reduzieren hieße, ihre vielen Erfolgsmomente auszublenden und sie nur einseitig wahrzunehmen. Überall dort, wo in Deutschland im 19. und 20. Jahrhundert ... Bedeutendes geleistet wurde, ob wirtschaftlich, wissenschaftlich, kulturell, ja, auch politisch, waren jüdische Deutsche oder Deutsche jüdischer Herkunft maßgeblich daran beteiligt ... Seit 1871 galt die ... Gleichstellung ungeachtet irgendeiner Religionszugehörigkeit im gesamten Deutschen Reich ... Zur Enttäuschung vieler der 512 000 deutschen Juden in den Jahren nach der Reichsgründung musste die bittere Erfahrung gereichen[1], zwar de jure[2] in den politischen und Bürgerrechten gleichgestellt, de facto[3] jedoch aus zentralen Bereichen des politischen, wirtschaftlichen und öffentlichen Lebens weiterhin ausgeschlossen zu bleiben. Im öffentlichen Dienst, vor allem in den höheren Ebenen von Justiz, Verwaltung und Ministerialbürokratie hatten Juden keine reelle Berufschance ... Von etwa 167 000 Reichs- und Staatsbeamten der mittleren Ebene waren 1907 lediglich 589 Juden ... Universitäre Spitzenlaufbahnen – also der Weg zur ordentlichen Professur – blieben den Juden von wenigen ... Ausnahmeregelungen abgesehen ebenso verwehrt wie der Aufstieg im gesellschaftlich besonders prestigeträchtigen Militär.

Die nahezu einzige Möglichkeit, innerhalb des Beamtenapparates Karriere zu machen, aber auch an der Universität, führte über die Taufe, und Taufe wiederum bedeutete völligen und sichtbaren Bruch mit dem Judentum ... Dieser Weg wurde ... nur noch von sehr wenigen Juden beschritten ...

*Thomas Brechenmacher, Jüdisches Leben im Kaiserreich, in: Sönke Neitzel & Bernd Heidenreich (Hg.), Das Deutsche Kaiserreich 1890-1914, Paderborn (Schöningh) 2011, S. 125 f.***

1 *sie mussten die bittere Erfahrung machen;* 2 *nach den gesetzlichen Bestimmungen;* 3 *in der Realität*

M 2

Antisemitische Postkarte, um 1910. Die Nordseeinsel Borkum machte mit dem Bild und dem aufgedruckten Text antijüdische Propaganda. Im Text heißt es: „Doch wer dir naht mit platten Füßen, mit Nasen krumm und Haaren kraus, / der soll nicht deinen Strand genießen, / der muss hinaus! Der muss hinaus! Hinaus!"

M 3 **Traditionsorientiert oder fortschrittlich?**

Krankenversicherung	Antisemitismus	Bundesrat	Judenemanzipation
Reichstag	Matrosenkleidung	Obrigkeitsstaat	Sozialgesetzgebung
Sozialistengesetze	Entstehung neuer Frauenberufe	Nationalismus	

M 4 **Der Historiker und Publizist Volker Ullrich über den Charakter des deutschen Kaiserreichs (2010):**

Widersprüche und Ambivalenzen[1] zeigen sich auf allen Ebenen von Gesellschaft, Politik und Kultur: Neben einer überaus dynamischen, zunehmend global vernetzten Industriewirtschaft finden wir die monströse Spätblüte eines neoabsolutistischen[2] Hofzeremoniells; neben erstaunlichen, weltweit bewunderten Leistungen in Wissenschaft und Technik eine weitverbreitete Uniformgläubigkeit, die Vergötzung[3] alles Militärischen; neben Tendenzen zur Demokratisierung und Parlamentarisierung die latente[4] Drohung mit dem Staatsstreich, das Liebäugeln mit der Militärdiktatur; neben einer lebendigen ... Kulturszene die plüschigste Salonkunst und die protzigsten Repräsentationsbauten; neben einer bemerkenswerten Liberalität und Pluralität [= Vielfältigkeit] der Presse die kleinlichsten Zensurschikanen[5]; neben auftrumpfendem Kraftgefühl und ungebremster Aggressivität ein tief sitzendes Gefühl von Angst und Unsicherheit ...

Keine Beschäftigung mit dem deutschen Kaiserreich von 1871 kommt also darum herum, die widerspruchsvolle Verbindung von Beharrung und Modernität, von Rückständigkeit und Fortschritt zu thematisieren.

*https://www.zeit.de/zeit-geschichte/2010/04/Das-Essay (Stand: 27.08.2020).***

[1] Zwiespältigkeit/Zerrissenheit; [2] neo = neu oder erneuert; [3] Verehrung; [4] nicht sichtbar; [5] Zensur = kritische Überprüfung von Inhalten auf Konformität

Sachkompetenz

1 **Partnerarbeit:** Erklärt euch gegenseitig die Begriffe in M3.

2 Wähle Begriffe (M3), die für das gesellschaftlich-politische Leben der Bundesrepublik heute noch Bedeutung haben, und begründe deine Auswahl.

3 Charakterisiere das jüdische Leben im Kaiserreich (M2).

4 **a)** Analysiere die Postkarte M2 im Hinblick auf ihre antisemitische Aussage.
b) Beschreibe, welche Auswirkungen diese Formen der Diskriminierung auf das tägliche Leben jüdischer Bürger hatte (M1).
c) Diskutiert in der Klasse, was ihr im Rahmen von „Schule ohne Rassismus" gegen Antisemitismus tun könnt.

Urteilskompetenz

5 Fasse zusammen, wie in M4 das Kaiserreich charakterisiert wird, indem du die genannten Widersprüche zwischen Moderne und Beharrung gegenüberstellst.

6 **Gruppenarbeit:** Bildet Dreiergruppen.
a) Erstellt ein Plakat (→ S. 251): Stellt ausgehend von M1 bis M4 alte und moderne Tendenzen in Wirtschaft und Gesellschaft des Kaiserreichs anschaulich gegenüber.
b) Beurteilt gemeinsam, welchen der Begriffe – Fortschritt, Stagnation und Rückständigkeit – ihr am angemessensten für das deutsche Kaiserreich haltet.

cornelsen.de/webcodes
Code: yufiha
Selbsteinschätzungsbogen

EUROPE
AFRICA
ZANZIBAR
INDIA
GERMAN GRAB-BAG
BRITISH GRAB-BAG

cornelsen.de/webcodes
Code: gugetu
alle Darstellungstexte zum Anhören

2 Nationalismus und Imperialismus

Zwischen 1880 und 1914 eroberten die Industriestaaten Europas große Gebiete in Afrika und Asien. Auch Japan und die USA beteiligten sich. Im Wettstreit der Nationen wollten alle Beteiligen durch den Erwerb von Kolonien eine bedeutende „Weltmacht“ werden. Die Eroberer waren der Meinung, dass die besetzten Gebiete niemandem gehörten.

Wie wirkt diese Szene auf dich? Diskutiert in Partnerarbeit, welche Folgen das aggressive Handeln der Eroberer auf die Menschen haben könnte, nach deren Heimat „gegriffen“ wird. Sucht auch nach einer passenden Übersetzung für „grab-bag“ auf den Taschen.

The World's Plunderers (Die Plünderer der Welt), Karikatur des amerikanischen Karikaturisten Thomas Nast, der aus Landau in Deutschland stammte, 1885

1870 | 1880 | 1890

1880–1918 Zeitalter des Imperialismus

1871 Gründung des deutschen Kaiserreichs

1884 auf der Kongokonferenz in Berlin teilen europäische Staaten den afrikanischen Kontinent unter sich auf

Nationalismus und Imperialismus

Als Folge der Industrialisierung schrumpften die Reisezeiten zwischen den Kontinenten. Der Warenaustausch und die Migration nahmen zu. Fernmeldekabel auf dem Grund der Ozeane ermöglichten die Übermittlung von Informationen mit dem Telegrafen, einem Vorläufer des Telefons. Angesichts ihrer überlegenen Wirtschaftskraft weiteten die Industrienationen Ende des 19. Jahrhunderts ihre Macht nach Afrika und Asien aus. Die Ausdehnung der Herrschaft eines Staates über andere Länder wird als Imperialismus (lat. imperare = beherrschen) bezeichnet. Die Europäer betrachteten die eroberten Gebiete als Land, das angeblich niemandem gehörte. Während die Kolonialherrschaft der Spanier und Portugiesen in Südamerika im 19. Jahrhundert endete, gründeten zuerst Großbritannien und Frankreich in Afrika und Asien Kolonien. Dort suchten sie nach Rohstoffen und Absatzmärkten für ihre Erzeugnisse. Die USA, aber auch kleine Nationen wie Belgien und die Niederlande folgten. Als letzte beteiligten sich die gerade erst zu Nationalstaaten vereinten Länder Deutschland und Italien am Wettlauf um Kolonien. In Ostasien besiegte die neue Industriemacht Japan 1898 das Kaiserreich China und machte Korea zu seiner Kolonie.

Die imperialistischen Mächte betrachteten den Wettlauf um neue Gebiete als „Überlebenskampf der Nationen“ in einem Klima von übersteigertem Nationalismus. Sie sahen sich im Vergleich zur einheimischen (= indigenen) Bevölkerung in Afrika und Asien als höherwertig an und leiteten daraus den Auftrag ab, die Bevölkerung in ihren Kolonien zu „zivilisieren“. Dies endete oft in Ausbeutung, Unterdrückung oder Ermordung der Einheimischen.

- Warum und auf welche Weise betrieben europäische Mächte imperialistische Expansion in Afrika und wie rechtfertigten sie ihr Handeln?
- Welche Auswirkungen hatte der Imperialismus für die Europäer und die Völker in den Kolonien?
- Wie verläuft die Diskussion um die Rückgabe geraubter Kunstobjekte aus den Kolonien?

M 1

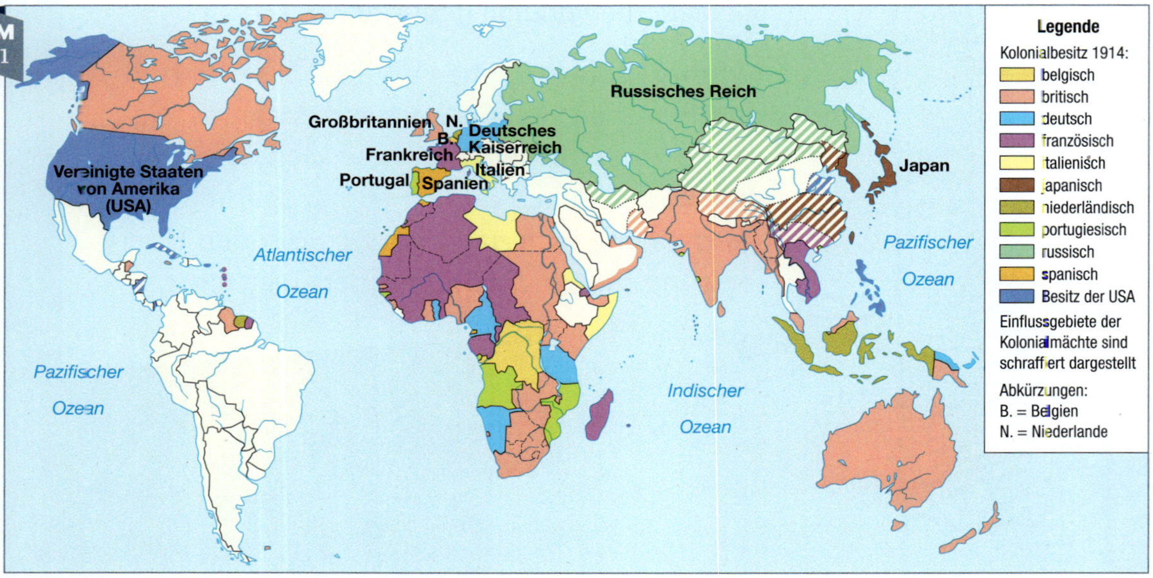

Die Kolonialmächte der Welt um 1914

1900 1910 1920

1891–1916 Bau der Transsibirischen Eisenbahn

1898 britisch-französische Auseinandersetzung um Kolonien in Afrika führt fast zum Krieg

1904–1907 Aufstand der Herero und Nama in Deutsch-Südwestafrika Völkermord durch die deutsche „Schutztruppe"

1914–1918 Erster Weltkrieg

M 2

Die Last des weißen Mannes, amerikanische Karikatur, 1881. John Bull (Personifikation Großbritanniens) und Uncle Sam (Personifikation der USA) tragen Einheimische aus ihren Kolonien zur Bergspitze „Zivilisation" hinauf. Auf den Steinen ist übersetzt unter anderem zu lesen: Unterdrückung, Aberglaube, Fehler, Unwissenheit, Brutalität, Sklaverei, Kulturlosigkeit.*

M 3

1 Stelle mithilfe des Darstellungstextes und der Karte M1 die Aufteilung der Welt um 1914 mit eigenen Worten dar.

2 **a)** Erläutere, worin die Kolonialherren ihre „Last" sahen (M2).
b) Erkläre, was der Zeichner von M2 unter „Zivilisation" versteht.
c) Beurteile, wie diese Karikatur auf Menschen in den Kolonien gewirkt haben muss.

3 **a)** Beschreibe M3. Stelle Vermutungen an, welche Bedeutung diese Figur im Königreich Benin gehabt haben könnte.
b) Partnerarbeit: Diskutiert, was am Beispiel Benin im Verhältnis zwischen Europäern und Afrikanern im 19. Jahrhundert deutlich wird.

Darstellung der Mutter des Königs von Benin (im heutigen Nigeria), 16. Jh., Sammlung des Ethnologischen Museums (= Museum für Völkerkunde) in Berlin, Foto. Im Jahre 1897 eroberten britische Soldaten in Benin-Stadt den Palast des Königs von Benin und brannten die Stadt nieder. Die Soldaten raubten rund 4000 wertvolle Kunstwerke aus Bronze und Messing, die später an Museen und Privatleute in aller Welt verkauft wurden.

Europäisches „Gerangel“ um Afrika

cornelsen.de/webcodes
Code: muzoka
Rassismus, „Rasse“, Rassifizierung

Afrika war für die Europäer über Jahrhunderte der Kontinent, aus dem europäische Schiffe Männer, Frauen und Kinder als Sklaven nach Amerika brachten. Im 19. Jahrhundert begann ein „Wettlauf“ europäischer Nationen um unerforschte und „freie“ Gebiete in Afrika.

- ***Warum war es den europäischen Staaten so wichtig, Kolonien zu besitzen?***
- ***Was versprachen sich die europäischen Mächte von diesem „Wettlauf“ um Kolonien?***

Ein unbekannter Kontinent?

In Afrika gab es im 19. Jahrhundert über 2000 verschiedene Völker mit hunderten unterschiedlichen Sprachen und Reichen. Der Norden Afrikas war den Europäern seit der Antike gut bekannt. Seit dem 15. Jahrhundert segelten zuerst portugiesische Schiffe entlang der afrikanischen Küste nach Süden. Das Innere Afrikas südlich der großen Wüste Sahara blieb dagegen für Europäer bis weit ins 19. Jahrhundert unbekannt. Einzelne Forscher wie David Livingstone, Heinrich Barth oder Henry Morton Stanley drangen nun in dichte Regenwälder vor oder durchquerten die Sahara.

Was waren die Motive für Koloniegründungen?

Die Initiative ging von Kaufleuten und privaten Handelsgesellschaften aus Europa aus. Mit den Kaufleuten kamen Missionare, die das Christentum verbreiten wollten. Bei den Verteilungskämpfen um die nach ihrer Sicht „freien“ Gebiete in der Welt führten die Europäer verschiedene Gründe an. Kolonien sollten in erster Linie Rohstoffe liefern und als neue Absatzmärkte für Produkte aus den Mutterländern dienen. Zudem betrachteten zahlreiche Politiker in Europa die Siedlungsgebiete als „Ventil“ für einen angeblich vorhandenen Bevölkerungsüberschuss. Die Europäer waren der Auffassung, eine der afrikanischen überlegene Kultur und Religion zu verbreiten. Sie wollten die aus ihrer Sicht unterentwickelten Gesellschaften Afrikas „zivilisieren“, das bedeutet den europäischen Lebensweisen anpassen. Aus heutiger Sicht gilt dies als Anmaßung und Rassismus*.

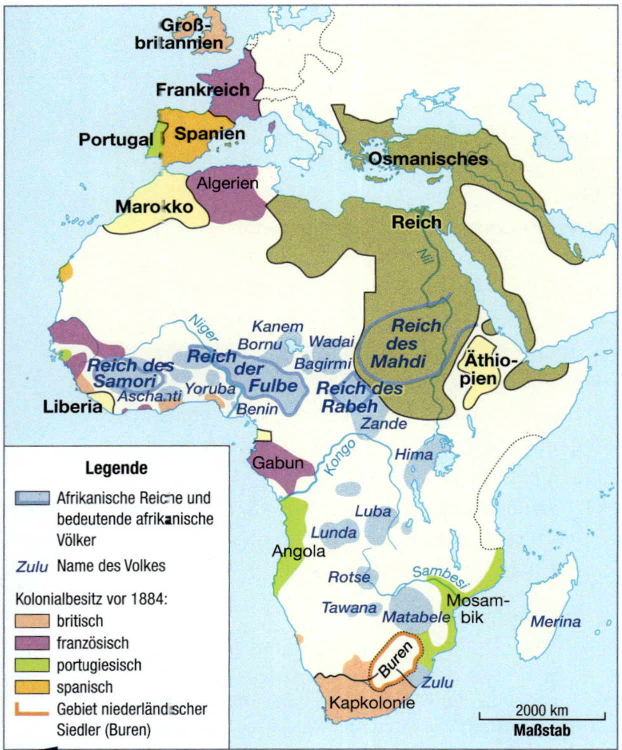

M 1 *Afrika, Europa und der Nahe Osten um 1880*

M 2 **Der britische Kolonialminister Earl of Carnavon definierte den Imperialismus (5. November 1878):**

Wir sehen zahlreiche Völker wie Kinder im Schatten von Unwissen, Armut und Leiden sitzen. Sie erwarten von uns Führung und Unterstützung. Unsere Aufgabe ist es, ihnen intelligente Gesetze, eine effektive Regierung und ein geordnetes Finanzwesen zu geben. Erst damit ist die Grundlage für ein funktionierendes Zusammenleben geschaffen. In unserem politischen System sollen Menschen unten wie oben auf der sozialen Leiter frei von Unterdrückung leben. Die religiöse und moralische Erleuchtung soll bis in die dunkelsten Hütten vordringen. Das ist die Erfüllung unserer Aufgabe und darin besteht die wahre Bedeutung des Imperialismus.

Colin Clifford Eldridge, England's Mission. The Imperial Idea in the Age of Gladstone and Disraeli 1868–1880, London 1973, S. 241. Übers. v. Verf.

M 3

Afrika, Europa und der Nahe Osten um 1914

(der) Sozialdarwinismus
In der zweiten Hälfte des 19. Jahrhunderts verbreitete sich in Europa die Vorstellung, dass sich Staaten wie Tiere in einem dauernden Kampf miteinander befänden. Nur die Stärkeren oder die am besten Angepassten könnten überleben. Für das Tierreich hatte der Biologe Charles Darwin (1809–1882) die Idee des „survival of the fittest" nach einem Ausspruch des britischen Philosophen Herbert Spencer formuliert. Die Übertragung dieser Vorstellung auf das Zusammenleben von Menschen und Staaten wird als „Sozialdarwinismus" bezeichnet. Darwin lehnte die Übertragung seiner Ideen jedoch ab.

(der) Imperialismus
Bezeichnung für das Streben von Staaten nach weltweiter politischer, wirtschaftlicher und militärischer Machtausdehnung

M 4

Der Historiker Jürgen Osterhammel zum Wettlauf der Europäer in Afrika (2012):
Was interessierte die Europäer an Afrika? Der Kontinent war zu arm und zu dünn besiedelt, um als Absatzmarkt für die Produkte der europäischen Industrie in Frage zu kommen ... Der Zugriff auf Rohstoffe war durchaus ein Motiv der Europäer, doch besetzten sie auch riesige Landflächen, in denen nichts zu holen war. Als stärkste Beweggründe bleiben die Suche nach internationalem Prestigegewinn[1] durch Kolonialerwerb und der Glaube, das „primitive" Afrika sei ohnehin zur Spielwiese der zivilisatorisch überlegenen Europäer bestimmt. Dazu kam eine Kettenreaktion: Sobald eine Kolonialmacht begonnen hatte, ihre Position in Afrika zu verbessern, fürchteten die anderen, ins Hintertreffen zu geraten. Es war mehr ein chaotisches Wettrennen um Vorteile als eine wohlüberlegte Verteilung der Beute.

*Jürgen Osterhammel, Das 19. Jahrhundert, Informationen zur politischen Bildung, Bonn (bpb) 2/2012, S. 751.**

[1] *Gewinn an Ansehen*

1 Überprüfe die in M2 formulierte „wahre Bedeutung des Imperialismus" (Z. 12 f.) mithilfe des Lexikonartikels zum Begriff „Rassismus".

2 Vergleiche die beiden Karten M1 und M3.
Tipp → S. 241.

3 **a)** Arbeite aus M4 heraus, welche Motive der Historiker für den „Wettlauf der Europäer in Afrika" nennt. Nutze den **Wortschatz**.
b) Fasse das Urteil über den „Wettlauf" zusammen.
c) Überprüfe, wie in M4 auf den Begriff des Sozialdarwinismus angespielt wird.

4 Begründe, warum eine Übertragung des „survival of the fittest" auf Menschen und Gesellschaften abzulehnen ist.

Wortschatz: ein Gerangel (= ein Streit um die beste Ausgangslage) • jemanden unterwerfen • jemanden ausbeuten • eine Kolonie erwerben • einen Zugriff auf Rohstoffe besitzen • ein Zugewinn an Prestige (= Ansehen) • ins Hintertreffen geraten (= im Wettbewerb in eine ungünstige Lage kommen)

Kolonien als Beute? Das Beispiel Kongo

Angesichts wachsender Rivalitäten teilten sich Vertreter europäischer Industriemächte 1884 in Berlin auf der sogenannten Kongokonferenz Afrika unter sich auf. Dabei erhielt der belgische König Leopold II. ein riesiges Gebiet am Fluss Kongo.

- ***Was waren die Kennzeichen der belgischen Kolonialherrschaft im Kongo-Freistaat?***

M 1

Französisches Sammelbild. „Kautschuk", um 1900. Farbige Sammelbilder lagen in Verpackungen von Kaffee, Kakao oder Schokolade. Die Bilder sollten Kenntnisse zu fernen Ländern vermitteln.

M 2

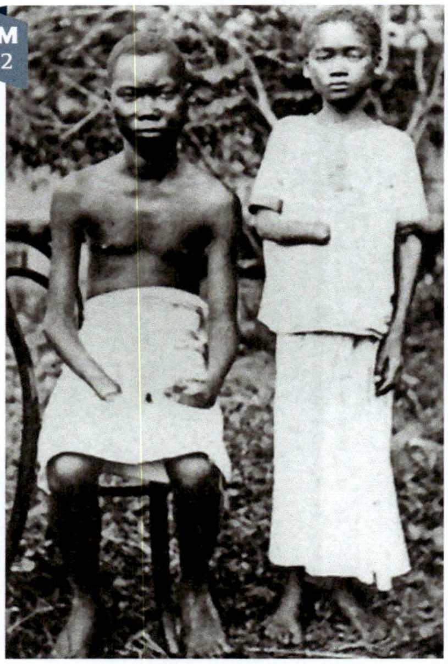

In der belgischen Kolonie Kongo-Freistaat wurden Kinder und Erwachsene von den Kolonialherren mit dem Abhacken der rechten Hand bestraft, zum Beispiel wenn sie nicht genug Kautschuk gesammelt hatten. Foto, aufgenommen in einem Dorf am Fluss Kongo, um 1900

Gewinn durch Kautschuk

Für den belgischen König Leopold II. erwies sich sein neuer Besitz in Afrika als „Goldgrube". Denn zu jener Zeit fuhren erstmals Verkehrsmittel mit Reifen aus dem neuen „Wunderstoff Gummi". Dieser wurde aus Naturkautschuk gewonnen, der nur in den Wäldern im Kongo wuchs. Die Nachfrage nach Kautschuk stieg sprunghaft an. Mit brutalen Mitteln zwangen Leopolds Verwalter die Einwohner im Kongo zur Ernte des wertvollen Rohstoffs. Jeden Widerstand der Kongolesen schlugen die Kolonisten gewaltsam nieder. Die Gewinne aus dem Kautschukgeschäft behielt der König. Die Kosten für Straßenbau, Eisenbahnen, Verwaltung und Unterhalt der Soldaten zur Überwachung der einheimischen Bevölkerung zahlte der belgische Staat.

Mister Morel gegen König Leopold II.

Neben amerikanischen Diplomaten und einzelnen Missionaren deckte der britische Journalist Edmund Morel die grausame Behandlung der einheimischen Bevölkerung auf. Morel fand heraus, dass statt der angegebenen Waren große Mengen Waffen und Eisenketten in den Kongo verschifft wurden. Da mehr Menschen als zuvor Zeitungen lasen, verbreiteten sich die Berichte über die „Kongogräuel" schnell. Bald richtete sich die öffentliche Meinung gegen den belgischen König. Es entstanden weltweite Protestbewegungen gegen die Unterdrückungspolitik im Kongo. König Leopold fürchtete um sein Ansehen und verkaufte die Kolonie, die 70-mal größer war als Belgien, an den belgischen Staat. An der Unterdrückung der Bevölkerung änderte sich wenig. Nach heutigen Schätzungen starben in der belgischen Kolonie rund zehn Millionen Menschen durch Gewalt der Kolonisten.

Zur großen Schau der Weltausstellung* 1897 in Brüssel ließ Leopold für geraubte Kunstgegenstände und ausgestopfte Tiere einen riesigen „Palast der Kolonien" errichten. Im Park zeigte ein „Menschenzoo" 267 Kongolesen vor ihren Rundhütten. Fast sechs Millionen Zuschauer kamen 1897 zur Ausstellung.

Wortschatz: der Kautschuk dient der Gummiproduktion • jemanden als Geisel nehmen • die Beutewirtschaft oder das Beutemachen • die Ausbeutung • der Warenwucher (= Verkauf von Waren zu überhöhten Preisen) • ein Gräuel (= eine Grausamkeit) aufdecken • ein Glücksritter (= ein Abenteurer auf der Suche nach Gewinn)

M 3

Der Historiker Philipp Blom über die Kautschukernte (2009):

Um an den Kautschuk heranzukommen, mussten Männer in die Baumwipfel klettern. Weil sie diese Arbeit nicht in Ketten verrichten konnten, wurden ihre Frauen und Kinder als Geiseln genommen und nur gegen Ablieferung genügend hoher Mengen von Kautschuk vorübergehend wieder freigelassen.

Widerstand wurde mit Strafexpeditionen geahndet, die ganze Dörfer niederbrannten und die Einwohner wahllos ermordeten. Als Beweis für die erfolgreiche Durchführung waren afrikanische Söldner[1] angewiesen, die Hände ihrer Opfer abzuhacken ... Zwangsarbeit, Massenvergewaltigungen, tausendfacher Mord, Zerstörung von Feldern und Dörfern und Geiselnahme waren die Hauptbestandteile des Systems, das Europa und die USA mit Gummi versorgte und König Leopold in seinem belgischen Palast reicher machte, als er sich hatte träumen lassen.

*Philipp Blom, Der taumelnde Kontinent. Europa 1900–1914, München (Hanser) 2009, S. 122 f.**

[1] *gegen Bezahlung und für eine begrenzte Zeit angeworbener Soldat*

M 4

Das britische Missionar-Ehepaar Harris berichtete aus dem Kongo (1900):

In einer Reihe aufgestellt vierzig Söhne eines afrikanischen Dorfes, jeder mit einem kleinen Korb voll Gummi. Das Gummi wird gewogen, aber es fehlen vier Körbe, um die Quote [= vorgegebene Menge] zu erfüllen. Der Befehl ist brutal. Rasch und ohne Pause fällt die Peitsche aus Nilpferdleder. Die kleinen scharfen gezackten Enden schneiden tief ins Fleisch auf Rücken, Schultern und Hinterbacken.

*Zit. nach Philipp Blom, Der taumelnde Kontinent. Europa 1900–1914, München (Hanser) 2009, S. 129.***

M 5

Der Historiker Wolfgang Reinhard über die Anfänge der Kolonialherrschaft in Afrika (2016):

Die Kolonialherrschaft in Afrika begann als Beutewirtschaft, als ein Beutemachen großen Stils, das durchaus mit der spanischen Conquista[1] in Lateinamerika verwandt erscheint. Glücksritter wollten durch rasche Ausbeutung von Bodenschätzen und Wildprodukten wie Elfenbein und Kautschuk mittels rücksichtsloser Ausbeutung der Arbeit der Eingeborenen schnell reich werden, ohne dafür die geringste Investition im Land vorzunehmen. Inbegriff der Räuberei waren die Zustände im Kongo und in Kamerun, wo ... Gewinnspannen von bis zu 1400 Prozent erzielt wurden und die Afrikaner noch zusätzlich durch Warenwucher und Trägerdienste [ausgebeutet wurden].

*Wolfgang Reinhard, Die Unterwerfung der Welt. Globalgeschichte der europäischen Expansion 1415–2015, München (C. H. Beck) 2016, S. 999.***

[1] *Eroberungen Süd- und Mittelamerikas durch die Spanier im 16. Jahrhundert*

1 **a)** Notiere deinen ersten Eindruck zu den Bildern M1 und M2.
b) Vergleiche die Bilder M1 und M2.
Tipp → S. 241.

2 Erläutere mithilfe des Darstellungstextes die Bedeutung des Kautschuks für die belgische Kolonie.

3 **Wähle eine Aufgabe aus:**
a) Erkläre mithilfe von M3 und M4 die Folgen des Kolonialismus für die indigene Bevölkerung im Kongo.
b) Erläutere, was der Historiker Reinhard in M5 mit dem Begriff „Beutewirtschaft" (Z. 1 f.) ausdrücken möchte. Beziehe die Überschrift dieser Doppelseite mit ein.

4 Stelle dar, welchen Effekt Edmund Morels Vorgehen gegen die belgische Kolonialpolitik hatte (Darstellungstext, Z. 18–34).

5 Beurteile aus Sicht eines Mitglieds der Protestbewegung gegen die Kolonialpolitik des belgischen Königs den Umgang mit der indigenen Bevölkerung im Kongo. Nutze den **Wortschatz**.

Der Imperialismus Großbritanniens und Frankreichs

cornelsen.de/webcodes
Code: casawa
Kopiervorlage Methodentabelle

In Afrika strebte Großbritannien nach einer durchgehenden Nord-Süd-Ausdehnung seiner Kolonien von Ägypten bis Südafrika. Dies scheiterte an den Franzosen, die ein geschlossenes Kolonialreich von der West- zur Ostspitze Afrikas schaffen wollten.

- ***Welche Motive verfolgten Briten und Franzosen in Afrika?***

M 1

The Rhodes Colossus striding from Cape Town to Cairo (Übersetzung: Der Koloss namens Rhodes schreitet in großen Schritten von Kapstadt nach Kairo), Karikatur aus der britischen Zeitschrift „Punch", 1892. Dabei handelt es sich um eine Anspielung auf den „Koloss von Rhodos", eine riesige Statue im antiken Griechenland über der Hafeneinfahrt der Insel Rhodos.

Cecil Rhodes (1853–1902)
erlangte durch Gold- und Diamantengeschäfte großen Reichtum. Er warb für eine Telegrafen- und Eisenbahnlinie von „Kairo zum Kap". Zeitweilig war er Premierminister der Kapkolonie (heute Südafrika). Die Kolonien Nord- und Südrhodesien (heute Sambia und Simbabwe) wurden nach ihm benannt.

M 2

Der konservative Politiker John Walton über britischen Imperialismus (1899):

Wir sind eine Industriegesellschaft, die hauptsächlich vom Handel mit der Welt lebt ... Die Besetzung von herrenlosen Gebieten auf dem Erdball ist in der Regel moralisch gerechtfertigt und wirtschaftlich ratsam ... Keine größere Wohltat kann [den abhängigen Rassen] zuteil werden, als die starke, aber humane Autorität britischer Herrschaft.

*Wolfgang Mommsen, Imperialismus, Hamburg (Hoffmann und Campe) 1977, S. 70.***

M 3

Der Historiker Wolfgang Reinhard über die „indirekte Herrschaft" der Briten (2016):

Indirekte Herrschaft war historisch nichts Neues. Sie wurde einst von den Römern praktiziert und ... von den Briten gegenüber den indischen Fürstentümern erfolgreich angewandt. Aufgrund der Notwendigkeit, ein großes Land wirkungsvoll und kostengünstig zu regieren, entwickelte der britische Befehlshaber in Nordnigeria Frederick Lugard um die Jahrhundertwende in Nordnigeria seine Form der indirekten Herrschaft für Afrika: ... Weiterbestehen des [bisherigen afrikanischen] Herrschaftssystems mit seinen Nachfolgeregeln, aber das Recht des britischen Oberkommandierenden, im Notfall in die Ernennung von Fürsten und Beamten einzugreifen ... Besteuerung durch die Briten, Steuerfreiheit des Handels ... Land und Bodenschätze im Besitz der britischen Krone ... und Militärmonopol der Briten.

*Wolfgang Reinhard, Die Unterwerfung der Welt, Globalgeschichte der europäischen Expansion 1415–2015, München (Beck) 2016, S. 987 f.***

Wortschatz: eine direkte und eine indirekte Herrschaft über Kolonien • human (= menschlich) • eine Besteuerung (= das Einnehmen von Steuer) • ein Militärmonopol (= das alleinige Recht auf Soldaten)

Freier Handel und indirekte Herrschaft

Großbritannien besaß das größte Kolonialreich und die größte Handelsflotte. Die bedeutendste britische Kolonie war Britisch-Indien (heute Indien, Pakistan, Bangladesch und Myanmar). Das Gebiet wurde von einem britischen Vizekönig und 5000 britischen Verwaltungsbeamten nach dem Prinzip der „indirekten Herrschaft" (M3) regiert. Dadurch finanzierte sich die Kolonie selbst. Nach Indien exportierten die Briten bedeutend mehr Produkte als nach Afrika.

Das französische Kolonialreich

Nach dem Verlust seiner Kolonien in Nordamerika gründete Frankreich Kolonien in Afrika. Der Norden des heutigen Algerien wurde Teil des Mutterlandes und zog viele Siedlerfamilien aus Frankreich an. Bis 1898 eroberten die Franzosen ganz West- und Zentralafrika. Später kamen Gebiete in Indochina (heute Vietnam, Kambodscha, Laos) und zahlreiche Inseln im Indischen und Pazifischen Ozean hinzu. Beamte aus Frankreich übten eine direkte Herrschaft in den Kolonien aus.

M 4

Der französische Wirtschaftsprofessor Paul Leroy-Beaulieu über das Prinzip von Kolonialisierung (1874):

Kolonisierung bedeutet die Kraft eines Volkes zur Ausbreitung, seine Kraft zur Fortpflanzung und zur Verbreitung über weite Räume. Damit ist die Unterwerfung der Erde oder eines Teils der Erde unter die Sprache, die Sitten, die Ideen und die Gesetze des Eroberers gemeint. Wer kolonisiert, der wirft seine ganze Kraft in die zukünftige eigene Größe ... Literatur, Kunst und Wissenschaften werden in einem Volk, das Kolonien erworben hat, aufblühen. Ein Volk, das Kolonien besitzt, gehört zu den bedeutenden Völkern, wenn vielleicht noch nicht heute, dann morgen.

*Paul Leroy-Beaulieu, De la colonisation chez les peuples modernes, Paris (Guillaumin) 1902, 5. Aufl., S. 605 f. Übers. v. Hans-Joachim Cornelißen.**

M 5

Der Außenminister Gabriel Hanotaux über die Kolonialpolitik Frankreichs (1894):

Frankreich betreibt keine Eroberungs- und Machtpolitik. Es verbreitet in Übersee die Prinzipien seiner Kultur in Gegenden, die gestern noch vollkommen kulturlos waren. Als eines der ältesten Länder der Welt nehmen wir für uns in Anspruch, unsere ruhmreiche Kultur zu verbreiten. Daher sollten wir in Nah und Fern möglichst viele neue Frankreichs schaffen. Wir müssen unsere Sprache, unsere Sitten und Ideale schützen, denn wir stehen in Konkurrenz zu anderen Ländern, die denselben Weg eingeschlagen haben. Die Ausdehnung Frankreichs bedeutet die Verbreitung französischer Kultur zusammen mit christlicher Missionierung.

Zit. nach Gabriel Hanotaux, L'énergie française, Paris (E. Flammarion) 1902, S. 361. Übers. v. Hans-Joachim Cornelißen.

M 6

Titelbild französischer Schulhefte von G. Dascher, 1904. Auf dem Schild steht: Fortschritt, Zivilisation, Handel.

1 **Methode:** Analysiere die Karikatur M1 mithilfe der Arbeitsschritte auf 257 oder der Kopiervorlage im Webcode auf S. 46. **Tipp** → S. 241.
2 Nenne die in M2 genannten Hauptgründe für die britische Kolonialherrschaft.
3 Wende anhand des Darstellungstextes, M3 und des Lexikons die Strukturlege-Technik (→ S. 253) für die Begriffe direkte und indirekte Herrschaft an. Nutze den **Wortschatz**.
4 Stelle dar, wie die Autoren von M4 und M5 den Erwerb von Kolonien begründen. **Tipp** → S. 241.
5 a) Beschreibe das Titelbild M6.
b) Bewerte die Bildaussage aus heutiger Sicht.

Zusatzaufgabe → S. 236

Der Imperialismus der USA und Russlands

Die USA und Russland nahmen zwar nicht am Wettlauf um Afrika teil, sie betrieben aber in anderen Teilen der Erde imperialistische Politik. Ihre Motive unterschieden sich dabei von denen der Briten und Franzosen.

- ***Welche Ziele verfolgten Amerikaner und Russen?***

M 1

Der US-Politiker Albert J. Beveridge über die Zukunft der USA, Boston 1899:

Amerikanische Fabriken stellen mehr her, als für die Versorgung des amerikanischen Volkes notwendig ist. Die amerikanische Erde erzeugt mehr, als es [das Volk] verzehren kann. Das Schicksal hat uns unsere Politik vorgeschrieben. Der Handel der Welt muss und wird unser sein ... Wir werden in der ganzen Welt Handelsniederlassungen als Umschlagplätze für amerikanische Waren gründen. Unsere Handelsflotte wird bald über den ganzen Ozean fahren. Wir werden eine Kriegsmarine aufbauen, die unserer Größe entspricht. Aus unseren Handelsniederlassungen werden Kolonien erwachsen, die sich selbst regieren, unsere Flagge führen und mit uns Handel treiben ... Und das amerikanische Recht, die amerikanische Ordnung, die amerikanische Zivilisation und die amerikanische Flagge werden an bis dahin blutigen unkultivierten Ufern Fuß fassen, Ufern, die ... von nun an schöner und zivilisierter werden.

*Zit. nach Mommsen, a. a. O., S. 211 f.***

Das Ziel der „offenen Tür“

Im Kampf der imperialistischen Großmächte um Gebiete und Märkte in Zentralasien und China verkündeten die USA 1899 ihre Forderung nach einer „Politik der offenen Tür (Open door policy)“: Damit forderten die USA gleiche Rechte wie Europäer und Japaner beim Zugang zum rohstoffreichen chinesischen Kaiserreich. Sie forderten freien Zugang zu den Märkten in Asien, um amerikanische Produkte zu verkaufen, Investitionen zu tätigen und Rohstoffe zu kaufen. Die spanischen Kolonien Kuba und die Philippinen wurden nach einer amerikanisch-spanischen Auseinandersetzung 1898 zu Kolonien der USA.

Durch wirtschaftliche Macht, politischen Druck und mit einem schlagkräftigen Militär verschafften sich die USA Einfluss in vielen Ländern. Dabei brachten sie vor allem die Staaten Mittel- und Südamerikas in finanzielle, politische und wirtschaftliche Abhängigkeit („Dollarimperialismus“).

(der) Wirtschaftsliberalismus

Wirtschaftsliberale sind für Wettbewerb, freies Unternehmertum und Handel ohne Beschränkungen. Sie lehnen Eingriffe des Staates in die Wirtschaft ab. Sie sind zum Beispiel gegen Zölle.

M 2

„Schutzmann der Welt“, amerikanische Karikatur auf die Außenpolitik der USA, 1905. Die große Figur stellt den US-Präsidenten Theodore Roosevelt (1858–1919) dar, auf dem Schlagstock steht „The New Diplomacy“ („Die neue Diplomatie“) und auf der Papierrolle „arbitration“ (Schiedsrichter bei Konflikten).

Wortschatz: ein Pufferstaat (= ein Staat, der sich zwischen zwei Großmächten behauptet) • einen Umschlagplatz für Waren gründen • eigene Interessen mit Stützpunkten sichern • erwachsen aus (= hervorkommen) • sich als eine Schutzmacht betrachten • jemanden züchtigen (= bestrafen)

M 3

Das russische Imperium

M 4

Der russische Außenminister Alexander M. Gortschakow (1864):

Die Situation Russlands in Zentralasien ist die aller zivilisierten Staaten, welche sich in Kontakt mit nomadisierenden[1], halbwilden Völkerscharen ohne feste Organisation befinden. Die Sicherheit der Grenzen und des Handels verlangt in solchem Falle, dass der zivilisierte Staat ein gewisses Übergewicht über seine Nachbarn ausübe. Zunächst sind ihre Einfälle und Plünderungen zurückzuweisen. Um denselben ein Ende zu machen, ist man genötigt, die Grenzbevölkerung zu einer mehr oder minder direkten Unterwerfung zu zwingen. Ist dies Resultat erreicht, so nehmen die Grenzbewohner ruhigere und sesshaftere Gewohnheiten an, dafür werden sie nunmehr von ferner lebenden Stämmen beunruhigt. Der Staat ist verpflichtet, jene zu schützen, diese zu züchtigen.

Zit. nach Peter Alter (Hg.), Der Imperialismus (= Tempora Quellen zur Geschichte und Politik), Stuttgart (Klett) 1989, S. 40 ff.

[1] *umherziehenden*

Russland – ein Imperium wie die anderen?

Für seine Handels- und Kriegsflotte benötigte Russland Häfen, die auch im Winter nicht zufroren. Russland gewann Gebiete in Südosteuropa mit Häfen am Schwarzen Meer. Es nutzte die durch einen Bürgerkrieg entstandene Schwäche des chinesischen Kaiserreiches und erwarb durch Verträge riesige Gebiete in Ostasien (siehe Karte: Mandschurei, Amur-Provinz). Die Chinesen sprachen von „ungleichen und betrügerischen" Verträgen. Auch nach Zentralasien (siehe Karte: Turkestan, Buchara, Chiwa, Transkaspien) und in den Kaukasus rückten russische Truppen vor und gerieten in Konflikt mit den Briten, die Indien beherrschten. Afghanistan wurde zum „Pufferstaat" zwischen dem britischen und dem russischen Streben nach weiterer Ausdehnung.

Mit dem Bau von Eisenbahnlinien nach Zentralasien und der Transsibirischen Eisenbahn bis Wladiwostok (russisch wladi = beherrsche, wostok = der Osten) siedelten sich allein in Sibirien bis 1900 rund sechs Millionen Bauern entlang der neuen Bahnlinie an. Die „Transsib" erleichterte den Handel mit China und ermöglichte den Transport der sibirischen Bodenschätze nach Westen.

1 Erkläre, wie A. Beveridge in M1 den amerikanischen Imperialismus rechtfertigt. Nutze den Wortschatz.

2 Fasse mithilfe des Darstellungstextes zusammen, was unter „Politik der offenen Tür" zu verstehen ist.

3 Beurteile die Sichtweise der Amerikaner von sich selbst und von den anderen Völkern (M2).

4 **Partnerarbeit:** Verteilt a) und b). Stellt euch abschließend die Ergebnisse vor:

a) Arbeite aus M4 heraus, wie der russische Imperialismus gerechtfertigt wird.

b) Beschreibe anhand von M4, wie die Russen vorgingen, um ihr Imperium zu vergrößern.

5 Der deutsche Historiker Dietrich Geyer bezeichnete den russischen Imperialismus als „Eisenbahn-Imperialismus". Überprüfe diese Aussage mithilfe des Darstellungstextes und der Karte M3.

Schriftliche Quellen vergleichen

„Braucht Deutschland Kolonien?" lautete eine kontrovers diskutierte Frage zu Beginn der 1880er Jahre im deutschen Kaiserreich. Reichskanzler Bismarck sprach sich 1884 gegen den Erwerb von Kolonien aus. Er wollte stattdessen deutschen Auswanderern und Handelsvertretungen in Übersee staatlichen Schutz gewähren. Unter Bismarck wurde daher nicht von Kolonien gesprochen, sondern von „Schutzgebieten".

- *Untersuche zur Frage des Erwerbs von Kolonien für Deutschland die beiden Positionen in den folgenden Textquellen.*

M 1

Carl Peters, Vorsitzender der „Gesellschaft für deutsche Kolonisation" (28. März 1884):

Die deutsche Nation ist bei der Verteilung der Erde, wie sie vom Ausgang des 15. Jahrhunderts bis auf unsere Tage hin stattgefunden hat, leer ausgegangen. Alle übrigen Kulturvölker Europas besitzen auch außerhalb unseres Erdteils Stätten, wo ihre Sprache und Art feste Wurzeln fassen und sich entfalten kann. Der deutsche Auswanderer ist ein Fremdling auf ausländischem Grund und Boden. Das Deutsche Reich steht groß und stark da als führende Macht auf dem Kontinent. Seine Söhne in der Fremde müssen sich überall in Nationen einfügen, welche der unsrigen gleichgültig oder feindlich gegenüberstehen ... In dieser Tatsache liegt ein ungeheurer wirtschaftlicher Nachteil für unser Volk. Alljährlich geht die Kraft von etwa 200 000 Deutschen[1] unserem Vaterland verloren! Diese Kraftmasse strömt meistens unmittelbar in das Lager unserer wirtschaftlichen Konkurrenten ab und vermehrt die Stärke unserer Gegner. Der deutsche Import von Produkten tropischer Zonen geht von ausländischen Niederlassungen aus, wodurch jährlich viele Millionen deutschen Kapitals an fremde Nationen verloren gehen! ... Ein ... sicherer Absatzmarkt fehlt unserer Industrie, weil eigene Kolonien unserem Volke fehlen ... Es gilt ... der Welt zu beweisen, dass das deutsche Volk mit der alten Reichsherrlichkeit[2] auch den alten deutschnationalen Geist der Väter übernommen hat!

*Zit. nach Hermann Krätschell, Carl Peters 1856 bis 1918, Berlin (FU Berlin Diss.) 1959, S. 16 f.**

[1] *durch Auswanderung*
[2] *gemeint ist das Heilige Römische Reich deutscher Nation (10. Jahrhundert bis 1806)*

M 2

Der sozialdemokratische Abgeordnete Wilhelm Liebknecht im Reichstag (4. März 1885):

Fragen wir uns ruhig: was wird mit der so genannten Kolonialpolitik denn eigentlich bezweckt? Wenn wir auf den Grund gehen, so wird als der Zweck hingestellt: die Überproduktion und die Übervölkerung zu steuern ... Ist Deutschland etwa übervölkert? Deutschland ist noch lange nicht übervölkert; bei vernünftiger sozialer Organisation, bei zweckmäßiger Organisation der Industriearbeit und bei wissenschaftlichem Betriebe des Ackerbaues könnte Deutschland eine weit größere Bevölkerung ernähren, als dies heutzutage der Fall ist. Die „Übervölkerung" liegt eben darin, dass wir mangelhafte soziale und wirtschaftliche Einrichtungen haben. Und gerade so ist es mit der Überproduktion. Da klagen unsere Fabrikanten, dass ihre Produkte keinen Absatz finden. Ja, meine Herren, warum haben sie keinen Absatz? Weil das Volk nicht kaufen kann, – abermals eine Folge unserer mangelhaften sozialen Verhältnisse; wenn die Sozialreform wirklich den Hebel an der richtigen Stelle ansetzen will, dann muss sie dafür sorgen, dass wirklicher Nationalreichtum erzeugt wird, das heißt, dass der Nationalreichtum, welcher tatsächlich erzeugt wird, auch seine richtige Verteilung findet. Und wird etwa durch die Kolonialpolitik etwas nach dieser Richtung erreicht? Nein, meine Herren ... Im Lande selbst kann allein die soziale Frage gelöst werden, niemals durch Kolonialpolitik in der Ferne.

*Zit. nach Ludwig Helbig, Imperialismus – das deutsche Beispiel, Frankfurt am Main (Diesterweg) 1976, S. 70 f.***

Arbeitsschritte „Schriftliche Quellen vergleichen“

Ersten Eindruck festhalten	Sprachliche Formulierungshilfen
1. Auf welche Frage geben beide Quellen/Autoren eine Antwort?	• *Zum Beispiel: Braucht Deutschland Kolonien?*
2. Wovon handeln die beiden Texte?	• *Die Texte handeln von ...*
Informationen zu den Verfassern und zur Entstehungszeit herausarbeiten	
3. Wann wurden die beiden Texte jeweils verfasst? Gibt es einen großen zeitlichen Abstand?	• *Die Quelle M1 stammt aus dem Jahr ... und M2 aus dem Jahr ... Der zeitliche Abstand erscheint mir ...*
4. Was weißt du über die Autoren? Tipp: Recherchiere im Internet über die Autoren.	• Carl Peters war ... • Wilhelm Liebknecht gehörte zu ...
5. Aus welchem Anlass wurden die Texte geschrieben? Waren sie für die Öffentlichkeit bestimmt oder handelt es sich um private Mitteilungen?	• Beide Autoren äußern sich zu ... • Der Text von Wilhelm Liebknecht ist ein Auszug ...
Den Inhalt der Quellen zusammenfassen, analysieren und vergleichen	
6. Gib die Hauptaussagen und Schlüsselbegriffe der Texte wieder.	• *Carl Peters vertritt die Position, dass Deutschland unbedingt ...* • *Wilhelm Liebknecht hingegen ...*
7. Vergleiche die Aussagen der beiden Quellen. Welche Aussagen stimmen überein und welche unterscheiden sich deutlich? Warum gibt es Unterschiede?	• *Die Standpunkte der beiden Verfasser stimmen ...*
8. Welche Absicht (= Intention) wird jeweils vom Verfasser verfolgt?	• *Carl Peters möchte ...* • *Wilhelm Liebknecht dagegen fordert ...*
9. Mit welchen Argumenten begründen die beiden Verfasser ihre Position? Ist die Argumentation logisch aufgebaut? Beziehen sich die Autoren aufeinander?	• *Peters stützt sich bei seinen Aussagen auf ...* • *Wilhelm Liebknecht greift die Befürworter des Erwerbs von Kolonien scharf an, indem er ...*
10. An welchen Stellen wird ein Urteil deutlich? Sind die Urteile und Aussagen überprüfbar?	• *Die Aussagen der Autoren lassen sich historisch belegen/nicht belegen, weil ...*
Ideologiekritik* und eigenes Urteil	
11. Verfasse ein eigenes Urteil, indem du die Informationen zu den Autoren und den historischen Kontext einbeziehst.	• *Nach der Analyse beider Quellen lässt sich über die Standpunkte der Autoren sagen, dass ...*

MK 1 **a)** Lege eine Tabelle an, mit deren Hilfe du die beiden Texte vergleichen kannst. Gliedere die Tabelle nach den Arbeitsschritten, die du oben siehst. Du kannst auch die Kopiervorlage aus dem Webcode nutzen.
b) Vergleiche die Quellen M1 und M2 mithilfe der Arbeitsschritte und der sprachlichen Formulierungshilfen.

2 **Partnerarbeit:**
a) Vergleicht eure Ergebnisse.
b) Begründet, warum es bei vielen historischen Fragestellungen wichtig ist, nicht nur eine einzige Quelle zu untersuchen.

3 Erkläre, warum es sich bei M1 und M2 um Quellen und nicht um Darstellungen handelt.

Zusatzaufgabe → S. 237

cornelsen.de/webcodes
Code: xavike
Kopiervorlage Methodentabelle

Widerstand in der Kolonie Deutsch-Südwestafrika

cornelsen.de/webcodes
Code: zonodu
Film: Unterdrückung in Deutsch-Südwestafrika

Obwohl die Reichsregierung unter Bismarck lange Zeit Kolonien abgelehnt hatte, erwarb das Deutsche Reich 1884 die Kolonie Südwestafrika, das heutige Namibia. Die Fläche der Kolonie war rund 1,5-mal so groß wie die des Deutschen Reichs und bestand überwiegend aus Wüste und Steppe. Von den 200 000 Einwohnern im Jahr 1902 waren 3 000 Deutsche. Ab 1904 kam es zu mehreren Aufständen der indigenen Völker der Herero und Nama, die von der deutschen Regierung niedergeschlagen wurden.

- ***Welche Ursachen und Folgen hatte der Krieg zwischen Deutschen und Einheimischen?***

Die Herero und Nama wehren sich

Die Geschichte der Kolonie Deutsch-Südwestafrika begann 1883, als der Bremer Großkaufmann Adolf Lüderitz mithilfe betrügerischer Verträge Land von den einheimischen Völkern der Herero und Nama erwarb. Wenig später erklärte die deutsche Regierung das erworbene Land nach Bitte der deutschen Siedler zum „Schutzgebiet“. Dieses Anliegen führte zu einer veränderten Haltung Bismarcks, der die privaten Erwerbungen der deutschen Kaufleute unter staatlichen Schutz stellte. Weitere „Schutzgebiete“ folgten mit Togo (1884), Kamerun (1884), Deutsch-Ostafrika (1885), den pazifischen Kolonien (1884 bis 1899) und in China mit dem Gebiet Jiaozhou (Kiautschou, 1897). Es wurden deutsche Soldaten in der Kolonie Deutsch-Südwestafrika stationiert, Verwaltungsbeamte dorthin entsandt und eine Polizei aufgebaut. Der Abbau von Kupfer und Diamanten und die Viehzucht lockten viele deutsche Siedler an. Bis 1914 wanderten etwa 13 000 Deutsche als Arbeitskräfte oder Siedler nach Südwestafrika aus. Sie verdrängten die Einheimischen durch Landkäufe aus deren Gebieten und raubten ihnen dabei auch die wenigen fruchtbaren Weiden für die Viehzucht, die die Lebensgrundlage der Indigenen darstellte. Herero und Nama wurden zur Arbeit für die Deutschen verpflichtet. Im Fall der Verweigerung ging die deutsche „Schutztruppe“* gewaltsam gegen die einheimische Bevölkerung vor.

Wegen des Verlusts ihrer Siedlungs- und Weidegebiete gingen die Herero und Nama von 1904 bis 1907 zum bewaffneten Widerstand über, bei dem 1904 rund 120 deutsche Siedler getötet wurden. Die deutsche Regierung schickte daraufhin tausende zusätzliche Soldaten unter Lothar von Trotha in ihre Kolonie. Im folgenden Krieg starben etwa drei Viertel der Herero und Nama im Kampf, in Kriegsgefangenenlagern oder sie verdursteten, weil sie von den Deutschen in die Wüste getrieben worden waren.

M 1

Aus einer Bekanntmachung des deutschen Generals Lothar von Trotha an die Herereo (2. Oktober 1904):

Die Hereros sind nicht mehr deutsche Untertanen ... Innerhalb der deutschen Grenze wird jeder Herero, mit oder ohne Gewehr, mit oder ohne Vieh erschossen, ich nehme keine Weiber oder Kinder mehr auf, treibe sie zu ihrem Volk zurück oder lasse auf sie schießen.

*Bundesarchiv, Abt. Militärarchiv, Freiburg (Inv. BArch RW 51/2, Bl 1).**

M 2

Zeugenaussage eines namentlich unbekannten Hereros (1907):

Der Krieg ist von ganz kleinen Dingen gekommen und hätte nicht [zu] kommen brauchen. Einmal waren es die Sturmann [deutschen Kaufleute] mit ihrem schrecklichen Wucher und eigenmächtigen, gewaltsamen Eintreiben ... Wer nicht zahlen wollte oder konnte, den verfolgten und plagten sie. Dann ist es der Branntwein gewesen, der die Leute schlecht und gewissenlos gemacht hat. Wenn jemand trinkt, dann ist es ihm gleich, was er tut. Aber das schlimmste Übel ist, was viel böses Blut und Streit hervorgerufen hat, die Vergewaltigung unserer Frauen durch Weiße. Manche Männer sind totgeschossen [worden] wie Hunde, wenn sie sich weigerten, ihre Frauen und Töchter preiszugeben, und drohten, sie mit der Waffe in der Hand zu verteidigen. Wären solche Dinge nicht geschehen, wäre kein Krieg gekommen, aber er ist bei solchen Vergewaltigungen ausgebrochen.

*Zit. nach Horst Gründer, Geschichte der deutschen Kolonien, 6. Aufl., Paderborn (Schöningh) 2012, S. 130.***

M3

Der Historiker Jürgen Zimmerer über den Krieg gegen die Herero und Nama (2016):
Das Deutsche Reich verübte zwischen 1904 und 1908 in seiner damaligen Kolonie Deutsch-Südwestafrika Völkermord* ... Der Krieg des Deutschen Reiches wurde ... als Vernichtungskrieg geführt. Jeder Widerständige wurde erschossen. Nach der „Schlacht am Waterberg" 1904 weitete sich diese Politik auf Frauen und Kinder aus: Sie wurden zusammen mit ihren Männern in die Wüste getrieben und deutsche Soldaten verwehrten ihnen ... den Zugang zu den rettenden Wasserstellen ... Deutlicher als [in dem] am 2. Oktober 1904 erlassenen „Schießbefehl" [siehe M1] kann man die Vernichtungsabsicht kaum ausdrücken. Hier sprach der „Rassenkrieger" von Trotha, der die Weltgeschichte als Kampf der „Weißen" gegen die „schwarze Rasse" interpretierte ... Das Land der Herero und Nama wurde als Strafe für den Widerstand enteignet und an Deutsche abgegeben. Hier liegt eine der Ursachen für bis heute nachwirkende ungerechte Landverteilung.

*Jürgen Zimmerer, Der erste Völkermord des 20. Jahrhunderts, in: Katalog der Ausstellung Deutscher Kolonialismus, DHM Berlin (Theiss) 2016, S. 138 f.***

M4

Gefangen genommene Herero, Foto, 1904

M5

Das am 21. März 2014 eingeweihte „Genozid (= Völkermord)-Denkmal" vor der Alten Feste in Windhoek, der Hauptstadt Namibias. Die Inschrift lautet „Their Blood Waters our Freedom" („Ihr Blut ermöglichte unsere Freiheit"). Das Denkmal steht auf dem Gelände des nationalen Unabhängigkeits-Gedenkmuseums. Foto, undatiert

1 **Wähle eine Aufgabe aus:**
   a) Erstelle mithilfe des Darstellungstextes eine kurze Zeitleiste der Ereignisse in der Kolonie Deutsch-Südwestafrika.
   b) Wende die Strukturlege-Technik an (→ S. 253): Erkläre die Ereignisse in Deutsch-Südwestafrika von 1880 bis 1915.

2 Arbeite aus M2 heraus, welche Gründe der Vertreter der Herero für den Aufstand nennt.

MK 3 a) **Methode:** Beschreibe das Foto M4. Nutze die Arbeitsschritte auf S. 257 oder die Kopiervorlage im Webcode.
   b) **Gruppenarbeit**: Diskutiert, ob es sinnvoll ist, Fotos wie hier M4 und M2 auf S. 44 in Schulbüchern abzubilden. Einigt euch auf eine gemeinsame Position und haltet diese auf einem Plakat fest.

4 Erkläre, warum der Historiker in M3 den Krieg der deutschen Truppen gegen die Nama und Herero als Völkermord bezeichnet. Beachte auch M1 und M5.

5 Bewerte das Vorgehen der Deutschen in der Kolonie Deutsch-Südwestafrika mithilfe von M1 bis M4. Nutze den **Wortschatz**.

MK 6 a) Untersuche den Film im Webcode auf S. 52.
   b) Bewerte, ob er angemessen an die deutsche Kolonialherrschaft erinnert.

cornelsen.de/webcodes
+ *Code: fufafi*
Kopiervorlage Methodentabelle

Wortschatz: die indigene (= einheimische) Bevölkerung • Truppen stationieren • jemanden in ein Gebiet entsenden • einen Vernichtungskrieg führen • ein Genozid (= ein Völkermord)

Welche Nachwirkungen hat die deutsche Kolonialgeschichte bis heute?

Zwei Erzählungen über die Kolonialgeschichten europäischer Staaten bestimmen bis heute die Diskussion. Die eine betont, die Kolonialmächte hätten Straßen, Schulen und Eisenbahnen gebaut, ein blühendes Wirtschaftsleben in Gang gesetzt und Sicherheit gebracht. Die andere stellt die Unterdrückung der indigenen Bevölkerung und die Ausbeutung der Natur- und Bodenschätze durch die Kolonialmächte in den Mittelpunkt.

- ***Untersuche den heutigen Umgang mit der deutschen kolonialen Vergangenheit.***

M 1 *Gottesdienst im Französischen Dom in Berlin aus Anlass der Übergabe von Knochen und Schädeln von Afrikanern, die während der Kolonialzeit zu „Forschungszwecken" nach Deutschland gebracht worden waren, Foto, 29.08.2018*

M 2 **Vekuii Rukoro, Vertreter der Herero, während des Gottesdienstes am 29.08.2018:**

„Völkermord! So nennen wir das zu Hause!" rief der in roter Uniform erschienene Rukoro und kritisierte, die Bundesregierung habe der Kirche mit der Organisation der Zeremonie die Verantwortung für die Übergabe zugeschoben. „Als gäbe es kein anderes würdiges Gebäude in ganz Berlin, das 450 Menschen aufnehmen kann. Warum die Verantwortung an den Komplizen [= die Arbeit der christlichen Kirchen unterstützte nach Ansicht des Verfassers die Kolonialisierung] abschieben?"

Quellenangabe siehe M 3.

Übernimmt Deutschland genügend Verantwortung?

Im August 2018 übergaben deutsche Institutionen im Rahmen eines Gottesdienstes Schädel und Knochen an den namibischen Staat (M1). Die Gebeine stammten von indigenen Todesopfern, die die Deutschen in der Kolonialzeit zum Zweck „rassebiologischer Untersuchungen" aus Afrika nach Deutschland gebracht hatten. Seit Langem fordern Vertreter der Herero und Nama, dass Deutschland seine Schuld an der Ermordung ihrer Vorfahren anerkennt. Die deutsche Seite schreckt aus Furcht vor finanziellen Entschädigungsansprüchen vor einer offiziellen Entschuldigung zurück und verweist auf die hohen Zahlungen an Entwicklungshilfe für Namibia. Rechtliche Klagen der Herero und Nama gegen Deutschland scheiterten bisher. Viele Herero fühlen sich nicht angemessen berücksichtigt, da ihre Regierungsvertreter dem Volk der Ovambo angehörten und diese am Schicksal der Nachfahren der damaligen Herero-Opfer nicht besonders interessiert seien. Im Jahre 2021 kam es zu einem Abkommen, in dem die Bundesrepublik Deutschland den Genozid an Herero und Nama offiziell anerkannte.

M 3 **Die Staatsministerin im Auswärtigen Amt, Michelle Müntefering, am 29.08.2018:**

Ich verbeuge mich in tiefer Trauer. Das schreckliche Unrecht, das unsere Vorfahren begangen haben, kann ich nicht rückgängig machen. Doch ich bitte Sie, aus tiefstem Herzen um Verzeihung.

*M2 und M3 Zit. nach https://www.deutschlandfunk.de/uebergabe-von-herero-gebeinen-meilenstein-im-prozess-der.691.de.html?dram:article_id=426716 (Stand: 21.07.2020).***

Wortschatz: sich einer Verantwortung stellen oder entziehen • einen Anspruch auf Entschädigung stellen • eine Zeremonie durchführen • eine Zivilisationsmission • einen Herrschaftsanspruch mit Gewalt durchsetzen

M 4

Die deutsche Journalistin Alice Hasters über die Folgen des Kolonialismus (2019):

Afrika ist arm, Europa ist reich – das ist keine Selbstverständlichkeit. Der globale Norden [= die reichen Industrienationen] ist durch Ausbeutung zum Reichtum gelangt. Für diesen Reichtum sind Millionen Menschen ums Leben gekommen ... Bis heute kämpfen indigene Völker weltweit um Rechte auf ihrem eigenen Land ... Bis heute gibt es zahlreiche Straßennamen in Deutschland, die nach ehemaligen Kolonialherren und Kaufleuten benannt sind ... Auch in ehemaligen Kolonien sind Spuren der deutschen Zwangsherrschaft bis heute zu finden: Straßen, Gebäude und Städte tragen noch Namen ehemaliger [Kolonisatorinnen und Kolonisatoren] ... Die willkürlichen Grenzen zwischen afrikanischen Ländern, die auf der Berliner Konferenz [S. 44/45] gezogen wurden, bestehen zum großen Teil noch heute. Die unfairen Machtverhältnisse, die die Kolonialmächte hinterlassen haben, waren und sind immer noch Auslöser für Bürgerkriege ... im globalen Süden [= gemeint sind hier die Entwicklungs- und Schwellenländer, die einst Kolonien waren] ... Aufgrund der Maafa[1] haben westliche Länder bis heute einfachen und billigen Zugang zu Rohstoffen in den ehemaligen Kolonialgebieten. Die Ausbeutung läuft weiter, in Form von unfairen Handelsabkommen und Unternehmen, die unmenschliche Arbeitsbedingungen dulden.

*Alice Hasters, Was weiße Menschen nicht über Rassismus hören wollen aber wissen sollten, München (hanserblau) 2019, S. 62f.***

[1] *Das aus der afrikanischen Sprache Swahili stammende Wort bedeutet wörtlich „großes Unglück" und ist ein von den Opfern selbstbestimmter Begriff für den transatlantischen Sklavenhandel, die Ausbeutung der kolonialisierten Länder und die Verbrechen an den Ureinwohnern.*

M 5

Ortsschild im Bahnhof der namibischen Hafenstadt Lüderitz, Foto, 2017

In Namibia wurde 2013 der nach dem Nachfolger Bismarcks benannte „Caprivi-Streifen" in Sambesi-Gebiet umbenannt. 2019 folgte die Umbenennung der Straßen, die an die deutsche Kolonialzeit erinnerten.

M 6

Straßenschilder im Afrikanischen Viertel des Berliner Ortsteils Wedding, Foto, undatiert

Die ursprünglich dem Kolonialisten Carl Peters (S. 50 M1) gewidmete Straße erhielt 1986 folgende neue Infotafel:

Prof. Dr. Hans Peters, Stadtverordneter (1896–1966).

1 Fasse das Problem der Herero und Nama mit Deutschland zusammen (Darstellungstext).

2 Erkläre mithilfe von M1, M2 und M3 die Haltung des Sprechers und der Sprecherin bezüglich Deutschlands und dessen Verantwortung für die Verbrechen der Kolonialzeit. Nutze den **Wortschatz**.

3 **a)** Fasse die Position der Journalistin in M4 zusammen.
b) Verfasse einen Leserbrief, indem du zur Position der Journalisitin (M4) Stellung nimmst.

MK 4 **a)** Recherchiere zu Adolf Lüderitz und Carl Peters.
b) Bewerte die Benennung von Orten und Straßen nach diesen Personen in Namibia und Deutschland (M5, M6).

MK 5 **Gruppenarbeit:**
a) Recherchiert, ob es in eurem oder in einem Ort in eurer Nähe Straßennamen mit einer Verbindung zur deutschen Kolonialgeschichte gibt (Webcode). **Tipp** → S. 241.
b) Ihr könnt euch für eine Umbenennung von Straßennamen in eurer Stadt engagieren, indem ihr dem Stadtrat Vorschläge für eine angemessene Form der Erinnerung macht. Entwickelt unterschiedliche Vorschläge.

cornelsen.de/webcodes
Code: qeboxa
Koloniale Straßennamen

Umgang mit dem kolonialen Raubgut

cornelsen.de/webcodes
Code: ciqoxa
Außerschulische Lernorte: Rautenstrauch-Joest-Museum in Köln und Museum auf der Haardt in Wuppertal

„Das afrikanische Erbe darf kein Gefangener europäischer Museen sein", erklärte der französische Staatspräsident Emmanuel Macron 2017. Macron sprach sich für eine schnelle Rückgabe geraubter Kunstschätze aus. In Dakar (Hauptstadt von Senegal) entstand 2018 ein großes „Museum der schwarzen Zivilisationen". Europäische Museen und Privatsammlungen erforschen jetzt die genaue Herkunft (Provinienz) afrikanischer Kunst und katalogisieren sie. Bearbeite A oder B. Anschließend kannst du folgende Frage klären:

- ***Wie sollte mit dem Raubgut umgegangen werden?***

A

M 1

Das Bündnis „Decolonize Berlin" über koloniale Raubgüter (2019):

In den europäischen Kolonien wurde nicht nur gestohlen, erpresst und geplündert. Ein Teil des deutschen Kolonialbesitzes geht auch auf Tausch, Kauf oder Schenkung zurück. Aber ist denn z. B. das „Sammeln" von menschlichen Schädeln, die ruandische Kinder gegen den Willen ihrer Gemeinschaft der „Deutschen Zentral-Africa-Expedition" für einige Glasperlen überließen als fairer "Tausch" zu bezeichnen? Kann denn der nach langjährigem Druck durch das Kolonialregime [= das Kaiserreich] an den deutschen Kaiser gesandte Thron des Königs Njoya aus Kamerun tatsächlich als unproblematische „Schenkung" betrachtet werden? Die Gebeine der Ahnen [= Vorfahren], die heiligen Statuen und rituellen Masken der Kolonisierten wurden nicht „gesammelt". Die in den Kolonien handelnden Militärs, Beamte, Missionare, Forscher und Händler nutzten ihre Machtposition, um sich anzueignen, was ihnen von Wert und Interesse schien ...

*Zit. nach Mnyaka Sururu Mboro, Tahir Della und Christian Kopp, Ohne Gerechtigkeit keine Zukunft, in: Politik und Kultur Nr. 4/2019, S. 5.***

M 2

Thron des Königs Njoya aus dem Königreich Bamum im Hochland des heutigen Nordwest-Kamerun in Westafrika, Foto, undatiert. Kamerun war eine deutsche Kolonie. Der Thron ist mit wertvollen Materialien bestickt. Er befindet sich seit Jahrzehnten im Bestand des Ethnologischen Museums in Berlin.

1 Fasse den Inhalt der Darstellung M1 in eigenen Worten zusammen.

MK 2 Recherchiere im digitalen Angebot des Ethnologischen Museums in Berlin über den Thron (M2). Verwende im Webcode den Suchbegriff „Njoya".

3 Erkläre, warum der in der Kolonialzeit stattgefundene Tausch, Kauf oder die Schenkung von Kolonialgütern als problematisch anzusehen ist.

Das Ethnologische Museum in Berlin
ist ein Museum für Völkerkunde. Es gehört zur Stiftung Preußischer Kulturbesitz, die die Kulturgüter des ehemaligen Landes Preußen pflegt und bewahrt. Die Sammlung des Museums besteht aus 508 000 Objekten aus Afrika, Asien, Amerika, Australien und der Südsee. Es gehört zu den größten ethnologischen Museen der Welt. Besonders bedeutsam ist die Afrika-Sammlung des Museums.

B

M 3

Die Kunsthistorikerin Felicity Bodenstein über die sogenannten Benin-Bronzen[1] (2020):
Warum wird die Geschichte von Europas Kolonialkriegen gerade an den Benin-Bronzen erzählt, obwohl in Berlins Ethnologischem Museum außer 520 Benin-Objekten noch mehr als eine halbe Million anderer Stücke aus Afrika, Amerika und Ozeanien liegt? Ein Hauptgrund ist die Tatsache, dass sie an europäische Formen höfischer Kunst [= gemeint ist die Kunst des Mittelalters] erinnern. Oft sind sie mit den Meisterwerken der italienischen Renaissance[2] verglichen worden ... In nach der Plünderung erschienenen Auktionskatalogen wird anschaulich beschrieben, wie die Kunsträuber vorgingen. Sie gruben Knochen ... aus, rissen Stücke von Altären und ließen Souvenirs von Getöteten mitnehmen ... Die meisten entwendeten Objekte waren Ritualgegenstände, die für den Ahnenkult [= Verehrung der Vorfahren] benützt und verehrt wurden wie lebende Personen. Dass sie nach ihrer Plünderung zu bloßen Waren wurden, müssen die Menschen in Benin-City als schlimmen Frevel[3] empfunden haben ... Die Preise für Benin-Objekte sind seither explodiert ... die Zerstreuung der 1897 geraubten Objekte geht weiter, weil Privatleute, aber auch neue Museen wie das Louvre Abu Dhabi sie weiterhin erwerben ... Als Ende der Nullerjahre [= gemeint ist Ende der 2000er Jahre] in Berlin die ersten europäisch-afrikanischen Treffen stattfanden, gab es in Europa kaum politische Unterstützung für die Restitution [= Rückgabe] kolonialer Objekte ... Diskutiert wurden unter anderem der Austausch von Sammlungsinformationen ... Die Position der Europäer war damals weit entfernt von der der nigerianischen Mitglieder, die immer nachdrücklicher Restitutionen forderten. Als sich die Gruppe 2017 und 2018 nach langer Pause wieder traf, einigte man sich darauf, dass europäische Museen in Zukunft wechselnde Benin-Objekte an ein neues Museum verleihen, das ... auf dem Gelände des früheren Palasts von Benin-City [gebaut werden] soll.

*Zit. nach https://www.sueddeutsche.de/kultur/restitutions-debatte-alles-von-wert-in-besitz-genommen-1.4802747 (Stand: 20.07.2020)**.*

[1] *Benin war Teil des heutigen Nigeria. Es ist nicht der heutige Staat Benin gemeint. Eine Bronze ist ein Kunstgegenstand.*
[2] *Wiedergeburt (Kunstepoche des 14.–16. Jahrhunderts)*
[3] *eine Gotteslästerung*

M 4

Benin-Bronze aus dem 17. Jh., Foto, undatiert. Die Bronze wird heute im Ethnologischen Museum in Berlin ausgestellt.

1 Fasse die Bedeutung der Benin-Bronzen (M4) und die Folgen ihrer Zerstreuung zusammen (M3).

MK 2 Recherchiere in der digitalen Sammlung des Ethnologischen Museums in Berlin über die Bronze M4. Nutze den Suchbegriff „König mit Begleitfiguren“.

3 Die Aufgabe eines Museums ist es, Sammlungen zu schützen und zu pflegen und nicht, sie wiederzugeben. Nimm dazu kritisch Stellung.

Aufgabe für alle:

a) Diskutiert in der Klasse, ob Kulturgüter aus den ehemaligen Kolonien zurückgegeben, behalten, oder ob sie gegen andere Gegenstände getauscht werden sollten.

MK b) Bewertet, ob in den digitalen Angeboten des Ethnologischen Museums angemessen an die Kolonialisierungsprozesse erinnert wird. **Tipp** → S. 241.

cornelsen.de/webcodes
Code: hocagi
Das Ethnologische Museum Berlin

1870 | 1880 | 1890

1880–1914 Zeitalter des Imperialismus

1874–1908 Ausbeutung des Kongo durch den belgischen König Leopold II.

1884 Deutsch-Südwestafrika

1885 Deutsch-Ostafrika

1884 auf der Kongokonferenz in Berlin teilen europäische Staaten den afrikanischen Kontinent unter sich auf

Nationalismus und Imperialismus

Das Zeitalter des Imperialismus

Die Epoche des **Imperialismus** (von lat. imperium: Herrschaftsbereich, Weltreich) dauerte von den 1880er Jahren bis zum Ende des Ersten Weltkrieges 1918. Die europäischen Industriestaaten, die USA und Japan nutzten ihren technischen Vorsprung und ihre wirtschaftliche Überlegenheit zum Erwerb von Kolonien in Afrika, Asien und Ozeanien. Hinzu kam das „zivilisatorische Sendungsbewusstsein“: Die imperialistischen Nationen Europas und die USA wollten angeblich „barbarischen und unterentwickelten Völkern“ Kultur und Zivilisation bringen. Zugleich unterstützten sie die christliche Mission, die die indigene Bevölkerung zum christlichen Glauben führen sollte.

Der Imperialismus begann auf Initiative von Privatleuten und Handelsgesellschaften als „Beutewirtschaft“ zum Erhalt begehrter Rohstoffe. Ein Beispiel dafür ist der Kongo, den der belgische König als Privatbesitz besaß.

Im Zeitalter des Imperialismus wurden Gebiete und Staaten politisch, wirtschaftlich und kulturell abhängig gemacht und direkt oder indirekt beherrscht. Der Wettkampf der Europäer um Kolonien in Afrika wurde durch den Eintritt von erst im 19. Jahrhundert zu Nationalstaaten gewordenen Ländern wie Deutschland (1871) und Italien (1861) noch verstärkt. Mehrfach kam es zu Konflikten der Europäer um Kolonien, die aber diplomatisch gelöst werden konnten.

Hauptziele der imperialen Politik waren:

- die Suche nach Rohstoffen und nach Absatzmärkten für die Erzeugnisse der Industriestaaten
- Die Erschließung von Siedlungsflächen für Auswanderer. Insgesamt ließen sich aber nur wenige Europäer dauerhaft in Afrika nieder; aus Deutschland ca. 12 000 Personen.
- Machtansprüche im europäischen Konkurrenzkampf
- die Ablenkung innenpolitischer Spannungen nach außen

Die Rechtfertigungen:

- die Stärkung des eigenen nationalen Selbstwertgefühls
- der Rassismus: die Annahme einer naturgegebenen Überlegenheit der weißen Europäer gegenüber allen als minderwertig betrachteten Völkern und die Idee des Sozialdarwinismus („der Stärkere überlebt“)

Die Herrschaft in den Kolonien

In den Kolonien verwalteten Beamte der Kolonialmacht die abhängigen Gebiete. Dabei wurden sie von Militäreinheiten aus der Heimat unterstützt. In den deutschen Kolonien war das die „Schutztruppe“. Einheimische Kräfte wurden zur Unterstützung angeworben. Die Briten zogen die **„indirekte Herrschaft“** für ihre Kolonien vor, in denen sie einheimische Verwaltungen und Fürsten im Amt ließen. Die Franzosen entsandten eigene Beamte für eine **direkte Herrschaft**. Eine weitere Methode der wirtschaftlichen und politischen Einflussnahme war die Vergabe von Krediten mit strengen Auflagen oder der Bau von Eisenbahnlinien oder Kanälen für die Schifffahrt. In allen Kolonialgebieten kam es regelmäßig zu Aufständen, mit denen sich die einhei-

1900 1910 1920

1904–1907 Aufstand der Herero und Nama in Deutsch-Südwestafrika
Völkermord durch die deutsche „Schutztruppe“

1898 britisch-französische Auseinandersetzung um Kolonien in Afrika führt fast zum Krieg

1908–1960 durch Verkauf an den Staat Belgien bleibt Kongo belgische Kolonie

1897/98 Jiaozhou (Kiautschou) – deutsche Kolonie in China

1912/1913 Balkankriege

1891–1916 Bau der Transsibirischen Eisenbahn

1914 Beginn Erster Weltkrieg

mische Bevölkerung gegen die brutale Unterdrückung durch die europäischen Kolonisten wehrte.

Das deutsche Kaiserreich als Kolonialmacht

Im 1871 gegründeten Kaiserreich lehnte die Regierung unter Otto von Bismarck den Erwerb von Kolonien zunächst ab. Aber die Unternehmer und eine größer werdende politische Öffentlichkeit erhöhten den Druck. Ausgelöst wurde dieser durch wirtschaftliche und politische Motive, aber auch durch das Konkurrenzdenken mit Blick auf andere Kolonialmächte wie Großbritannien und Frankreich. Unter Bismarck wurde noch nicht von Kolonien gesprochen, sondern von **„Schutzgebieten“**, um andere Staaten nicht zu provozieren und keine kriegerischen Konflikte zu riskieren.

Widerstand in den Kolonien

Die Begegnung zwischen den europäischen Siedlern und der indigenen Bevölkerung Afrikas führte zu einer Vielzahl von **Aufständen gegen die Kolonialmächte**. Einer davon eskalierte in Deutsch-Südwestafrika, als sich die Völker der **Herero und Nama** zwischen 1904 und 1907 gegen die deutsche Kolonialmacht erhoben. Die Kolonialisten hatten ihnen das Weideland und damit ihre Lebensgrundlage geraubt. Die deutsche Schutztruppe wurde durch tausende Soldaten aus Deutschland verstärkt. Der folgende Krieg kostete zehntausenden Herero und Nama das Leben. Die Mehrzahl der afrikanischen Männer dieser Völker wurden erschossen, Frauen und Kinder in die Wüste getrieben, wo die meisten den Tod fanden.

Der Umgang mit der Kolonialpolitik

Im Jahre 2021 kam es zu einem Abkommen, in dem die Bundesrepublik Deutschland den **Genozid** an Herero und Nama offiziell anerkannte. Deutschland lehnt aber ausdrücklich ab, dass daraus rechtliche Ansprüche abzuleiten seien. Deutschland übernimmt also lediglich eine moralische und keine juristische Verantwortung. Die Nachfahren der Opfer verlangen jedoch auch Entschädigungszahlungen, die über die Entwicklungshilfe an Namibia hinausgehen.

Seit dem Vorstoß des französischen Präsidenten Emmanuel Macron wird seit 2017 auch intensiv über die Rückgabe (Restitution) geraubter afrikanischer Kulturgüter aus der Zeit des Imperialismus diskutiert. Allein in Deutschland sollen sich 900 000 Objekte aus afrikanischen Ländern in Museen und Privatsammlungen befinden, die nur zu einem kleinen Teil in Katalogen erfasst sind. Deutschland beginnt auch in dieser Frage Verantwortung zu übernehmen und hat im August 2018 15 Schädel und Knochenteile, die deutsche Kolonialisten im damaligen Deutsch-Westafrika raubten, in einer feierlichen Zeremonie an Namibia zurückgegeben.

Auch in anderen Bereichen wird aktuell viel über einen verantwortungsvollen und sensiblen Umgang mit dem kolonialen Erbe der europäischen Staaten diskutiert. So gibt es seit Längerem in vielen deutschen Städten Initiativen, Straßen umzubenennen, deren Namen an Kolonialisten erinnern, die aus heutiger Sicht Verbrechen begangen haben, unter anderem in Köln, Düsseldorf, Bottrop oder Goch.

1 **Gruppenarbeit:** Bildet Dreiergruppen und erstellt gemeinsam ein Lernplakat (→ **S. 251**) zu den Motiven, Formen und Folgen des Imperialismus.

In diesem Kapitel konntest du folgende Kompetenzen erwerben:

- imperialistische Expansionen in Afrika beschreiben
- zentrale Motive, Formen und Folgen des Imperialismus europäischer Staaten in Afrika erläutern
- an einem konkreten Beispiel den Umgang mit Zeugnissen deutscher Kolonialgeschichte auch in digitalen Angeboten bewerten
- **Medien und Methoden:** Schriftliche Quellen vergleichen

M 1

Ordne richtig zu:

A der Imperialismus

B eine Kolonie

C der Rassismus

D der Sozialdarwinismus

E eine indirekte Herrschaft

F eine direkte Herrschaft

1. Machtausübung der Europäer durch Beibehaltung einheimischer Verwaltungen
2. Gebiete, in denen eine fremde Macht die Herrschaft über die einheimische Bevölkerung ausübt
3. Bestreben von Staaten, ihren wirtschaftlichen, politischen und militärischen Einfluss in andere Kontinente auszudehnen
4. Theorie, die soziale Ungleichheiten als naturgegeben und gerechtfertigt erscheinen lässt
5. Haltung, die Menschen nach bestimmten Merkmalen in „Rassen" einteilt und bestimmte Gruppen diskriminiert
6. Machtausübung durch eigene, aus dem Mutterland entsandte Beamte

M 2

M 3

Wem gehört die afrikanische Kunst in Europa?
Der senegalesische Forscher Felwine Sarr beschreibt, wie der Wettlauf der europäischen Eroberer zu einer der größten Kulturplünderungen der Menschheit geführt habe. Tatsächlich: es geht um Tausende und Abertausende Objekte, um Schädel und Gebeine, um rituelle Gegenstände, Ahnenaltäre, Masken, Thronsessel, Musikinstrumente, Töpferware, Schmuck, traditionelle Werkzeuge und Waffen ... Was, wenn die Museen voller Raubgut sind? Wenn an den kulturellen Schätzen Blut klebt? Wenn der Kolonialismus kein Kapitel aus ferner Vergangenheit mehr ist, sondern weit in unsere Gegenwart hinein ragt?
Der Spiegel Nr. 48 vom 28.11.2019, S. 123.

„Das Kolonial-Gespenst", Plakat des seit 1904 in Berlin arbeitenden Italieners Gino de Finetti, 1904

M4

Über das Projekt „Bonn Postkolonial“:
Die Initiative „Bonn Postkolonial“ hat es sich zur Aufgabe gemacht einen postkolonialen Stadtrundgang zu entwickeln. Wir wollen koloniale Spuren in Bonn sichtbar machen ... Ein ... Ausgangspunkt war das Grab von Lothar von Trotha. Dieser war als General in Deutsch-Südwestafrika stationiert und ist für den ersten Genozid der deutschen Geschichte verantwortlich. Die meisten Bonner*innen wissen dabei wenig über die koloniale Vergangenheit Deutschlands und ihrer Stadt ... Dabei ist es unser Ziel, auch über den Stadtrundgang hinaus ein Bewusstsein für die kolonialen Spuren in der Stadt Bonn zu schaffen. Somit soll nachhaltig auf die gesellschaftliche ... Erinnerungspolitik eingewirkt werden.

*Zit. nach https://decolonize-bonn.de/ueber-uns/ (Stand: 20.07.2020).**

M5

Der Kolonialpolitiker Cecil Rhodes (1877):
Ich behaupte, dass wir die erste Rasse in der Welt sind und es für die Menschheit um so besser ist, je größere Teile der Welt wir bewohnen. Ich behaupte, dass jedes Stück Land, das unserem Gebiet hinzugefügt wird, die Geburt von mehr Angehörigen der englischen Rasse bedeutet, die sonst nicht ins Dasein gerufen worden wären ... Da [Gott] sich die Englisch sprechende Rasse offensichtlich zu seinem auserwählten Werkzeug geformt hat, durch welches er einen auf Gerechtigkeit, Freiheit und Frieden gegründeten Zustand der Gesellschaft hervorbringen will, muss es auch seinem Wunsch entsprechen, dass ich alles in meiner Macht Stehende tue, um jener Rasse so viel Spielraum und Macht wie möglich zu verschaffen. Wenn es einen Gott gibt, denke ich, so will er daher eines gern von mir getan haben: nämlich so viel von der Karte Afrikas britisch- rot zu malen wie möglich und anderswo zu tun, was ich kann, um die Einheit der Englisch sprechenden Rasse zu fördern und ihren Einflussbereich auszudehnen.

*Zit. nach Wolfgang J. Mommsen, Imperialismus. Seine geistigen, politischen und wirtschaftlichen Grundlagen. Hamburg (Hoffmann und Campe) 1977, S. 48 f.***

M6

Der Historiker Wolfgang Reinhard über den Imperialismus in Afrika (2016):
Eigentlich sollten Kolonien ihren „Mutterländern“ Gewinn bringen oder sich zumindest selbst unterhalten können. Aber die Kolonialgewinne flossen in private Taschen, so dass kaum eine Staatskasse von afrikanischen Besitzungen profitiert hat und sogar die finanzielle Selbsterhaltung[1] eher die Ausnahme als die Regel war. Man versuchte daher, mit möglichst geringem Einsatz europäischer Verwalter auszukommen und stützte sich weitgehend auf die Mitarbeit einheimischen Personals ... Bei den Afrikanern handelte es sich um Soldaten und Polizisten ... In der Regel waren diese Leute den Kolonialherren ergeben, weil ihr Dienst mit Statusgewinn verbunden war.

*Wolfgang Reinhard, Die Unterwerfung der Welt, a.a.O., S. 979 und 1028 f.**

[1] *dass die Kolonien sich aus eigenen Mitteln selbst finanzieren konnten*

Sachkompetenz

1 Ordne den Begriffen aus M1 jeweils die passende Erklärung zu.

2 **a)** Arbeite die Ziele und Methoden sowie die Vorstellung der in M5 beschriebenen Kolonialpolitik heraus. Halte diese in einer Tabelle fest.
b) Nimm Stellung zur Position von Rhodes.

3 Analysiere die Karikatur M2 mithilfe der Arbeitsschritte auf S. 257.

4 Erkläre mit M3, worum es bei der Debatte um „afrikanisches Raubgut“ geht.

Urteilskompetenz

5 Erläutere die Charakterisierung des Imperialismus in Afrika in M6. Beziehe dabei weitere Beispiele aus dem Kapitel ein.

MK **6** Besuche die in M4 thematisierte Internetseite:
a) Bewerte den Umgang der Stadt Bonn mit den Zeugnissen der deutschen Kolonialgeschichte.
b) **Partnerarbeit:** Bewertet die Initiative „Bonn Postkolonial“ anhand von M4 und der Angebote, die sie auf ihrer Webseite bereitstellt.

cornelsen.de/webcodes
Code: xejovu
Selbsteinschätzungsbogen

Ypern in Belgien im Ersten Weltkrieg, Foto von Frank Hurley, 1917

cornelsen.de/webcodes
Code: fosipo
alle Darstellungstexte zum Anhören

3
Der Erste Weltkrieg 1914–1918

Im August 1914 begann in Europa ein Krieg, der zum „Weltkrieg" wurde. Bei Kriegsende im November 1918 befanden sich drei Viertel der Weltbevölkerung im Kriegszustand. Allein in der auf dem Foto gezeigten Region im Westen Belgiens kamen mehr als 500 000 Soldaten unterschiedlichster Nationalitäten ums Leben. Dort erstickten Soldaten unter anderem im Giftgas oder ertranken verwundet in den riesigen, von Wasser gefüllten Löchern, die durch explodierende Granaten entstanden waren. Auf dem Foto sind australische Soldaten zu sehen.

Wie wirken Landschaft und Soldaten auf dich? Was verrät das Foto über den Ersten Weltkrieg?

1870 | 1880 | 1890

1880–1914 Zeitalter des Imperialismus

1873 Dreikaiserabkommen: Deutsches Reich – Österreich-Ungarn – Russland

1878 Berliner Kongress zur Lösung der Balkankrise

1879 Zweibund: Deutsches Reich – Österreich-Ungarn

1890 Entlassung Bismarcks; „Neuer Kurs" Wilhelms II.

1871 Gründung des Deutschen Reichs

Der Erste Weltkrieg 1914–1918

Konflikte um Kolonien und Kriege auf dem Balkan, einer Halbinsel in Südosteuropa, förderten vor 1914 den extremen Nationalismus und das Misstrauen unter den europäischen Nationen. „Der Große Krieg", wie der Erste Weltkrieg in Großbritannien und Frankreich genannt wird, brach im August 1914 aus. Etwa 40 Staaten auf allen Kontinenten waren daran beteiligt. Er kostete rund 15 Millionen Menschen das Leben. Der Erste Weltkrieg war der erste „totale Krieg", weil er in alle Lebensbereiche der Menschen eingriff, so in das Berufs- und Familienleben und die Versorgung mit Lebensmitteln.

Auf Seiten der Briten kämpften Soldaten aus dem gesamten British Empire, besonders viele kamen aus Indien. Frankreich setzte Afrikaner aus den Kolonien als Soldaten ein. Durch den Kriegseintritt des Osmanischen Reichs wurden Gebiete in Asien sowie Nordafrika zu Kriegsschauplätzen. Als die USA 1917 in den Krieg eintraten, wurde dieser endgültig zu einem weltumspannenden Konflikt. Im Ersten Weltkrieg standen sich zwei Lager gegenüber: Auf der einen Seite die „Mittelmächte" Deutschland, Österreich-Ungarn, Bulgarien und das Osmanische Reich. Auf der anderen Seite die „Alliierten" oder „Entente" genannten Mächte Frankreich, Großbritannien, Russland und ab 1917 die USA. Bei Kriegsende umfasste die Entente 29 Staaten.

- Was war der Anlass und was waren die Ursachen für den Ausbruch des Ersten Weltkrieges?
- Welche Auswirkungen hatte der Krieg auf die Soldaten und die Zivilbevölkerung?
- Welche historische Bedeutung hat das Jahr 1917?
- Welche Folgen hatte der Erste Weltkrieg und wie wird an ihn heute erinnert?

M 1

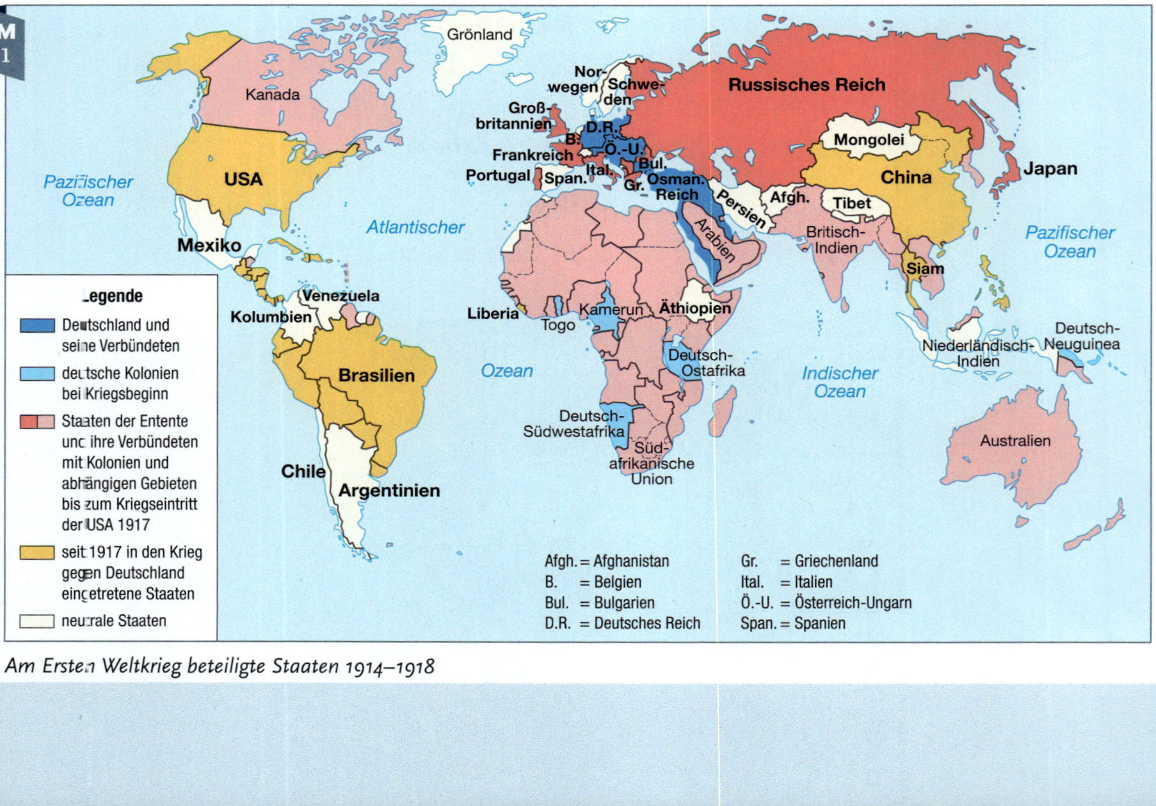

Am Ersten Weltkrieg beteiligte Staaten 1914–1918

1900 | 1910 | 1920

1904 Entente cordiale: britisch-französische Verständigung

1912/1913 Balkankriege

1914–1918 „Julikrise" und Erster Weltkrieg

1917 Kriegseintritt der USA; Revolutionen in Russland

1919 Versailler Vertrag

1919/1920 Friedenskonferenzen zur Neuordnung Europas

M 2

Französische Soldaten im Kampfeinsatz mit Gasmasken, Foto, 1915. Die Original-Bildunterschrift lautet: „Der technische Krieg: Französische Soldaten mit Schutzmasken gegen Gasbomben". Im Hintergrund ist ein von Bomben zerstörtes Haus zu sehen.

M 4

Versorgung der hungernden Berliner Bevölkerung angesichts fehlender Lebensmittel mit einem warmen Mittagessen, Foto, 1918

M 3

Das Beinhaus (= Sammelort für die Knochen der Toten) von Douaumont bei Verdun in Frankreich. Dort werden die Knochen von 130 000 gefallenen Soldaten aufbewahrt, die nach den Schlachten um Verdun nicht mehr namentlich identifiziert werden konnten. Der Turm symbolisiert den Griff eines in die Erde gerammten Schwertes. Im Jahr 2016 wurde eine Inschrift in der Kuppel des Beinhauses eingeweiht. Dort ist zu lesen: „Hier ruhen französische und deutsche Soldaten. Lasst es uns niemals vergessen – Ici reposent des soldats français et allemands. N'oublions jamais".

1 Erkläre mithilfe der Karte (M1) den Begriff „Weltkrieg". Nimm auch den Darstellungstext zu Hilfe.
2 Begründe entweder mithilfe von M2 oder M3 oder mit beiden Materialien, warum der Erste Weltkrieg auch als „Großer Krieg" bezeichnet wird.
3 Stelle mithilfe von M4 Vermutungen über die Situation der Zivilbevölkerung in den Ländern Europas während des Ersten Weltkrieges an.

Frieden oder Krieg?

Seit dem Wiener Kongress* 1815 sicherten Bündnisse zwischen den europäischen Großmächten den Frieden. Frankreich, Großbritannien und Russland betrachteten misstrauisch das wirtschaftlich und militärisch starke deutsche Kaiserreich. Viele Deutsche sahen sich von feindlichen Nachbarn umringt.

- ***Untersuche, wie sich die Politik von Bismarck zu Wilhelm II. veränderte.***

M1

M2

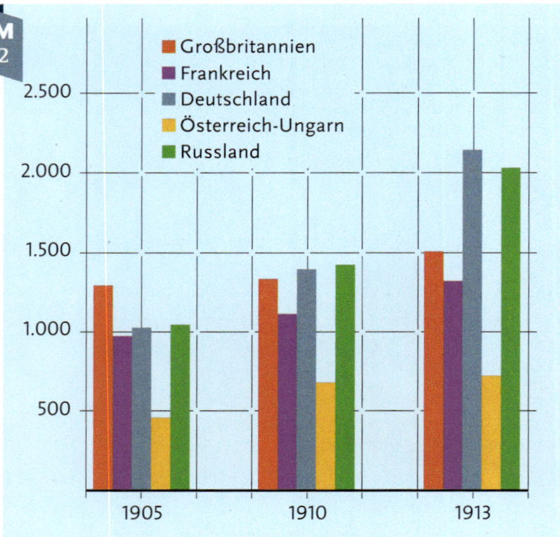

Rüstungsausgaben in Europa in Millionen Mark

Kaiser Wilhelm II., Gemälde von Max Koner, 1890. Ein französischer General kommentierte: „Das ist kein Porträt, sondern eine Kriegserklärung!"

Der „neue Kurs" unter Wilhelm II.

Im Jahre 1888 wurde der 29-jährige Wilhelm II., Enkel Wilhelms I., neuer deutscher Kaiser. Seine außenpolitischen Vorstellungen unterschieden sich erheblich von denen des Reichskanzlers Bismarck. Der Reichskanzler hatte nach Gründung des deutschen Kaiserreichs 1871 erklärt, nach dem Erwerb von Elsass-Lothringen keine weiteren Gebietsansprüche mehr zu stellen – er erklärte das Reich für saturiert (= gesättigt). Bismarck schloss eine Reihe von Bündnissen mit anderen europäischen Mächten, die lange Zeit als bedeutende Friedenssicherung angesehen wurden. Die heutige Forschung bewertet die Verträge nur noch als punktuelle Abwehr von akuten Krisen. Wilhelm II. forderte jedoch eine stärkere Mitsprache Deutschlands in der Weltpolitik, mehr Kolonien und eine Rolle als Großmacht. 1890 entließ er Bismarck.

Die Kriegsgefahr steigt

Das Deutsche Reich besaß zu dieser Zeit bereits das größte Landheer in Europa und sollte nach Ansicht des Kaisers auch über eine bedeutende Seeflotte verfügen. Zwischen 70 und 75 % der Gesamtausgaben des Reichs wurden unter Wilhelm II. jährlich für das Militär ausgegeben. Das Parlament hatte keine Mitsprache bei den Militärausgaben, über die der Kaiser mit einem kleinen Kreis ausgewählter Männer allein entschied. Große Teile der deutschen Öffentlichkeit unterstützten dieses Vorhaben. Besonders nationalistische Gruppen wie der Alldeutsche Verband* und der Deutsche Flottenverein* machten mithilfe von Postkarten und Plakaten Werbung für Wilhelms Flottenpolitik. Der Kaiser galt als impulsiv und verstimmte durch ungeschickte Äußerungen mehrfach andere Mächte und die Weltöffentlichkeit. Die von Bismarck ausgehandelten Bündnisver-

Wortschatz: einen Gebietsanspruch stellen • ein militärisches Wettrüsten • jemanden verstimmen (= verärgern) • ein verhängnisvolles (= bedrohliches) Wettrüsten • impulsiv sein (= spontan handeln) träge mit anderen Nationen kümmerten ihn wenig. Der Bau von deutschen Kampfschiffen war eine Provokation Großbritanniens als führende Seemacht. Das teure Wettrüsten zwischen Deutschland und Großbritannien zerstörte jedes Vertrauen.

Zwischen Briten und Franzosen kam es bei der Ausdehnung des Kolonialbesitzes in Afrika fast zum Krieg. Erst im letzten Moment lösten beide Länder ihren Konflikt am Verhandlungstisch und schlossen 1904 einen Vertrag über ein „herzliches Einvernehmen" (franz.: Entente cordiale*). Durch Russlands Beitritt 1907 wurde dieses Abkommen zur Triple Entente*. Deutschland war nun weitgehend isoliert. Ihm blieb als Verbündeter nur noch Österreich-Ungarn. Deutschland empfand den Zusammenschluss der Entente als bedrohliche Einkreisung (S. 69, M2). Umgekehrt galt Deutschland bei den anderen Großmächten als unberechenbar und gefährlich. Zwischen den Großmächten herrschte ein gegenseitiges Misstrauen.

M 3

Frieden oder Krieg?

3A *Der Vorsitzende des konservativen „Alldeutschen Verbandes", Heinrich Claß (1912):*

Jede Ausdehnung in Europa ist nur durch siegreiche Kriege herbeizuführen ... An einen Angriffskrieg sollten wir nicht denken, uns aber daran gewöhnen, eine solche Maßregel für zulässig zu halten als Antwort auf einen gegnerischen Angriff ... Einem Verteidigungskrieg in diesem Sinne darf auch ein von deutscher Seite angriffsweise geführter Krieg gleich geachtet werden, um den Gegnern zuvorzukommen.

Harry Pross (Hg.), Die Zerstörung der deutschen Politik. Dokumente 1871–1933, Frankfurt/M. 1983, S. 136.

3B *Die Pazifistin[1] Bertha von Suttner (1909):*

Welches sind die Faktoren, die die Rüstungsschraube in Bewegung setzen? ... Wieder die militärischen Kreise. Die haben immer einen „unvermeidlichen Krieg" auf Lager ... Kriegsparteien gibt es in jedem Land. Was diese äußern, wird von den Kriegsparteien der anderen Länder als die Willensmeinung der ganzen betreffenden Nation ausgegeben. Erst die gegenseitigen Furcht- und Hassgefühle treiben die gemeinsame Schraube.

Gisela Brinker-Gabler (Hg.), Kämpferin für den Frieden, Bertha von Suttner. Lebenserinnerungen, Frankfurt/M. (Fischer) 1982, S. 201.

[1] *jemand, der sich für Frieden einsetzt*

3C *Der SPD-Vorsitzende August Bebel warnte im Reichstag vor dem Krieg (09.11.1911):*

So wird man eben von allen Seiten rüsten und wieder rüsten. Man wird rüsten bis zu dem Punkte, dass der eine oder andere Teil eines Tages sagt: lieber ein Ende mit Schrecken als ein Schrecken ohne Ende.

(Sehr richtig! Bei den Sozialdemokraten)

Die eine Seite kann auch sagen: Halt, wenn wir länger warten, dann geht es uns schlecht, dann sind wir der Schwächere statt der Stärkere. Dann kommt die Katastrophe. Dann wird in Europa der große Generalmarsch geschlagen, auf den hin 16–18 Millionen Männer der verschiedensten Nationen, ausgerüstet mit den besten Mordwerkzeugen, gegeneinander als Feinde ins Feld rücken. Aber nach meiner Überzeugung steht hinter dem großen Generalmarsch[1] der große Kladderadatsch[2]. *(Lachen)*

Hinter diesem Kriege steht der Massenbankrott, steht das Massenelend, steht Massenarbeitslosigkeit, die große Hungersnot.

(Widerspruch rechts)

Das wollen Sie bestreiten?

(Zuruf rechts: Nach jedem Kriege geht es besser!)

Stenografische Berichte des Reichstags, 201. Sitzung, 9. 11. 1911, S. 1130.

[1] *Kriegsausbruch;* [2] *Zusammenbruch*

1 Erläutere, wie die Darstellung des Kaisers in M1 auf den Betrachter wirkt. **Tipp** → S. 242.

2 Erkläre, wie sich die Außenpolitik Wilhelms II. von der Bismarcks unterschied (Darstellungstext).

3 Untersuche die Veränderungen der Höhe der Rüstungsausgaben in Europa (M2).

4 **Gruppenarbeit:** Bildet Dreiergruppen und verteilt M3A, M3B und M3C untereinander.

a) Arbeite aus der dir zugeteilten Quelle die Position zur Aufrüstung und deren möglichen Folgen heraus.

b) Vergleicht eure Ergebnisse.

c) Fasst in einer Diskussion zusammen, welche politische Stimmung zu Beginn des 20. Jahrhunderts in Deutschland herrschte. Nutze den **Wortschatz**.

Zusatzaufgabe → S. 237

Warum begann der Erste Weltkrieg?

cornelsen.de/webcodes
Code: yusora
Film: Der Erste Weltkrieg

Die Konflikte um Kolonien förderten die Konkurrenz unter den europäischen Großmächten. Das allgemeine Wettrüsten und das aggressive Großmachtstreben Deutschlands verschärften die Situation. Die Großmächte trafen Vorbereitungen für einen Krieg, der von den militärischen Führern der Länder als unvermeidlich angesehen wurde.

- ***Untersuche weitere Ursachen und den Anlass für den Ersten Weltkrieg.***

M 1

Die Balkanländer 1878–1915

Weitere Ursachen: Konflikte auf dem Balkan

Auf dem Balkan lebten viele Völker unterschiedlicher Sprachen und Religionen viele Jahrhunderte unter der Herrschaft des Sultans des Osmanischen Reichs in Istanbul. Im 19. Jahrhundert befreiten sich zunächst die Griechen und später andere Völker wie Bulgaren und Serben von der Herrschaft des Sultans. Sie bildeten eigene Nationalstaaten. Russland betrachtete sich als Schutzmacht der auf dem Balken lebenden slawischen Völker und der orthodoxen* Christen. Außerdem strebte Russland nach einem Zugang zum Mittelmeer. Im ersten Balkankrieg 1912/13 bekämpften Serbien, Bulgarien, Montenegro und Griechenland das Osmanische Reich. Dieses musste nach dem Friedensvertrag von London 1913 auf fast alle seiner in Europa liegenden Gebiete verzichten.

Der Streit um die Grenzen der neuen Nationalstaaten führte zum zweiten Balkankrieg (1913) zwischen den vorher verbündeten Ländern. Serbische Nationalisten forderten eine Vergrößerung Serbiens durch die Eroberung weiterer Gebiete („Großserbien“). Sie wurden von Russland unterstützt. Die serbischen Ansprüche empfand Österreich-Ungarn als Bedrohung für den eigenen Vielvölkerstaat, wo es viele nationale Aufstände gegen die Regierung in Wien gab. Österreich-Ungarn besetzte 1908 Bosnien-Herzegowina. Dort lebten viele Serben, die das Gebiet lieber als Teil eines „Großserbien“ sahen. Russland protestierte gegen die Annexion* Bosniens durch Österreich-Ungarn und drohte mit Krieg. Nach wenigen Monaten beruhigte sich die Lage aber zunächst wieder.

Der Anlass: Das Attentat von Sarajewo

Der österreichische Thronfolger Franz Ferdinand reiste im Juni 1914 zu einem Truppenbesuch in die bosnische Hauptstadt Sarajewo. Damit wollte er den Machtanspruch Österreich-Ungarns auf Bosnien-Herzegowina stärken. Am 28. Juni 1914 erschoss der 19-jährige serbische Student Gavrilo Princip aus Bosnien den Thronfolger und seine Frau. Der Attentäter verstand seine Tat als Tyrannenmord für die Freiheit der slawischen Länder. Die Tat sorgte weltweit für Bestürzung.

Wortschatz: slawische Völker (hier: Bulgaren, Mazedonen, Serben, Montenegriner) • jemandem einen Blankoscheck ausstellen (= jemanden vertrauensvoll nach dessen Vorstellungen handeln lassen) • ein Ultimatum (= eine Aufforderung, eine Angelegenheit bis zu einem gewissen Zeitpunkt zu lösen) stellen • sich als Schutzmacht ansehen • ein Vielvölkerstaat (= ein Staat, der aus mehreren Völkern mit unterschiedlichen Sprachen und Religionen besteht) • die Truppen mobilisieren (= eine Armee kampfbereit machen)

M 2

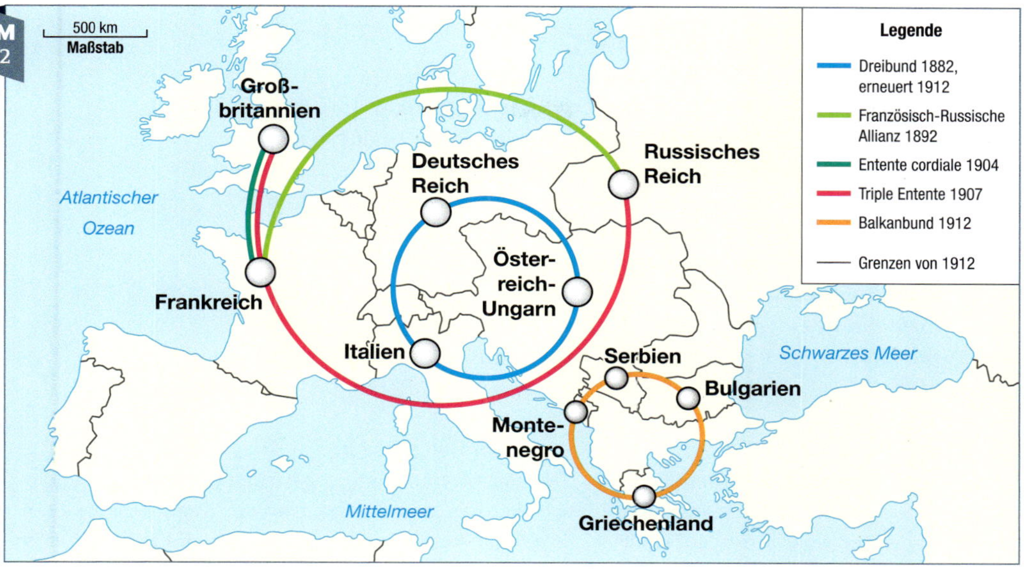

Das europäische Bündnissystem 1914. Der Dreibund zerbrach 1915, als Italien auf der Seite von Großbritannien, Frankreich und Russland in den Krieg eintrat. Das Ziel des Balkanbundes war die Vertreibung der Osmanen vom Balkan.

Wie handelten die Akteure in der „Julikrise"?

Die österreichische Regierung sah nach dem Attentat die Gelegenheit, gegen Serbien einen Krieg zu führen. Das deutsche Kaiserreich sicherte den Österreichern in der „Julikrise" bedingungslose Unterstützung zu („Blankoscheck"). Beide waren seit den 1870er Jahren enge Verbündete. Aufgrund der deutschen Unterstützung sah sich Österreich zu einem harten Vorgehen gegenüber Serbien ermutigt. Es stellte Serbien am 23. Juli ein Ultimatum mit Bedingungen, die bis auf eine alle von den Serben erfüllt wurden. Die Krise schien damit überwunden.

M 3

Der österreichische Botschafter berichtet nach einem Gespräch mit Kaiser Wilhelm II. an den Außenminister in Wien (5. Juli 1914):

Nach Meinung des Kaisers muss ... mit dieser Aktion [gegen Serbien] nicht gewartet werden. Russlands Haltung werde feindselig sein, doch sei er hierauf vorbereitet, und sollte es sogar zu einem Krieg [Russland] gegen Österreich-Ungarn kommen, so können wir davon überzeugt sein, dass Deutschland in gewohnter Bündnistreue an unserer Seite stehen werde. Russland sei übrigens keineswegs kriegsbereit und werde [sich eine Kriegserklärung] noch sehr überlegen.

*Zit. nach Imanuel Geiss (Hg.), Juli 1914: Die europäische Krise und der Ausbruch des 1. Weltkriegs, München (= dtv, Nr. 293) 1965, S. 52.***

Zusatzaufgabe → S. 237

Wien hielt jedoch an seinen Absichten zu einer „Strafaktion gegen Serbien" fest und erklärte am 28. Juli 1914 Serbien den Krieg. Daraufhin mobilisierte Russland seine Truppen und stand auf der Seite Serbiens. Jetzt griffen die Bündnisverpflichtungen (M2): Zuerst zogen Österreich-Ungarn, dann Frankreich und schließlich Deutschland ihre Truppen zusammen. Am 1. August 1914 erklärte das Deutsche Reich Russland den Krieg und am 3. August Frankreich, das mit Russland verbündet war. Deutsche Truppen marschierten durch das neutrale Belgien nach Frankreich. Dabei ermordeten die Deutschen über 5000 am Krieg unbeteiligte Zivilisten, die angeblich Widerstand gegen die Besetzung geleistet hätten. Dies veranlasste dann die Briten als Schutzmacht Belgiens zum Kriegseintritt. Aus dem Balkankonflikt wurde ein europäischer Krieg.

1 Beschreibe, wie sich das europäische Bündnissystem bis 1914 veränderte (M2).

2 Erläutere die Veränderungen auf dem Balkan von 1908 bis 1914 (M1, Darstellungstext).

3 **a)** Nenne Anlass und Ursachen für den Kriegsausbruch (Darstellungstext). Nutze dafür auch die S. 66/67 und den **Wortschatz**.
b) Partnerarbeit: Begründet gemeinsam, warum zwischen Anlass und Ursachen unterschieden wird.

4 Erkläre die Bedeutung der bedingungslosen Unterstützung Österreich-Ungarns durch Deutschland für den Kriegsausbruch (M3, Darstellungstext).

5 Beurteile, inwiefern im Juli 1914 Möglichkeiten bestanden, den Krieg zu verhindern (Darstellungstext, M2, M3). **Tipp** → S. 242.

Eine Darstellung analysieren

Darstellungen können neben Rekonstruktionszeichnungen, Statistiken und vielem mehr auch Texte sein. Historikerinnen und Historiker konstruieren (= entwerfen, erschaffen) in ihren Fachtexten nach Auswertung von Quellen aller Art eigene Darstellungen und machen daraus ein Narrativ (= eine Erzählung). Als Fachleute ziehen sie ihre eigenen Schlussfolgerungen und geben eine persönliche Bewertung historischer Prozesse ab. Dabei kommt es immer wieder zu ganz unterschiedlichen Beurteilungen und zu Diskussionen.

- ***Untersuche eine Darstellung zur Frage der Schuld am Kriegsausbruch. Auf der folgenden Doppelseite könnt ihr mithilfe weiterer Darstellungen eine Podiumsdiskussion durchführen.***

Die Kriegsschuldfrage

Schon während des Ersten Weltkrieges betonten Franzosen und Briten die alleinige Schuld Deutschlands und Österreich-Ungarns am Ausbruch des Krieges. Damit wurde der eigenen Bevölkerung erklärt, dass für eine gerechte Sache gegen einen brutalen Angreifer gekämpft wurde. Nach Kriegsende wurden im Versailler Friedensvertrag (S. 98/99) Deutschland und seine Verbündeten für den Krieg verantwortlich gemacht.

Die deutschen Historiker wiesen nach 1919 eine deutsche Kriegsschuld zurück und stützten sich gerne auf die Feststellung des ehemaligen britischen Premierministers David Lloyd George, Europa sei durch das Versagen der Bündnisse in den Krieg „hineingeschlittert". Demnach waren alle europäischen Großmächte verantwortlich für den Kriegsausbruch. Nach dem Zweiten Weltkrieg wies der deutsche Historiker Fritz Fischer in seinem 1959 erschienenen Buch „Griff nach der Weltmacht" dem deutschen Kaiserreich die alleinige Verantwortung für den Ersten Weltkrieg zu und stieß auf heftigen Widerspruch der meisten deutschen Fachkolleginnen und -kollegen. Seitdem wurden neue Quellen gefunden, erforscht, eingeordnet und bewertet. Zum 100. Jahrestag des Kriegsausbruchs erschienen 2014 zahlreiche Gesamtdarstellungen des Krieges und seiner Vorgeschichte.

M 1

Die deutsche Historikerin Annika Mombauer (2014):

Die Julikrise unterteilt sich in zwei klar zu unterscheidende Phasen. Die erste, eigentlich bis zum 23. Juli, wurde dominiert von den Entscheidungen, die in Berlin und Wien getroffen wurden und die auf eine intendierte [= beabsichtigte] Eskalation der Krise hinausliefen – hier lässt sich sehr wohl von einer Verantwortung für den späteren Kriegsausbruch sprechen. Die Ermordung des Erzherzogs musste nicht zwangsläufig einen Krieg mit Serbien und mit dessen selbsternannter Schutzmacht Russland nach sich ziehen. Eine diplomatische Lösung der Krise wurde von den Regierungen in Wien und Berlin jedoch kategorisch abgelehnt. Die frühe Entscheidung der Politiker und Militärs wiegt daher schwer.

Die Reaktionen der anderen Großmächte sowie die Serbiens fallen in die zweite Phase der Julikrise, die mit der Übergabe des Ultimatums an Belgrad am 23. Juli begann. Sie trugen entscheidend zur Eskalation der Krise bei. Trotzdem lässt sich feststellen, dass die Londoner Regierung im Juli 1914 ernsthaft bemüht war, die Balkankrise zu entschärfen. Auch die Regierungen in Paris und Petersburg waren zunächst an einer Vermittlung interessiert. Als dies jedoch wenig fruchtete, waren Frankreich und Russland bereit, sich gegenseitiger Unterstützung zu versichern und begrüßten einen kommenden Krieg, sofern er denn unvermeidbar war. Letztlich aber waren es die Regierungen in Berlin und Wien, die es auf einen Krieg ankommen ließen, wurden doch die ausschlaggebenden Entscheidungen bereits unmittelbar nach dem Attentat getroffen. Dass die Ermordung Franz Ferdinands zum Auslöser für eine internationale Krise wurde, die in einem Weltkrieg mündete, beruhte auf diesen Entscheidungen. Die Verantwortung für den Kriegsausbruch im Sommer 1914 ist also vorrangig in Wien und Berlin zu suchen.

*Annika Mombauer, Diplomatie und Kriegsausbruch, in: Gerhard Hirschfeld, Gerd Krumeich & Irina Renz (Hg.), Enzyklopädie Erster Weltkrieg, 2. Auflage, Paderborn (UTB) 2014, S. 1018f.***

Arbeitsschritte „Eine Darstellung analysieren“

Eine Leitfrage formulieren	Sprachliche Formulierungshilfen
1. Welche Leitfrage kannst du für diesen Text formulieren?	• *zum Beispiel: „Wer trägt die Verantwortung für den Ausbruch des Ersten Weltkrieges?“*
2. Welche Rolle spielen Entstehungszeit und Veröffentlichungsort?	• *Der Text ist im Jahr 2014 zum ... entstanden.*
Formale Analyse	
3. Wie lautet der Titel der Darstellung beziehungsweise der Titel des Buches, in dem sie erschienen ist?	• *Die Darstellung M1 trägt den Titel „Diplomatie und Kriegsausbruch“. Der Titel des Buches lautet ...*
4. Von wem wurde die Darstellung verfasst?	• *Die Autorin ist ...*
5. Wann und wo wurde die Darstellung veröffentlicht?	• *Sie wurde im Jahr ... in Paderborn veröffentlicht.*
6. Was ist das Thema der Darstellung?	• *Die Darstellung beleuchtet ... / thematisiert ... / hinterfragt ...*
7. An wen ist die Darstellung gerichtet?	• *Die Autorin richtet sich vermutlich an ...*
Inhaltliche Analyse	
8. Welche These(n) stellt der Autor / die Autorin auf?	• *Annika Mombauer stellt die These auf, dass ...*
9. Mit welchen Argumenten begründet er/sie die These(n)?	• *Annika Mombauer begründet ihre Ansicht, indem sie zunächst ... darstellt. Bezüglich des Verhaltens der österreichischen und der deutschen Regierung in der ersten Phase der Julikrise urteilt sie, dass ...* • *Im Hinblick auf die zweite Phase der Julikrise erläutert die Autorin ...* • *...*
Beurteilung	
10. Wie würdest du die Leitfrage beantworten?	• *Ich bin der Meinung, dass ...*
11. Wie beantwortet der Autor / die Autorin die Leitfrage?	• *Nach Ansicht der Historikerin ... tragen die Regierungen in ... die Verantwortung für den Ausbruch des Ersten Weltkrieges.*
12. Ist der Text überzeugend im Hinblick auf die fachliche Richtigkeit und Schlüssigkeit?	• *Die Rolle ... wird insgesamt zutreffend gesehen. Allerdings wird weniger berücksichtigt, dass ...*

1 **Wähle eine Aufgabe aus:**
a) Fasse die Entwicklungen in der Diskussion um die Kriegsschuldfrage zusammen (Darstellungstext).
b) Beschreibe, warum Historikerinnen und Historiker bei der Bewertung der Kriegsschuldfrage zu unterschiedlichen Ergebnissen kamen (Darstellungstext).

MK 2 Analysiere die Darstellung M1 mithilfe der Arbeitsschritte oder der Kopiervorlage im Webcode. Nutze auch die sprachlichen Formulierungshilfen auf dieser Seite und ergänze diese.

cornelsen.de/webcodes
Code: dohagi
Kopiervorlage Methodentabelle

Eine Podiumsdiskussion durchführen: Wer trug die Schuld am Kriegsausbruch?

Nach der Bearbeitung der Darstellung auf der Seite zuvor findet ihr hier zwei weitere Darstellungen zur Kriegsschuldfrage.

- ***Führt mit ihrer Hilfe und der Anleitung auf S. 73 eine Podiumsdiskussion durch und kommt zu einem eigenen Urteil.***

M 1

Der in Großbritannien lehrende australische Historiker Christopher Clark (2013):

Der Kriegsausbruch von 1914 ist kein ... Thriller, an dessen Ende wir den Schuldigen ... auf frischer Tat ertappen. In dieser Geschichte gibt es keine Tatwaffe als unwiderlegbaren Beweis, oder genauer: Es gibt sie in der Hand jedes einzelnen wichtigen Akteurs. So gesehen war der Kriegsausbruch eine Tragödie, kein Verbrechen. Wenn man dies anerkennt, so heißt das keineswegs, dass wir die kriegerische und imperialistische Paranoia[1] der österreichischen und deutschen Politiker kleinreden sollten ... Aber die Deutschen waren nicht die einzigen Imperialisten, geschweige denn die einzigen, die unter einer Art Paranoia litten. Die Krise, die im Jahr 1914 zum Krieg führte, war die Frucht einer gemeinsamen politischen Kultur. Aber sie war darüber hinaus multipolar[2] und wahrhaft interaktiv[3] – genau das macht sie zu dem komplexesten Ereignis der Moderne ... Eines liegt auf der Hand: Kein einziges der Anliegen, für die die Politiker von 1914 stritten, war die darauffolgende Katastrophe wert ... In den Köpfen vieler Staatsmänner hoben sich anscheinend die Hoffnung auf einen kurzen Krieg und die Angst vor einem langen gegenseitig auf und rückten so eine umfassende Einschätzung der Risiken in weite Ferne ... So gesehen waren die Protagonisten[4] von 1914 Schlafwandler – wachsam, aber blind, von Albträumen geplagt, aber unfähig, die Realität der Gräuel zu erkennen, die sie in Kürze in die Welt setzen sollten.

*Christopher Clark, Die Schlafwandler. Wie Europa in den Ersten Weltkrieg zog. Aus dem Englischen von Norbert Juraschitz, München (Deutsche Verlags-Anstalt) 2013, S. 715 ff.**

[1] Verfolgungswahn; [2] mehrere Mittelpunkte/Zentren besitzend; [3] wechselseitig; [4] Akteure

M 2

Der britische Historiker Ian Kershaw über den Kriegsausbruch (2016):

Die Hauptverantwortung fällt auf jene Mächte, ... zu deren diplomatischem Spiel mit dem Feuer letztlich die Bereitschaft gehörte, ihre militärische Stärke wirklich auszuspielen. Am entscheidenden Punkt im Juli 1914 zeigten sich Deutschland, Österreich-Ungarn und Russland als die in dieser Krise maßgeblichen Kräfte, wobei Deutschland die ausschlaggebende Rolle spielte. Das Kaiserreich verband seine Ambitionen [= Ansprüche], zur dominierenden Macht auf dem europäischen Kontinent zu werden, mit einer wachsenden ... Angst vor dem Aufstieg, gar einer möglichen Vormachtstellung Russlands ... Das hochriskante Vorgehen Deutschlands, Österreich Ungarns und Russlands mit der Bereitschaft, einen im Grunde lokalen Konflikt[1] eben nicht zu schlichten, ... löste schließlich die Katastrophe von 1914 aus. Unter diesen drei Mächten trägt ... Deutschland eine besondere Verantwortung. Denn ohne ... Deutschlands Beistandsgarantie hätte es Österreich-Ungarn nicht gewagt, Serbien ein so hartes Ultimatum zu stellen. Und hätte es sich nicht derart aggressiv und kompromisslos gezeigt, dann hätte sich Russland ... nicht hinter Serbien gestellt ... Deutschland [hatte] mit seinem ... Weltmachtstreben eine unheilvolle ... Entwicklung in Gang gesetzt.

*Ian Kershaw, Höllensturz. Europa 1914–1949, München (DVA) 2016, S. 43 ff. Übers. v. Klaus Binder, Bernd Leineweber, Britta Schröder.***

[1] Gemeint ist der Konflikt auf dem Balkan zwischen Serbien und Österreich-Ungarn.

Wortschatz: etwas kleinreden (= etwas in seiner Bedeutung herunterspielen) • ein Spiel mit dem Feuer (= sich absichtlich einem Risiko aussetzen/sich bewusst in Gefahr begeben)

Wie wird eine Podiumsdiskussion geführt?
Anders als in einem Rollenspiel geht es in einer Podiumsdiskussion weniger darum, sich wie ein Schauspieler in eine Rolle „einzufühlen". Viel wichtiger sind inhaltliche Aspekte. Es ist notwendig, Informationen und Argumente besonders sorgfältig vorzubereiten. Die Podiumsdiskussion läuft in drei Phasen ab:

Phase 1: Die Podiumsdiskussion vorbereiten:
a) Teilt die Materialien (M1, M2 und S. 70 M1) unter euch auf und arbeitet in Gruppen die jeweiligen Thesen sowie Argumente heraus. Nehmt die Arbeitsschritte auf S. 71 zu Hilfe.
b) Erstellt ein Diskussionspapier für ein Gruppenmitglied (M3), das als „Assistentin"/„Assistent" der/des entsprechenden Historikerin/Historikers auf dem Podium sitzt und deren/dessen Thesen vertritt:
Formuliert ein Eingangsstatement, das die These der/des Historikerin/Historikers zusammenfasst und die Argumente, die die jeweilige Position stützen. Versucht auch, mögliche Argumente der anderen Positionen zu berücksichtigen und überlegt, wie eure Person angemessen darauf reagieren könnte.
c) Lost eine Moderatorin/einen Moderator aus, die/der auf den geordneten Ablauf der Podiumsdiskussion achtet sowie aus jeder Gruppe eine „Assistentin"/einen „Assistenten". Alle anderen bilden das Publikum. Sie machen sich Notizen zu den Fragen aus Phase 3 und sind für kritische Fragen an die „Assistenten" zuständig.

Phase 2: Die Podiumsdiskussion durchführen:
a) Die Moderatorin/der Moderator begrüßt die Gäste und führt kurz in das Thema ein. Sie/er stellt die Teilnehmenden vor. Jede „Assistentin"/jeder „Assistent" hat die Möglichkeit, ein kurzes Statement abzugeben.
b) Die Moderatorin/der Moderator eröffnet die eigentliche Diskussion. Die Teilnehmenden tragen ihre Argumente vor. Im Idealfall antworten die Teilnehmenden auf jedes Argument mit einem Gegenargument.
Tipp: Falls die Diskussion nicht vorankommt, wird sie für eine fünfminütige Pause unterbrochen, in der sich die „Assistenten" noch einmal mit der eigenen Gruppe beraten können.
c) Die Moderatorin/der Moderator schließt die Diskussion. Jedes Podiumsmitglied erhält die Möglichkeit, ein Abschlussstatement abzugeben. Die Moderatorin/der Moderator eröffnet den Zuschauern die Möglichkeit, Fragen zu stellen oder ebenfalls ein kurzes Statement abzugeben.

Phase 3: Die Podiumsdiskussion inhaltlich und methodisch auswerten:
a) Wurden alle Positionen glaubhaft dargestellt?
b) War das Gesprächsverhalten angemessen?
c) Wurden alle Argumente genannt?
d) Sind die Argumente nachvollziehbar?
e) Gibt es weiteren Diskussionsbedarf oder offene Fragen?
f) Welche Gegenargumente waren passend?

M 3 **Beispiel für ein Diskussionspapier für den Assistenten oder die Assistentin von Christopher Clark (M1):**
Eingangsstatement (These):
„Der Kriegsausbruch war kein Verbrechen, sondern eine Tragödie. (Die Hauptakteure ...)"
Argumente:
- Man soll das kriegstreiberische Verhalten Deutschlands und Österreichs nicht kleinreden. Die Deutschen waren jedoch nicht die einzigen Imperialisten. Die Krise ...
- Hauptverantwortlich für den Krieg waren ...

cornelsen.de/webcodes
+ *Code: waruku*
Kopiervorlage Diskussionspapier

1 **Gruppenarbeit**: Führt mithilfe der Anleitung (Phase 1-3) eine Podiumsdiskussion zur Kriegsschuldfrage durch (S. 70 M1 sowie S. 72 M1 und M2). Nehmt den **Wortschatz** zu Hilfe.
2 **Gruppenarbeit:** Beurteilt abschließend das Handeln der Akteure (Frankreich, Russland, Deutschland, Österreich-Ungarn und Großbritannien) während der „Julikrise" 1914 unter folgenden Fragestellungen
- Was waren ihre Motive und Interessen?
- Hatten die handelnden Akteure im Juli 1914 die Möglichkeit, den Krieg noch zu verhindern?
- Welche beabsichtigten und unbeabsichtigten Folgen hatte das Attentat von Sarajewo?

a) Verteilt die drei Fragestellungen in der Gruppe und formuliert zunächst in Einzelarbeit mithilfe der Seiten 68-73 ein historisches Sachurteil.
b) Präsentiert und diskutiert eure Ergebnisse.

Wie verlief der Erste Weltkrieg bis 1917?

Bei Kriegsbeginn waren alle Beteiligten von schnellen Erfolgen in einem kurzen Krieg überzeugt. Doch der erste Krieg mit modernsten industriell erzeugten Waffen sollte über vier Jahre dauern und 15 Millionen Menschen das Leben kosten.

- ***Untersuche den Verlauf des Krieges bis 1917 und wie er zum Weltkrieg wurde.***

cornelsen.de/webcodes
Code: kiyage
Verlauf des Ersten Weltkrieges

M 1

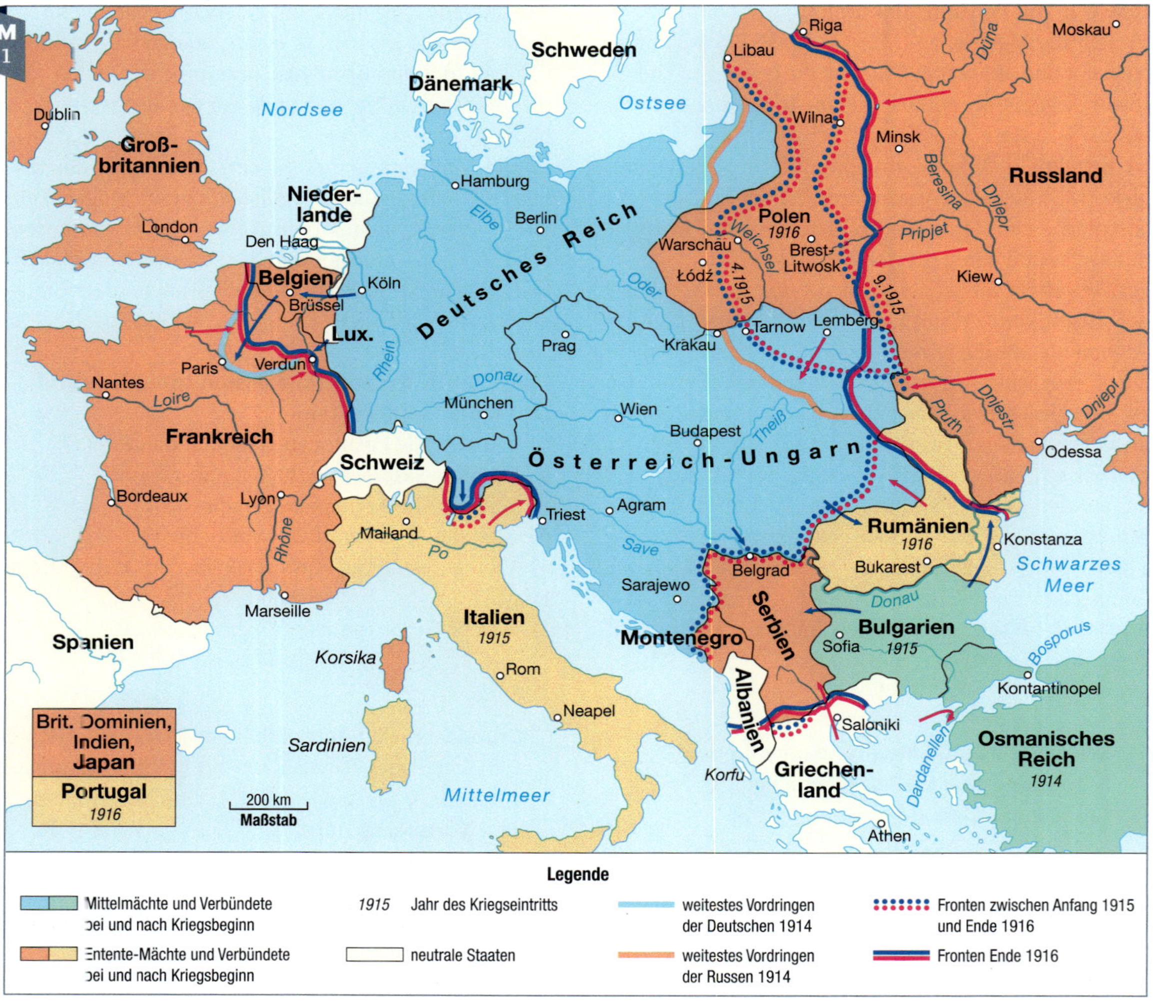

Frontverlauf im Ersten Weltkrieg 1914–1916

Der Krieg eint die Nationen nach innen

In Deutschland brachten 12 000 Züge und in Frankreich 7000 Züge die Soldaten, Waffen und Zehntausende Pferde an die Fronten des Krieges. Äußerlich unterschieden sich die Soldaten bei Kriegsanfang wenig von den Armeen des 19. Jahrhunderts. Noch hatten nicht alle Soldaten einen schützenden Stahlhelm und noch niemand eine Gasmaske gegen die neue tödliche Waffe Giftgas dabei. Die Rüstungsindustrien aller Kriegsparteien produzierten auf Hochtouren modernste Waffen.

Ende Juli vereinbarten die in der „Sozialistischen Internationale" in Brüssel vereinten Arbeiterparteien Europas, gegen den drohenden Krieg zu demonstrieren, der nur den kapitalistischen Interessen der Unternehmen und des Militärs diene. Doch in allen Ländern herrschte tiefe Entschlossenheit zum Kampf für das eigene Land. Kaiser Wilhelm II. erklärte 1914, er kenne keine Parteien mehr, sondern nur noch Deutsche. In Deutschland und Frankreich vereinbarten die politischen Parteien, ihre Konflikte für die Dauer des Krieges beizulegen und das nationale Interesse über die Parteiinteressen zu stellen. In Deutschland hieß diese Einigung der Parteien „Burgfrieden“, in Frankreich „Union sacrée“ (Heilige Union). Daher stimmten auch die zuvor gegen den Krieg eingestellten Arbeiterparteien – in Deutschland die SPD – im Parlament der Bewilligung von Krediten zur Finanzierung des Krieges zu.

Der Verlauf des Krieges in Europa bis 1917

Die Kriegsplanung der deutschen Militärs sah vor, mit einer riesigen Zahl von Soldaten durch das neutrale Belgien zu marschieren und Frankreich zu besiegen. Angesichts ungenügender Transportmöglichkeiten auf französischer Seite wurden alle Taxis der Stadt Paris beschlagnahmt, um die französischen Soldaten an die Fronten zu fahren. Rund 100 Kilometer vor Paris, am Fluss Marne, gelang es Franzosen und Briten, den deutschen Vormarsch zu stoppen – seitdem spricht man in Frankreich vom „Wunder an der Marne“. Es entwickelte sich ein langwieriger Stellungskrieg ohne große Gebietsgewinne, bei dem Hunderttausende Soldaten starben. Die rund 700 Kilometer lange Frontlinie war mit Zäunen aus Stacheldraht und Schützengräben gesichert. Große Teile Nord- und Ostfrankreichs sowie der Südwesten Belgiens wurden verwüstet, Dörfer und Städte zerstört. Im Osten Europas rückten zunächst russische Truppen auf deutsches Gebiet in Ostpreußen vor, ehe deutsche Truppen immer weiter auf russisches Gebiet vordrangen (M1).

Der europäische Krieg wird zum Weltkrieg

In Afrika griffen 1914 britische und französische Truppen die deutschen Kolonien an. Besonders in Ostafrika wurde mit hohen Verlusten auf beiden Seiten gekämpft. Australische und neuseeländische Truppen besetzten die deutschen Kolonien im Pazifik, die Japaner das von den Deutschen in China 1898 eingenommene Gebiet um die Stadt Qingdao. Durch den Kriegseintritt des Osmanischen Reichs auf Seiten der Mittelmächte kam es zu Kämpfen in Ägypten und im Nahen Osten. Auf britischer Seite kämpften in Europa Hunderttausende Soldaten aus Indien, Australien und Neuseeland. Zehntausende Afrikaner aus den Kolonien wurden zu französischen Soldaten.

Großbritannien verhängte 1914 eine Seeblockade gegen Deutschland. Dadurch durften keine Handelsschiffe mehr deutsche Häfen anlaufen. In Deutschland kam es zu Versorgungsengpässen und Nahrungsmittelknappheit. Großbritannien und Frankreich erhielten viele kriegswichtige Güter per Schiff aus den USA. Deutschland reagierte darauf mit einem aggressiv geführten U-Boot-Krieg, in dem auch Handels- und Passagierschiffe beschossen wurden. Im Jahr 1915 wurde das Passagierschiff „Lusitania“ mit vielen Zivilisten versenkt. Auf Druck der USA stellte Deutschland anschließend bis 1917 seinen „uneingeschränkten U-Boot-Krieg“ ein. Unter anderem die Wiederaufnahme dieser Kriegsführung sorgte dafür, dass die USA am 6. April 1917 auf Seiten der Entente in den Krieg gegen Deutschland eintraten. Die lateinamerikanischen Staaten folgten den USA.

1 Erstelle eine Zeitleiste zum Verlauf des Ersten Weltkrieges bis 1917 (Darstellungstext, M1).
2 Beschreibe den Frontverlauf und die militärischen Operationen im Westen und Osten (M1, Darstellungstext). Nutze den **Wortschatz**.
3 Vergleiche die Kriegsziele in M2 im September 1914 und begründe, warum die Länder diese Schwerpunkte gesetzt haben. **Tipp** → S. 242.
4 Erkläre, warum es sich um einen Weltkrieg handelte (Darstellungstext).

M2 **Deutsche und französische Kriegsziele, bei Kriegsbeginn 1914:**

Deutschland
- Sicherung der Grenzen des Reichs
- Schwächung Frankreichs durch weitere Gebietsabtretungen
- Herrschaft über Belgien mit seinen Kohlevorkommen und wichtigen Häfen
- Eroberung von Siedlungsland in Osteuropa

Frankreich
- Rückgewinnung Elsass-Lothringens
- Gewinnung des kohlereichen Saarbeckens
- Brechen der deutschen Vorherrschaft auf dem Kontinent
- Kriegsentschädigungen von Deutschland

Zusammengestellt nach Gerhard Hirschfeld, Gerd Krumeich & Irina Renz (Hg.), Enzyklopädie Erster Weltkrieg, Paderborn (Schöningh) 2003, S. 666f.

Wortschatz: eine Front (= ein Kampfgebiet, in dem verfeindete Truppen aufeinandertreffen) • ein Frontverlauf • die Front verlief entlang ... • ein Schützengraben • eine Seeblockade verhängen • ein Kriegsschauplatz • eine militärische Operation (= Unternehmung) • etwas auf Hochtouren produzieren

Der Erste Weltkrieg – ein neuartiger Krieg?

„Stellungskrieg", „Luftkrieg", „Gaskrieg" – neue Begriffe und neue Techniken waren die Kennzeichen des ersten industrialisierten Krieges der Geschichte.

- ***Untersuche, was die Kriegsführung im Ersten Weltkrieg kennzeichnete.***

M 1

„Schütte-Lanz-Luftschiff belegt Nancy mit Bomben. 12. April 1915", Gemälde von Rudolf Schulze, 1919. Im Ersten Weltkrieg kamen auch erstmals Motorflugzeuge zum Einsatz, meistens um feindliche Truppenbewegungen aus der Luft zu erkennen. Später wurden mit Flugzeugen erste Angriffe aus der Luft unternommen. Ab 1917 gab es erste Bombenangriffe auf Städte, wie hier auf die französische Stadt Nancy und strategisch wichtige Ziele.

Materialschlachten und Stellungskrieg

„Ein merkwürdiger Krieg: ... Flieger, Autos spielen eine ungeahnte Rolle, wie überhaupt die Technik, Brücken und Tunnels, deren Bau sonst Jahre gedauert hat, werden in 14 Tagen hergestellt", notierte der deutsche Großadmiral von Tirpitz 1914 in sein Tagebuch. Kämpften im 19. Jahrhundert selten mehr als 500 000 Soldaten gegeneinander, so setzten die Mittelmächte zwischen 1914 und 1918 insgesamt 25 Millionen Soldaten ein (davon 13,3 Mio. deutsche). Auf Seiten der Entente kämpften in den vier Kriegsjahren insgesamt 45 Millionen Soldaten (davon 15 Mio. aus Russland, 8,2 Mio. aus Großbritannien, Indien und anderen Teilen des British Empire, 8,2 Mio. Franzosen und 3,9 Mio. Amerikaner). Die hoch entwickelte Industrie ermöglichte die ununterbrochene Produktion moderner Waffen wie Maschinengewehre, Hand- und Giftgasgranaten, Flammenwerfer, Panzer, Flugzeuge und U-Boote. Beispiellose Materialschlachten setzten ein. Die „Hölle von Verdun" wurde zum Inbegriff des Materialkrieges. Bei der in Nordfrankreich gelegenen Festung Verdun sollte nach den Plänen der deutschen Obersten Heeresleitung die Hauptmacht des französischen Heeres vernichtet werden. Weil die Front erstarrte, kam es zu einem Stellungskrieg. Ganze Landstriche waren zerfurcht von Granattrichtern und Schützengräben. In der blutigsten Schlacht des Weltkrieges starben 1916 rund 700 000 Soldaten beider Seiten. Der Krieg wurde dadurch nicht entschieden.

Einsatz von Giftgas

Am 22. April 1915 erprobten deutsche Truppen bei Ypern (Belgien) einen Angriff mit giftigen Chlorgasen. Der Angriff kam für die gegnerischen Soldaten völlig überraschend und löste Panik aus. Etwa 1200 Soldaten starben, 3000 wurden durch den Einsatz dieses Kampfstoffes verletzt. In der Folge rüsteten auch Frankreich und Großbritannien im Giftgaskrieg auf. Ab 1915 gehörte die Gasmaske als Schutz vor Angriffen mit Gas zur Ausrüstung eines jeden Soldaten.
Gefürchtet war besonders das wegen seines Geruches so genannte Senfgas, das äußerliche und innere Verätzungen verursachte und den Boden vergiftete. Insgesamt starben durch den Einsatz von Giftgas bis zu 100 000 Menschen; etwa eine Million Soldaten erlitten Verletzungen mit bleibenden Schäden. Giftgas war die erste Massenvernichtungswaffe – seit 1925 ist sein Einsatz weltweit verboten.

Wortschatz: eine Materialschlacht führen • Massenvernichtungswaffen einsetzen • einen Stellungskrieg führen • die Kennzeichen eines modernen Krieges sind ... • die Informationsgewinnung aus der Luft • eine Front erstarrt (= der Frontverlauf verändert sich nicht mehr) • einen Krieg (für sich) entscheiden

M 2

Verwundete und blinde britische Soldaten in Le Bac-du-Sud nach einem deutschen Senfgasangriff in der Nähe der Somme an der Westfront im August 1918. Gemälde des US-Amerikaners John Singer Sargent aus dem Jahr 1919

M 3

Gasmaske deutscher Soldaten aus dem Jahr 1917, Foto

M 4

Der Historiker Gerd Krumeich in einem Interview über Verdun (2016):

Verdun ist das, was ich eine totale Schlacht nenne. Am 21. Februar 1916 eröffneten die Deutschen aus 1250 Rohren ein neunstündiges Trommelfeuer. Das hatte die Welt noch nie erlebt. Einzigartig an Verdun ist vor allem diese Kombination aus moderner Fernartillerie [= Geschütze mit großer Reichweite] und archaischsten [= ältesten] Formen des gegenseitigen Tothauens. Hier kämpfte Mann gegen Mann ... mit Knüppeln, Messern und Spaten als bevorzugte Mordwerkzeuge. Das unter Beschuss durch die modernsten Waffen, die es damals gab: Flammenwerfer, Giftgas, schwere Artillerie, Jagdflieger ... Nirgendwo ist das Schlachtfeld noch so großflächig vorhanden wie in Verdun. Wer einmal dort war, wird den Anblick nicht vergessen. Dieses durch ständigen Beschuss wellenförmig aufgeworfene, dünenartige Gelände. Unvorstellbar, dass da überhaupt Menschen überleben konnten ... Auf beiden Seiten glaubte man an schiere materielle Überlegenheit: Wir können siegen, wenn wir es nur schaffen, noch mehr Material heranzuschaffen. Und dazu gehörten Menschen ebenso wie Waffen und Munition. Im März 1914 wurden in Deutschland 15000 Gewehre pro Monat produziert. Ein Jahr später waren es 140000, im März 1916 dann über eine Million. Der Glaube an die Industrialisierung des Krieges war immens. Zudem kannte man erst ab 1919/1920 genaue Verlustzahlen – was dann einen ungeheuren Schock auslöste.

*Zit. nach http://www.spiegel.de/einestages/schlacht-um-verdun-beginn-am-21-februar-1916-a-1077397.html (Stand: 03.08.2020).***

1 **a)** Benenne die im Ersten Weltkrieg zum Einsatz gekommenen neuen Waffen und Kriegstechniken (Darstellungstext, M1).
b) Beschreibe die Folgen, die sich aus ihrem Einsatz ergaben (Darstellungstext, M1-M3).

2 **Wähle eine Aufgabe aus:**
a) Erkläre, inwiefern die Schlacht von Verdun als Beispiel für die Materialschlachten des Krieges gelten kann (Darstellungstext, M4).
b) Erkläre, warum Gerd Krumeich den Kampf um Verdun als eine „totale Schlacht" bezeichnet (M4).
Tipp → S. 242.

3 Beurteile, warum der Erste Weltkrieg nicht nur für die Nachwelt, sondern vor allem für die Menschen jener Zeit als ein „moderner" Krieg galt (Darstellungstext, M1-M4). Nimm die Lösungen der vorherigen Aufgaben sowie den **Wortschatz** zu Hilfe.

4 Der Wissenschaftshistoriker Ernst Peter Fischer sagte, dass mit dem ersten Giftgasangriff in Ypern 1915 „die Wissenschaft ihre Unschuld verloren" habe. Nimm Stellung zu dieser Aussage.

MK 5 **Recherche**: Recherchiere im Internet (→ S. 255), ob es noch heute zum Einsatz von Giftgas kommt.

6 Entwickle eine Begriffskarte (→ S. 253) zum Begriff „Stellungskrieg".

cornelsen.de/webcodes
Code: wofepa
Verdun

cornelsen.de/webcodes
Code: devaco
Vorlage Begriffskarte

Der Alltag der Soldaten

Nach den ersten Kriegsmonaten war die Hoffnung der Soldaten auf ein schnelles Ende der Kämpfe und eine Rückkehr in die Heimat verflogen.

- ***Wie sah der Kriegsalltag der Soldaten im Stellungskrieg aus?***

cornelsen.de/webcodes
Code: zuvoxe
Feldpostbriefe

M 1

Englische Soldaten in einem Schützengraben, nachträglich koloriertes Foto, Juli 1916

M 2

Querschnitt durch einen Schützengraben

Das „große Schlachten"

Nicht alle Soldaten standen an der vordersten Front. Viele waren für den Nachschub und die Verpflegung zuständig oder kümmerten sich um die vielen Pferde für den Transport von Material. Wer in den Schützengraben an der Westfront, in den Alpen oder an der deutsch-russischen Front die Stellung halten musste, war einer extremen körperlichen und seelischen Belastung ausgesetzt. Allerdings wurden die Soldaten nach längeren Kampfhandlungen regelmäßig für Ruhephasen oder Ausbildungskurse von der Front abgezogen. In den Schützengräben konnte es jederzeit zu Artilleriebeschuss und feindlichen Angriffen kommen. Im Winter kämpften die Soldaten mit Erfrierungen, im Sommer litten sie unter Durst. Die Ernährungslage wurde immer dramatischer. Viele hungerten und wurden krank. Hinter der Front operierten Chirurgen Schwerverwundete, denen oft Arme und Beine amputiert werden mussten. Viele Soldaten erlitten schwerste Gesichtsverletzungen durch die Splitter der explodierenden Granaten, die ihnen Kinn, Nase oder das gesamte Gesicht wegrissen. Millionen Soldaten erlitten seelische Schäden und waren traumatisiert. Eine weit verbreitete Form war das „Kriegszittern". Der Schock drückte sich im unkontrollierbaren Zittern aller Körperteile aus, sehr häufig als Folge einer Verschüttung durch Minentreffer oder die Explosion einer Granate.

M 3

Im Roman „Im Westen nichts Neues" schilderte der Schriftsteller und Kriegsfreiwillige Erich Maria Remarque 1929 die Situation in einem Schützengraben:

Unsere Gesichter sind verkrustet, unser Denken ist verwüstet, wir sind todmüde. Wenn der Angriff kommt, müssen manche mit den Fäusten geschlagen werden, damit sie erwachen und mitgehen: Die Augen sind entzündet, die Hände zerrissen, die Knie bluten, die Ellbogen sind zerschlagen. Vergehen Wochen – Monate – Jahre? Es sind nur Tage ... Wir sehen Menschen leben, denen der Schädel fehlt; wir sehen Soldaten laufen, denen beide Füße weggefetzt sind; sie stolpern auf den splitternden Stümpfen bis zum nächsten Loch.

*Erich Maria Remarque, Im Westen nichts Neues, Berlin (Ullstein) 1972, S. 98ff.**

Wortschatz: einer extremen Belastung ausgesetzt sein • die Verschlechterung der Ernährungslage • seelische Schäden erleiden • traumatisiert sein • verschüttet werden • ein Schlachtfeld • im Felde stehen

M 4

Undatierter Feldpostbrief des 20-jährigen Studenten Paul Boelicke, gefallen am 12.10.1918

Nur über die Briefpost konnten die Soldaten Kontakt mit ihren Familien halten. Deutsche Soldaten schickten 11 Milliarden Postsendungen in die Heimat; 17,7 Milliarden Briefe kamen zurück. In Frankreich waren es je 10 Milliarden in beide Richtungen:

Verdun, ein furchtbares Wort! Unzählige Menschen, jung und hoffnungsvoll, haben hier ihr Leben lassen müssen, ihre Gebeine verwesen nun irgendwo, zwischen Stellungen, in Massengräbern, auf Friedhöfen. Kommt der Soldat morgens aus seinem Granatloch (viele sind ganz voll Wasser), ... [packt ihn] ein Schütteln, wenn er seine Blicke rundum schickt: Hier hat der Tod seine Knochensaat ausgesät. Die Front wankt, heute hat der Feind die Höhe, morgen wir, irgendwo ist hier immer verzweifelter Kampf. Mancher, der sich eben noch der warmen Sonne freute, hörte es schon irgendwo brüllen und heulend herankommen ... Der Mensch wird zum Wurm und sucht sich das tiefste Loch. Trommelfelder-Schlachtfelder, auf denen nichts zu sehen ist als erstickender Qualm-Gas-Erd-Klumpen-Fetzen in der Luft, die wild durcheinanderwirbeln: Das ist Verdun.

*Zit. nach http://www.planet-wissen.de /geschichte/deutsche_geschichte/verdun_die_hoelle_des_ersten_weltkriegs/pwiefeldpostbriefe100.html (Stand: 28.12.2019).***

M 5

Feldpostbrief des französischen Soldaten Pierre, Nachname und Todesdatum unbekannt (1916):

Meine liebe Edith,

das Leben hier ist ungeheuer hart. In den Schützengräben regiert der Geruch des Todes. Ratten laufen in Massen herum und Mücken zerstechen uns die Haut. Wir leben im Schlamm. Ein eisiger Wind lässt die Knochen gefrieren. Unmöglich, nachts zu schlafen. Man muss immer bereit sein zu töten. Töten ist das wichtigste Wort, das man uns jeden Tag eintrichtert. Nur wer tötet, der überlebt. Jede Minute hier ist die Hölle. Keine Hygiene. Kein Ausruhen. Keine Freude. Kein Leben. Auf dem Schlachtfeld draußen liegen die Leichen, arme Soldaten, die auf blutgetränkten Feldern verreckt sind. Granaten und Minen zerfetzen alles. Bäume, Häuser, das wenige Grün, alles ist zerstört. Dazwischen das Donnern der Kanonen und die Schreie der Soldaten.

Montag war ich vorne an der Front. Ich bin am Bein getroffen worden. Eigentlich müsste ich schon wieder bei den anderen sein, die für unser Vaterland kämpfen. Aber unser Vaterland hilft nicht wirklich. Die Leute in den Büros schicken Menschenmassen in den sicheren Tod.

Wie gerne würde ich einen Brief von dir lesen, Zeit mit unserem kleinen Sohn verbringen ... Was mich am Leben hält, ist die Kraft, eine Familie zu haben, die auf mich wartet.

http://ecole-montaigne-mons.etab.ac-lille.fr/files/2016/11/Lettre-de-poilus-Bataille-de-Verdun-1916.pdf (Stand: 3.3.2021). Übers. v. Hans-Joachim Cornelißen.

M 6

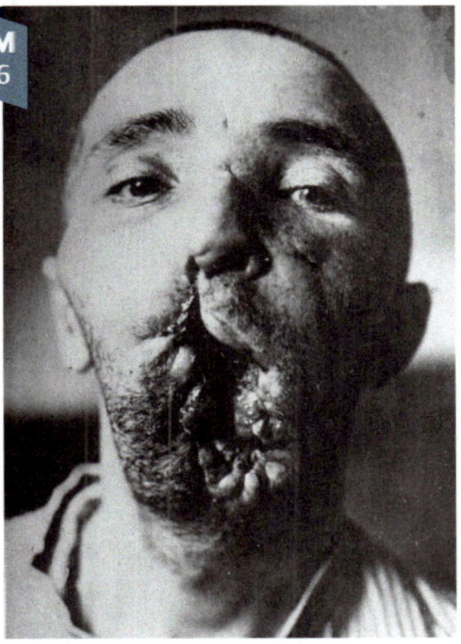

Soldat mit schwerer Gesichtsverletzung, Foto, um 1916. Hunderttausende Soldaten kamen mit schwersten körperlichen Verletzungen aus dem Krieg zurück.

MK **1** **Methode:** Untersuche die Fotografie M1 mithilfe der Arbeitsschritte auf S. 258 oder der Kopiervorlage im Webcode.

2 **Partnerarbeit:** Einer wählt M4, einer M5.

a) Arbeitet die persönliche Sicht der Soldaten auf das Kriegsgeschehen heraus.

b) Vergleicht eure Ergebnisse.

3 **a)** Beschreibe das Leben an der Front und dessen Folgen für die Soldaten (Darstellungstext, M1–M6).

b) Fasse deine Eindrücke zum Leben an der Front und den Auswirkungen auf die Soldaten zusammen. Nutze den **Wortschatz**.

MK **4** Untersuche einen der Feldpostbriefe, die du unter dem Webcode auf S. 78 aufrufen kannst. Präsentiere ihn deiner Klasse. **Tipp** → S. 242.

Zusatzaufgabe → S. 238

cornelsen.de/webcodes
Code: nufafi
Kopiervorlage Methodentabelle

Die „Heimatfront“ – Frauen und Kinder im Krieg

Der anhaltende Stellungskrieg zermürbte nicht nur die Soldaten an der Front. Er hatte auch weitreichende Folgen für die Angehörigen in der Heimat.

- ***Inwiefern waren Frauen und Kinder davon betroffen?***

M 1

Eine Engländerin arbeitet während des Weltkrieges in einer britischen Kohlegrube. Foto, 1918

M 2

Arbeiterinnen stellen in einer deutschen Munitionsfabrik Granaten her. Koloriertes Foto, 1915

Versorgungskrise und Hunger

Die deutsche Zivilbevölkerung kannte bis auf einen russischen Angriff im Osten des Reichs keine direkten Kampfhandlungen. Das Leben der Zivilbevölkerung wurde aber als „Heimatfront“ in den Krieg einbezogen. Für die Familien aller am Krieg beteiligten Länder gab es immer weniger zu essen, da die Versorgung der Soldaten mit Lebensmitteln Vorrang hatte. Im Jahre 1914 importierte das Deutsche Reich etwa ein Drittel seiner Lebensmittel aus dem Ausland. Die britische Seeblockade (S. 75) führte zu einem Mangel an Nahrungsmitteln. Da Millionen Männer und Pferde an die Fronten verlegt worden waren, fehlten Arbeitskräfte und Zugtiere in der heimischen Landwirtschaft. In Frankreich fehlte ein Fünftel der Ackerflächen, da diese im Norden vom Krieg zerstört worden waren.

In Deutschland waren ab 1915 Nahrungsmittel über Lebensmittelkarten rationiert. Oft war aber das, was auf den Lebensmittelkarten stand, nicht mehr zu haben. Warteschlangen vor Lebensmittelgeschäften wurden Normalität. Einige Menschen versuchten sich selbst zu helfen, indem sie Gemüsebeete anlegten und Hühner oder Kaninchen in der Wohnung hielten. Viele Familien hatten aber trotzdem zu wenig zu essen. Brot wurde aus Kartoffel- und aus Holzmehl gebacken, Obstkerne für die Ölgewinnung gesammelt. Rund 750 000 Menschen starben in Deutschland an den Folgen der Unterernährung, besonders im sogenannten „Steckrübenwinter“ 1916/17. In diesem Winter gab es in Deutschland so wenig zu essen, dass Kohlrüben oder Steckrüben zum Hauptnahrungsmittel wurden.

Wortschatz: Nahrungsmittel rationieren (= staatlich zuteilen) • Lebensmittelkarten austeilen • auf Heimaturlaub nach Hause kommen • die Frauenemanzipation (= rechtliche und gesellschaftliche Gleichstellung der Frauen) • ein Dienstleistungsberuf (= Arbeit, die nicht unmittelbar der Produktion von Gütern dient) • die Feldpost erhalten • an einer Front stationiert (= eingesetzt) sein

Frauenemanzipation auf Zeit?

Frauen übernahmen wegen der Abwesenheit von Millionen Männern deren Tätigkeiten in der Industrie, in Dienstleistungsberufen und in der Landwirtschaft. Die Einberufung der Männer zum Militär bedeutete eine Reduzierung des Familieneinkommens. Allerdings mussten sich die Frauen in Deutschland verpflichten, den „Männerarbeitsplatz" nach deren Rückkehr wieder zu verlassen. Dennoch sahen sich in den Städten viele Frauen dazu gezwungen, auf dem Schwarzmarkt oder durch Diebstahl an Nahrung zu kommen, um die Familie zu ernähren. Die Geburtenrate nahm durch die Abwesenheit der Männer stark ab. Es gab viele Fehlgeburten aufgrund der großen Arbeitsbelastung der Frauen.

Wie erlebten die Kinder den Krieg?

In Frankreich vermittelten Lese- und Rechenbücher Hass auf Deutschland. Die Schulkinder sollten lernen, wie die „Feinde den Krieg provoziert haben".
Auch in Deutschland gab es Kriegspropaganda in der Schule. Die Kinder hörten, dass die deutschen Soldaten siegreich voranstürmten. Bei bedeutenden Siegen gab es schulfrei. Kinder „spielten Krieg" mit Bleisoldaten und Kriegsfahrzeugen. Väter, Onkel und Cousins waren nur durch Feldpost und gelegentlichen Heimaturlaub vorübergehend in den Familien anwesend. Viele Kinder mussten die Erfahrung machen, den Vater nur noch verstümmelt oder gar nicht mehr wiederzusehen, weil er gefallen war.

M 3

Erinnerungen des bei Kriegsbeginn zehnjährigen Johann Baptist Gradl:

Mein Vater war an der Westfront. Je länger der Krieg dauerte, umso mehr wuchs die Angst. Am schlimmsten waren die Postpausen. Lebte der Vater überhaupt noch? Meine Mutter hatte oft verweinte Augen ... Gehungert haben wir oft, und den Geruch erfrorener Kohlrüben im Kochtopf aus dem berüchtigten Kohlrübenwinter 1916/17 habe ich heute noch in der Nase. ... In der Schule wurden wir angehalten zu Aktivitäten für die Kriegswirtschaft. Die Lehrer hielten Sammelstunden ab ... mal waren es Konservendosen aus Weißblech, mal Altgummiteile, mal anderes. In einem Sommer wurde uns nahegelegt, barfuß in die Schule zu gehen, um Leder zu sparen. Alle Jahre kam mein Vater für zwei Wochen auf Urlaub. Wenn er kam, war die Freude groß, wenn er fuhr, flossen die Tränen.

*Zit. nach Rudolf Pörtner, Kindheit im Kaiserreich, Erinnerungen an vergangene Zeiten, München (dtv) 1989, S. 242f.**

M 4 *Ein deutscher Soldat auf Weihnachtsurlaub in der Heimat – Kinder spielen mit dem Gewehr des Vaters. Foto, 1914*

1 Nenne die Gründe für die Versorgungskrise mit Lebensmitteln während des Ersten Weltkrieges in Deutschland (Darstellungstext).

2 **Wähle eine Aufgabe aus:**

a) Seit dem Ersten Weltkrieg wird der Einsatz der Zivilbevölkerung zu Hause oft als „Heimatfront" bezeichnet. Erkläre, warum das so ist (Darstellungstext, M1, M2).

b) Erläutere Auswirkungen der „modernen" Kriegsführung auf das Leben der Zivilbevölkerung (Darstellungstext, M1–M4).

MK 3 **Gruppenarbeit:** In eurer Schule soll eine Ausstellung zum Ersten Weltkrieg eröffnet werden. M3 und M4 sollen präsentiert werden. Verfasst für die Besucher dazu einen kurzen Audioguide zur Situation der Frauen und Kinder an der Heimatfront. Nutze den **Wortschatz**.

4 Beurteile (aus Sicht der Frauen um 1917) zuerst und bewerte dann (aus heutiger Sicht) anschließend mithilfe des Darstellungstextes sowie M1 und M2, ob der Krieg zur Emanzipation der Frau beigetragen hat.

Der Erste Weltkrieg: Höhepunkt deutsch-französischer Feindschaft?

Im deutschen Kaiserreich galt Frankreich seit den Befreiungskriegen im 19. Jahrhundert als „Erbfeind". In Frankreich war der Verlust von Elsass-Lothringen nach dem verlorenen Krieg gegen Deutschland im Jahr 1871 der Ursprung des Hasses auf die Deutschen.

- ***Untersuche, wie der gegenseitige Hass weiter gefördert wurde.***

M1

Deutsche Postkarte, 1915. Eine Mutter strickt Socken für den abwesenden Ehemann und Vater.

M2

Französische Postkarte, 1915. Übersetzung: Nieder mit dem Deutschen, zu Pferd oder zu Fuß, ihn zu bekämpfen ist mein höchstes Ideal.

Feldpostkarten während des Ersten Weltkrieges

Die Soldaten konnten nur durch Briefe und Postkarten mit ihren Angehörigen Kontakt halten. Hinter den Fronten sorgten riesige Postsammelstellen für das Verschicken und Verteilen der „Feldpost". Porto musste dafür nicht bezahlt werden. Zur Erkundung der Stimmung unter den Soldaten wurde die Post kontrolliert. Militärische Geheimnisse wurden durch schwarze Farbe zensiert. Wegen der Mengen an Post konnte allerdings nur stichprobenartig kontrolliert werden.

(die) Propaganda

Gezielte Beeinflussung des Denkens, Handelns und Fühlens von Menschen. Während des Ersten Weltkrieges spielte die staatliche Propaganda eine wichtige Rolle. Vor allem Flugblätter, Postkarten, Plakate, Fotografien und das neue Medium Film dienten in teils hohen Auflagen zur Verbreitung staatlicher Propaganda.

M 3

Schulbücher aus der Kriegszeit

A Ein deutsches Schulbuch (1916):

Der furchtbare Weltkrieg, der am 1. August 1914 ausbrach, hat sich langsam vorbereitet. Seine Hauptursache war der glänzende Aufstieg Deutschlands, der den Neid und Hass der anderen Völker hervorrief. England beneidete und hasste uns, weil wir es im Handel und im Gewerbe zu überflügeln begonnen hatten. Frankreich brannte vor Rachedurst wegen des Verlustes von Elsass-Lothringen. Russland war erfüllt von Eroberungsgier. Da es in einem Kriege gegen Japan eine schwere Niederlage erlitten hatte und seine Absichten in Ostasien aufgeben musste, wandte es sich gegen Deutschland und Österreich und sah im Deutschtum den verhassten Feind seines eigenen Volkstums[1]. Die Feindschaft Englands wurde unter der Regierung König Edwards VII. offenbarer und stärker. Das Ziel dieses Königs war die „Einkreisung“ Deutschlands.

Harry Brettschneider, Hilfsbuch für den Unterricht, Geschichte an höheren Lehranstalten, Halle (Weisenhaus) 1916, S. 81.

[1] *sahen in den Deutschen den verhassten Feind der Franzosen*

B Ein französisches Schulbuch (1917):

Deutschland und Österreich-Ungarn wollten den Krieg. Die Regierungen in Berlin und Wien haben den Krieg der Welt aufgezwungen. Auch die tieferen Ursachen des Krieges liegen eindeutig in der Verantwortung Deutschlands und Österreich-Ungarns. Seit 1871 haben Frankreich, England und Russland Engelsgeduld, Friedenswillen und Nachgiebigkeit gegenüber Deutschland und Österreich-Ungarn gezeigt. Dies wurde uns als Zeichen der Schwäche ausgelegt. Alle Provokationen kamen ausnahmslos aus Berlin und Wien. Wenn es von 1871 bis 1914 eine Zeit des Friedens gegeben hat, dann trotz der Deutschen und trotz der Österreicher und der Ungarn. Durch ihre Fehler tobt seit 1914 der Krieg. Möge das ganze vergossene Blut auf die Verbrecher an der Spitze Deutschlands und Österreichs zurückfallen!

Jules Toutain, L'Europe et la France de 1871 à 1914, Paris (Belin) 1917, S. 90f. Übers. v. Hans-Joachim Cornelißen.

M 4

Foto der von deutschen Truppen zerstörten Stadt Reims (September 1914). Im Hintergrund die ebenfalls von Granaten getroffene Kathedrale, Krönungsort der französischen Könige im Mittelalter.

1 **Partnerarbeit**: Beschreibt euch gegenseitig M1 und M2. **Tipp** → S. 242.

2 Beurteile, ob es sich bei den Postkarten M1 und M2 um Propaganda handelt. Nutze den Begriffskasten.

3 **Wähle eine Aufgabe aus:**

a) Analysiere die Schulbuchtexte M3A und B. Trage in einer Tabelle alle genannten Gründe ein, die dem jeweiligen Gegner die Kriegsschuld zuweisen. Nutze den **Wortschatz**.

b) Vergleiche die Inhalte von M3A und M3B mit den Ergebnissen der Fachwissenschaft (S. 70–73).

4 Stelle dar, warum mit solchen verallgemeinernden Darstellungen kritisch umgegangen werden sollte.

5 Am Ortseingang der Stadt Reims steht neben dem Ortsnamen bis heute das Schild „Ville martyre – gequälte Stadt“ oder „Stadt der Märtyrer“. Erkläre das Schild mithilfe von M4. **Tipp** → S. 242.

Wortschatz: eine Erkundung der Stimmungslage • das Deutschtum (hier: das deutsche Volk) • anderen einen Krieg aufzwingen • Propaganda betreiben • die Post zensieren (= Nachrichten und Meinungsäußerungen der Soldaten wurden kontrolliert und wenn aus Sicht der Befehlshaber die Darstellungen zu negativ waren, wurden die Stellen mit schwarzer Farbe unkenntlich gemacht)

Kriegspropaganda im In- und Ausland

Alle am Krieg beteiligten Staaten setzten verstärkt auf staatliche Propaganda, um das Denken und Handeln der Bevölkerung zu beeinflussen.

- *Mit welchen Zielen und Mitteln Propaganda in verschiedenen Ländern eingesetzt wurde, kannst du mithilfe von A, B, C oder D untersuchen.*

A

M1

Aufruf des deutschen Kaisers Wilhelm II., veröffentlicht am 6. August 1914 in verschiedenen Zeitungen:

An das deutsche Volk!

Seit der Reichsgründung ist es durch 43 Jahre Mein und Meiner Vorfahren heißes Bemühen gewesen, der Welt den Frieden zu erhalten und im Frieden unsere kraftvolle Entwickelung zu fördern. Aber die Gegner neiden uns[1] den Erfolg unserer Arbeit.

Alle offenkundige und heimliche Feindschaft von Ost und West, von jenseits der See haben wir bisher ertragen im Bewusstsein unserer Verantwortung und Kraft. Nun aber will man uns demütigen. Man verlangt, dass wir mit verschränkten Armen zusehen, wie unsere Feinde sich zu tückischem Überfall rüsten, man will nicht dulden, dass wir in entschlossener Treue zu unserem Bundesgenossen [= Österreich-Ungarn] stehen, der um sein Ansehen als Großmacht kämpft und mit dessen Erniedrigung auch unsere Macht und Ehre verloren ist. So muss denn das Schwert entscheiden. Mitten im Frieden überfällt uns der Feind. Darum auf! Zu den Waffen! Jedes Schwanken, jedes Zögern wäre Verrat am Vaterlande.

Um Sein oder Nichtsein unseres Reiches handelt es sich, das unsere Väter sich neu gründeten. Um Sein oder Nichtsein deutscher Macht und deutschen Wesens.

Wir werden uns wehren bis zum letzten Hauch von Mann und Ross. Und wir werden diesen Kampf bestehen auch gegen eine Welt von Feinden. Noch nie ward (wurde) Deutschland überwunden, wenn es einig war.

*Zit. nach Gilbert Krebs & Bernard Poloni (Hg.), Volk, Reich und Nation 1806-1918: Texte zur Einheit Deutschlands in Staat, Wirtschaft und Gesellschaft, Paris (Presses Sorbonne Nouvelle) 2018, S. 192.***

[1] *Die Gegner sind neidisch auf die Erfolge.*

1 Arbeite heraus, wie Wilhelm II. den Kriegseintritt des Deutschen Reichs begründet (M1).

2 Untersuche mithilfe einer Tabelle, wie in der Rede zum einen die Deutschen, zum anderen die Gegner charakterisiert werden.

B

M2

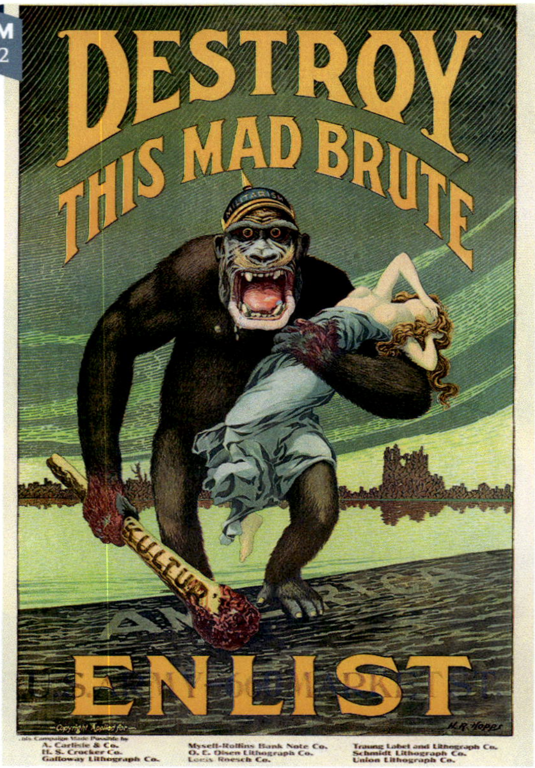

„Vernichte das wilde Untier! – verpflichte dich!“, amerikanisches Propagandaplakat aus dem Jahr 1917 von Henry Ryle Hopps. Auf dem Helm des Gorillas steht „Militarismus“, auf der Keule „Kultur“.

1 Beschreibe das Plakat (M2). **Tipp** → S. 242.

2 Erkläre, wen oder was die Bildelemente darstellen sollen.

3 Verfasse den Text für ein Flugblatt, das die Botschaft des Plakates in wirkungsvolle Worte fasst.

C

M3

Französische Karikatur, 1915. Sie zeigt einen deutschen Soldaten mit Flammenwerfer und Gasmaske. Darüber steht: „20. Jahrhundert – Deutscher Krieger“. Das Wort „boche“ (sprich: bosch) ist ein französisches Schimpfwort für Deutsche.

M4

Carola Jüllig, Mitarbeiterin des Deutschen Historischen Museums Berlin über Propaganda im Ersten Weltkrieg (2014):

[Die Deutschen] waren vor allem für Frankreich die „Barbaren“, Frankreichs Rolle im Weltkrieg die des Verteidigers der Zivilisation gegen die Barbarei. Konzentriert in der Person von Kaiser Wilhelm II. und übertragen auf das ganze deutsche Volk, verbreiteten Zeitungen, Zeitschriften und Plakate das Bild einer Rasse, die von Natur aus barbarisch, gefräßig, gewalttätig, grobschlächtig und militaristisch sei. Der deutsche Überfall auf das neutrale Belgien bot diesen in der französischen Öffentlichkeit schon vor dem Krieg verbreiteten Stereotypen[1] neue Nahrung ... Mit den Bildern der „boches“ als mordlüsterne, barbarische Hunnen[2] rechtfertigte die französische Propaganda den Kriegseinsatz.

*Zit. nach https://www.dhm.de/lemo/kapitel/erster-weltkrieg/propaganda/franzoesische-kriegspropaganda.html (Stand: 25.03.2020).***

[1] vereinfachendes (Vor-)Urteil; [2] Schimpfwort für Deutsche. Gleichsetzung mit Reitervolk der Hunnen aus Zentralasien, das im 4. Jahrhundert Teile Europas verwüstete

1 Arbeite aus der Karikatur M3 heraus, wie die deutschen Soldaten charakterisiert werden.

2 Überprüfe, inwiefern die in M4 genannten Merkmale in der Karikatur (M3) nachweisbar sind.

D

M5

„Der Albtraum von Wilhelm II.“, russische Postkarte aus dem Ersten. Weltkrieg, undatiert

1 Analysiere die russische Postkarte (M5). **Tipp** → S. 242.

2 Erkläre, warum es sich bei der Darstellung auf der Postkarte (M5) um Propaganda handelt. Nimm die Erklärung zum Begriff „Propaganda“ auf S. 82 zu Hilfe.

Aufgabe für alle:

Fasst die Mittel der Propaganda während des Ersten Weltkrieges zusammen und vergleicht sie hinsichtlich ihrer Ziele.

Der Erste Weltkrieg im Computerspiel

cornelsen.de/webcodes
Code: buvefa
Entwicklervideo und Schreibanleitung Rezension

Zum 100. Jahrestag des Kriegsbeginns 1914 wurde in Frankreich das Computerspiel „Valiant Hearts: The Great War" (2014) (engl. valiant = tapfer) entwickelt. In der Spielhandlung, die an Schauplätzen des Ersten Weltkrieges stattfindet, vermischen sich erfundene Geschichten mit realen Ereignissen und Personen. Die Entwickler möchten mit dem Spiel an den Ersten Weltkrieg erinnern.

- ***Wie wird in diesem Spiel der Erste Weltkrieg dargestellt?***
- ***Ist es angemessen, ein Computerspiel zu einem Raum der Erinnerung werden zu lassen?***

M 1

Szene aus dem Computerspiel „Valiant Hearts". Deutsche Flugzeuge greifen britische Soldaten an.

September 1914. Schlacht an der Marne (Gebiet von Verdun)

Sich kreuzende Schicksale

Valiant Heart: The Great War™ erzählt von einer Welt, die in das Chaos des Ersten Weltkriegs gestürzt wurde, von schmerzhaften Trennungen und sich vereinigenden Schicksalen. Emile, Karl, Freddie und Anna setzen alles daran, das Grauen der Schützengräben zu überleben.

Angeführt von Walt, ihrem treuen vierbeinigen Begleiter, verschmelzen ihre Leben im Verlauf dieser emotionalen Erzählung untrennbar miteinander. Aus dem Krieg ergibt sich eine bewegende Suche, in der jeder versucht, angesichts der Schrecken des Krieges seine Menschlichkeit zu bewahren.

M 2 *Auszug aus der Presse-Broschüre für das Computerspiel*

M 3 *Die Hauptcharaktere des Spiels*

Emile, französischer Bauer in Lothringen, gerät zu Beginn des Krieges in deutsche Kriegsgefangenschaft.

Karl ist Deutscher, der in Frankreich lebt und mit seiner französischen Frau einen Sohn hat. Er wird in die deutsche Armee eingezogen.

Freddy, Amerikaner, der als Söldner gegen die Deutschen kämpft. Der Hund Walt gehört zu einer deutschen Sanitätseinheit an der Front.

Anna, Tochter einer belgischen Adelsfamilie, wird freiwillig Krankenschwester.

M4

Die Spieleentwickler „Ubisoft" über das Computerspiel „Valiant Hearts" (2014):

Ein animiertes Graphic-Novel-Abenteuer

Von den grünen Wäldern Frankreichs über düstere Schützengräben bis hin zu verschneiten Feldern reisen die Spieler in diesem emotionalen Abenteuer mit einzigartiger Atmosphäre und Grafikstil zurück in die Vergangenheit.

Eine Mischung aus Action-, Erkundungs- und Rätselspiel

Spieler ziehen in den Kampf und helfen ihren Freunden, den Ersten Weltkrieg zu überleben, indem sie Rätsel lösen oder durch die feindlichen Linien schleichen. Sie erleben dabei ein ebenso rührendes wie heiteres Abenteuer.

Spieler verfolgen das Schicksal von 5 Soldaten …

Inmitten der Schützengräben verkörpert man vier verlorene Seelen, deren Schicksale sich kreuzen. Man erlebt den Alltag des Krieges und hilft einem jungen deutschen Soldaten, seine Liebe zu finden!

… und ihrem treuen vierbeinigen Begleiter

Spieler folgen der Witterung ihres treuen Hundes und schicken ihn durch Stacheldrahtverhaue[1] und Granattrichter, um Rätsel zu lösen und Feinden aus dem Weg zu gehen … sie müssen ihm vertrauen, denn dieser Hund ist ihr einziger Freund!

Spieler erleben den 1. Weltkrieg von 1914 bis 1918

Diese fiktive Geschichte entführt die Spieler in den Jahren 1914–1918 zu den berühmtesten Schauplätzen des Krieges, wie Reims oder Montfaucon, und lässt sie an den historischen Schlachten der Westfront, wie der Schlacht an der Marne oder der Somme, teilnehmen!

Deutsche Pressemitteilung von Ubisoft zum Spiel „Valiant Hearts", Düsseldorf 2014.

[1] *Zaun aus Stacheldraht*

M5

Lexikoneintrag in „Valiant Hearts"

Eine Rezension schreiben

Eine Rezension ist eine wertende Besprechung einer Darstellung (eines Romans, eines Spiel- oder Dokumentarfilms, eines Theaterstücks, Konzerts oder eines Computerspiels) oder eines wissenschaftlichen Werks. Der Begriff „rezensieren" bedeutet „genau prüfen". Eine Rezension ist immer mit einer persönlichen Bewertung („Kritik") verbunden und besteht aus einer Einleitung, einem Hauptteil (Inhaltsangabe, Beurteilung) und dem Schluss.

1 Erkläre mithilfe von M1 bis M3, worum es in dem Computerspiel geht.

2 Nimm zu der Werbung der Entwickler (M4) Stellung: Was erscheint dir nachvollziehbar, was unwahrscheinlich? **Tipp** → S. 242.

3 Arbeite aus dem Entwicklervideo (Webcode) die Ziele der Spielemacher heraus.

4 Untersuche die Bedeutung der Hundefigur in dem Spiel (M5, Entwicklervideo).

MK **5 Wähle eine Aufgabe aus:**

Erstelle eine Rezension. Setze dich darin auch mit der Frage auseinander, ob man es im Geschichtsunterricht einsetzen sollte oder nicht. Du kannst deine Rezension auf verschiedenen Wegen erstellen:

a) Nimm einen Podcast (→ S. 254) auf.

b) Erstelle ein Video, in dem du die Rezension vorträgst.

Nutze dabei jeweils den **Wortschatz**.

MK 6 **Partnerarbeit:** Diskutiert gemeinsam, ob und inwiefern „Valiant Hearts" und andere Computerspiele über den Ersten Weltkrieg eine angemessene Form der Auseinandersetzung mit dem Krieg darstellen. **Tipp** → S. 242.

Wortschatz: Das Computerspiel … handelt von … • Das Computerspiel eignet sich … / eignet sich nicht zur … • Die Entwickler des Spiels … • Ziel des Spiels ist es, … • Die Umsetzung des Spiels ist … • Zusammenfassend lässt sich sagen …

Das Epochenjahr 1917 und das Kriegsende 1918

Im Jahr 1917 änderte sich der Kriegsverlauf entscheidend: Die USA traten im April auf Seiten der Entente in den Weltkrieg ein. Russland schloss nach der Oktoberrevolution 1917 mit dem deutschen Kaiserreich einen Friedensvertrag und schied aus dem Krieg aus.

- *Warum stellte das Jahr 1917 eine Zäsur (= Einschnitt) in der Weltgeschichte dar?*

M 1

„Genosse Lenin reinigt die Erde vom Müll", russisches Plakat, 1920. Die Figur links trägt die typischen Kleider eines russisch-orthodoxen Geistlichen. Mit „Genosse" redeten sich Anhänger der Arbeiterbewegung untereinander an.

Russland: Die Februarrevolution

Nach anfänglichen militärischen Erfolgen Russlands häuften sich dessen Niederlagen im Ersten Weltkrieg. Immer mehr Bauern wurden ohne richtige Ausbildung an die Front geschickt. Die Produktion landwirtschaftlicher Güter stockte. Aufgrund der Kriegskosten war Geld durch die Inflation immer weniger wert. Anfang 1917 brach die Versorgung der Städte mit Lebensmitteln und Brennholz zusammen. Im Februar forderten Demonstranten Frieden, Brot und gerechte Löhne. Da sich die Soldaten des Zaren* weigerten, auf die Demonstranten zu schießen, konnten diese die staatlichen Waffenkammern, das Staatsgefängnis und den Sitz der Geheimpolizei stürmen. Die liberalen Abgeordneten des Parlaments (Duma) zwangen den Zaren zum Rücktritt. Die neue Regierung nannte sich „provisorische Regierung". Ab sofort galten in Russland Grundrechte wie Meinungs-, Presse- und Versammlungsfreiheit.

Die Zeit der Doppelherrschaft

Die „provisorische Regierung" bestand aus liberalen Politikern aus dem Bürgertum. Die Militärführung unterstützte die neue Regierung unter der Bedingung, dass sie den Krieg gegen die Mittelmächte fortsetzte. Doch während der Unruhen hatten sich in vielen Städten Sowjets* (Räte) als zweites Machtzentrum gebildet. In diesen Sowjets saßen vorrangig Soldaten und Arbeiter. Sie berieten und beschlossen neue Gesetze und übernahmen Regierungsaufgaben. Der Sowjet der Stadt Petrograd (heute Sankt Petersburg) forderte einen sofortigen Frieden ohne Gebietsabtretungen und Kriegsentschädigungen. Die „provisorische Regierung" lehnte das Rätesystem* ab, weil es ihrer Meinung nach Russland militärisch und wirtschaftlich schwächte. Die Februarrevolution führte zu einer Doppelherrschaft in Russland.

Die Oktoberrevolution der Bolschewiki*

Im April 1917 erreichte der kommunistische Revolutionär Wladimir Iljitsch Lenin Petrograd. Lenin war als politisch Verfolgter mit seinen Getreuen in die Schweiz geflüchtet. Die deutsche Regierung unterstützte seine Rückkehr nach Russland, weil sie sich durch die von ihm vertretene politische Bewegung des Kommunismus innenpolitische Unruhen in Russland erwartete. Derartige Unruhen sollten aus deutscher Sicht den Kriegsgegner Russland von innen schwächen. Zusammen mit Leo Trotzki formte Lenin eine Partei von Revolutionären, die „Bolschewiki". Am 25. Oktober 1917 gelang der Putsch der Bolschewiki gegen die „provisorische Regierung": Sie wurde für abgesetzt erklärt und die Sowjets übernahmen die Macht. Der Zar und seine Familie waren bereits im Juli hingerichtet worden. In späteren Jahren wurde der Putsch als „glorreiche sozialistische Oktoberrevolution" verherrlicht.

(der) Sozialismus (von lat. socius = Genosse)
Entstand in der 2. Hälfte des 19. Jahrhunderts als Reaktion auf die schlechten Lebensbedingungen der Arbeiterschaft. Zahlreiche Arbeiterparteien und Gewerkschaften vertraten den demokratischen Sozialismus. Durch allmähliche (auch staatliche) Reformen sollten die Lebensverhältnisse der Menschen verbessert werden. In Deutschland entstand aus dieser Bewegung die SPD. Der revolutionäre Sozialismus in Russland hingegen betonte den gewaltsamen Umsturz der bestehenden Verhältnisse. Er verstand sich als Übergangsstadium zum Kommunismus.

(der) Kommunismus (von lat. communis = gemeinsam)
Ideologie* nach Karl Marx (1818–1883) und Friedrich Engels (1820–1895). Sie entwarfen sie als Gegenstück zum Kapitalismus*. Im Kapitalismus streben ihrer Ansicht nach die Unternehmer nur nach Gewinn und beuten die Arbeiter aus. Nach Marx und Engels besitzen die Unternehmer im Kapitalismus sämtliche Produktionsmittel (Land, Häuser, Geräte, Maschinen, Tiere, Arbeitskraft). Im Kommunismus hingegen gehören alle Produktionsmittel allen Menschen. Das gemeinsam Produzierte soll gerecht verteilt werden, damit alle Menschen über gleiche Lebenschancen verfügen. Viele Anhänger sahen im Schritt von der Benachteiligung der Arbeiterschaft hin zum Sozialismus und zum Kommunismus einen zwangsläufigen Verlauf der Geschichte. Häufig führten und führen diese Ideen in kommunistischen Ländern zu neuen Ungerechtigkeiten, Terror und Verfolgung.

(der) Rat (russ. sowjet)
In einem Rat sitzen gleichberechtigte Mitglieder aus einer bestimmten „Gruppe“ (zum Beispiel: Stadtrat; Schülerrat; Betriebsrat). Das Ziel der Einrichtung solcher Räte ist es, über Dinge, die eine bestimmte Personengruppe betreffen, selbst zu entscheiden, statt bloß Anweisungen „von oben“ zu empfangen.

M 2

Lenin über die Diktatur[1] des Proletariats (August 1917):
Die Diktatur des Proletariats[2] bringt zunächst eine Reihe von Freiheitsbeschränkungen für die Unterdrücker, die Ausbeuter, die Kapitalisten*. Die müssen wir niederhalten, um die Menschheit von der Lohnsklaverei zu befreien. Ihr Widerstand muss mit Gewalt gebrochen werden. Es ist klar, dass es da, wo es Gewalt gibt, keine Demokratie gibt ... Erst in der kommunistischen Gesellschaft, wenn der Widerstand der Kapitalisten endgültig gebrochen ist, wenn es keine Klassen mehr gibt, erst dann ... kann von Freiheit die Rede sein. Erst dann ist eine vollkommene Demokratie ... möglich.

*Zit. nach Oskar Anweiler (Hg.), Die Russische Revolution 1905–1925 (= Quellen und Arbeitshefte für den Geschichtsunterricht), 3. Aufl., Stuttgart (Klett) 1971, S. 39f.**

[1] *Alleinherrschaft;* [2] *die besitzlosen Arbeiter*

Der Frieden von Brest-Litowsk im März 1918 und der Kriegseintritt der USA

Die Revolutionäre schlossen mit Deutschland einen sofortigen Frieden. Deutschland diktierte seine Bedingungen, jedoch hatte der Vertrag durch die deutsche Kriegsniederlage wenige Monate später keine Bedeutung mehr. Die Bolschewiki errichteten 1922 mit der Gründung der „Union der Sozialistischen Sowjetrepubliken“ (UdSSR oder Sowjetunion) einen neuartigen Staat nach kommunistischen Ideen, in dem auf der Grundlage des Sozialismus die klassenlose Gesellschaft verwirklicht werden sollte. Die UdSSR existierte bis 1991.

Als in Europa 1914 der Krieg ausbrach, hatten die USA zunächst ihre Neutralität verkündet. Im Frühjahr 1917 traten die USA an der Seite der alliierten Westmächte in den Krieg ein. Die Amerikaner standen den alliierten Westmächten ideologisch näher als dem Deutschen Reich oder Österreich-Ungarn, die aufgrund ihrer monarchischen Staatsform als autoritär und antidemokratisch galten. Zudem sprachen wirtschaftliche Gründe für eine Unterstützung der Alliierten. Bereits vor dem Krieg war Großbritannien der wichtigste Handelspartner der USA und Deutschland ihr größter Konkurrent. Außerdem gewährten die USA Frankreich und Großbritannien Kredite für Kriegsmaterial und lieferten Nahrungsmittel.

Der Hauptgrund für den Kriegseintritt der USA war aber der Unterseebootkrieg der deutschen Marine. Zahlreiche Handels- und Passagierschiffe, auch neutraler Nationen, wurden ohne Vorwarnung versenkt. So torpedierte am 7. Mai 1915 ein deutsches U-Boot das englische Passagierschiff „Lusitania“ vor der irischen Küste. Unter den etwa 1200 Toten befanden sich auch 128 Amerikaner. Als die Deutschen den vorübergehend eingestellten U-Boot-Krieg im Februar 1917 wieder aufnahmen, erklärte die Regierung der USA um Präsident Woodrow Wilson im April 1917 dem Deutschen Reich den Krieg.

M 3

Rede des US-Präsidenten Wilson vor dem Kongress am 2. April 1917:

Neutralität ist nicht länger durchführbar oder wünschenswert, wo es um den Frieden der Welt und die Freiheit der Völker geht, und die Bedrohung dieses Friedens und dieser Freiheit liegt also in der Existenz autokratischer[1] Regierungen, die sich auf organisierte Gewalt stützen, welche gänzlich durch ihren Willen, nicht den ihres Volkes kontrolliert wird ... Wir stehen am Anfang eines Zeitalters, in dem man darauf beharren wird, dass die gleichen Maßstäbe für das Verhalten und für die Verantwortlichkeit für getanes Unrecht von den Nationen und ihren Regierungen beobachtet werden sollen, die von den einzelnen Bürgern zivilisierter Staaten befolgt werden. Wir haben keinen Streit mit dem deutschen Volk. Wir haben keine andere Empfindung ihm gegenüber als eine der Sympathie und Freundschaft. Es war nicht auf seinen Impuls hin, dass seine Regierung handelte, als sie in diesen Krieg eintrat ... Die Welt muss sicher gemacht werden für die Demokratie ... Wir verlangen nach keiner Eroberung, keiner Herrschaft ... Wir sind lediglich einer der Vorkämpfer für die Rechte der Menschheit ... Es ist eine fürchterliche Sache, dieses große friedfertige Volk in den Krieg zu führen, in den schrecklichsten und verheerendsten aller Kriege ... Aber das Recht ist wertvoller als der Friede, und wir werden für die Dinge kämpfen, die wir stets in unserem Herzen getragen haben – für die Demokratie ..., für die Rechte und Freiheiten kleiner Nationen, für eine allgemeine Herrschaft des Rechts durch ein Konzert[2] der freien Völker, das allen Nationen Frieden und Sicherheit bringen ... wird.

*Zit. nach Erich Angermann, Die Vereinigten Staaten von Amerika seit 1917, München (dtv) 1966, S. 7f.**

[1] *ohne Volksbeteiligung herrschend*
[2] *ein gemeinsam abgestimmtes Vorgehen*

Zwei entgegengesetzte Ideologien

Mit dem Eintritt in den Ersten Weltkrieg entwickelten sich die USA zu einer bedeutenden Weltmacht, deren Ideologie entgegengesetzt zu den in der russischen Oktoberrevolution verfolgten Zielen und Ideen – die Einführung des Kommunismus – war. Die USA sahen und sehen sich bis heute als Verteidiger der freien Marktwirtschaft* und des freien Welthandels als Grundlagen des kapitalistischen Systems. In dieser Ideologie soll jeder nach seinen Fähigkeiten zum Wohlstand eines Landes beitragen. Dabei muss es zu Unterschieden bezüglich des Wohlstandes des Einzelnen kommen.

Dagegen stellt der in Russland 1917 ausgerufene Sozialismus die Gleichheit der Menschen in den Vordergrund. Das bedeutete in der Praxis die Abschaffung des Privateigentums und eine Enteignung von Betrieben und Großgrundbesitzern. Die USA und die Sowjetunion wurden nach dem Ersten Weltkrieg allmählich zu den beiden führenden Weltmächten, die nach Ende des Zweiten Weltkriegs 1945 auf vielen Gebieten zu Gegnern wurden. Das Jahr 1917 leitete eine neue Epoche ein, die durch eine Zweiteilung der Welt, vor allem nach 1945, in kapitalistische und kommunistische Staaten gekennzeichnet war.

Das Kriegsende in Europa

Im Sommer 1918 gelang den Alliierten in einer Großoffensive der entscheidende Schlag gegen das deutsche Heer. Nach der Schlacht bei Amiens (8.–11. August) mussten sich die Deutschen darauf beschränken, ihre Stellungen zu halten. Der Druck der Entente-Mächte, verstärkt durch US-Truppen, wurde stärker. Die Entente forderte von der deutschen Obersten Heeresleitung die Einführung demokratischer Strukturen in Deutschland als Bedingung für einen Waffenstillstand. Reichskanzler Max von Baden verkündete am 9. November 1918 die Abdankung des deutschen Kaisers. Anfang November dankte auch der österreichische Kaiser ab. Damit endeten die Monarchien der Mittelmächte. Am 11. November 1918 unterzeichnete Deutschland in Compiègne bei Paris den Waffenstillstand mit den Entente-Mächten.

M 4

Marx über den Sozialismus (1864):

Die [wirtschaftliche Befreiung] der Arbeiterklasse [ist] der große Endzweck, dem jede politische Bewegung als Mittel unterzuordnen ist ... Die Emanzipation der Arbeiterklasse [ist] weder eine lokale noch eine nationale, sondern eine soziale Aufgabe, welche alle Länder umfasst, in denen die moderne [= industrielle] Gesellschaft besteht, und deren Lösung vom praktischen und theoretischen Zusammenwirken der fortgeschrittensten Länder abhängt.

*Karl Marx/Friedrich Engels, Werke, Berlin (Dietz), 5. Auflage 1973, Band 17, S. 440.***

M 5

Lenin über die Aufgabe der Arbeiter aller Staaten (1920):

Aus den dargelegten Grundsätzen folgt, daß die gegenseitige Annäherung der Proletarier [= Arbeiter] und werktätigen Massen aller Nationen und Länder zum gemeinsamen revolutionären Kampf für den Sturz der Gutsbesitzer und der Bourgeoisie[1] zum Eckstein der gesamten Politik ... gemacht werden muß.

*Lenin, Ursprünglicher Entwurf der Thesen zur nationalen und kolonialen Frage, zit. nach W. I. Lenin, Werke, Band 31, Berlin (Dietz) 1966, S. 134.***

[1] *das wohlhabende Bürgertum und die Unternehmer*

M 6 *US-amerikanische Karikatur, 1920. Progress = Fortschritt; Bolshevism = hier gleichbedeutend mit Kommunismus. Rot ist dessen Symbolfarbe; Civilization = Zivilisation.*

M 7

Der spätere französische Ministerpräsident Georges Clemenceau anlässlich des Kriegseintritts der USA (1917):

Da die Unternehmungen der Deutschen eine brutale Unterdrückung der Völker dieser Welt ... bedeuten, konnte es nicht anders geschehen, als dass ein die Kräfte des Einzelnen übersteigender Mut die Masse der Völker ... dazu brachte, sich gegen Deutschland zu erheben. Herrn Wilson kommt die Ehre zu, in glanzvoller Weise das Aufbruchsignal dieses großen Aufstandes der Menschheit ... gegeben zu haben ... Wir haben nun Gewissheit, dass unser Sieg so umfassend sein wird, dass Europa endlich eine lange Friedenszeit verschafft werden kann.

*Zit. nach https://www.centenaire.org/fr/tresors-darchives/la-reaction-de-georges-clemenceau-suite-lentree-en guerre-etats-unis (Stand: 13.01.2020), Übers. v. Verf.**

1 Beschreibe die Ursachen, den Verlauf und die Ergebnisse der Revolutionen in Russland (Darstellungstext). Verwende den **Wortschatz**.

2 **Wähle eine Aufgabe aus:**

a) Fasse Lenins Vorstellungen über die „Diktatur des Proletariats" zusammen (M2).

b) Untersuche M1, indem du die einzelnen Elemente deutest und die Aussageabsicht formulierst.

3 Erläutere die Gründe für den Kriegseintritt der USA (Darstellungstext).

MK 4 **a) Methode:** Analysiere M3 mithilfe der Arbeitsschritte „Eine schriftliche Quelle untersuchen" (→ S. 257) oder der Kopiervorlage im Webcode.

b) Beurteile, warum Wilson diese Argumente verwendet, um den Kongress von der Notwendigkeit eines Kriegseintrittes zu überzeugen.

5 **Partnerarbeit:** Verteilt M4 und M5.

a) Arbeite aus der dir zugeteilten Quelle die Zielsetzungen des Sozialismus/Kommunismus heraus.

b) Stellt euch eure Ergebnisse vor.

6 Beurteile mithilfe von M6, warum die Amerikaner im Kommunismus eine gefährliche Ideologie sahen.

7 Beschreibe anhand von M7, welche Chancen im Kriegseinritt der USA gesehen wurden.

8 Begründe mithilfe dieser beiden Doppelseiten, warum es sich beim Jahr 1917 um ein sogenanntes Epochenjahr handelte. **Tipp** → S. 242.

Wortschatz: die Versorgung bricht zusammen • zum Rücktritt gezwungen werden • eine Doppelherrschaft • jemanden für abgesetzt erklären • Bedingungen diktieren (= aufzwingen) • einem Grundsatz treu bleiben • einen Torpedo (= eine Unterwasserrakete) abfeuern • eine Ideologie vertreten

cornelsen.de/webcodes
Code: derava
Kopiervorlage Methodentabelle

Ein Kriegerdenkmal untersuchen

Zur Erinnerung an die gefallenen Soldaten des Ersten Weltkrieges wurden nach Kriegsende überall in Europa Kriegerdenkmäler errichtet. In Deutschland gibt es weit über 100 000 Kriegerdenkmäler, in Frankreich über 400 000. Auch in Nordrhein-Westfalen findet man in fast jedem Ort ein solches Denkmal.

- ***Untersuche das Kriegerdenkmal in Bonn-Kessenich.***

Kriegerdenkmäler heute

Krieger- und Ehrenmäler für die Gefallenen des Ersten Weltkrieges befinden sich häufig in und an Kirchen oder auf Friedhöfen, da die Stifter der Denkmäler häufig Kirchengemeinden waren. Sehr oft stehen sie aber auch an zentralen Plätzen eines Ortes, wenn die Einwohner das Denkmal finanzierten. Die Denkmäler dienen in erster Linie dem Gedenken der Verstorbenen. Auf vielen werden lediglich die Namen der Gefallenen aufgelistet. Seit den 1920er Jahren wurden die Kriegerdenkmäler vielerorts deutlich aufwändiger gestaltet. Bestandteile waren Figuren, Säulen und Symbole. Nach dem Zweiten Weltkrieg wurden oft die Namen der „neuen" Gefallenen ergänzt.

Zentrale Symbole an Kriegerdenkmälern

- Der Adler gilt aufgrund der ihm zugeschriebenen Eigenschaften (Kraft, Schnelligkeit, Freiheit) als König der Vögel. Er steht für Unsterblichkeit und Mut. Vergleichbar damit ist der starke und mutige Löwe als König der Tiere.
- Eichenlaub ist ein militärisches Symbol. Es steht für Standhaftigkeit, Treue und Stärke.
- Die Linde symbolisiert Heimatliebe und bildete den Ort dörflicher Zusammenkunft. Als „Gedenklinde" gepflanzt, symbolisierte sie den Frieden, aber auch Sieg und Tapferkeit.
- Das Schwert und der Stahlhelm, der erstmalig im Ersten Weltkrieg verwendet wurde, verweisen auf den militärischen Einsatz der Soldaten.
- Das Eiserne Kreuz diente seit seiner Einführung 1813 als Kriegsauszeichnung und ist heute das Erkennungszeichen der Bundeswehr.
- Christliche Symbole, wie das Kreuz, wurden ebenfalls häufig verwendet.

M 1

Kriegerdenkmal in Bonn-Kessenich, eingeweiht 1926, Foto, 2014. In Kessenich, einem Stadtteil von Bonn, wurde für vier Männer, die im Deutsch-Französischen Krieg 1870/71 gefallen waren, eine „Siegeslinde" gepflanzt. 1926 wurde vom Kriegerverein Kessenich ein Kriegerdenkmal aus Stein errichtet, das von Bürgern finanziert wurde. Es umschließt die Linde ringförmig. Auf sechs quadratischen Pfeilern sind, nach Todesjahr geordnet, die Namen der 279 Gefallenen aus dem Bonner Stadtteil Kessenich aus dem Ersten Weltkrieg eingemeißelt. 1956 wurden die Namen der 380 im Zweiten Weltkrieg (1939–1945) getöteten und 110 vermissten Kessenicher hinzugefügt. Es ist mit einer christlichen Inschrift aus dem Johannes-Evangelium versehen: „Niemand zeigt größere Liebe, denn [= als] der sein Leben lässt für seine Freunde." Seit 1991 steht das Kriegerdenkmal unter Denkmalschutz.

MK 1 Untersuche das Kessenicher Kriegerdenkmal (M1) mithilfe der Arbeitsschritte oder der Kopiervorlage im Webcode.

2 **Gruppenarbeit:** Erstellt ein Placemat (→ S. 252). Nehmt Stellung, ob Instandhaltung und Pflege eines Kriegerdenkmals einen angemessenen Umgang mit dem Gedenken an den Ersten Weltkrieg darstellen.

Zusatzaufgabe → S. 238

Arbeitsschritte „Ein Kriegerdenkmal untersuchen"

Beschreibung	Sprachliche Formulierungshilfen
1. Welchen ersten Eindruck vermittelt das Denkmal, wie ist es gestaltet (Statue, Statuengruppe, ohne Statuen, Inschriften, Gedenksprüche, Sprüche zur Mahnung, Namenstafeln)?	• *Das Denkmal wirkt ... Auf einem runden Sockel befinden sich ... Gitter mit einem Eisernen Kreuz in der Mitte umzäumen sie. Am oberen Ende der Pfeiler befindet sich jeweils ein Halbrelief eines ... Auf den drei Außenseiten sind die Namen der Gefallenen des ... und ... eingemeißelt. Auf dem Steinring ist ein Spruch aus dem Johannes-Evangelium zu lesen: „Niemand zeigt größere Liebe, denn der sein Leben lässt für seine Freunde." Eine zweite Inschrift lautet: „Unvergessen bleiben die 110 Vermissten unserer Ortsgemeinschaft auf deren Heimkehr zur Zeit der Errichtung dieses Males noch gehofft wird. Dankbares Gedenken verbindet uns auch mit den Kriegsopfern unserer neuen Mitbürger in Kessenich."*
2. Welche Einzelheiten und Symbole werden verwendet?	• *Eisernes Kreuz, Stahlhelm, Ring- bzw. Kreisform, Linde, Baum ...*
3. Welche Haltung nehmen die dargestellten Personen ein bzw. welche Form hat das Denkmal?	• *Die Form des Denkmals ...*
4. Nach welchen Gesichtspunkten wurde der Standort ausgewählt?	• *Es befindet sich auf einer Straßenkreuzung in der Nähe zu Alt-St.-Nikolaus, der alten Pfarrkirche.*
5. Welches Material wurde verwendet?	• ...
Deutung der Aussage und Klärung der Bedeutung	
6. Zu welchem Zweck wurde das Denkmal errichtet? Von wem wurde es in Auftrag gegeben? Ist eine ideologische Absicht erkennbar?	• *Es wurde in Gedenken an die Gefallenen des Ersten Weltkrieges aus dem Ort Kessenich errichtet. Es wurde von dem Kessenicher Kriegerverein in Auftrag gegeben und von Bürgern des Ortes finanziert.*
7. Welche Aussage kann man aus Form und Einzelheiten ableiten?	• *Im Zentrum des Denkmals steht ...*
8. Welche Informationen erhält man aus den Inschriften? Was sagen sie aus?	• *Die Inschrift bezieht sich auf ... und besagt, dass ...*
9. Wurde das Denkmal nach seiner Errichtung verändert, restauriert oder umgesetzt?	• *Im Jahr 1956 wurden ...* • *1991 wurde ...*
10. Welche Bedeutung hat das Denkmal heute? Wer kümmert sich um die Denkmalpflege?	• *Zu Beginn der Kirmes (August) und am Volkstrauertag (November) findet eine katholische Messe und eine Kranzniederlegung am Ehrenmal statt.*
Bewertung	
11. Hat sich die Wahrnehmung des Denkmals mit der Zeit verändert?	• *Heute fehlt vermutlich die persönliche Betroffenheit, dennoch zeigt der jährliche Volkstrauertag ...*
12. Was denkst du persönlich über die Aussage des Kriegerdenkmals und seine heutige Bedeutung?	• ...

cornelsen.de/webcodes
Code: koteja
Kopiervorlage Methodentabelle

Verhandlungen in Paris: Chance auf einen dauerhaften Frieden in Europa?

Hunger, Verzweiflung und Trauer bestimmten den Alltag vieler Menschen nach dem Ersten Weltkrieg. Millionen waren umgekommen. Daher stellte sich besonders dringlich die Frage nach einem dauerhaften Frieden. 1919 trafen sich die Siegermächte in verschiedenen Vororten von Paris zu Friedenskonferenzen. Russland und die Kriegsverlierer Deutschland und Österreich-Ungarn waren ausgeschlossen.

- ***Untersuche auf dieser Doppelseite mithilfe der Materialien die Frage der Überschrift.***

M 1 *Sexten (ital. Sesto) in Südtirol befand sich direkt an der Front zwischen österreichischen und italienischen Truppen und wurde stark zerstört. Italien war zunächst auf Seiten der Mittelmächte in den Krieg eingetreten und wechselte 1915 auf die Seite der Entente. Nach dem Krieg wurde das österreichische Südtirol italienisch, so wie es in einem Geheimvertrag 1915 zwischen Italien und der Entente vorab vereinbart worden war. Foto, 1916*

Ist Europa bereit für die Demokratie?

Im Dezember 1918 reiste Woodrow Wilson als erster US-amerikanischer Präsident mit zahlreichen Fachleuten nach Europa. Die Amerikaner hatten klare Vorstellungen, wie sie in Zukunft Kriege in Europa verhindern und den Menschen Wohlstand bringen wollten. Präsident Wilson wollte die europäischen Nationen „sicher für die Demokratie" machen. Nach amerikanischer Auffassung war das nur möglich, wenn alle Länder demokratische Staatsformen einführten und militärisch abrüsteten. Freie Wahlen und unterschiedliche Parteien bildeten die Kernstücke dieses politischen Modells, bei dem freier Handel und freies Unternehmertum die Wirtschaft bestimmen sollten (Liberalismus* und Kapitalismus*). Seit Beginn des 20. Jahrhunderts waren die USA die führende Wirtschaftsmacht. Die Siegerstaaten Europas (Frankreich, Großbritannien, Italien) waren bei den USA hoch verschuldet.

Die Folgen der Friedenskonferenz

Für die Siegerstaaten stand fest, dass die Mittelmächte Deutschland und Österreich-Ungarn die Schuld am Ausbruch des Weltkrieges trugen. Die europäischen Staaten gingen geschwächt aus dem Krieg hervor. Großbritannien und Frankreich blieben demokratisch, verloren aber aufgrund wirtschaftlicher Probleme ihre Weltmachtstellung. In Deutschland endete die Monarchie des Kaiserreichs und es entstand eine parlamentarische Demokratie. Österreich-Ungarn und das Osmanische Reich wurden aufgelöst. Auf dem Gebiet dieser beiden Großmächte entstanden neue Nationalstaaten. Doch auch in diesen neuen Staaten lebten verschiedene Nationalitäten mit unterschiedlichen Sprachen und Religionen zusammen. Die Amerikaner glaubten, künftig Konflikte durch das Selbstbestimmungsrecht der Völker* und das Nationalitätenprinzip* entschärfen zu können: Jedes Volk, auch wenn es nur eine Minderheit bildete, sollte seinen eigenen Staat gründen und selbst über seine Regierungsform entscheiden dürfen. Eine überstaatliche Organisation, der Völkerbund* in Genf, sollte künftige Konflikte diplomatisch lösen. Die USA zog sich ab 1920 wieder aus der europäischen Politik zurück und trat dem Völkerbund nicht bei.

M 2

Opfer des Ersten Weltkrieges:

- 8,6 Mio. getötete Soldaten (davon 1,8 Mio. Deutsche, 1,4 Mio. Franzosen, 1,7 Mio. Russen, 900 000 Briten und 50 000 Amerikaner)
- mehrere 100 000 Soldaten aller Nationen und in Deutschland etwa 400 000 durch die Mangelernährung geschwächte Zivilisten an einer Pandemie
- 6,5 Mio. Zivilisten vor allem durch Hunger und Krankheit
- 20 Mio. Verwundete, davon 8 Mio. Invalide (= nicht mehr Arbeitsfähige oder Pflegefälle)
- 8 Mio. getötete Pferde

Nach Gerhard Hirschfeld u. a., Enzyklopädie Erster Weltkrieg, Paderborn (Schöningh) 2003, S. 921f.

M3

Südost- und Ostmitteleuropa vor Kriegsbeginn 1914 und nach den Pariser Friedenskonferenzen 1919/20

M4

Wilsons Friedensprogramm, die sogenannten 14 Punkte (Januar 1918):

1. Öffentliche Friedensverträge und Abschaffung der Geheimdiplomatie
2. Freiheit der Meere für die Schifffahrt
3. Aufhebung aller wirtschaftlichen Schranken
4. Abrüstung aller Nationen auf ein Mindestmaß
5. Unparteiische Regelung aller Kolonialfragen
6. Räumung Russlands von deutschen Truppen
7. Wiederherstellung eines unabhängigen Belgien
8. Rückgabe von Elsass-Lothringen an Frankreich
9. Grenzen Italiens nach dem Nationalstaatsprinzip
10. Selbstständigkeit der Völker Österreich-Ungarns
11. Wiederherstellung Rumäniens, Serbiens und Montenegros
12. Selbstständigkeit der nicht türkischen Völker des Osmanischen Reichs, freie Durchfahrt durch Bosporus und Dardanellen [= Meerengen, die das Mittelmeer mit dem Schwarzen Meer verbinden]
13. Gründung eines unabhängigen polnischen Staates mit Zugang zur Ostsee
14. Gründung eines Völkerbundes als Friedensgarant

*Zit. nach Bruno Gebhard, Handbuch der deutschen Geschichte, Bd. 4, hg. von Herbert Grundmann, 9. Aufl., Stuttgart (Klett-Cotta) 1978, S. 137.***

1 Erläutere, wie die USA Frieden und Wohlstand in Europa erreichen wollten (M4, Darstellungstext). Nutze den **Wortschatz**. **Tipp** → S. 242.

2 Stelle Vermutungen an, wie die Bewohner des Dorfes Alt-Toblach (M1) einige der 14 Punkte Wilsons beurteilten. Berücksichtige auch M2.

3 Nenne acht Staaten, die nach der Pariser Friedenskonferenz entstanden sind (M3).

MK **4** **Methode:** Karte M3 rechts zeigt Konfliktzonen nach der Friedenskonferenz. Wähle eine aus und stelle in einer digitalen Präsentation (→ S. 255) Gründe und Verlauf der Krise dar. **Tipp** → S. 242.

Wortschatz: eine Weltmachtstellung erlangen oder verlieren • das Selbstbestimmungsrecht der Völker • das Nationalitätenprinzip berücksichtigen • Grenzen wiederherstellen • militärisch abrüsten • einen Konflikt entschärfen

In Versailles wird über Deutschlands Zukunft entschieden

cornelsen.de/webcodes
Code: yetuyo
Film: Der Vertrag von Versailles

Auf der Pariser Friedenskonferenz wurden Europa und der Nahe Osten neu geordnet. Der Versailler Vertrag regelte die neue Friedensordnung für Deutschland.
- ***Welche Bestimmungen enthielt der Vertrag für Deutschland?***

M 1

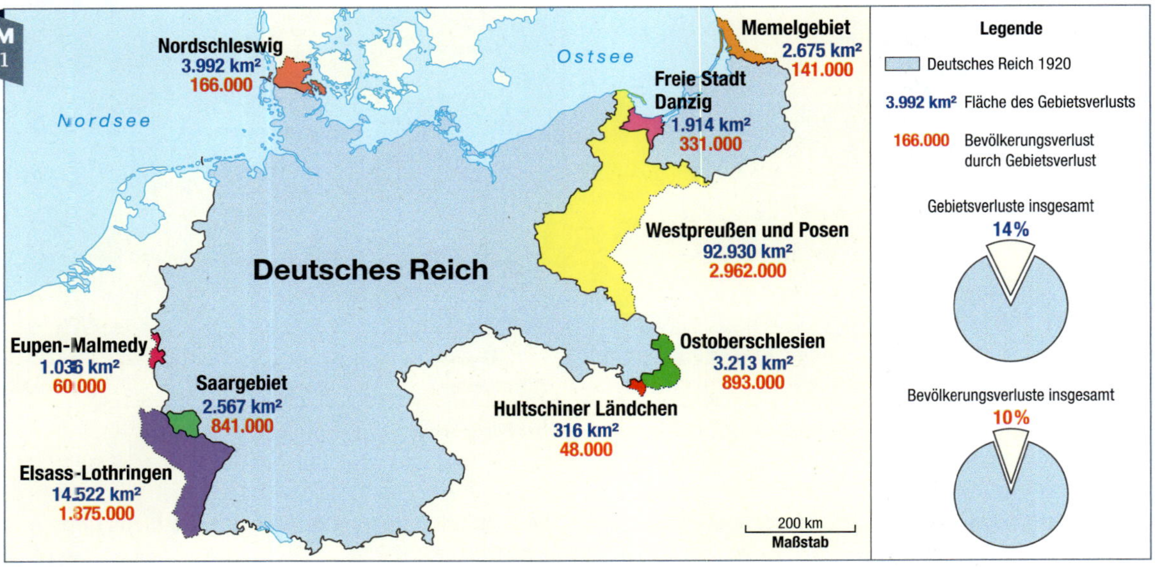

Deutschland nach dem Versailler Vertrag 1919

Friedensverhandlungen in Versailles

Am 18. Januar 1919 wurde in Versailles die Pariser Friedenskonferenz eröffnet. Tag und Ort wurden von den Siegermächten bewusst gewählt, da dort am 18. Januar 1871 das Deutsche Reich gegründet worden war. Auf die Reichsgründung spielte der französische Staatspräsident Raymond Poincaré in seiner Eröffnungsrede an mit den Worten: „Im Unrecht geboren, endet es in Schande!" An den Verhandlungen nahmen 27 Siegerstaaten teil. Die zentralen Fragen wurden im „Rat der Vier" (Frankreich, Großbritannien, USA, Italien) abgestimmt. Die Verliererstaaten Deutschland und Österreich-Ungarn durften an den Beratungen nicht teilnehmen und konnten nur in schriftlichen Erklärungen zu den Ergebnissen Stellung nehmen. Russland war wegen eines blutigen Bürgerkriegs von den Verhandlungen ausgeschlossen. Bis 1920 wurden fünf Friedensverträge für die Verlierer des Ersten Weltkrieges verhandelt – je einer für Deutschland, Österreich, Bulgarien, Ungarn und das Osmanische Reich (siehe S. 98/99).

Die Friedensbedingungen für Deutschland

Die USA wollten einen milden Frieden auf Basis der „14 Punkte" des US-Präsidenten Wilson durchsetzen. Frankreich, vertreten durch Premierminister Georges Clemenceau, wollte hingegen eine größtmögliche Schwächung Deutschlands erreichen und setzte sich für hohe Reparationszahlungen* und Gebietsabtretungen Deutschlands ein. Großbritannien, vertreten durch Premierminister David Lloyd George, unterstützte Frankreichs Ansprüche zwar, warnte aber wegen der Wahrung der Stabilität in Europa vor zu harten Bestimmungen. Nachdem die Verhandlungen abgeschlossen waren, wurde der Versailler Vertrag am 28. Juni 1919 von der deutschen Regierung im Spiegelsaal des Schlosses unterzeichnet. Dem Deutschen Reich und seinen Verbündeten wurde im Vertrag die alleinige Kriegsschuld zugewiesen (M3). Neben den in der Karte M1 dargestellten Gebieten verlor das Deutsche Reich auch seine sämtlichen Kolonien in Afrika, im Pazifik und China.

Wortschatz: eine Friedensverhandlung führen • eine Konferenz eröffnen • an Beratungen teilnehmen • als Schiedsrichter dienen • Streitigkeiten schlichten • die Stabilität wahren • jemandem die Kriegsschuld zuweisen

M 2

Auszüge aus der Besprechung im „Rat der Vier“ am 27. März 1919:

Wilson [USA]: Es wäre unser größter Fehler, [Deutschland] Gründe zu geben, eines Tages Rache nehmen zu wollen ... Wir müssen es vermeiden, unseren Feinden auch nur den Anschein der Ungerechtigkeit zu geben.

Clemenceau [Frankreich]: ... Verstehen Sie bitte meine Haltung, wie ich mich bemühe, die Ihrige zu verstehen. Amerika ist fern, geschützt durch den Ozean. England konnte nicht einmal von Napoleon getroffen werden. Sie sind alle gleich geschützt. Wir sind es nicht! ... Es gibt ein Gefühl für Gerechtigkeit unter Alliierten ... Würde dieses Gefühl in Frankreich oder in England schwer verletzt, dann könnte daraus eine große Gefahr entstehen. Es ist gut, den Besiegten zu schonen, aber man darf auch nicht die Interessen der Sieger aus dem Auge verlieren.

Lloyd George [Großbritannien]: ... Jedenfalls sind wir dabei, Deutschland einen sehr harten Frieden aufzuerlegen ... Militärisch führen wir es zurück auf den Stand Griechenlands und zur See auf den von Argentinien ... Darüber hinaus wird es nach den Schätzungen 5 oder 10 Milliarden Pfund Sterling bezahlen. Wenn wir unsere Bedingungen so niedrig wie nur möglich halten – sie werden auf alle Fälle so sein, wie sie noch niemals eine Kulturnation annehmen musste.

*Zit. nach Günter Schönbrunn (Hg.), Geschichte in Quellen, Bd. 5, München (bsv) 1980, S. 121f.***

M 3

Aus dem Versailler Friedensvertrag (1919):

Art. 42 Es ist Deutschland untersagt, auf dem linken Ufer des Rheins und auf dem rechten Ufer westlich einer 50 km östlich des Stroms verlaufenden Linie Befestigungen beizubehalten oder anzulegen ...

Art. 160 Spätestens am 31. März 1920 darf ... die gesamte [Stärke] des Heeres der Staaten, die Deutschland bilden, nicht einhunderttausend Mann überschreiten ...

Art. 231 Die alliierten und assoziierten [verbündeten] Regierungen erklären und Deutschland erkennt an, dass Deutschland und seine Verbündeten als Urheber für die Verluste und Schäden verantwortlich sind, die die alliierten und assoziierten Regierungen ... infolge des ihnen durch ... Deutschland und seiner Verbündeten aufgezwungenen Krieges erlitten haben ...

Art. 233 Der Betrag der bezeichneten Schäden, deren Wiedergutmachung Deutschland schuldet, wird durch einen ... Ausschuss festgesetzt [wurde 1921 auf 132 Milliarden Goldmark festgelegt].

*Zit. nach http://www.versailler-vertrag.de/vv-i.htm (Stand: 02.01.2019).***

M 4

Die Unterzeichnung des Versailler Vertrages, 28. Juni 1919, Gemälde um 1925. Clemenceau hatte fünf französische im Gesicht Schwerstverletzte als Zeichen deutscher Barbarei in die Fensternischen des Saals platzieren lassen. Die deutsche Delegation wurde mit Schweigen empfangen. Hier unterzeichnet der deutsche Politiker Johannes Bell den Vertrag. Ihm sitzen die Vertreter der Siegermächte gegenüber. Die Deutschen unterschrieben den Vertrag nur unter Protest, da die Alliierten androhten, ansonsten mit Truppen in Deutschland einzumarschieren.

1 Beschreibe die Gebiets- und Bevölkerungsverluste Deutschlands nach dem Versailler Vertrag (M1).

2 Fasse die wichtigsten Bedingungen des Versailler Vertrages zusammen (M3, M4).

3 Beurteile aus zeitgenössischer deutscher und alliierter Sicht, inwiefern der Versailler Vertrag Chance oder Risiko in Bezug auf einen Frieden darstellte (Darstellungstext, M2). Nutze den **Wortschatz**.

Die Neuordnung des Nahen Ostens und die Entstehung der Türkischen Republik

Das Osmanische Reich gehörte als Verbündeter der Mittelmächte zu den Kriegsverlierern. Im Vertrag von Sèvres wurde ihm 1920 ein Friedensvertrag diktiert.

- ***Wie sahen diese Bestimmungen aus und wie waren die Reaktionen darauf?***

M 1

Das Osmanische Reich 1914 und die Nationsbildungen nach den Friedenskonferenzen

Der Diktatfrieden von Sèvres

Nach dem Waffenstillstand mit dem Osmanischen Reich am 30. Oktober 1918 besetzten griechische Truppen mit Billigung der USA, Großbritannien und Frankreichs große Gebiete in Anatolien (= der asiatische Teil der Türkei). Der Traum der Nationalisten Griechenlands vom Besitz aller Küstengebiete Anatoliens wie in der Antike („megali idea" = „Große Idee") setzte eine Kettenreaktion in Gang, die den Krieg dort bis 1923 verlängerte. Im Vertrag von Sèvres (1920) diktierten 13 Siegermächte unter Führung Frankreichs und Großbritanniens die Auflösung des riesigen, sich über drei Kontinente erstreckenden Osmanischen Reichs. Das Territorium wurde verkleinert, der neue Staat umfasste nur noch die türkischsprachigen Gebiete Anatoliens und einen kleinen Teil in Europa. Als Staatsoberhaupt ohne Machtbefugnisse wurde Sultan Mehmet VI. eingesetzt. Ein Küstenstreifen um Antalya wurde Italien zugesprochen. Franzosen und Briten hatten ihre Interessengebiete im Nahen Osten in einem Geheimvertrag schon vor dem Krieg festgehalten: Syrien und der Libanon mit der Hauptstadt Beirut gerieten unter französische Kontrolle. In Mesopotamien entstand ein neuer künstlich geschaffener Staat namens Irak. Wegen seiner Ölvorkommen sicherten sich dort die Briten die Oberherrschaft.

Dem Volk der Kurden wurde im Vertrag von Sèvres die lokale Autonomie versichert. Die Idee eines unabhängigen kurdischen Staates wurde von den Siegermächten verworfen. Das Volk der christlichen Armenier war während des Weltkrieges Opfer von Vertreibung und Völkermord der osmanischen Regierung geworden. Den Armeniern wurde im Vertrag ein eigener Staat zugesichert.

Wortschatz: etwas billigen (= anerkennen) • etwas jemandem diktieren (hier: etwas vorschreiben) • ein Gebiet einem anderen Land zusprechen • einem Volk die Autonomie (= Selbstbestimmung) zusprechen • jemandem etwas zusichern (= versprechen) • ein Sultan (= Herrscher im Osmanischen Reich) • ein Sultanat

Türkischer Widerstand führt zu neuem Vertrag

Gegen die Bestimmungen des Vertrags von Sèvres gab es auf türkischer Seite Widerstand. Der 38-jahrige türkische General Mustafa Kemal, dank seiner militärischen Leistungen im Ersten Weltkrieg eine angesehene Persönlichkeit, wurde zur führenden Figur im Kampf gegen den Friedensvertrag. Mustafa Kemal lud die Abgeordneten des entmachteten Parlaments in Istanbul am 23. April 1920 zu einer „Großen Nationalversammlung“ nach Ankara ein. Da viele Abgeordnete mit den Widerständlern sympathisierten, folgten sie der Einladung. Eine der ersten Entscheidungen des Gremiums war die Nichtanerkennung des Sultans als Staatsoberhaupt und damit faktisch die Abschaffung des Sultanats. Stattdessen fungierte nun das Parlament als oberste Macht, an dessen Spitze Mustafa Kemal gewählt wurde.

In der Folge begannen türkische Truppen unter Mustafa Kemal einen Befreiungskrieg gegen die griechischen Truppen. Unter Kemals Leitung vernichteten die Türken nach einjährigem Stellungskrieg am 30. August 1922 die griechische Armee. Bis heute wird der 30. August als „Tag des Sieges“ in der Türkei gefeiert. Die Griechen bezeichnen den Tag als „Kleinasiatische Katastrophe“, denn mit ihrer Niederlage endeten zwei Jahrtausende griechischer Kultur an den Küsten der heutigen Türkei. Nachdem sich auch die französischen, italienischen und britischen Truppen aus den von ihnen besetzten Gebieten zurückgezogen hatten, waren die Bestimmungen von Sèvres faktisch außer Kraft gesetzt.

M 2

Atatürk erklärt das lateinische Alphabet, Foto, 1935. Der Staatsgründer Mustafa Kemal genießt als „Atatürk“ (Vater der Türken) die höchste Verehrung in seinem Land. Zu seinen Reformen gehören zum Beispiel die Umstellung der Schrift vom arabischen auf das lateinische Alphabet, die Streichung des Islam als Staatsreligion aus der Verfassung (Laizismus) und die Übernahme der Rechtsvorschriften aus den Gesetzen Frankreichs, Deutschlands und Italiens.

Der Vertrag von Lausanne 1923

Im Juli 1923 gelang es Mustafa Kemal, in der schweizerischen Stadt Lausanne einen neuen Friedensvertrag auszuhandeln, in dem der von ihm neu gegründete Staat namens Türkiye Cumhuriyeti (Türkische Republik) die volle Souveränität über sein Staatsgebiet erhielt. Von einem Staat oder einer Autonomie für Kurden und Armenier war keine Rede mehr. Der Fluss Evros bildet seither die Staatsgrenze zwischen Griechenland und der Türkei in Europa. Der Vertrag sah einen Bevölkerungsaustausch vor: Ungefähr 1,2 Millionen Griechen mussten den neuen Staat Türkei verlassen und 400 000 Türken aus Griechenland wurden gezwungen, in die Türkei umzusiedeln. Die Umsiedlung wurde auf beiden Seiten von brutalen Verfolgungen begleitet und beendete Jahrhunderte des friedlichen Nebeneinanders von muslimischen Türken und christlichen Griechen. Der Vertrag von Lausanne enthielt keine Minderheitenrechte für Kurden, Armenier und die kleine christliche Gruppe der Assyrer oder Aramäer, die im Südosten der Türkei lebten.

1 a) Nenne die neu entstandenen Staaten auf dem Boden des Osmanischen Reichs (Darstellungstext, M1).
b) Erkläre, inwieweit sie souverän (= selbstständig) oder abhängig von europäischen Großmächten waren (Darstellungstext).

2 a) Beschreibe die Aufteilung des türkischen Kernlandes (Anatolien) nach dem Vertrag von Sèvres und die Neuordnung nach dem Vertrag von Lausanne. Nutze den **Wortschatz**. **Tipp** → S. 242.
b) Beurteile mithilfe deiner Ergebnisse aus 2a) und des Darstellungstextes, wer durch die Verträge Vor- und Nachteile erfahren hat.

MK **3 Recherche**: Recherchiere zu Atatürk und stelle ihn in einem Kurzvortrag (→ S. 251) der Klasse vor. Gehe auf die Modernisierungen ein, die er der Türkischen Republik verordnete (M2).

1870 1880 1890

1880–1914 Zeitalter des Imperialismus

1890 Entlassung Bismarcks; „Neuer Kurs" Wilhelms II.

1892 französisch-russisches Militärabkommen

Der Erste Weltkrieg 1914–1918

Ursachen des Ersten Weltkrieges

Die Entstehung eines deutschen Nationalstaates 1871 in der Mitte Europas störte das Gleichgewicht im europäischen Staatensystem. Reichskanzler **Otto von Bismarck** begegnete dem Unbehagen der anderen europäischen Großmächte durch eine zurückhaltende Außenpolitik. Er isolierte das auf die Rückgewinnung Elsass-Lothringens konzentrierte Frankreich, indem er ein ausgedehntes **Bündnissystem** schuf. Der Reichskanzler versicherte, dass Deutschland keine weiteren Gebietsansprüche habe. **Kaiser Wilhelm II**. hingegen steuerte Deutschland nach seiner Thronbesteigung 1888 auf einen anderen Kurs. Er entließ Bismarck und verlängerte zahlreiche, von Bismarck mit anderen Staaten geschlossene Bündnisse nicht. Wilhelm II. vertrat eine aggressive Politik, die aus dem Deutschen Reich eine Weltmacht machen sollte. Im Mittelpunkt der militärischen Aufrüstung stand der Aufbau einer Kriegsflotte. Der Kurs des deutschen Kaisers führte das Deutsche Reich in die Isolation. Frankreich und Großbritannien regelten ihre Streitigkeiten diplomatisch, und mit Russland schlossen diese beiden Staaten den Dreibund **„Triple Entente"**. Das Deutsche Reich wurde von den anderen Mächten zunehmend als Störenfried empfunden. Mit Großbritannien lieferte sich das Deutsche Reich einen Rüstungswettlauf zur See, und zu Frankreich bestand seit dem Krieg von 1870/71 ein schwer belastetes Verhältnis.

Ein ständiger Krisenherd Europas war der **Balkan**. Hier lebte eine Vielzahl von Völkern mit unterschiedlichen Sprachen und Religionen. Im Zeitalter des Nationalismus entstanden im 19. Jahrhundert neue Nationalstaaten mit Gebietsverlusten für das Osmanische Reich. Auch Österreich-Ungarn und Russland wollten ihren Machtbereich auf dem Balkan ausbauen. Russland verstand sich als Schutzmacht der orthodoxen Christen und der Völker mit slawischen Sprachen wie Serben, Bulgaren, Mazedonen und Montenegriner. Österreich verschärfte die Spannungen durch die Annexion Bosniens und Herzegowinas 1908. Kriege der neuen Nationalstaaten auf Gebieten des Osmanischen Reichs forderten 1913 Hunderttausende Tote.

Anlass des Ersten Weltkrieges

Das „Pulverfass Balkan" explodierte, als der Thronfolger Österreich-Ungarns 1914 vom Mitglied einer studentischen Terrororganisation erschossen wurde, die für die Angliederung Bosniens an Serbien kämpfte. Deutschland sagte Österreich daraufhin seine bedingungslose Unterstützung bei Strafaktionen gegen Serbien zu (**„Blankoscheck"**). Mit der österreich-ungarischen Kriegserklärung an Serbien begann am 28. Juli 1914 der **Erste Weltkrieg**.

Der Verlauf des Ersten Weltkrieges und das Epochenjahr 1917

Am 1. August 1914 begann der Krieg der beiden Bündnissysteme: auf der einen Seite die Mittelmächte (Deutschland, Österreich-Ungarn, das Osmanische Reich und Bulgarien) und auf der anderen die Triple Entente (Frankreich, Großbritannien und Russland). Der Triple Entente schlossen sich immer mehr Länder auf der ganzen Welt an. Die Annahme der Militärs beider Seiten, der Krieg werde als „reinigendes Gewitter" von kurzer Dauer sein, erwies sich als falsch. Im Westen scheiterte der deutsche Plan einer schnellen Eroberung Frankreichs. Die Fronten erstarrten in Nordfrankreich, in den Alpen zwischen Italienern und Österreichern sowie im Osten zwischen den Mittelmächten und Russland zu einem **Stellungskrieg** mit vielfältigen Systemen von Schützengräben. Es gab nur noch wenige Gebietsgewinne. Mörderische Materialschlachten mit Granaten, Maschinengewehren und dem Einsatz von Giftgas kosteten Millionen Soldaten das Leben. Neue

1900 1910 1920

1904 Entente cordiale: britisch-französische Verständigung

1907 Triple Entente: Großbritannien, Frankreich und Russland

1912/1913 Balkankriege

1914 Attentat von Sarajewo

1917 Kriegseintritt der USA; Revolutionen in Russland

1918 Waffenstillstand und Ende des Ersten Weltkrieges

1919 Juni: Vertrag von Versailles

Waffen waren Flugzeuge, Luftschiffe, Panzer und U-Boote. Als Deutschland den uneingeschränkten U-Boot-Krieg erklärte, traten die USA 1917 auf der Seite der Entente in den Krieg ein. Das veränderte die Machtverhältnisse. Daran änderten auch die Erfolge des Deutschen Reichs im Osten nichts. In Russland gab es im Februar und im Oktober 1917 zwei Revolutionen. Im Februar 1917 beendete eine bürgerliche Revolution die Monarchie und im Oktober desselben Jahres übernahm eine Gruppe sozialistischer Revolutionäre unter Lenin die Macht. Die neue russische Regierung wollte den Krieg unbedingt beenden und schloss in Brest-Litowsk einen Friedensvertrag mit dem Deutschen Reich. Die Deutschen diktierten ihre Bedingungen und Russland verlor bedeutende Kohlebergwerke und große Gebiete. Der Vertrag wurde jedoch wenig später durch die deutsche Niederlage hinfällig. Am 11. November 1918 unterzeichneten die Deutschen in auswegloser militärischer Lage den Waffenstillstand mit den Gegnern. Im **Epochenjahr 1917** wurden mit den USA und dem von kommunistischen Revolutionären regierten Russland (ab 1923: Sowjetunion) zwei Staaten mit völlig entgegengesetzten Ideologien zu den bedeutendsten Großmächten der Weltpolitik im 20. Jahrhundert. Als Epochenjahre bezeichnen wir Jahre, in denen mehrere bedeutende Ereignisse zu einem Umbruch im Verlauf der Geschichte führten.

Die „Heimatfront"

Der neuartige „totale Krieg" erforderte gewaltige Opfer von der Zivilbevölkerung der am Krieg beteiligten Länder. Die Versorgung der kämpfenden Truppen hatte Vorrang. In Deutschland verhungerten Hunderttausende aufgrund ungenügender Ernteerträge und den fehlenden Lebensmittelimporten wegen der britischen Seeblockade deutscher Häfen. Den Franzosen fehlte ein Fünftel der Ackerfläche, weil dort der Krieg die Landschaften unbewohnbar machte. In der Industrie und der Landwirtschaft übernahmen Millionen Frauen, unterstützt von Kindern und Kriegsgefangenen, die Arbeit der abwesenden Männer. Nach dem Krieg mussten sie die Arbeitsplätze wieder den Männern überlassen. Vom Alltag an der Front erfuhren die Frauen und Kinder durch Feldpostkarten und Feldpostbriefe. Auch Plakate, Fotografien, Flugblätter und Reden sollten die Menschen in den kriegsführenden Ländern motivieren, sich in den Dienst des Krieges zu stellen. Hierbei wurde in der Regel von der Rechtmäßigkeit des eigenen Handelns ausgegangen und mithilfe von Feindbildern gegen die Kriegsgegner mobilisiert (Propaganda). Heute erinnern in allen Ländern Kriegerdenkmäler an die Gefallenen.

Die Neuordnung Europas nach 1918

Im Januar 1918 verkündete der US-amerikanische Präsident Woodrow Wilson sein 14-Punkte-Programm. Darin formulierte er die amerikanischen Vorstellungen von einem dauerhaften Frieden nach dem Ersten Weltkrieg. Auf den **Pariser Friedensverhandlungen** machte sich die amerikanische Delegation dafür stark, die Welt durch den Aufbau demokratischer Nationalstaaten nach dem Prinzip des „Selbstbestimmungsrechts der Völker" und der Einrichtung eines Völkerbundes sicherer zu machen. Neue Grenzen sorgten vielfach für neue Konflikte. Im **Vertrag von Versailles** wurden dem Deutschen Reich Gebietsabtretungen, Reparationszahlungen, Sachleistungen und eine deutliche Reduzierung der Truppenstärke auferlegt. Dem Deutschen Reich und seinen Verbündeten gaben die Politiker der Siegermächte die alleinige Schuld am Weltkrieg. Aber Deutschland blieb als souveräner Staat erhalten. Damit setzten sich Briten und Amerikaner gegen noch härtere Forderungen der Franzosen durch. Die meisten Deutschen nahmen den Vertrag mit Empörung auf und empfanden ihn als „Diktatfrieden".

1 Erstelle ein digitales Quiz (→ S. 254) zum Ersten Weltkrieg. Entwickle fünf Fragen mit jeweils vier Antwortmöglichkeiten.

In diesem Kapitel konntest du folgende Kompetenzen erwerben:

- zwischen Anlass und Ursachen des Ersten Weltkrieges unterscheiden
- Motive und Handeln der Politiker während der „Julikrise" im Hinblick auf Interessenbezogenheit, Möglichkeiten und Grenzen sowie beabsichtigte und unbeabsichtigte Folgen beurteilen
- Auswirkungen der „modernen" Kriegsführung auf die Art der Kampfhandlungen und auf das Leben der Zivilbevölkerung erläutern
- den Zäsurcharakter der Ereignisse des Jahres 1917 erörtern
- gesellschaftspolitische Sichtweisen auf den Verlauf und die Inhalte der Pariser Friedensregelungen erläutern
- unter Rückgriff auf lokale Erinnerungsorte, Symbole und Rituale des Gedenkens an die Opfer des Ersten Weltkrieges bewerten
- **Medien und Methoden:** Eine Darstellung analysieren
- **Medien und Methoden:** Ein Kriegerdenkmal untersuchen

M 1

Ursachen, Anlass und Verlauf des Ersten Weltkrieges:

Attentat in Sarajewo	Balkankrise	Blankoscheck	Bündnissystem
Einkreisung	Epochenjahr 1917	Feldpost	Flottenbau
Giftgas	Heimatfront	Julikrise	Kommunismus
Kriegsschuld	Materialschlachten	Waffenstillstand	Propaganda
Russische Revolution	Sozialismus	Stellungskrieg	U-Boot-Krieg
Ultimatum	USA	Versailler Vertrag	Vierzehn Punkte
Völkerbund	Wettrüsten	______ (eigener Begriff)	______ (eigener Begriff)

M 2

Der Historiker Gerd Krumeich über Anlass und Ursachen des Ersten Weltkrieges (2013):

Der Erste Weltkrieg wurde von allen Nationen als Verteidigungskrieg gesehen. Für Deutschland ging es 1914 gegen einen vorgeblich oder tatsächlich drohenden Angriff aus Russland und Frankreich und für Frankreich gegen einen drohenden Angriff Deutschlands. Diese Bedrohungsszenarien wurden genährt von der Überzeugung, dass die eigene Nation im Überlebenskampf der Imperien stehe. Die Phobie [= krankhafte Furcht] der „Einkreisung" wurde für die Deutschen das Hauptmotiv für das „Losschlagen" 1914. Spätere Forschungen haben ergeben, dass Deutschland durch seine unverantwortliche Politik des Forderns, Drohens und Bluffens sich selber „ausgekreist" habe ... Tatsächlich herrschten nur vage Vorstellungen von einem Krieg, wie er dann wirklich kam. Schlachtfelder wie die von Verdun oder der Somme spielten in der Vorstellung vom Krieg keine Rolle ...

Am 28. Juni 1914 erschoss der Student Gavrilo Princip in Sarajevo den Thronfolger der Donaumonarchie ... Die bosnischen Attentäter serbischer Abstammung waren seit 1909 Untertanen der Donaumonarchie, wurden von mehreren serbischen Geheimorganisationen mit Waffen unterstützt und träumten von einem Freiheitskampf.

*Gerd Krumeich, Juli 1914. Eine Bilanz, Paderborn (Schöningh) 2013, S. 19f. und 60f.***

M 3

Interview mit der britischen Historikerin Margaret MacMillan über den Versailler Vertrag in der Wochenzeitung „Die Zeit", November 2015:

Zeit: Als die Deutschen nach Versailles kamen und den Friedensvertrag lasen, waren sie entsetzt. Wurden sie durch den Vertrag übermäßig gestraft?

MacMillan: Die Deutschen lebten seit dem Kriegsende in einer Traumwelt. Sie hatten einen Waffenstillstand unterzeichnet, der einer Kapitulation gleichkam, aber sie hofften, es möge doch alles anders kommen ...

Zeit: Dann kam das böse Erwachen ... Harte Bedingungen im Vergleich zu anderen Verträgen?

MacMillan: Die Bedingungen, die das Deutsche Reich Russland ein Jahr zuvor in Brest-Litowsk diktiert hatte, waren härter – Russland verlor gewaltige Teile seines Territoriums. Was die Reparationen angeht, hat Frankreich nach 1871 vermutlich mehr an Deutschland gezahlt als Deutschland nach 1919. Nach dem Zweiten Weltkrieg wurde Deutschland besetzt und geteilt. Der Versailler Vertrag war wohl kaum der schwerste Friedensvertrag, der je einem Land auferlegt wurde ...

Zeit: Das Land habe unter dem „Schandfrieden" schwer gelitten, behaupteten die deutschen Kritiker des Vertrages.

MacMillan: Die Deutschen fühlten sich geknechtet, ja. Tatsächlich aber wurden viele Bestimmungen gar nicht durchgesetzt ... Es gab die Tendenz, den Vertrag für alles verantwortlich zu machen, was schieflief ...

*Zit. nach „Die Zeit" Nr. 46/2015, 12. November 2015, www.zeit.de/2015/46/margaret-macmillan-versailler-vertragwoodrow-wilson/komplettansicht (Stand: 04.08.2019).**

M 5

Gebiet bei Verdun nach der Schlacht, Foto, 1917

M 4

Postkarte des Volksbundes Deutsche Kriegsgräberfürsorge (2019). Der Slogan „Darum Europa" bezieht sich (sinngemäß) auf das Zitat von Jean Claude Juncker (ehemaliger Präsident der Europäischen Kommission): „Wer an Europa zweifelt, wer an Europa verzweifelt, der sollte Soldatenfriedhöfe besuchen."

Sachkompetenz

1 **Partnerarbeit**: Erkläre einem Lernpartner mithilfe der Strukturlege-Technik (→ S. 253) Ursachen, Anlass und Verlauf des Ersten Weltkrieges. Nutze hierfür die Begriffe aus M1, indem du sie jeweils einzeln auf Papierkärtchen schreibst.
Tipp → S. 242.

2 Stelle mithilfe der Informationen aus dem Kapitel und M5 die Auswirkungen der modernen Kriegsführung im Ersten Weltkrieg dar.

3 Erkläre, wie sich der Krieg auf die Menschen in der Heimat auswirkte. Nutze folgende Begriffe: *Lebensmittelrationierung, Lebensmittelkarten, Hunger, Heimatfront, Frauenarbeit*

4 Erläutere, wie die deutsche Bevölkerung den Versailler Vertrag aufnahm (M3).

Urteilskompetenz

5 Beurteile die Motive und das Handeln der Politiker während der Julikrise 1914 (M2).

6 Bewerte folgende Aussage: „Das Jahr 1917 wird aus der heutigen Perspektive zu Recht als Epochenjahr bezeichnet." Nimm die entsprechenden Seiten aus dem Kapitel zur Hilfe und belege deine Argumentation mithilfe von Beispielen.

7 **a)** Recherchiere im Internet Entstehung und Aufgaben des Volksbundes Kriegsgräberfürsorge.
b) Erkläre den Slogan der Postkarte M4.
c) Diskutiere, ob Soldatenfriedhöfe eine angemessene Form der Erinnerung darstellen.

cornelsen.de/webcodes
Code: wocodi
Selbsteinschätzungsbogen

Nationalversammlung in Berlin
Kinder auf Schulbänken.

Original-Aufnahme W. Gircke.

cornelsen.de/webcodes
Code: suqase
alle Darstellungstexte zum Anhören

4
Die Weimarer Republik

Der Erste Weltkrieg und die Monarchie in Deutschland sind beendet. Nach langem Ringen wird in Deutschland die Demokratie als Staatsform eingeführt. Erstmals dürfen auch Frauen wählen. Viel mehr Menschen interessieren sich nun für Politik. Im Wahlkampf konkurrieren Kandidatinnen und Kandidaten verschiedener politischer Richtungen um einen Sitz im Reichstag, darunter Liberale, Sozialdemokraten, Konservative, Anhänger der Monarchie und Nationalisten.

Welche Erwartungen und Hoffnungen – vielleicht auch Sorgen – haben die Menschen auf dem Foto? Diskutiere mit deiner Partnerin oder deinem Partner, was den Menschen auf dem Foto vermutlich durch den Kopf geht und worüber sie sich unterhalten könnten.

Wahlkampfwagen der SPD zur ersten demokratischen Parlamentswahl in Deutschland. Die SPD machte Werbung für den gemeinsamen Unterricht aller Schülerinnen und Schüler in einer staatlichen Einheitsschule und stellte sich damit gegen die Tradition katholisch oder evangelisch ausgerichteter Schulen. Foto, Januar 1919

1915 1920

Nov. 1918 Ausrufung der Republik

Januar 1919 Aufstände in Berlin; Weimarer Reichsverfassung

Juni 1919 Versailler Vertrag

1920–1923 politische Morde und Aufstände von rechts und links

1922–25 Deutschland kehrt in die internationale Gemeinschaft zurück

1923 Inflation*

1914–1918 Erster Weltkrieg

Die Weimarer Republik

Am Ende des Ersten Weltkrieges musste der deutsche Kaiser abdanken. In der Novemberrevolution wurden in Deutschland die Voraussetzungen zur Errichtung einer parlamentarischen Demokratie geschaffen. Ab 1919 bestimmten demokratisch gewählte Regierungen die Politik. Im Parlament waren unterschiedliche Parteien und zum ersten Mal 37 Frauen vertreten. Auch in der Gesellschaft vollzog sich ein Wandel: Kunst und Kultur wurden freier, Frauen lösten sich von den traditionellen Rollenbildern und waren laut Verfassung gleichberechtigt. Neue Medien veränderten das Freizeitverhalten, darunter die Erfindung des Rundfunks und der Schallplatte. In großen Kinosälen konnten Filme geschaut werden, zunächst als Stummfilme und ab 1927 mit Ton. Boxen und Radfahren zogen im Sport die meisten Zuschauer an. Die erste deutsche Demokratie war von Anfang an Krisen ausgesetzt. Feinde der Demokratie nutzten diese Krisen aus, um die junge Demokratie der Weimarer Republik zu bekämpfen. Putschversuche, politische Morde und die Weltwirtschaftskrise 1929 erschütterten das Land.

- Was unterscheidet eine parlamentarische Demokratie von einem Rätesystem?
- Wie unterschied sich die Verfassung der Weimarer Republik von der des Kaiserreichs?
- Welche Chancen, Erfolge und Belastungen gab es in der Weimarer Republik?
- Wie veränderten die neuen Massenmedien das gesellschaftliche und kulturelle Leben?
- Warum kam es zur Weltwirtschaftskrise und welche Lösungsansätze gab es dafür?
- Warum scheiterte die erste deutsche Demokratie?

M 1

Deutschland nach dem Versailler Vertrag 1919

1925 | 1930 | 1935 | 1940

1925 Paul von Hindenburg wird Reichspräsident

1926 Deutschland wird Mitglied im Völkerbund

1929 Weltwirtschaftskrise

1930–1933 Präsidialkabinette* und Aufstieg der NSDAP

Januar 1933 Adolf Hitler wird Reichskanzler

1939–1945 Zweiter Weltkrieg

M 2 *Wahlplakat zur Reichstagswahl 1932*

M 3 *Eine Familie beim Radiohören, Foto, 1925. Während der Weimarer Republik wurde das Radio zum Massenmedium*. Radiohören war nun weit verbreitet und sehr beliebt. 1924 gab es in Deutschland 10 000 Geräte, 1928 bereits zwei Millionen. Auch das Telefon und das Kino wurden populär. Während der Weimarer Republik strömten rund zwei Millionen Menschen täglich in die Kinos, Varietés (= Theater mit wechselndem Unterhaltungsprogramm) und Tanzlokale.*

1 Beschreibe Deutschland nach 1919 (M1). Berücksichtige deine Kenntnisse über den Versailler Vertrag (siehe S. 96/97).
2 Ordne M2–M4 den Angaben in der Zeitleiste zu.
3 **a)** Stelle Vermutungen an, welche Auswirkungen die Ereignisse in der Zeitleiste auf die Stabilität der Demokratie gehabt haben.
b) Wähle zwei Ereignisse aus und begründe deine Auswahl.
4 Beschreibe das Plakat M2, das zum Ende der Weimarer Republik entstand. Wen sollte es ansprechen?

M 4

Eine Frau heizt während der Hyperinflation (= dramatischer Wertverlust des Geldes) mit Geld ihren Ofen an, Foto, Berlin 1923. Ein Dollar war damals 800 Millionen Mark wert.

Welche Staatsform für Deutschland?

cornelsen.de/webcodes
Code: famifo
Kopiervorlage Methodentabelle

Das Ende des Ersten Weltkrieges führte in Deutschland zu dramatischen Veränderungen. Soldaten rebellierten, Arbeiter streikten. Am 9. November 1918 verkündete Reichskanzler Max von Baden die Abdankung des Kaisers. In vielen Städten übernahmen Arbeiter- und Soldatenräte die Macht.

- ***Untersuche die Unterschiede zwischen einem Rätesystem und einer parlamentarischen Demokratie und wie Deutschland zur Republik wurde.***

M 1

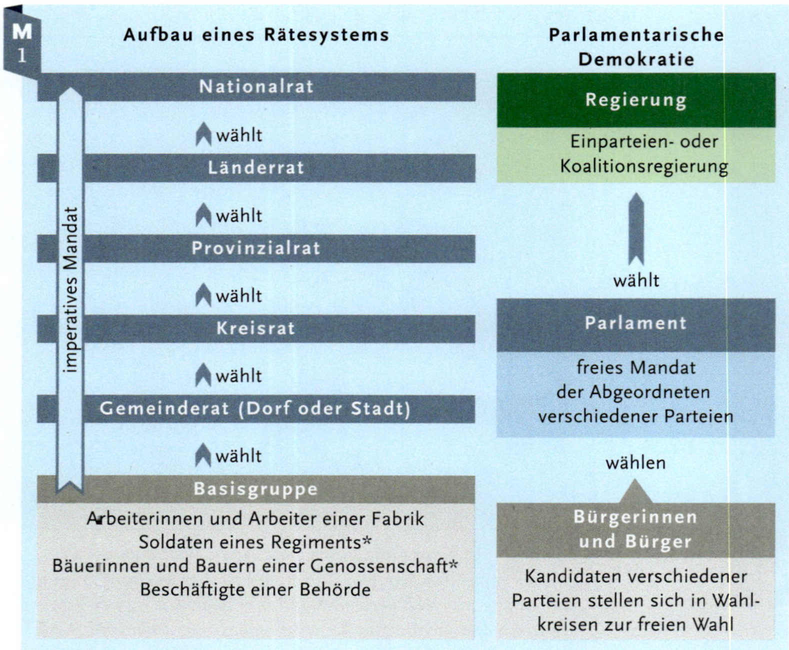

Rätesystem und parlamentarische Demokratie. Die Räte sind an die Weisungen ihrer Wähler gebunden (= „imperatives Mandat") und werden von ihnen fortlaufend kontrolliert. Räte können jederzeit abberufen werden. Im Rätesystem gibt es keine Gewaltenteilung zwischen Legislative, Exekutive und Judikative. Der Rätekongress ist das oberste Organ und hat gesetzgebende, gesetzesausführende und rechtsprechende Gewalt. Die Räteregierung ist an die Weisung des Rätekongresses gebunden. In der parlamentarischen Demokratie haben Abgeordnete meistens ein freies Mandat, das heißt sie sind nur ihrem Gewissen verpflichtet. Zur Wahl berechtigt sind alle Erwachsenen ab einem bestimmten Alter.

„Novemberrevolution" in Deutschland

Im Herbst 1918 war der Krieg für Deutschland verloren. Die Führer der seit 1917 die Politik bestimmenden Obersten Heeresleitung (OHL), Paul von Hindenburg und Erich Ludendorff, gaben die Macht an eine zivile Regierung unter Reichskanzler Max von Baden ab. Der Kaiser floh in die neutralen Niederlande. Max von Baden verkündete am 9. November 1918 die Abdankung des Kaisers und übergab das Amt des Reichskanzlers an den Vorsitzenden der stärksten Partei (SPD) im Reichstag, Friedrich Ebert.
In Berlin und vielen deutschen Großstädten herrschte Aufruhr. Ebert bildete eine provisorische Regierung mit Namen „Rat der Volksbeauftragten" aus Mitgliedern der SPD und Vertretern der weiter links stehenden „Unabhängigen Sozialdemokraten" (USPD*). Die Mitglieder der USPD waren mehrheitlich für die Errichtung eines Rätesystems nach dem Vorbild Lenins in Russland. Mit dem Spartakusbund* vereinigte sich die Mehrheit der USPD-Mitglieder am 30. Dezember 1919 zur Kommunistischen Partei Deutschlands. Ebert und die SPD strebten wie die Liberalen und das Zentrum eine parlamentarische Demokratie an.

Parlament oder Räte?

Im November 1918 verbündete sich die Regierung Eberts mit den alten Führungsschichten des Kaiserreichs. Die ehemaligen kaiserlichen Offiziere erkannten die provisorische Regierung an und unterstützten sie durch Bereitstellung von Soldaten („Freikorps*"). Umgekehrt durfte die Regierung nicht in die innere Ordnung der Armee eingreifen. Die Freikorps sorgten für Ordnung, gingen aber oft brutal gegen Demonstranten vor. Im Dezember trat in Berlin ein Kongress aller Arbeiter- und Soldatenräte zusammen, um über die zukünftige Staatsform abzustimmen. Die Mehrheit der Abgeordneten des Rätekongresses stimmte für Wahlen zu einer verfassunggebenden Nationalversammlung, die die Grundlagen für eine parlamentarische Demokratie erarbeiten sollte.

Die revolutionären Ereignisse 1918/19

24.–28. Oktober 1918 Ernennung des Reichskanzlers Max von Baden, der nicht mehr vom Kaiser, sondern vom Parlament abhängig ist

28. Oktober Matrosen meutern gegen das Auslaufen ihrer Schiffe zum weiteren Kriegseinsatz; Arbeiter und Soldaten im ganzen Land schließen sich ihrem Aufstand an; ein Generalstreik legt das Land lahm. In vielen Städten bilden sich Arbeiter- und Soldatenräte nach russischem Vorbild.

9. November Zweifache Ausrufung der Republik; Bildung des „Rates der Volksbeauftragten".

5.–16. Januar 1919 Bewaffnete Aufstände von KPD- und USPD-Anhängern in Berlin werden niedergeschlagen; die KPD-Führer Rosa Luxemburg und Karl Liebknecht ermordet.

19. Januar Wahlen zur verfassunggebenden Nationalversammlung

M 2

Philipp Scheidemann (SPD) am 9. November gegen 14 Uhr:

Das deutsche Volk hat auf der ganzen Linie gesiegt. Das alte Morsche ist zusammengebrochen; der Militarismus ist erledigt. Die Hohenzollern [kaiserliche Familie] haben abgedankt! Es lebe die deutsche Republik! Der Abgeordnete Ebert ist zum Reichskanzler ausgerufen worden. Ebert ist damit beauftragt worden, eine neue Regierung zusammenzustellen. Dieser Regierung werden alle sozialistischen Parteien angehören ... Sorgen Sie dafür, dass keine Störung der Sicherheit eintrete! Wir müssen stolz sein können in alle Zukunft auf diesen Tag! Nichts darf existieren, was man uns später wird vorwerfen können! Ruhe, Ordnung und Sicherheit, das ist das, was wir jetzt brauchen. Sorgen Sie dafür, dass die neue deutsche Republik, die wir errichten werden, nicht durch irgendetwas gefährdet werde. Es lebe die deutsche Republik!

*Zit. nach Deutsche Geschichte in Quellen und Darstellung, Bd. 8: Rüdiger vom Bruch und Björn Hofmeister (Hg.), Kaiserreich und Erster Weltkrieg 1871–1918, 5. Auflage, Ditzingen (Philipp Reclam jun.) 2013, S. 474.***

M 3

Karl Liebknecht, Führer des kommunistischen Spartakus-Bundes, am 9. November um 16 Uhr:

Der Tag der Revolution ist gekommen. Wir haben den Frieden erzwungen ... Das Alte ist nicht mehr. Die Herrschaft der Hohenzollern, die in diesem Schloss jahrhundertelang gewohnt haben, ist vorüber ... Parteigenossen, ich proklamiere [= rufe aus] die freie sozialistische Republik Deutschland, die alle Stämme umfassen soll, in der es keine Knechte mehr geben wird, in der jeder ehrliche Arbeiter den ehrlichen Lohn seiner Arbeit finden wird. Die Herrschaft des Kapitalismus, der Europa in ein Leichenfeld verwandelt hat, ist gebrochen ... Wir müssen alle Kräfte anspannen, um die Regierung der Arbeiter und Soldaten aufzubauen und eine neue staatliche Ordnung des Proletariats zu schaffen, eine Ordnung des Friedens, des Glücks und der Freiheit unserer deutschen Brüder und unserer Brüder in der ganzen Welt.

*Zit. nach Deutsche Geschichte in Quellen und Darstellung, ebenda, S. 475–477.***

1 **Wähle eine Aufgabe aus:**
a) Charakterisiere die Situation Deutschlands bei Kriegsende (Darstellungstext, Infokasten).
MK b) Erstelle eine (digitale) Zeitleiste mit wichtigen Daten zu Ereignissen in Deutschland 1918/19.

2 Analysiere die Textquellen M2 und M3. **Tipp** → S. 242.

3 Recherchiere zu Rosa Luxemburg und stelle sie in einem Kurzvortrag (→ S. 251) vor.

MK 4 **a) Methode:** Analysiere das Schaubild M1 mithilfe der Arbeitsschritte auf S. 256 oder der Kopiervorlage im Webcode auf S. 108.
b) Erläutere die Unterschiede zwischen Rätesystem und parlamentarischer Demokratie. Nutze den **Wortschatz** und nimm das Lexikon zu Hilfe.

5 **Partnerarbeit:** Beantwortet mithilfe eurer Ergebnisse die Frage in der Überschrift. **Tipp** → S. 242.

Wortschatz: gegen jemanden oder etwas rebellieren • sich einem Befehl widersetzen • ein Mandat innehaben (= Auftrag, den Abgeordnete durch eine Wahl erhalten haben) • für etwas/für ein politisches Amt kandidieren

Die politische Ordnung der Weimarer Republik

Anfang Februar 1919 trat die verfassunggebende Nationalversammlung zu Beratungen zusammen. Wegen der bürgerkriegsähnlichen Lage in Berlin tagte sie im Nationaltheater in der thüringischen Stadt Weimar, der Stadt der berühmten Schriftsteller Goethe und Schiller. Daher sprechen wir heute von der „Weimarer Republik".

- ***Wie unterschied sich die Weimarer Verfassung von der des Kaiserreichs?***

Die parlamentarische Republik entsteht

Die neue Verfassung wurde am 31. Juli 1919 von der Nationalversammlung mit großer Mehrheit der Stimmen aus SPD, Zentrum und den Liberalen der DDP verabschiedet. 75 Abgeordnete aus den Reihen der USDP und der konservativ-kaisertreuen DVP* und DNVP* stimmten gegen ihre Annahme.

Im Gegensatz zur Verfassung des Kaiserreichs war Weimar ein Parteienstaat, in dem die Regierung von einem Parlament, dem Reichstag, abhängig war. Dieser wurde vom Volk gewählt, hatte Einfluss auf die Regierungsbildung und die Besetzung wichtiger Funktionsstellen. Ein politisches System mit einem aus Wahlen hervorgegangenen Parlament wird Parlamentarismus* bezeichnet. Gewählt wurde nicht mehr nach dem absoluten Mehrheitswahlrecht wie im Kaiserreich, sondern nach dem Verhältniswahlrecht*. Eine Mindestanzahl an Stimmen für den Einzug ins Parlament wie im heutigen Deutschland („Fünf-Prozent-Hürde") gab es nicht. Der Reichstag sollte den Volkswillen exakt abbilden. Daher zogen auch einige kleinere Parteien ins Parlament ein. Von den 423 Parlamentsabgeordneten waren 37 Frauen. Marie Juchacz hielt als erste Parlamentarierin eine Rede im Reichstag: „Meine Herren und Damen! Es ist das erste Mal, dass eine Frau als Freie und Gleiche im Parlament zum Volke sprechen darf, und ich möchte hier feststellen, ganz objektiv, dass es die Revolution gewesen ist, die auch in Deutschland die alten Vorurteile überwunden hat." Die „Weimarer Koalition*" bestand aus drei Parteien, die rund zwei Drittel der Wählerschaft vertraten. Zum ersten Reichspräsidenten wurde mit über 70 Prozent der Stimmen Friedrich Ebert (SPD) gewählt. Philipp Scheidemann (SPD) wurde Reichskanzler.

M 1

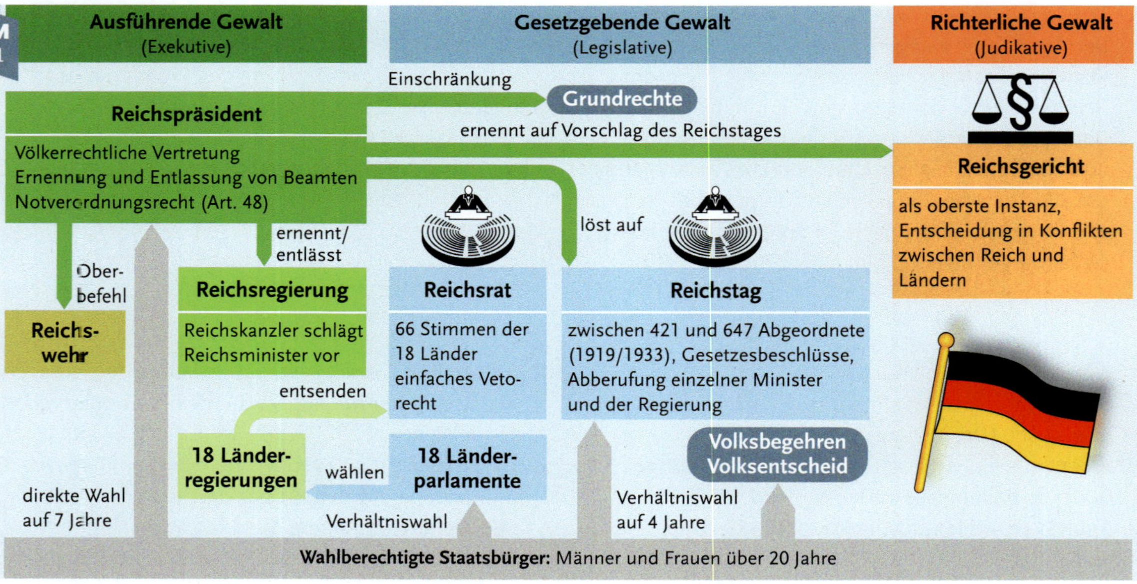

Verfassung von Weimar 1919. Frauen waren in Deutschland erstmals politisch gleichberechtigt.

Wortschatz: eine Verfassung verabschieden (= beschließen) • ein Volksbegehren* durchführen • ein Volksentscheid* • eine Notverordnung erlassen • die wahlberechtigten Staatsbürgerinnen und Staatsbürger wählen im Verhältniswahlrecht ...

M 2

Auszüge aus der Reichsverfassung (1919)

Im Vergleich zum Kaiserreich wurden in der Weimarer Reichsverfassung Grundrechte garantiert:

Artikel 1 Das Deutsche Reich ist eine Republik. Die Staatsgewalt geht vom Volke aus ...

Artikel 22 Die Abgeordneten werden in allgemeiner, gleicher, unmittelbarer und geheimer Wahl von den über zwanzig Jahre alten Männern und Frauen nach den Grundsätzen der Verhältniswahl gewählt ...

Artikel 25 Der Reichspräsident kann den Reichstag auflösen, jedoch nur einmal aus dem gleichen Anlass. Die Neuwahl findet spätestens am sechzigsten Tage nach der Auflösung statt ...

Artikel 48 Der Reichspräsident kann, wenn ... die öffentliche Sicherheit und Ordnung erheblich gestört oder gefährdet wird, ... Maßnahmen treffen, erforderlichenfalls mithilfe der bewaffneten Macht einschreiten. Zu diesem Zwecke darf er vorübergehend die ... Grundrechte [zum Beispiel Art. 118, 123] ... außer Kraft setzen ... Die Maßnahmen sind auf Verlangen des Reichstags außer Kraft zu setzen ... Das Nähere bestimmt ein Reichsgesetz ...

Artikel 109 (1) Alle Deutschen sind vor dem Gesetz gleich. Männer und Frauen haben grundsätzlich dieselben staatsbürgerlichen Rechte und Pflichten ...

Artikel 118 Jeder Deutsche hat das Recht, ... seine Meinung ... frei zu äußern.

Artikel 119 (1) Die Ehe steht als Grundlage des Familienlebens und der Erhaltung und Vermehrung der Nation unter dem besonderen Schutz der Verfassung. Sie beruht auf der Gleichberechtigung der beiden Geschlechter ...

Artikel 123 (1) Alle Deutschen haben das Recht, sich ohne Anmeldung oder besondere Erlaubnis friedlich und unbewaffnet zu versammeln.

*Zit. nach http://www.documentarchiv.de/wr.html Stand: 28.07.2020).***

Friedrich Ebert (1871–1925)

Nach seiner Ausbildung engagierte er sich in der SPD und war seit 1912 Reichstagsabgeordneter, ab 1913 Parteivorsitzender. Er trat für die Gründung einer parlamentarischen Demokratie ein. Am 9. November 1918 wurde er Reichskanzler. Er war von Februar 1919 bis zu seinem Tod 1925 Reichspräsident und führte einen Ausgleich zwischen dem gemäßigten Teil der Arbeiterbewegung und bürgerlichen Parteien der Liberalen und des Zentrums herbei. Sozialdemokratische Parteigenossen warfen ihm vor, sich zu sehr auf alte Führungskräfte des Kaiserreichs verlassen zu haben, statt diese auszutauschen.

(die) Weimarer Koalition

Als Weimarer Koalition bezeichnen Historiker das Regierungsbündnis aus Sozialdemokraten (SPD), liberalen Demokraten (DDP) und Zentrumspartei (in Bayern: Bayerische Volkspartei BVP), das in den Anfangsjahren der Republik (1919–1921) regierte und die parlamentarische Demokratie festigte.

MK 1 **Methode:** Werte das Verfassungsschaubild M1 mithilfe der Arbeitsschritte auf S. 17 oder der Kopiervorlage im Webcode aus. Nimm den **Wortschatz** zu Hilfe. **Tipp** → S. 242.

MK 2 **a)** Vergleiche die Verfassung der Weimarer Republik mit der des Kaiserreichs (Darstellungstext, M1, M2 und M1 auf S. 16). Nutze auch das Informationsblatt im Webcode. **Tipp** → S. 242.
b) Partnerarbeit: Diskutiert Unterschiede und Gemeinsamkeiten zwischen den beiden Verfassungen. **Tipp** → S. 242.

3 „Nirgends in der Welt ist die Demokratie konsequenter durchgeführt als in der neuen deutschen Verfassung. Die deutsche Republik ist fortan die demokratischste Demokratie der Welt." Nimm dazu mithilfe der Materialien Stellung. **Tipp** → S. 242.

4 Der Reichskanzler verfügt nicht über die absolute Mehrheit im Reichstag. Erkläre, wie der Reichspräsident ihn unterstützen kann. Beginne so: *Der Reichskanzler brauchte die absolute Mehrheit im Reichstag, um regieren zu können. Mithilfe der Artikel … konnte ihn der Reichspräsident unterstützen, denn …*

5 Beurteile die Aufnahme des Artikels 48 in die Verfassung (M4). **Tipp** → S. 242.

cornelsen.de/webcodes
Code: wonuve
Film: Gründung der Ersten Republik

cornelsen.de/webcodes
Code: yajuza
Kopiervorlage Methodentabelle und Informationsblatt zum Vergleich der beiden Verfassungen

Der Versailler Vertrag: Eine Katastrophe oder ein akzeptables Ergebnis?

cornelsen.de/webcodes
Code: dohagi
Kopiervorlage Methodentabelle

Die Bedingungen des Vertrages lösten in der deutschen Öffentlichkeit Empörung und Entsetzen aus: Der Friedensvertrag wurde als „Schande" wahrgenommen. Falls die Deutschen nicht unterschrieben, wollten die Alliierten Deutschland mit ihren Truppen besetzen.

- ***Untersuche die innenpolitischen und gesellschaftlichen Folgen des Vertrages für Deutschland und wie die Reaktionen von damals heute gesehen werden.***

M 1

Deutsche Karikatur von Thomas Theodor Heine, 1919. Von links nach rechts: US-Präsident Wilson, der französische Ministerpräsident Clemenceau, der britische Premierminister Lloyd George und vor der Guillotine das personifizierte Deutschland. Unter der Karikatur steht: „Auch Sie haben noch ein Selbstbestimmungsrecht: wünschen Sie, dass Ihnen die Taschen vor oder nach dem Tode ausgeleert werden?"

M 2

Deutsches Propagandaplakat gegen die Bestimmungen des Versailler Vertrages, Foto, 1920

M 3

Der Historiker Peter Krüger über die Reaktion in Deutschland (1986):

Ganz Deutschland bebte vor Empörung. Wo man sich traf, in der Öffentlichkeit und in den Familien griff die nationale Erregung um sich ... Dieser Friedensvertrag durfte nicht Wirklichkeit werden. Die gewohnten Stimmungen nationalistischer Begeisterung waren zu abrupt zerrissen. Der Friedensvertrag war der geballte Ausdruck all der Schläge und Veränderungen, denen das deutsche Volk seit dem Herbst 1918 [= gemeint ist die Abdankung des Kaisers] ausgesetzt war, als das Ausmaß des militärischen Desasters offenbar wurde und die Siegespropaganda ablöste.

Aus unserer Sicht heute mag eine solche Vorstellung unverständlich wirken. Hier brach für die Menschen damals eine Welt zusammen, so kritisch sie auch zu beurteilen war. Die Menschen waren in ihr aufgewachsen, es war die Ordnung, die ihnen Halt und Orientierung geboten hatte.

*Peter Krüger, Versailles, München (dtv) 1986, S. 9 f.***

M 4

Interview der Journalistin Katja Iken mit dem Historiker Gerd Krumeich (2019):

einestages: Mitverhandeln durften die Verlierer in Versailles nicht. Warum?

Krumeich: Das war ein absolutes Novum in der Geschichte des Völkerrechts. Hass und Verachtung reichten so tief, dass man sich nicht mit den Deutschen an einen Tisch setzen wollte. Ich kann die Franzosen gut verstehen: 13 Départements waren zerstört, das Land war ausgeblutet, bei ihrem Rückzug hatten die Deutschen systematisch Bergwerke in Nordfrankreich unter Wasser gesetzt. Anders die Situation in Deutschland, wo der Krieg bis zuletzt merkwürdig fern erschien, da er nie auf eigenem Boden ausgetragen worden war. Deshalb verstanden die Deutschen die Niederlage auch nicht.

einestages: Mit dem Friedensvertrag wollte US-Präsident Woodrow Wilson Kriege für immer aus der Welt schaffen.

Krumeich: Wilson brachte diese schöne Idee mit nach Europa und wurde dafür gefeiert. Männer wie der französische Regierungschef Georges Clemenceau haben darüber nur milde gelächelt. Zwar wollten alle den Kriegszustand beenden. Aber keiner war bereit, dafür den Standpunkt und die Probleme der anderen ernst zu nehmen. Zu viel war von allen Seiten gelitten worden. Deshalb ging der Krieg in den Köpfen auch derjenigen weiter, die auszogen, um endlich einen Frieden zu finden.

einestages: Wie einig waren sich die Sieger?

Krumeich: Sie verfolgten völlig unterschiedliche Ziele. Wilson wollte den ewigen Frieden. Den Franzosen ging es vor allem um Rache und Reparationen, den Briten um eine Arrondierung (hier: Vergrößerung) ihres Imperiums, den Italienern um Gebietszuwachs. Einig waren sie nur in einem einzigen Punkt – der deutschen Alleinschuld am Krieg. Das war der Kitt, der sie zusammenhielt.

www.spiegel.de/geschichte/versailler-vertrag-1919-historiker-ueber-kriegsschuld-und-kollektives-trauma-a-1273372.html (Stand: 06.08.2020).

M 5

Der Historiker Eberhard Kolb über den Versailler Vertrag (2002):

So harte Bedingungen Deutschland auch auferlegt wurden – einzelne Bestimmungen des Friedensvertrags waren doch weniger rigoros[1] ausgefallen, als es im Bereich der Möglichkeiten gelegen hatte. Der Vertrag besaß tatsächlich einen Kompromisscharakter; er war zwar nicht jener milde „Wilson-Friede", den man in Deutschland erträumt hatte, aber er war auch nicht ein „karthagischer Friede"[2], wie ihn einflussreiche Politiker und große Teile der öffentlichen Meinung in den Siegerstaaten forderten ... Trotz des Versailler Vertrags behielt das Deutsche Reich den Status einer europäischen Großmacht und besaß auf längere Sicht die Möglichkeit, wieder einen aktiven Part in der europäischen Politik zu spielen.

*Eberhard Kolb, Die Weimarer Republik, 6. Aufl., München (Oldenbourg) 2002, S. 36 f.**

[1] streng, unerbittlich
[2] Gemeint ist hier die endgültige Zerstörung der Stadt Karthago durch die Römer 146 v. Chr. nach drei Kriegen

1 a) Beschreibe die Stimmung in Deutschland nach Bekanntgabe der Bedingungen des Versailler Vertrages (M1, M2, M3).

b) Beurteile die zeitgenössische Sichtweise, die in den Plakaten zum Ausdruck kommt (M1, M2).

2 Wähle eine Aufgabe aus:

a) Stelle die in M4 beschriebene Zerrissenheit der Alliierten in einer Karikatur dar.

b) Erkläre mithilfe von M4, worin sich die Alliierten einig sowie uneinig waren.

MK **3 Methode:** Analysiere die Darstellung M5 mithilfe Arbeitsschritte auf S. 71 oder der Kopiervorlage im Webcode auf S. 112.

4 Bewerte mithilfe von M3–M5, ob die empörte Reaktion der Deutschen aus heutiger Sicht gerechtfertigt war. Nutze den **Wortschatz**.

5 Gruppenarbeit: Führt eine Podiumsdiskussion (→ S. 73) zur Frage in der Überschrift durch.

Wortschatz: das militärische Desaster (= die Niederlage) • ein Novum (= eine neue Entwicklung) • einig oder uneinig über eine Sache sein • der Vertrag war ein Kompromiss • einen aktiven Part spielen (= eine Rolle spielen)

Äußere Belastungen der Weimarer Republik

Der Versailler Friedensvertrag bereitete der noch jungen deutschen Demokratie von Beginn an einen schweren Start. Die genaue Höhe der deutschen Kriegsentschädigungen legten die Alliierten erst 1921 fest. Deutschland musste den Zahlungsplan innerhalb von sechs Tagen annehmen, anderenfalls drohte die sofortige Besetzung des Ruhrgebietes, des wichtigsten Industriereviers.

- ***Woher sollte die deutsche Regierung das Geld für die Reparationen nehmen?***

M 1

Franzosen an der Ruhr, Beilage des „Petit Journal", 28. Januar 1923. Der Text dazu lautet: „Damit Deutschland zahlt! An den Türen aller öffentlichen Gebäude und Fabriken erinnern die blauen Mäntel unserer Soldaten die vergesslichen Deutschen an die rechtmäßigen Forderungen und den entschlossenen Willen Frankreichs."

Die Folgen des Weltkrieges

Der Erste Weltkrieg kostete Deutschland mehr als 160 Milliarden Mark. Den größeren Teil davon hatte sich die Regierung durch so genannte „Anleihen*" bei den Bürgern geliehen. Nach einem gewonnenen Krieg sollten diese Anleihen dann mit Zinsen zurückgezahlt werden. Nun war der Krieg verloren, die Wirtschaft lag am Boden, und die Steuereinnahmen deckten nur noch 14 Prozent der staatlichen Ausgaben. Bei Kriegsende musste die Wirtschaft von der Produktion für den Krieg auf Friedensproduktion umgestellt werden: Sieben Millionen Soldaten kehrten aus den Kriegsgebieten zurück und wollten wieder ihre Berufe aufnehmen. Viele von ihnen hatten Verletzungen davongetragen und waren nicht mehr oder nur noch eingeschränkt arbeitsfähig und auf staatliche Versorgungsleistungen angewiesen. Nach den Bestimmungen des Versailler Vertrages gehörten wichtige Industrie- und Rohstoffgebiete im Saarland und in Oberschlesien nicht mehr zu Deutschland. Dies erschwerte den wirtschaftlichen Wiederaufbau. Darüber hinaus mussten Sachgüter wie Schiffe, Maschinen und Waggons an die Sieger des Krieges abgeliefert werden. In dieser Situation empfanden die Deutschen die auf 132 Milliarden Goldmark festgelegte Summe als Reparationszahlungen als viel zu hoch. Den Siegerstaaten schienen sie für die Bezahlung erlittener Schäden gerechtfertigt. Als Deutschland 1922 mit der Lieferung von Kohle und Holz an Frankreich in Rückstand geriet, besetzten französische und belgische Truppen das Ruhrgebiet als „Pfand" für ihre Forderungen.

Ruhrbesetzung und Hyperinflation

Aus Protest gegen die Ruhrbesetzung rief die Regierung zum „passiven Widerstand" auf – der sogenannte „Ruhrkampf" begann: Die Arbeiter des Ruhrgebietes traten in den Streik, Beamte verweigerten die Zusammenarbeit und immer wieder kam es zu Sabotageaktionen und Attentaten auf die Besatzer. Die Besetzung des Ruhrgebiets förderte bei vielen den Hass auf den „Erzfeind" Frankreich. Die Regierung unterstützte die Bevölkerung des Ruhrgebiets finanziell mit Steuermitteln, doch die Kosten für den „Ruhrkampf" überstiegen die Reichsfinanzen bei Weitem. Die deutsche Regierung reagierte auf Schulden und Kosten, indem sie noch mehr Geld drucken ließ. Immer mehr Geldscheine kamen in Umlauf, die aber keinen entsprechenden Gegenwert mehr besaßen, etwa mehr neu produzierte Waren. In der Folgezeit wurde noch mehr Geld gedruckt und sein Wert verfiel immer schneller. Die Preise stiegen auf unvorstellbare Summen. Es kam zu einer Hyperinflation*. Durch die Geldentwertung waren die Guthaben der Sparer bald wertlos. Die Besitzer von Sachwerten (Im-

Wortschatz: eine Anleihe • von etwas profitieren (= aus etwas einen Gewinn ziehen) • einen Sabotageakt durchführen • etwas sabotieren (= etwas stören oder etwas vereiteln) • Geld in Sachwerten anlegen • Geld in Umlauf bringen • etwas mit Steuermitteln finanzieren/unterstützen • ein Gebiet als Pfand für etwas besetzen

mobilien, Gold, Rohstoffe) und ausländischem Geld waren die Gewinner. Der Staat zahlte seine Schulden aus dem Krieg mit wertlosem Papiergeld zurück.
Die Hyperinflation wurde durch die Einführung einer neuen Währung am 15. November 1923 beendet: Eine Billion Papiermark entsprachen nun einer „Rentenmark“. Zugleich führten drastische Sparmaßnahmen zu einer Stabilisierung des Finanzsystems und einer langsamen Erholung des Wirtschaftslebens.

M 2

Der Schriftsteller Stefan Zweig (1881–1942) beschrieb die Inflation:

Man zahlte in der Straßenbahn mit Millionen, Lastwagen karrten das Papiergeld von der Reichsbank zu den Banken, und vierzehn Tage später fand man Hunderttausendmarkscheine in der Gosse: Ein Bettler hatte sie verächtlich weggeworfen. Ein Schuhsenkel kostete mehr als vordem ein Schuh ... ein zerbrochenes Fenster zu reparieren mehr als früher das ganze Haus, ein Buch mehr als vordem die Druckerei mit ihren Hunderten von Maschinen ... Fabriken kosteten umgerechnet nicht mehr als früher ein Schubkarren ... Die Arbeitslosen standen zu Tausenden herum und ballten die Fäuste gegen die Schieber [= Geschäftemacher] und Ausländer in den Luxusautomobilen, die einen ganzen Straßenzug aufkauften wie eine Zündholzschachtel; jeder, der nur lesen und schreiben konnte, handelte und spekulierte, verdiente und hatte dabei das geheime Gefühl, dass sie alle sich betrogen und betrogen wurden von einer verborgenen Hand, die dieses Chaos sehr wissentlich inszenierte, um den Staat von seinen Schulden und Verpflichtungen zu befreien ... Die Verordnungen des Staates wurden verlacht ... keine Moral respektiert.

*Stefan Zweig, Die Welt von Gestern. Erinnerungen eines Europäers, Frankfurt/M. (Fischer) 1998 (Erstausgabe 1944), S. 355 ff.***

M 3

Deutsches Plakat von 1923, Zeichnung von Theo Matejko

(die) Inflation/Hyperinflation
Entwertung des Geldes durch Erhöhung der Geldmenge, messbar am Anstieg des Preisniveaus von Waren. Steigt der Preis mehr als 50 % im Jahr, handelt es sich um eine Hyperinflation. Das Geld wird in der Folge in Sachwerte (Gold, Immobilien) angelegt.

1 Nenne die Gründe für die wirtschaftliche Belastung der Weimarer Republik (Darstellungstext).

2 a) Gestalte ein Schaubild, das den Begriff Inflation erklärt (Darstellungstext, Begriffskasten).
b) Partnerarbeit: Erkläre deinem Sitznachbarn den Begriff Inflation. Nutze dazu den **Wortschatz**.

3 a) Fasse die Aussageabsicht der Plakate M1 und M3 mit eigenen Worten zusammen.
b) Stelle die Gründe für die Reaktion der deutschen Bevölkerung auf die Ruhrbesetzung dar (Darstellungstext).

4 Erläutere die Folgen der Hyperinflation für das Zusammenleben in der Gesellschaft und für das Verhältnis der Bevölkerung zur neuen Republik (M2).

MK **5 a)** Recherchiere Bilder zum Thema Hyperinflation 1923.
b) Methode: Erstelle eine digitale Präsentation (→ S. 255) zum Thema „Milliarden für den Ofen“.

Innere Belastungen der Weimarer Republik

Die Weimarer Demokratie war von Beginn an bedroht: Sowohl links- wie rechtsradikale Gruppierungen versuchten die Regierung zu stürzen. Die junge Demokratie setzte sich gegen die Aufstände, Morde und Terroranschläge zur Wehr.

- ***Wer bekämpfte den Staat und wie ging dieser gegen seine Gegner vor?***

M 1 *Adolf Hitler, Erich Ludendorff und weitere Putschisten am Tag der Urteilsverkündung, Aufnahme von Heinrich Hoffmann, dem Fotografen Hitlers, 1. April 1924*

Der Kapp-Lüttwitz-Putsch 1920

Durch die Bestimmungen des Versailler Vertrages waren 300 000 Angehörige der Reichswehr von der Entlassung bedroht. Viele Freiwillige (Freikorps) klammerten sich an das Militär, das ihnen Halt bot. Als einer der Freiwilligenverbände aufgelöst werden sollte, besetzten seine Mitglieder auf Befehl des Generals Walther von Lüttwitz am 13. März 1920 das Regierungsviertel in Berlin. Ein hoher Beamter und Politiker der äußersten Rechten, Wolfgang Kapp, ernannte sich daraufhin zum Reichskanzler und General Lüttwitz zum Reichswehrminister. Die Regierung wich nach Stuttgart aus, da der Oberbefehlshaber der Reichswehr sich weigerte, auf ehemalige Kameraden in den Freiwilligenverbänden schießen zu lassen. Der Putsch scheiterte, als auf Initiative von Gewerkschaften und SPD die Reichskanzlei zum Generalstreik aufrief, der das öffentliche Leben und das Transportwesen lahmlegte.

Aufstände von links: Die „Rote Ruhrarmee“

Aus dem Generalstreik entwickelte sich eine linksextreme Bewegung an Rhein und Ruhr. Die Arbeiter formierten sich zu einer etwa 50 000 Mann starken revolutionären Truppe, die sich als „Rote Ruhrarmee“ bezeichnete. Der Ruhrarmee gelang es zeitweise, die Kontrolle über das Ruhrgebiet und damit das wichtigste Industriegebiet des Deutschen Reichs auszuüben. Freikorps und Einheiten der Reichswehr gingen im Auftrag der Regierung mit großer Härte gegen die Ruhrarmee vor. Dabei kamen insgesamt etwa 1600 Menschen ums Leben.

1923 kam es auch in Hamburg, Sachsen und Thüringen zu kommunistischen Aufständen, die ebenso niedergeschlagen wurden.

Politische Morde

Viele rechtsextreme Kämpfer schlossen sich in geheimen Organisationen zusammen. Ihre Mitglieder ermordeten bekannte deutsche Politiker, weil sie in ihren Augen für die Annahme des Versailler Vertrages verantwortlich waren. Zu den Ermordeten gehörten 1921 Matthias Erzberger (Zentrum), der den Waffenstillstandsvertrag 1918 unterzeichnet hatte, und 1922 Außenminister Walther Rathenau. Er war ein Deutscher mit jüdischem Glauben.

Der Hitlerputsch 1923

Eine weitere rechtsextreme Partei wollte die Regierung des Reichs stürzen: Am 24. Februar 1920 wurde in München die Nationalsozialistische Deutsche Arbeiterpartei (NSDAP) gegründet. Die Führung der NSDAP übernahm 1921 Adolf Hitler. Am 8. November 1923 erklärte die NSDAP – unterstützt durch den ehemaligen General Erich Ludendorff – die Regierungen des Deutschen Reichs und Bayerns für abgesetzt; Adolf Hitler wurde zum Reichskanzler ernannt. Dieser Putsch wurde am 9. November von der bayerischen Polizei niedergeschlagen, die Verantwortlichen inhaftiert und vor Gericht gestellt (Hitler-Ludendorff-Prozess). Hitler und die übrigen Haupttäter wurden zu fünf Jahren Haft verurteilt; Erich Ludendorff wurde freigesprochen. Hitler wurde jedoch nach neun Monaten „wegen guter Führung“ aus der Haft entlassen.

Adolf Hitler (1889–1945)

stammte aus einer kleinbäuerlichen Familie aus Niederösterreich. Er verließ die Realschule ohne Abschluss und scheiterte mit seinen Bewerbungen an der Wiener Kunstakademie. Als Kriegsfreiwilliger wurde er im Ersten Weltkrieg mehrfach verwundet. Im Juli 1921 übernahm er den Vorsitz der neugegründeten NSDAP und wurde in Bayern zur Leitfigur der nationalistischen Gruppen. Nach dem gescheiterten Putschversuch vom 9. November 1923 wurde er zu fünf Jahren Haft verurteilt, durfte aber nach neun Monaten das Gefängnis verlassen. Am 30. Januar 1933 wurde er zum Reichskanzler ernannt, ein Jahr später wurde er Reichspräsident. Unter seiner Führung als Diktator wurde in Deutschland ein beispielloses Terrorsystem aufgebaut. Hitler beging kurz vor Ende des Zweiten Weltkrieges am 30. April 1945 Selbstmord.

M 3

Der Mathematiker Erich Gumbel (1891–1966) untersuchte die politischen Morde in der Weimarer Republik zwischen 1919 und 1922:

Politische Morde begangen von:	Linksstehenden	Rechtsstehenden
Anzahl gesamt	22	354
Ungesühnt (= ohne Bestrafung für die Täter)	4	326
Teilweise ungesühnt	1	27
Gesühnt	17	1
Täter		
Verurteilt (Mord)	38	24
Freiheitsstrafe je Mord	15 Jahre	4 Monate
Hingerichtet	10	–
Freigesprochen	–	23

Nach Emil Julius Gumbel, Vier Jahre politischer Mord. Berlin (Malik) 1922, S. 81.

M 2

Auszug aus der Urteilsbegründung des bayerischen Volksgerichts im Hitler-Ludendorff-Prozess vom 1. April 1924:

Das Gericht ist zu der Überzeugung gelangt, dass die Angeklagten bei ihrem Tun von rein vaterländischem Geiste und dem edelsten selbstlosen Willen geleitet waren. Alle Angeklagten, die in die Verhältnisse genauen Einblick hatten ... glaubten nach bestem Wissen und Gewissen, dass sie zur Rettung des Vaterlandes handeln mussten, und dass sie dasselbe täten, was kurz zuvor noch die Absicht der leitenden bayerischen Männer [vermutlich ist damit die bayerische Regierung gemeint] gewesen war. Das rechtfertigt ihr Vorhaben nicht, aber es gibt den Schlüssel zum Verständnis ihres Tuns. Seit Monaten, ja Jahren waren sie darauf eingestellt.

*Zit. nach Otto Gritschneder, Bewährungsstrafe für den Terroristen Adolf H. – Der Hitler-Putsch und die bayerische Justiz, München (C. H. Beck) 1990, S. 92.***

M 4

Der Amnestie-Automat (Amnestie = Erlass einer Strafe), Karikatur in der Satirezeitschrift „Ulk“ 1926. Die Bildunterschrift lautet: „Gebrauchsanweisung: Man decke abwechselnd die beiden Gesichtshälften ab. Nach rechts nickt er – nach links pickt er!“

M5

Der Historiker Thomas Fuchs über politische Morde 1919–1922 (2017):

Der Begriff „politischer Mord“ bezeichnet in Friedenszeiten die Tötung von Menschen mit dem Ziel, die staatliche Ordnung zu verändern, wie etwa durch die gezielte Beseitigung von politischen Repräsentanten, Rache- oder Geiselmorde [= Mord an entführten Personen] ... Besonders ausgeprägt war die Bereitschaft [von Freikorpsverbänden], gegen Linksradikale mit roher Gewalt vorzugehen und mit der äußersten Rechten zu sympathisieren ... Erste bekanntere Opfer der rechten Gewalt waren die KPD-Aktivisten Rosa Luxemburg und Karl Liebknecht, die beide am 15. Januar 1919 im Gewahrsam von Freikorpssoldaten umkamen ... Es gibt mathematisch fundierte Berechnungen, nach denen es in den Jahren 1919 bis 1922 bis zu 354 Todesopfer gegeben habe ... Mit der „Dolchstoßlegende“ wurde eine Geschichte erfunden, politische Gegner (Demokraten und Linke) mundtot zu machen.

*Thomas Fuchs, Politische Morde in der Weimarer Republik, http://www.zukunft-braucht-erinnerung.de/politische-morde-in-der-weimarer-republik/(Stand: 24.11.2020).***

Geschichtsfälschung mit politischer Absicht: Die Dolchstoßlegende und ihre Folgen

Die Verantwortung für die Folgen der Kriegsniederlage mussten die demokratischen Politiker übernehmen. Die innenpolitischen Auseinandersetzungen über den von vielen Zeitgenossen bezeichneten „Schandfrieden von Versailles“ wurden zu einer großen Belastung der Weimarer Republik. Nationalisten verschiedener Parteien beschimpften die Regierungsmitglieder als „Erfüllungspolitiker“, die sich kampflos dem Druck der Sieger gebeugt hätten. Noch bevor der Friedensvertrag in Kraft trat, sorgte eine Äußerung Paul von Hindenburgs für Unruhe. Der frühere Chef der Obersten Heeresleitung behauptete, das deutsche Heer sei „im Felde unbesiegt“ geblieben. Schuld an der Niederlage seien allein die Sozialisten und Demokraten. Diese seien dem Heer in den Rücken gefallen und hätten es durch Hetzaktionen und Streiks „von hinten erdolcht“. Deutschland hätte den Krieg noch gewinnen können, doch die Demokraten hätten das durch Friedensgespräche zunichtegemacht. Die Dolchstoßlegende war eine Lüge, doch sie beeinflusste die politische Stimmung und heizte die Wut vieler Nationalisten auf die Demokratie an.

M6

Propaganda-Postkarte, um 1923. Die Karikatur zeigt den Sozialdemokraten Philipp Scheidemann mit erhobenem Dolch, dahinter den Zentrumspolitiker Matthias Erzberger. Im Hintergrund stellt der Zeichner den antisemitischen Stereotyp von „vermögenden Juden“ dar.

Matthias Erzberger (1875–1921)

Der Zentrumspolitiker Matthias Erzberger stammte aus Münsingen/Schwäbische Alb. Er wuchs in einer katholischen Familie auf und wurde 1903 für die Zentrumspartei in den Reichstag gewählt. 1918 leitete er die Waffenstillstandsverhandlungen des Deutschen Reichs, 1919 wurde er Reichsfinanzminister. 1920 wurde er bei einem Attentat schwer verletzt. Am 26. August 1921 erschossen ihn zwei ehemalige Marineoffiziere und Freikorpsmitglieder während eines Spaziergangs im Schwarzwald. Der Mord blieb ungesühnt.

M 7 **Aufzeichnung des Reichskanzlers Prinz Max von Baden (16. Oktober 1918):**

Die militärische Lage hat uns auf Verlangen der Obersten Heeresleitung unerwartet genötigt, am 5. Oktober ein hastiges Ersuchen um Waffenstillstand an den Präsidenten der Vereinigten Staaten zu richten. Dieser Schritt kam einer Kapitulation gleich und ist von unseren Feinden wie auch im neutralen Ausland nicht anders als militärische Bankrotterklärung aufgefasst worden.

Zit. nach Wolfgang Michalka und Gottfried Niedhardt (Hg.), Die ungeliebte Republik. Dokumente zur Innen- und Außenpolitik Weimars 1918–1933, München (dtv) 1980, S. 10.

M 8 **Aussage des Generalfeldmarschalls von Hindenburg vor dem parlamentarischen Untersuchungsausschuss (18. November 1919):**

Die braven Truppen, die sich von der revolutionären Zermürbung freihielten, hatten unter dem pflichtwidrigen Verhalten der revolutionären Kameraden schwer zu leiden; sie mussten die ganze Last des Kampfes tragen ... Ein englischer General sagte mit Recht: „Die deutsche Armee ist von hinten erdolcht worden."

Stenographischer Bericht über die öffentlichen Verhandlungen des Untersuchungsausschusses, Berlin 1919, S. 729 ff. Zit. nach www.1000dokumente.de/pdf/dok_0026_dol_de.pdf, S. 7 (Stand: 26.02.2020).

1 **Wähle eine Aufgabe aus:**
a) Fasse in einem Schaubild die Gegner der Weimarer Republik, ihr Vorgehen und ihre Ziele zusammen (Darstellungstext S. 116).
b) Fasse in einer Tabelle zusammen, welche Gruppen aus welchen Motiven die junge Republik bekämpften (Darstellungstext S. 116).

2 Beurteile die Haltung der Angeklagten zu Justiz und Staat anhand der Darstellung durch den Fotografen (M1).

MK 3 **Methode:** Analysiere die Karikatur M4 mithilfe der Arbeitsschritte auf S. 257 oder mithilfe der Kopiervorlage im Webcode.

4 **Partnerarbeit:** Eine viel zitierte Aussage zur Rechtsprechung in der Weimarer Republik lautet, dass die Justiz „auf dem rechten Auge blind" war. Tauscht euch darüber aus und nehmt zu dieser Aussage kritisch Stellung (M1 bis M4). Nutzt den **Wortschatz**.

5 Erkläre den Begriff „Dolchstoßlegende" (Darstellungstext S. 118, M6).

6 **a)** Überprüfe, ob die Darstellung auf der Postkarte M6 die Aussage des Generalfeldmarschalls von Hindenburg unterstützt (M8).
b) Erkläre anhand von M7 und des Darstellungstextes auf S. 118, warum es sich bei der Aussage Hindenburgs (M8) nicht um die Wahrheit handelte.
Tipp → S. 243.

7 Überprüfe anhand der Biografie Erzbergers und von M5, welche politische Wirkung von der Dolchstoßlegende ausging.

MK 8 **Methode:** Erstellt in Dreiergruppen ein Erklärvideo (→ S. 255) zum Thema „Innere und äußere Belastungen der Weimarer Republik: Eine Gefahr für die Demokratie?". Nutzt dafür die Seiten 114–119.

cornelsen.de/webcodes
Code: betebe
Film: Weimarer Republik – Die Bewährungsprobe und Kopiervorlage Methodentabelle

Wortschatz: einen Halt bieten • einen Putsch durchführen • die Kontrolle ausüben • sich zu einer Armee formieren • mit Härte gegen etwas/jemanden vorgehen • eine Regierung für abgesetzt erklären • eine Regierung stürzen • „auf dem rechten Auge blind sein" (= bedeutet, dass rechtsextreme Straftaten ignoriert werden) • das öffentliche Leben (= das gesellschaftliche Leben) wird durch einen Generalstreik lahmgelegt

Deutschlands Rückkehr in die Völkergemeinschaft

Nach dem Versailler Vertrag hatte das Deutsche Reich seinen Status als Großmacht verloren. Der „Erzfeind" Frankreich war bei vielen Deutschen verhasst. Dennoch gelang es Deutschland, in die internationale Gemeinschaft zurückzukehren.

- ***Warum war es für Deutschland wichtig, außenpolitisch wieder aktiv werden zu dürfen?***

M 1

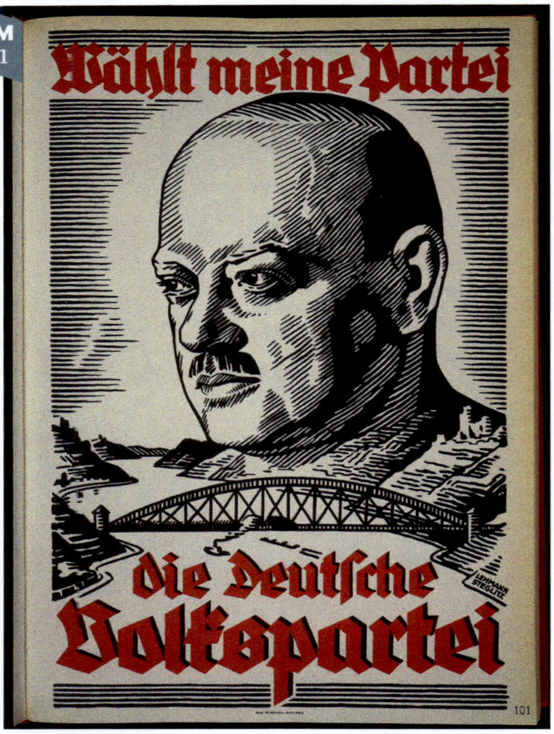

Gustav Stresemann (1878–1929) als übergroßes, in Stein gemeißeltes Monument, Wahlplakat der Deutschen Volkspartei (DVP) von 1930: Stresemanns Außenpolitik wird häufig als „Verständigungspolitik" bezeichnet. 1926 erhielt er zusammen mit dem französischen Außenminister Aristide Briand für die Zusammenarbeit bei den Verträgen von Locarno den Friedensnobelpreis. 1929 war Stresemann überraschend an einem Schlaganfall gestorben, dennoch warb die DVP mit seiner Person um Wählerstimmen.

Außenpolitische Zielsetzungen Deutschlands

Ziel der deutschen Außenpolitik nach 1919 war es, die harten Bedingungen des Versailler Vertrages abzumildern. Darüber hinaus sollte das Deutsche Reich wieder ein gleichberechtigter Partner in Europa werden. Auch Politiker im übrigen Europa erkannten, dass es keinen dauerhaften Frieden geben konnte, wenn sie gegenüber Deutschland auf reine Machtpolitik setzten – wie etwa 1923 bei der Besetzung des Ruhrgebiets. Auf deutscher Seite engagierte sich Gustav Stresemann (DVP*, Außenminister 1923–1929) für eine Annäherung der Kriegsgegner Deutschland und Frankreich. In seiner Außenpolitik setzte Stresemann auf den Aufbau von wirtschaftlichen Beziehungen und die Aussöhnung mit den ehemaligen Kriegsgegnern. Stresemann war zuvor von August bis November 1923 Reichskanzler. In dieser Zeit trug er zur Beendigung der Ruhrkrise und der Hyperinflation bei.

Mit der Beendigung der Ruhrkrise und der Einführung der Rentenmark hatte Stresemann erste Erfolge erzielt. Seine Bemühungen führten zur Erholung des Wirtschaftslebens. Dazu war es notwendig, die Reparationsleistungen zu senken, militärische Gleichberechtigung durchzusetzen und Grundlagen für einen wirtschaftlichen Wiederaufstieg zu schaffen. Als Außenminister war er um eine Aussöhnung mit Frankreich bemüht. Sie war wichtig für eine Neuregelung der Höhe der Reparationsleistungen ab 1924, die Deutschland wirtschaftlich auch verkraften konnte.

Verhältnis zu Polen

Während Deutschland unter Stresemann vor allem eine Verständigungspolitik verfolgte und im Vertrag von Locarno 1925 die neue deutsche Westgrenze gemäß des Versailler Vertrages anerkannte, blieb das Verhältnis zur neu entstandenen Republik Polen schwierig. Deutschland verzögerte die Anerkennung der polnischen Grenzen mit der Begründung, dass sonst Hunderttausende Mitglieder der deutschsprachigen Minderheit Polen verlassen würden. Deutschland hielt sich im Vertrag von Locarno auch die Möglichkeit offen, die Grenze zu Polen zu revidieren.

Wortschatz: eine Zahlung/Zahlungen aussetzen (= einstellen) • Reparationen leisten • einem Bündnis beitreten • einen Aufschub gewähren • eine Aussöhnung (= Versöhnung) erreichen

Deutsche Außenpolitik 1922–1929:

16. April 1922 Vertrag von Rapallo zwischen Deutschland und Sowjetrussland: außenpolitische und wirtschaftliche Annäherung; gegenseitiger Verzicht auf Ersatz von Kriegsschäden

29. August 1924 Dawes-Plan (nach dem amerikanischen Bankier Charles G. Dawes): Festlegung von Höhe und Laufzeit der deutschen Reparationen

5. bis 16. Oktober 1925 Konferenz von Locarno (Schweiz): Hier wurden sieben internationale Verträge ausgehandelt; Anerkennung der Grenzen von Frankreich und Belgien durch Deutschland, wie im Versailler Vertrag festgelegt; Verzicht auf Gewalt; keine außenpolitische Isolierung. Aufgrund des Vertrages mit Frankreich stieg das internationale Ansehen Deutschlands; frühzeitige Räumung des seit Kriegsende besetzten Rheinlandes.

8. September 1926 Beitritt zum Völkerbund*

21. August 1929 Young-Plan (nach dem amerikanischen Unternehmer Owen D. Young): Neuregelung der Reparationen. Deutschland kann die Zahlungen aufschieben und teilweise aussetzen.

M 2

General von Seeckt, Chef der Heeresleitung, über die deutsche Ostpolitik (1922):

Eine Verbindung Deutschlands mit Russland ist der erste und bisher fast einzige Machtzuwachs, den wir seit dem Friedensschluss erreichten ... Mit Polen kommen wir nun zum Kern des Ostproblems. Polens Existenz ist unerträglich ... Es muss verschwinden ... Polen ist für Russland noch unerträglicher als für uns ... Mit Polen fällt eine der stärksten Stützen des Versailler Friedens, die Vormachtstellung Frankreichs.

*Zit. nach Geschichte in Quellen, Bd. 5, München (bsv) 1961, S. 180 ff.**

M 3

Aus der Reichstagsdebatte über den Vertrag von Locarno, die mit einer klaren Zustimmung zu den Verträgen endete (1925):

Otto Wels (SPD): Die west- und mitteleuropäischen Staaten sind wirtschaftlich und politisch heute so eng miteinander verbunden, dass jede politische, jede wirtschaftliche Erschütterung in einem derselben in ihren Folgewirkungen allgemein schwer empfunden wird ... Was ... in Europa fehlte, das Bedürfnis nach europäischer Solidarität, das ist heute ein sichtbares Bedürfnis aller europäischen Völker geworden.

Kuno Graf von Westarp (DNVP): Die Grundgedanken unseres Widerspruchs gegen ... Locarno: Jeder Verzicht auf deutsches Land, jede erneute freiwillige Anerkenntnis des Versailler Diktats sollte durch ... Verträge ausgeschlossen sein ... Wir müssen uns die Handlungsfreiheit nach Osten freihalten, auch im Hinblick auf die östlichen Grenzen Deutschlands.

*Verhandlungen des Reichstags. Stenographische Berichte, Bd. 368, Berlin 1925, S. 4485 ff.**

M 4

Wahlplakat der DNVP, 1928. Das Plakat zeigt den Rhein. Der abgebildete Soldat spielt auf die Tatsache an, dass in der französischen Armee viele Soldaten aus französischen Kolonien in Afrika Dienst taten.

1 Vergleiche die deutsche Außenpolitik im Westen mit der im Osten (Darstellungstext, Infokasten).

2 „Kein Ostlorcarno!“ war eine Forderung, die von vielen Deutschen nach 1925 häufig zu hören war. Erläutere, was gemeint war (Darstellungstext, M2, M3).

3 In M4 wird der Vertrag von Locarno durch die DNVP als Bedrohung und Verrat dargestellt.
a) Erläutere, mit welchen Mitteln der Plakatmaler dies zum Ausdruck bringt. **Tipp** → S. 243.
b) Erkläre, worin die DNVP, viele Konservative sowie Nationalisten den „Verrat“ sahen.

4 **a)** Fasse die zentrale Aussage von M1 zusammen.
b) Beurteile den Erfolg von Stresemanns Außenpolitik (Darstellungstext, Kasten). Nutze den **Wortschatz**. **Tipp** → S. 243.

5 Recherchiere zur Person Gustav Stresemann und stelle ihn in einem Kurzvortrag (→ S. 251) vor.

cornelsen.de/webcodes
Code: cadezo
Gustav Stresemann

Politische Plakate analysieren

Politische Plakate erlebten in den Wahlkämpfen der Weimarer Republik eine Blüte. Erstmalig unterlag diese Werbung keiner Zensur. Da Frauen seit 1919 wählen durften, wurden in der Weimarer Republik zum ersten Mal auch Wählerinnen auf Plakaten angesprochen.

- ***Wie werden politische Plakate analysiert und was muss dabei besonders berücksichtigt werden?***

M 1

Wahlplakat der SPD zur Nationalversammlung am 19. Januar 1919, Grafik von Fritz G. Kirchbach

Welche Rolle spielten Wahlplakate?

In der Weimarer Republik entwickelte sich ein großer Wettbewerb der politischen Parteien um die Stimmen der Wähler. Diese Wahlkämpfe fanden vor allem auf der Straße statt und wurden mit den damals modernsten Medien geführt: Zeitungen und Flugblätter wurden verteilt, politische Reden schallten aus Lautsprecheranlagen und die Parteien drehten Filme zur Wahlwerbung. Eines der wichtigsten Medien war aber das Wahlplakat – angeklebt an Häuserwänden, Zäunen und Litfaßsäulen oder präsentiert von menschlichen Plakatträgern. Das Ziel eines politischen Plakates ist es, die Wünsche, Bedürfnisse und Ängste der Menschen anzusprechen und dabei eine große Anzahl von Personen zu überzeugen. Zu diesem Zweck sind politische Plakate meist auffallend und ansprechend gestaltet. Sie zeigen die politischen Programme und Botschaften einer Partei und deren Kandidaten in verkürzter und plakativer Weise. Oft enthalten sie auch Angriffe auf den politischen Gegner und dessen Positionen. Die Botschaft der Plakate soll ins Auge springen, schnell zu verstehen sein und möglichst lange in Erinnerung bleiben. Neben der älteren Form des Schriftplakates setzten die neueren Bildplakate seit dem 20. Jahrhundert moderne Mittel der Werbepsychologie ein. Farbgebung, Symbolik und vereinfachte Texte zielten darauf ab, die Wahrnehmung des Betrachters zu lenken. Somit sind durch die Untersuchung historischer Wahlplakate nicht nur die Positionen der einzelnen Parteien zu erkennen, sondern der Betrachter erfährt auch viel über die Mentalität der Menschen und der Gesellschaft der jeweiligen Zeit.

(das) politische Plakat

Auf politischen Plakaten werden politische Programme und Botschaften der Parteien und Kandidaten in einer Kombination aus Bild und Text verkürzt. Die Botschaft soll ins Auge springen, schnell zu verstehen sein und möglichst lange in Erinnerung bleiben. Seit dem 20. Jahrhundert setzen Bildplakate moderne Mittel der Werbepsychologie ein. Farbgebung, Symbolik und vereinfachte Texte lenken die Wahrnehmung des Betrachters auf die stark vereinfachten Botschaften.

Auch heute gibt es noch Wahlplakate. Heutige Parteien nutzen aber vor allem auch soziale Netzwerke wie Twitter oder das Internet, um für ihre Ziele Werbung zu machen.

Arbeitsschritte „Politische Plakate analysieren"

Ersten Eindruck festhalten	Sprachliche Formulierungshilfen
1. Wie wirkt das Plakat auf dich? Wie wirkte es vermutlich auf die Zeitgenossen?	• *Notiere Ideen und Gedanken, die dir spontan einfallen.*
Einzelne Bild- und Textelemente beschreiben	
2. Welche Personen, Symbole, Gebäude oder Gegenstände erkennst du? Achte auf die Art der Darstellung (groß, klein, Vordergrund, Hintergrund, farbliche Gestaltung).	• *Zu sehen sind …*
3. Wie sind die Personen dargestellt (Haltung, Position, Gesten, Gesichtsausdruck, Blickrichtung, Kleidung)?	• *Beide Personen scheinen entschlossen nach vorne zu blicken. Die Frau hält eine … Der Mann hat seinen Arm um die Frau gelegt, um sie scheinbar in den Vordergrund zu rücken. Die Frau wirkt …, was für diese Zeit nicht üblich war. Die Kleidung wirkt …*
4. Welche Textelemente gibt es? Wie erscheint der Text (Schriftart und Größe)? Wo steht der Text?	• *Der Text „Frauen! Gleiche Rechte – Gleiche Pflichten" weist darauf hin, dass …*
5. In welchem Verhältnis stehen Bild und Text?	• *Der Schriftzug „Gleiche Rechte – Gleiche Pflichten" wirkt im Vergleich zum Bild eher klein. Unter diesem befindet sich ein weiterer Schriftzug. Dieser wirkt …*
Zusätzliche Informationen zur Entstehung des Plakats heranziehen	
6. Wann ist das Plakat entstanden? Wer hat es entworfen und ist der Auftraggeber bekannt?	• *Es handelt sich um ein Wahlplakat der … von …*
7. Was lässt sich über das dargestellte Ereignis sagen? Wer sind die Personen auf dem Plakat? Was ist der Anlass der Darstellung?	• *Bei der Wahl zur … im … durften Frauen erstmals wählen und gewählt werden.* • *Frauen werden aufgefordert …*
Aussagen formulieren und Absicht deuten	
8. Welche Gesamtaussage zum Plakat kannst du treffen, ist es zum Beispiel aggressiv, feindselig, appellierend oder sachlich, nachprüfbar, wahr oder unwahr, typisch für seine Zeit oder für eine bestimmte Partei?	• *Die Gesamtaussage des Plakats ist …* • …
9. Welche Botschaft enthält das Plakat? Welche politische Auseinandersetzung ist erkennbar?	• *Das Plakat setzt sich mit dem … auseinander und fordert …*
10. Welche Wirkung soll erzielt werden?	• *Mit dem Plakat soll erreicht werden, …*

MK 1 Analysiere M1 mithilfe der Arbeitsschritte oder der Kopiervorlage im Webcode.

MK 2 **Gruppenarbeit:** Bildet Dreiergruppen:
a) Wählt jeweils ein Plakat von der Internetseite im Webcode aus.
b) Analysiert es in Einzelarbeit mithilfe der Arbeitsschritte.
c) Stellt euch eure Ergebnisse gegenseitig vor.

3 Begründe, warum historische Wahlplakate auch Aussagen zur Mentalität der jeweiligen Zeit enthalten (Darstellungstext).

cornelsen.de/webcodes
Code: yinoci
Kopiervorlage Methodentabelle und Wahlplakate online

Die Parteien der Weimarer Republik – zu wenige Demokraten?

cornelsen.de/webcodes
Code: yinoci
Kopiervorlage Methodentabelle

In der Weimarer Republik versuchten zahlreiche Parteien, die Stimmen der Wählerinnen und Wähler für sich zu gewinnen. Einige Parteien unterstützten die Demokratie, andere aber arbeiteten gegen sie.

- ***Untersuche das breite Parteienspektrum von den sozialistischen bis zu den extrem nationalistischen Positionen und wer die einzelnen Parteien wählte.***

Die Parteien der Weimarer Republik

In der Verfassung der heutigen Bundesrepublik – dem Grundgesetz – ist festgeschrieben, dass Parteien ein notwendiger Bestandteil der Demokratie sind. In der Verfassung der Weimarer Republik wurden Parteien nicht erwähnt. Die Parteien der Weimarer Republik vertraten unterschiedliche politische Forderungen und ließen sich verschiedenen politischen Strömungen von links bis rechts zuordnen.

SPD, USPD, Spartakusbund und KPD

Die SPD (Sozialdemokratische Partei Deutschlands) und die Kommunistische Partei Deutschlands (KPD) vertraten sozialistische Ideen. Trotzdem gab es zwischen den linken Parteien, die in der großen Mehrheit von Arbeitern gewählt wurden, große Unterschiede. Die SPD setzte sich für die parlamentarische Demokratie, für die Gemeinschaftsschule, einen sozialen Ausgleich in der Gesellschaft und besonders für die Rechte der Arbeiter ein. Darüber hinaus versuchte die SPD, den Einfluss des Militärs und der Anhänger des Kaiserreichs zurückzudrängen.
Die KPD war aus einer Abspaltung der SPD, der USPD (Unabhängige Sozialdemokratische Partei) und dem Spartakusbund hervorgegangen. Die Kommunisten strebten eine sozialistische Räterepublik nach dem Vorbild Russlands an. Sie wollten Industrieunternehmen und Großgrundbesitz verstaatlichen.

Parteien der „politischen Mitte“

Die Zentrums-Partei war der Mitte des politischen Spektrums zuzuordnen. Die Wähler des Zentrums kamen vor allem aus katholischen Kreisen. Die Partei trat für eine parlamentarische Demokratie, den Erhalt der katholischen Konfessionsschulen, den Schutz des Privateigentums und für einen sozialen Ausgleich ein. In Bayern vertrat die Bayerische Volkspartei (BVP) diese Ideen.
Zur Mitte des politischen Spektrums zählte des Weiteren die liberale DDP (Deutsche Demokratische Partei). Auch sie setzte sich für die parlamentarische Demokratie ein. Besonders wichtig war der DDP der Schutz des Privateigentums und der individuellen Freiheit der Bürger. Die Anhänger und Wähler der Partei kamen aus dem sogenannten „Mittelstand“ (Handwerker, kleine Händler, Ärzte, Anwälte, höhere Beamte).

DVP, DNVP und NSDAP

Auf der rechten Seite des Parteienspektrums standen die DVP (Deutsche Volkspartei) und die DNVP (Deutsch-Nationale Volkspartei). Die DVP befürwortete eine konstitutionelle Monarchie, arbeitete im Parlament aber konstruktiv mit. Sie vertrat vor allem die Interessen der Großindustrie und des Mittelstandes. Die Anhänger der DNVP entstammten dem Adel und dem höheren Bürgertum. Sie befürworteten die konstitutionelle Monarchie, lehnten die parlamentarische Demokratie ab und vertraten nationalistische und zum Teil auch antisemitische Ansichten. Die jüngste Partei war die 1920 gegründete NSDAP (Nationalsozialistische Deutsche Arbeiterpartei). Die Nationalsozialisten vertraten extrem rechte und rassistische Ideen: Sie bekämpften die Demokratie auch mit Gewalt und wollten einen Staat unter einem starken „Führer“. Die NSDAP war antisemitisch und extrem nationalistisch eingestellt. Ihre Anhänger kamen aus allen gesellschaftlichen Schichten, vor allem aber aus dem Mittelstand.

Wortschatz: ein Parteienspektrum • sich für eine Idee einsetzen oder eine Idee unterstützen • im politischen Spektrum rechts / links / in der Mitte stehen • Anhänger einer Partei sein • eine politische Strömung (= Denkweise) • sich für einen sozialen Ausgleich (= soziale Gerechtigkeit in der Gesellschaft) einsetzen

M 1

Wahlplakat der Zentrumspartei, 1909

M 2

Wahlplakat der DVP, 1926

M 3

Wahlplakat NSDAP zur Reichstagswahl, 1928

M 4

Wahlplakat der SPD, 1930

1 Gestalte ein Schaubild, das das Parteienspektrum der Weimarer Republik von links nach rechts darstellt (Darstellungstext). Nutze den **Wortschatz**. **Tipp** → S. 243.

MK 2 **Methode:** Wähle ein Plakat (M1–M4) aus und analysiere es mithilfe der Arbeitsschritte auf S. 119. Du kannst dazu auch die Kopiervorlage im Webcode auf S. 124 nutzen. **Tipp** → S. 243.

3 „Die Weimarer Republik war eine Demokratie mit zu wenigen Demokraten“. Beurteile diese Aussage mithilfe deiner Ergebnisse aus Aufgabe 1.

Die „Goldenen Zwanziger“: Stabilität und Veränderung

cornelsen.de/webcodes
Code: fizonu
Die „Goldenen Zwanziger“

Trotz der schwierigen innen- und außenpolitischen Belastungen festigte sich die Demokratie nach 1923. Heute werden diese Jahre als „Goldene Zwanziger“ bezeichnet.
- ***Welche Veränderungen gab es und wie bewertest du die Bezeichnung „Goldene Zwanziger“?***

M 1

Werbung für einen Berliner Tanzclub auf einer Postkarte, 1925. In den „Goldenen Zwanzigern“ wurden Kleider, Seidenstrümpfe und Röcke bei Frauen, Anzüge und Smokings bei den Männern der oberen Schichten beliebt. Viele Frauen zeigten nun offen ihr Interesse an Kino, Kultur und Konsum.

Wirtschaftliche Erholung nach 1923

Die deutsche Wirtschaft erholte sich von den Kriegsfolgen dank ausländischer Kredite. Die Löhne und die Lebenshaltungskosten stiegen langsam an. Technische Fortschritte und Modernisierungen veränderten Arbeitsprozesse, Infrastruktur und den Alltag der Menschen. Der Staat investierte in Forschung, aber auch in die Modernisierung des Verkehrswesens. Viele Investitionen flossen in den Bau neuer Wohnungen. Staatliche Maßnahmen verbesserten die sozialen Leistungen für die Arbeiter und versuchten, die rechtliche Gleichstellung der Frauen durchzusetzen.

Die moderne Konsumgesellschaft* entsteht

In Berlin und anderen Großstädten setzte eine rasante Modernisierung ein, die das Leben der Menschen veränderte. Für neue massenhaft produzierte Güter wie Staubsauger oder Kühlschränke wurde jetzt auf Plakatwänden geworben. Auch die Kaufhäuser präsentierten aufwändig ihre Waren.
In der Weimarer Republik entstanden auch erste Massenmedien. Radio, Schallplatten, aber auch Filme wurden zum festen Bestandteil des Alltags. Allein Kinos zählten täglich rund zwei Millionen Besucher. „Filmstars“ und eine eigene Filmindustrie – so etwas hatte es vorher nicht gegeben – versuchten, durch Glanz und Glamour in ihren Filmen und in ihrem Auftreten bestehende soziale Missstände auszublenden. Zunächst gab es nur Stummfilme, die von Live-Musik oder durch ein Grammofon, den Vorgänger eines Plattenspielers, begleitet wurden. Der erste Tonfilm erschien 1927, der erste deutsche Tonfilm 1929.
Das öffentliche und kulturelle Leben veränderte sich stark. Freizeitaktivitäten sollten der Vergnügung dienen. Es entstanden Theater, Opernhäuser, Kabarett- und Varietébühnen. In Tanzlokalen wurde amerikanische Jazz- und Swingmusik gespielt oder der Charleston getanzt. Allerdings konnten sich nur die wohlhabenden Gesellschaftsschichten diese neuen Erfindungen und Vergnügungen leisten. Auch Sportveranstaltungen begeisterten immer mehr Menschen.

Neue Wege in Kunst und Kultur

Auch in der Kunst entstanden neue Ausdrucksweisen. Der Architekturstil des „Bauhaus“ rückte die Funktionalität von Möbeln und Bauwerken in den Vordergrund. Die „Neue Sachlichkeit“ in Literatur und Malerei richtete den Blick auf die kritische und authentische Darstellung der Wirklichkeit. Vor allem die Großstadt wurde zu einem beliebten Motiv (M2).

Wortschatz: eine Stabilisierung der Wirtschaft • jemanden rechtlich gleichstellen • eine Reklame (= Werbung) • der Konsum • etwas konsumieren • eine Konsumgesellschaft • ein Massenmedium / die Massenmedien • die Funktionalität • etwas funktional gestalten • etwas authentisch (= realitätsnah) darstellen • eine Litfaßsäule

M 2 „Drinnen und Draußen“, Gemälde von George Grosz, 1926

Sozialpolitische Maßnahmen

1918 Der Achtstundentag wird eingeführt.

1919 Der Vertreter der Arbeitgeber Hugo Stinnes und der Vertreter der Gewerkschaften Carl Legien unterzeichnen ein Abkommen, das die Gewerkschaften als Tarifpartner der Arbeitgeber anerkennt. Die Gewerkschaften verzichten auf die Forderung der Enteignung und Verstaatlichung großer Unternehmen.

1920 Das Betriebsrätegesetz regelt Mitsprache der Arbeitnehmer in Betrieben mit mehr als 20 Beschäftigten.

1923 Mieterschutzgesetz (schützt vor Kündigungen)

1924 Die staatliche Fürsorge ersetzt die Armenpflege der Städte und Gemeinden.

1926 Neue Arbeitsgerichte regeln Streitigkeiten zwischen Arbeitgebern und Arbeitnehmern.

1927 Die Arbeitslosenversicherung wird zur Pflichtversicherung; werdende Mütter erhalten Arbeits- und Kündigungsschutz.

M 3

Der Historiker Jürgen Kinter über das Kölner Kinopublikum in den 1920er Jahren:

In vielen Kinos waren Vertreter des Mittelstandes überhaupt nicht vertreten, die besseren Bürgerfamilien und die Gebildeten schienen das Kino gänzlich zu meiden. In gewissen Kreisen wurden die besser gekleideten Besucher unwillig angeschaut, als nicht dorthin gehörig betrachtet und oft laut beurteilt. Viele Arbeiter schienen unmittelbar von der Arbeitsstätte in der Arbeitskleidung gekommen zu sein. Viele Frauen, oft mit ganz kleinen Kindern, meist ohne Begleitung ihrer Männer, waren zu bemerken, auch mal mit Männern, die wohl nicht ihre Ehemänner sind ... Vielfach wurden auch junge Pärchen aus dem Arbeiterstand beobachtet, die sich in nicht ganz einwandfreier Weise auf den weniger beleuchteten Plätzen benahmen.

*Zit. nach Jürgen Kinter, Arbeiterbewegung und Film, Hamburg 1986, S. 176.**

M 4 *Frauen wurden zur Zielgruppe der Werbung. Plakat des Warenhauses Tietz in Düsseldorf von 1928*

1 Begründe in einer Mind-Map (→ S. 252), warum von den „Goldenen Zwanzigern“ gesprochen wird (Darstellungstext, M1, M3, M4).

2 Vergleiche das Auftreten vieler Frauen in der Weimarer Republik mit dem im Kaiserreich (S. 13 M2).

3 **a)** Beschreibe mithilfe von M3 das Kölner Kinopublikum und dessen Motive für einen Kinobesuch.
b) Erläutere, welche Bedeutung das Kino für die Menschen hatte (Darstellungstext, M3).

4 **a)** Beschreibe das Bild M2.
b) Erkläre, was George Grosz mit diesem Bild zum Ausdruck bringen möchte. **Tipp** → S. 243.

5 Beurteile, ob der Begriff „Goldene Zwanziger“ für die genannte Zeit gerechtfertigt ist (Darstellungstext, M1–M4, Infokasten). Nutze den **Wortschatz**.

Zusatzaufgabe → S. 239.

Ein Bild verfilmen

In der Weimarer Republik wurden auch in der Kunst neue Wege eingeschlagen. Es entstanden zahlreiche moderne Gemälde. Viele dieser Gemälde gehören der Stilrichtung der sogenannten „neuen Sachlichkeit" an. Auch das Gemälde auf S. 127 und das auf dieser Doppelseite zählen dazu. Der Zeichner beider Gemälde war der Deutsch-Amerikaner George Grosz (1893–1959). Um die Bedeutung eines Gemäldes darzustellen, kann dessen Aussage mithilfe eines Filmes erläutert werden.

- ***Wie du ein solches Bild verfilmen und zum Sprechen bringen kannst, erfährst du auf dieser Doppelseite.***

Ein Bild zum Sprechen bringen

Bei einer Bildverfilmung wird das Bild in mehrere Ausschnitte geteilt, die dann einzeln hervorgehoben und untersucht werden. Du kannst dafür die einzelnen Bildausschnitte abfotografieren oder das Bild digital zuschneiden. Für die Verfilmung werden dann die Bildausschnitte nach und nach mit einer genauen Beschreibung und Deutung wieder zusammengesetzt. Am Ende entsteht ein Film über das Bild, in dem dessen Aussage dargestellt wird.

M 1

Interpretation des Bildes „Die Stützen der Gesellschaft" (George Grosz, 1926):

Der Titel des Bildes „Die Stützen der Gesellschaft" macht deutlich, dass George Grosz Mitglieder der Gesellschaft zeigen wollte, die eine bedeutende Rolle spielten.

Der Mann im Vordergrund ist offenbar ein Jurist. Er hat keine Ohren und trägt ein Monokel. Als treuer Anhänger des Kaiserreichs war er offensichtlich bei der Kavallerie (Reiterbild mit Fahne des Kaiserreichs im Kopf). Auf diese konservative Haltung verweisen auch der Säbel, der Bierkrug und das Ordensband. Gleichzeitig scheint er mit den Ideen des Nationalsozialismus zu sympathisieren (Hakenkreuz an der Krawatte). Die Gläser und das Stroh in seinem ansonsten hohlen Kopf, aber auch der Gesichtsausdruck lassen ihn als brutalen Dummkopf und Alkoholiker erscheinen.

Der zweite Mann mit dem knollennasigen Gesicht und dem wenig gepflegten Schnauzbart ist Vertreter der Presse. Er erscheint als rücksichtsloser Pressevertreter auf der Suche nach blutigen Sensationen. Darauf verweisen die blutbefleckten Zeitungen der nationalistischen Boulevardpresse („Deutsche Zeitung", „Berliner Lokal-Anzeiger"), der wie ein Dolch gehaltene Bleistift und der blutige Palmwedel, der eigentlich ein Friedenszeichen ist. Der Nachttopf auf dem Kopf lässt den Mann verschlafen und dumm erscheinen.

Der dritte, dicke Mann wirkt „vollgefressen", schwammig und aufgedunsen und ist durch seine Kleidung als Abgeordneter des Reichstags zu erkennen. Er symbolisiert das Parlament und dessen politisches Spektrum von links bis rechts: Das Plakat „Sozialismus ist Arbeit" steht für die Politik der SPD und gegen die Streikaufrufe der radikaleren Linken. Die schwarz-weiß-rote Fahne steht für die rechtskonservativen Anhänger des Kaiserreichs. Wie Grosz die Arbeit des Parlaments bewertet, macht der Kothaufen im Kopf des Mannes mehr als deutlich.

Die vierte Figur in der schwarzen Robe lässt sich als Geistlicher oder auch als Richter deuten, dessen Gesicht mit „Schnapsnase" allerdings eher an einen Gewaltverbrecher und Alkoholiker erinnert. Als Richter gedeutet, könnte die Figur für die Justiz in der Weimarer Republik stehen, die die Augen vor den Morden und Gewalttaten der Rechtsradikalen verschloss. Sieht man die Figur als Priester, symbolisiert sie die Kirche, die den Personen und dem Treiben im Hintergrund seinen Segen gibt.

Die brutal und düster wirkenden Soldaten im Hintergrund stellen zum einen die Reichswehr dar, an deren Säbeln Blut klebt – möglicherweise ein Verweis auf das harte Vorgehen der Reichswehr gegen Aufstände von links. Hinzu kommen die im dunklen Hintergrund agierenden uniformierten Gestalten, mit denen Grosz vermutlich die rechtsradikalen Freikorps meinte, die für viele Gewaltverbrechen – vor allem gegen Linke – verantwortlich waren.

Vom Autor zusammengestellt.

M 2

„Die Stützen der Gesellschaft", Ölgemälde von George Grosz (1926, Größe: 108 x 200 cm)

Arbeitsschritte „Ein Bild verfilmen"

1. Unterteile das Bild in sinnvolle Bildausschnitte.
2. Lege fest, in welcher Reihenfolge die Bildausschnitte präsentiert werden sollen, um die Gesamtbotschaft des Bildes zu vermitteln.
3. Verfasse für jeden Bildausschnitt einen Sprechertext für den Film, der die Interpretation der Bildausschnitte und die Deutung des Gesamtbildes vermittelt.
4. Füge nun die einzelnen Bilder zu einem Film zusammen und vertone ihn mithilfe eines Präsentationsprogramms oder eine Videosoftware. Den Sprechertext kannst du aufzeichnen oder frei vortragen. Alternativ kannst du, ähnlich wie bei einem Erklärvideo (→ S. 255), die einzelnen Bildausschnitte ins Bild schieben.
5. Präsentiere dein Ergebnis und diskutiert in der Klasse die verschiedenen Präsentationen.

George Grosz (1893–1959) war ein deutsch-amerikanischer Karikaturist und Maler. In seinen häufig provokanten und überspitzten Darstellungen zeigte er soziale Gegensätze in der Weimarer Republik auf und übte Kritik an Gesellschaft, Wirtschaft, Politik und dem Militär.

MK **1** **Methode:** Werte das Bild M2 mithilfe der Arbeitsschritte „Eine Bildquelle auswerten" auf S. 256 oder der Kopiervorlage im Webcode aus.

2 Die Interpretation in M1 ist nicht ganz vollständig, es fehlt eine abschließende Zusammenfassung. Formuliere ein Fazit, das die zentrale Aussage des Bildes zusammenfasst (M2). **Tipp** → S. 243.

MK **3** **Gruppenarbeit:** Erstellt mithilfe der Arbeitsschritte eine Verfilmung des Bildes. Der Film soll das Bild beschreiben und dessen Aussage bewerten (M1, M2). Nutzt dafür folgende sprachliche Hilfestellungen: *das Bild trägt den Titel … – es wurde gezeichnet von … – das Bild lässt sich in … Ausschnitte unterteilen – im Vordergrund / Zentrum / Hintergrund befindet sich … – bei … handelt es sich vermutlich um – … ist ein Symbol für … – … steht für … - der Künstler möchte damit sagen / überzeugen / darauf hinweisen / dazu auffordern / kritisieren.*

4 Stelle dar, warum es sich bei dem entstandenen Film um eine historische Darstellung und nicht um eine Quelle handelt.

5 Diskutiere mögliche Gründe, wieso auf dem Bild von George Grosz keine Frau abgebildet ist. Was sagt dies über die Gesellschaft der Weimarer Republik aus?

cornelsen.de/webcodes
Code: *jiwupo*
Kopiervorlage Methodentabelle

Frauen: Emanzipiert und gleichberechtigt?

In der Weimarer Republik konnten sich viele Frauen von den konservativen Geschlechterrollen lösen. Sie genossen mehr Individualität und Freiheit. Viele rauchten auf offener Straße, trieben Sport oder fuhren selbst Auto. Dies war ein völliger Gegensatz zum Kaiserreich, wo Kinder, Küche und Kirche das Leben fast aller Frauen prägte. Auch durften Frauen seit 1919 erstmals wählen. Vielen erschien das als bedeutender Schritt zur Emanzipation der Frauen.

- ***Entscheide dich für A, C oder C und untersuche die Frage in der Überschrift.***

Frauen in der Weimarer Republik

Die Weimarer Reichsverfassung garantierte Frauen zum ersten Mal die volle rechtliche Gleichstellung mit den Männern. In den „Goldenen Zwanzigern" gingen Frauen vor allem in den Städten selbstbewusst einer eigenen Arbeit nach. Im Jahr 1925 übten 35,6 % aller Frauen einen Beruf aus. Zum Vergleich: im Jahr 2019 waren in der Bundesrepublik Deutschland 76,6 % aller 20 bis 64-jährigen Frauen erwerbstätig. Frauen arbeiteten in den 1920ern vor allem in neuen Büroberufen als Telefonistin, Buchhalterin oder Schreibkraft. 23 % der Frauen arbeiteten in Industrie und Handel, rund 12,6 % der erwerbstätigen Frauen waren Beamtinnen. Etwa jede zehnte erwerbstätige Frau war in der Landwirtschaft tätig. Fast die Hälfte aller erwerbstätigen Frauen arbeitete weiterhin als Haushaltshilfe. Durch ihren Beruf konnten Frauen – in der Regel aber nur in den Städten - unabhängig von einem Mann den eigenen Lebensunterhalt bestreiten, sie verdienten dennoch deutlich weniger als ihre männlichen Kollegen. Funktionen in Verwaltung und Staatsapparat übernahmen Frauen kaum, denn dort waren fast nur Männer beschäftigt – und auch in den politischen Parteien hatten Männer weiterhin das Sagen. Auf dem Land veränderte sich die Situation der Frauen kaum. Dort hatten sich die traditionellen Geschlechterrollen nicht verändert.

A

M 1 **Auszug aus einer Entscheidung des Reichsgerichts (1927):**

Eine ... von einer Stadt beschäftigte Angestellte war infolge ihrer Eheschließung gemäß §626 BGB fristlos gekündigt worden. Das Reichsgericht hat in der Entscheidung vom 17.3.1925 ... die Kündigung gebilligt [= genehmigt]. Für den Arbeitgeber [war] die ununterbrochene Tätigkeit seiner Angestellten und die Bewältigung der den Einzelnen zugewiesenen Aufgaben ... für die Aufrechterhaltung eines ordnungsgemäßen Betriebes [wichtig]. Ein Abgehen von diesem Grundsatz hätte unvermeidliche Störungen der Geschäftsführung, aber auch eine Mehrbelastung der übrigen Angestellten und finanzielle Nachteile im Gefolge, die [der Arbeitgeber nicht auf sich nehmen kann] ... Durch die Verheiratung habe die Angestellte sich in eine Lage versetzt, die sie nach dem sittlichen Zweck der Ehe und dem gewöhnlichen Verlaufe der Natur bei Schwangerschaft und nach der Geburt ganz oder teilweise an der Wahrnehmung ihrer Tätigkeit hindern werde. Auch ohnedies werde ihre Arbeitskraft für die täglich 8–10 Stunden dauernde berufliche Tätigkeit durch die hinzutretende Inanspruchnahme als Ehefrau beeinträchtigt ... Bei der herrschenden Arbeitslosigkeit sei es aber auch angebracht, verheiratete Frauen, die ihre Männer nicht zu unterhalten brauchten, zu entlassen, um für Arbeitslose Platz zu schaffen.

*Zit. nach Jens Flemming, Klaus Saul, Peter-Christian Witt (Hg.), Familienleben im Schatten der Krise. Dokumente und Analysen zur Sozialgeschichte der Weimarer Republik, Düsseldorf (Droste Verlag) 1988, S. 158.***

1 Untersuche die Entscheidung des Reichsgerichts vor dem Hintergrund der verfassungsmäßig garantierten Gleichberechtigung der Geschlechter (M1, Darstellungstext).

Aufgabe für alle:

a) Nimm zur Frage der Überschrift Stellung.

b) Vergleiche die Stellung der Frauen der Weimarer Republik mit der Stellung der Frauen heute.

B

M 2

Die Journalistin Julia Haungs über Frauen in der Weimarer Republik (2020):

Raus aus dem engen Korsett und den langen, schweren Kleidern – rein in lockere, kurze Röcke oder gar Hosen! Flache Schuhe! Haare abschneiden und zum Bubikopf frisieren! Abnehmen und eine knabenhafte, sportliche Silhouette präsentieren! Alles an der Mode ist auf Tempo, Bewegung und Mobilität ausgerichtet. Frauen lassen die Muskeln spielen in den 1920er-Jahren. Sie haben erst das Wahlrecht erkämpft und dann ihren Platz im öffentlichen Raum. Selbst wenn der Großteil der Frauen weiterhin konventionellen Lebens- und Familienmodellen folgt ... eröffnen sich Experimentierfelder für neue Lebensentwürfe ...
Gegen Ende der Weimarer Republik werden die neuen Freiräume der Frauen enger, ihre gerade erworbenen Rechte werden beschnitten ... Frauen, die verheiratet sind und deren Mann arbeitet, sollen auf ihren Beruf verzichten. Die Kampagne beginnt Mitte der 20er-Jahre und wird von allen Parteien getragen ...

*https://www.swr.de/swr2/wissen/die-neue-frau-der-1920er-traeume-vom-selbstbestimmten-leben-swr2-wissen-2020-10-08-102.html (Stand: 30.11.2020).**

M 3

Werbepostkarte der Firma AEG für den Staubsauger Vampyr, 1926. Die vornehm gekleidete Dame auf der Postkarte trägt einen sogenannten „Bubikopf".

1 Erläutere, welches Bild die Werbepostkarte M3 von der Frau in der Weimarer Republik zeichnet.
2 Stelle das Selbstverständnis vieler Frauen in der Weimarer Republik dar (M2, Darstellungstext).

C

M 4

Die Historikerin Kirsten Heinsohn über Frauen in der Weimarer Republik (2018):

Gesellschaftlich war die Auffassung, dass Männer und Frauen „grundsätzlich" verschieden seien, so tief verankert, dass die wenigen Frauenrechtlerinnen und Politiker, die sich für die Gleichberechtigung ohne Einschränkungen einsetzten, kaum Gehör fanden ... Das Familienrecht von 1900, in dem eine patriarchale Familienstruktur [= der Mann bestimmte alle Angelegenheiten der Familie] sowie die Verfügungsmacht des Ehemannes über das Vermögen, die Arbeit und den Körper seiner Frau festgelegt wurde, blieb letztlich unangetastet. Damit fehlte den Frauen aber eine wesentliche Voraussetzung für eine tatsächliche Gleichstellung. Deutlich wurde dies vor allem bei jenen Themen, die traditionell allein von Männern besetzt waren ... Einfacher war es hingegen, Ausnahmegesetze für weibliche verheiratete Beamte zu erhalten ... Die spezifischen Regelungen, die Kündigung von verheirateten Beamtinnen aufgrund von Defiziten [= Fehlbeträgen] in den öffentlichen Haushalten wurden nur sehr zögerlich bis 1929 abgeschafft – um 1932 in der Wirtschaftskrise wieder eingeführt zu werden.

*Zit. nach https://www.bpb.de/apuz/268362/grundsaetzlich-gleichberechtigt-die-weimarer-republik-in-frauenhistorischer-perspektive?p=all (Stand: 27.11.2020).***

1 Untersuche mithilfe von M4, ob die garantierte Gleichstellung der Frauen mit Männern auch tatsächlich umgesetzt worden ist (Darstellungstext).

Wie wirkte sich die Weltwirtschaftskrise auf Deutschland aus?

Die wirtschaftliche Stabilisierung, die seit Mitte der 1920er Jahre in Europa eingetreten war, erwies sich als brüchig. Die ersten Krisenanzeichen gab es schon 1928, als der Massenkonsum langsam zurückging. Im Oktober 1929 kam es in den USA aufgrund von Überproduktion von Waren und sinkender Nachfrage zu Panikverkäufen von Aktien und zum Zusammenbruch der Börse. Über 10 000 Banken wurden zahlungsunfähig. Millionen Amerikaner verloren durch die schlimmste Wirtschaftskrise des 20. Jahrhunderts ihre Arbeit und oft auch ihren Halt im Leben.

- ***Untersuche die wirtschaftlichen und sozialen Folgen der Krise für Deutschland.***

M 1

„Ich suche Arbeit jeder Art!". Arbeitsloser mit Brustplakat, Foto, um 1930

Die deutsche Wirtschaft vor der Wirtschaftskrise

Mitte der 1920er Jahre erholte sich die deutsche Wirtschaft, obwohl Deutschland weiterhin Reparationszahlungen vor allem an Großbritannien und Frankreich zahlen musste. Deutschland war zu den Reparationszahlungen nur in der Lage, weil amerikanische Banken den deutschen Banken Geld liehen. Der deutsche Wirtschaftsaufschwung beruhte auf amerikanischen Krediten. Die deutsche Industrieproduktion wuchs schnell an. Dennoch wurden mehr Waren nach Deutschland importiert, als aus Deutschland ins Ausland verkauft wurde. Die Zahl der Arbeitslosen sank in Deutschland nur wenig. Darunter litt die Kaufkraft im Inland, weil den Menschen wenig Geld für Konsum übrig blieb.

Die amerikanische Krise erreicht Europa

Am 25. Oktober 1929, dem sogenannten „Schwarzen Freitag", brachen die Börsenkurse in den USA ein. Die amerikanischen Banken forderten kurzfristig die Rückzahlung ihrer Kredite, die sie deutschen Unternehmen, Städten und Gemeinden gewährt hatten. Die deutschen Banken brachen zusammen, woraufhin auch die Spareinlagen der Privatkunden und das Kapital der Gewerbebetriebe verloren ging – eine staatliche Garantie für die bei den Banken einliegenden Gelder (Einlagensicherung) gab es nicht. Damit gerieten auch weite Teile der deutschen Wirtschaft in eine tiefe Krise: Viele Absatzmärkte brachen weg, da die Nachfrage nach Gütern zurückging. In der Folge wurde die Produktion in vielen Betrieben eingeschränkt, sodass weitere Kredite zur Abzahlung der Schulden aufgenommen werden mussten. Sinkende Löhne und Massenentlassungen waren die erste Folge der Krise in Deutschland.

Auswirkungen der Weltwirtschaftskrise

Nach 1929 stieg die Zahl der Arbeitslosen rasant an. 1932 betrug die Zahl der Arbeitslosen an die fünf Millionen Menschen. Deren Ersparnisse waren rasch verbraucht. Bald wussten Hunderttausende nicht mehr, wie sie ihre Miete bezahlen oder Lebensmittel für den Tag kaufen sollten. Viele hungerten, saßen buchstäblich „auf der Straße" und hofften auf die öffentliche Fürsorge. Die Unterstützung durch die 1927 eingeführte Arbeitslosenversicherung war gering, und nur wenige erhielten sie. Hart betroffen war auch der gewerbliche Mittelstand. Vor allem Ladenbesitzer, Händler, Bauunternehmer und Landwirte wurden ihre Erzeugnisse kaum noch los, verkauften diese unter Wert und konnten die Produktionskosten nicht mehr decken. Viele Unternehmen gingen bankrott. In der Landwirtschaft kam es zwischen 1930 und 1932 zur Versteigerung von 4700 Betrieben.

cornelsen.de/webcodes
Code: nufafi
Kopiervorlage Methodentabelle

M 2

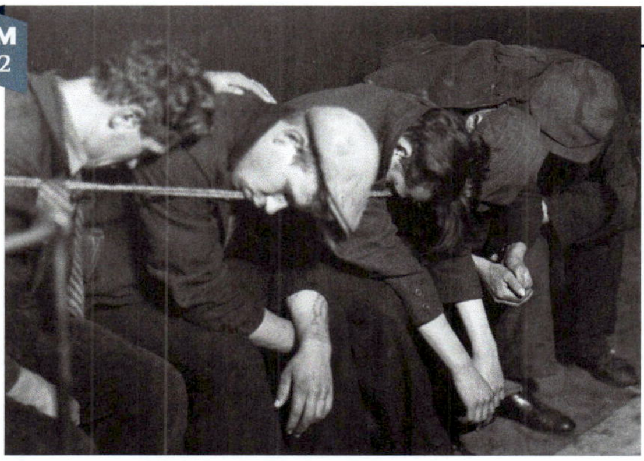

Arbeitslose in Hamburg, Foto, Januar 1931. In einer billigen Unterkunft schlafen Arbeitslose für wenige Pfennige „an der Leine"; nur auf ein Seil gestützt, um sich wenigstens vor der Kälte und Regen zu schützen.

M 3

„Unglücksfall oder Mord?" – „Nein – kleiner Sparer!" Karikatur von Thomas Th. Heine, „Simplicissimus", 2. Dezember 1929

M 4

Folgen der Arbeitslosigkeit für Kinder (1931):
Die Arbeitslosigkeit der Eltern verursacht bei den Kindern Unterernährung, Häufung von Krankheiten, Gleichgültigkeit gegenüber hygienischen Anforderungen. Die Kinder- und Erkältungskrankheiten häufen sich, da oft der Arzt zu spät oder gar nicht aufgesucht wird, weil für Arztschein und Medizin die notwendigen Gebühren nicht aufzubringen sind oder kein Fahrgeld vorhanden ist. Bei Nachforschungen in den Haushalten hat sich herausgestellt, dass die Ernährung völlig unzureichend ist, Vitamine ganz fehlen, weil die Mittel nicht vorhanden sind.

Zit. nach Deutschland in der Weltwirtschaftskrise in Augenzeugenberichten, hg. Von Wilhelm Treue (= Allgemeine Reihe Nr. 1161), München 1976, S. 246ff. © Rauch Verlag, Düsseldorf 1967.

M 5

Ein junger Arbeitsloser erzählt von seiner Arbeitslosigkeit (1932):
Der Hunger ist noch lange nicht das Schlimmste. Aber seine Arbeit verlernen, bummeln müssen und nicht wissen, ob man jemals wieder in seine Arbeit kommt, das macht kaputt. Man ist bekannt bei den einzelnen Fabriken, und wenn man dann immer das eine hört: Nichts zu machen – da wird man abgestumpft.
Ich hasse diesen Staat und habe als Arbeitsloser das Recht und die Pflicht, den deutschen Besitzenden zu hassen.

„Der Wiener Tag" vom 22. September 1932.

MK

1 **Methode:** Analysiere das Foto M1 mithilfe der Arbeitsschritte „Eine historische Fotografie analysieren" auf S. 258 oder der Kopiervorlage im Webcode auf S. 132. **Tipp** → S. 243.

2 Wende die Strukturlege-Technik an: Lies den Darstellungstext und halte 8 bis 12 Begriffe auf Kärtchen fest. Erkläre mithilfe der Kärtchen Ursachen und Folgen der Weltwirtschaftskrise in Deutschland. Nutze den **Wortschatz**. **Tipp** → S. 243.

3 **Wähle eine Aufgabe aus:**
a) Gestalte aus der Sicht des Mannes auf dem Foto M1 einen Brief an einen Freund, in dem dieser schildert, warum er sich mit dem Schild auf die Straße stellte und wie er sich dabei fühlte. Nutze den Darstellungstext, M2, M4 und M5.
b) Überprüfe mithilfe des Darstellungstextes und M1–M5 die Folgen der Arbeitslosigkeit für den Einzelnen, den Staat und die Gesellschaft.

Wortschatz: Börsenkurse brechen ein • die Spareinlage geht verloren • das Kapital • der Absatzmarkt bricht ein • die Nachfrage geht zurück • die Produktion wird eingeschränkt • die Ersparnisse aufbrauchen • auf Fürsorge angewiesen sein • etwas unter Wert verkaufen • das Unternehmen geht bankrott • den Bankrott anmelden

Eine Statistik auswerten

In Zeitungen oder in Fernsehsendungen findest du oft Tabellen und Grafiken mit vielen Zahlen. Sie bilden zum Beispiel wirtschaftliche Entwicklungen ab, werten Umfrage- oder Wahlergebnisse aus.

- ***Wie kann eine Statistik entschlüsselt werden und warum ist Zahlenmaterial für Historikerinnen und Historiker überhaupt wichtig?***

M 1

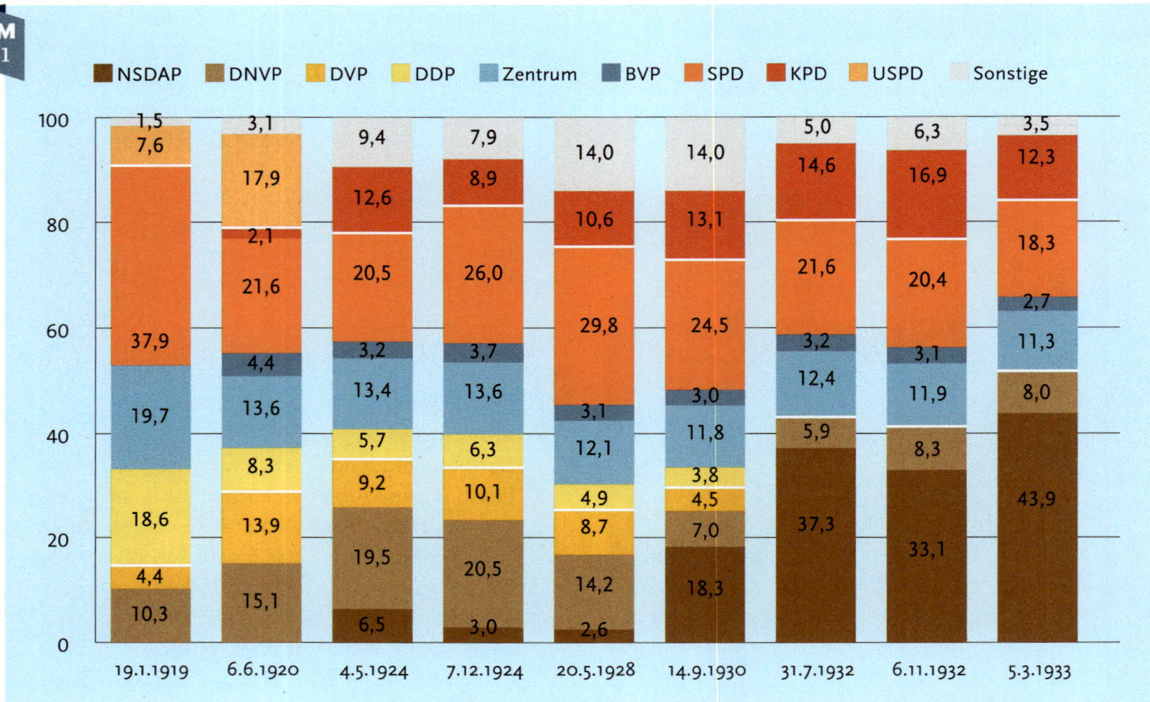

Ergebnisse der Reichstagswahlen 1919 bis 1933. Die weiße Linie grenzt die demokratischen Parteien von den rechts- und linksextremen Parteien ab (Angaben aus: Jürgen Falter u. a., Wahlen und Abstimmungen in der Weimarer Republik, München 1986).

Wenn Zahlen sprechen: Statistiken erzählen Geschichte

Wenn Historikerinnen und Historiker politische, wirtschaftliche und soziale Entwicklungen untersuchen, nutzen sie dafür statistisches Datenmaterial als Quelle. Langfristige Entwicklungen lassen sich oft besser in Zahlen beschreiben, zum Beispiel Gewinne und Verluste bei Wahlen, die Menge produzierter und gehandelter Waren, die Anzahl der Arbeitslosen, Angaben von Einkommenshöhen und wirtschaftlichen Entwicklungen. Historikerinnen und Historiker sammeln daher Zahlenmaterial, das sie nach Frage- und Problemstellung ordnen. Sie werten es aus, um es als Tabellen oder grafisch als Diagramme darzustellen. Die so erstellten Statistiken gelten in der Geschichtswissenschaft als eigenständige Form der historischen Darstellung.

M 2

Die Wahlergebnisse der Reichstagswahlen 1930 bis 1933 nach Geschlechtern (in %):

Partei	1930		1932 (Juli)		1933	
	m	w	m	w	m	w
KPD	12,5	7,3	15,2	9,1	12,2	7,1
SPD	29,0	23,8	26,0	22,1	23,9	19,2
Zentrum	21,8	35,8	22,6	35,7	20,5	32,1
NSDAP	18,9	14,2	29,2	25,6	36,2	34,4

Zusammengestellt nach Jürgen Falter, Thomas Lindenberger & Siegfried Schumann, Wahlen und Abstimmungen in der Weimarer Republik, München (C. H. Beck) 1986, S. 85.

Arbeitsschritte „Eine Statistik auswerten“

Äußere Merkmale untersuchen	Sprachliche Formulierungshilfen
1. Welche Leitfrage kann formuliert werden?	• *Zum Beispiel: „Was sagen die Wahlergebnisse über den Rückhalt der Demokratie in der Weimarer Republik aus?“*
2. Welcher Gegenstand/Zeitabschnitt/historisches Ereignis wird dargestellt?	• *M1 stellt die Ergebnisse der ... in dem Zeitabschnitt von ... bis ... dar.*
3. Wer ist Urheber der Daten (Institution/Person)?	• *Die Zahlen wurden ... von ... veröffentlicht.*
4. Wie wird das Zahlenmaterial präsentiert? (Tabelle oder Diagramm? Säulen-, Balken-, Kurven- oder Kreisdiagramm?)	• *Bei der Abbildung M1 handelt es sich um ...*
Inhalt untersuchen	
5. Welche Jahreszahlen, Spalten- oder Achsenbezeichnungen und Strukturierungshilfen werden genutzt?	• *Die jeweiligen Jahreszahlen geben Auskunft darüber, wann ...* • *Die Zahlen innerhalb des Diagramms geben an, ...*
6. Welche Auskunft gibt die Legende (zum Beispiel Farben)?	• *Die verschiedenen Farben des Diagramms verweisen auf ...*
7. Welche Aussageabsicht hat die Statistik? Wird ein Vergleich angestrebt oder eine Entwicklung aufgezeigt?	• *Jede Säule des Diagramms ermöglicht einen Vergleich der Stimmenanteile der ...* • *Das Diagramm in seiner Gesamtheit zeigt die Entwicklung der einzelnen Parteien, aber auch die ... auf.*
8. Welche Gesamtentwicklung wird dargestellt? Welche Auffälligkeiten zeigen sich?	• *Die demokratischen Parteien SPD, DDP, Zentrum ...* • *Auffällig ist, dass die NSDAP zunächst ...* • *Der Anteil der demokratischen Parteien, ... dennoch bleibt die SPD zweitstärkste Partei im Reichstag.*
Aussagen deuten und beurteilen	
9. In welchen historischen Zusammenhang lassen sich die Aussagen setzen?	**Tipp:** *Nimm die vorherigen Seiten zu Hilfe.*
10. Wie lässt sich die Aussagekraft der statistischen Daten bewerten? Ist die grafische Darstellung angemessen? Wird der Sachverhalt zu sehr vereinfacht?	• *Auch wenn der Sachverhalt vereinfacht dargestellt wird und nicht alle Parteien der Weimarer Republik berücksichtigt werden, zeigt das Diagramm deutlich, dass die demokratischen Parteien ... und die radikalen Parteien KPD und NSDAP ... Zu klären ist, ob die Weltwirtschaftskrise allein als Erklärung ausreicht.*

MK 1 Analysiere die Statistik M1 mithilfe der Arbeitsschritte oder der Kopiervorlage aus dem Webcode.

2 Analysiere die Statistik M2 mithilfe der Arbeitsschritte. Gehe dabei auch auf die Unterschiede zwischen den Geschlechtern ein.

3 Stelle die Tabelle M2 in einem Balkendiagramm dar. **Tipp** → S. 243.

4 **Partnerarbeit**: Diskutiert mithilfe eurer Erkenntnisse und des Darstellungstextes, warum Statistiken für die Arbeit von Historikerinnen und Historiker wichtig sind.

cornelsen.de/webcodes
Code: seduke
Kopiervorlage Methodentabelle

Wie soll die Weltwirtschaftskrise gelöst werden?

Nach dem Börsenkrach in den USA wurde die ganze Welt von einer Weltwirtschaftskrise erfasst. Während in den USA mit enormer staatlicher Unterstützung in die Wirtschaft investiert wurde, verfolgte die deutsche Regierung unter Reichskanzler Heinrich Brüning (1930–1932) eine strikte Sparpolitik.

- ***Welche Maßnahmen waren erfolgreich im Kampf gegen die Wirtschaftskrise?***

M 1 *„Wir brauchen eine neue Pumpe", Karikatur 1930. Die Person F. D. R. ist Franklin D. Roosevelt.*

Der „New Deal" in den USA

Als Franklin D. Roosevelt 1933 sein Amt als US-Präsident übernahm, befanden sich die USA in einer beispiellosen Wirtschaftskrise. Das gesamte Bankwesen drohte zusammenzubrechen. Aufgrund hoher Arbeitslosigkeit und Armut gab es viele Hungertote – obwohl eine Überproduktion an Lebensmitteln die Preise der Landwirtschaft nach unten drückte.

In seinem Programm namens „New Deal" reformierte Roosevelt das Bankwesen und kontrollierte den Handel mit Wertpapieren. Er veranlasste aber auch sofortige Zahlungen, um Armut und Hunger zu stoppen. Gleichzeitig wurde ein großes öffentliches Arbeitsbeschaffungsprogramm beschlossen. Arbeitslose sollten so durch den Einsatz für das Gemeinwohl ihr Geld verdienen. In diesem Programm wurden unter anderem 122 000 Häuser, 77 000 Brücken, 664 00 Meilen Straßen und 285 Flugplätze gebaut. Auch Lehrer, Wissenschaftler, Künstler und Schriftsteller erhielten Arbeit und unterstützten daraufhin den New Deal. Obwohl die Löhne sehr gering waren, profitierten 25 bis 30 Millionen Arbeitnehmer und deren Angehörige von diesem Programm. Um die soziale Sicherheit der Menschen zu stärken, wurden 1935 eine Arbeitslosenversicherung und eine Altersrente eingeführt. Die Zahlungen waren jedoch niedrig. Die Beiträge waren hingegen so hoch, dass sich viele Amerikaner dies nicht leisten konnten. Eine Krankenversicherung wurde nicht eingeführt. Trotz der sozialen Neuerungen konnte der „New Deal" zwar Arbeitslosigkeit und Not lindern, völlig beseitigen konnte er diese aber nicht.

Die Deflationspolitik* in Deutschland

Der Reichskanzler Heinrich Brüning (Zentrum) verfolgte als Reaktion auf die Weltwirtschaftskrise ein völlig anderes Vorgehen als das der USA. Sein Ziel war es unter anderem, den Staat vor einer Verschuldung zu schützen. Es sollte um jeden Preis eine erneute Entwertung der deutschen Reichsmark – wie zur Zeit der Hyperinflation 1923 – verhindert werden. Deswegen führte er einen strikten Sparkurs ein. Dazu kürzte er öffentliche Ausgaben, unter anderem im Straßenbau oder für die Errichtung öffentlicher Gebäude, radikal und senkte die Gehälter im öffentlichen Dienst um bis zu 25 Prozent. Steuern wurden erhöht und die Zahlungen aus der Arbeitslosen-, Kranken- und Rentenversicherung gesenkt. Zusätzlich führte er immer neue Abgaben ein, um die Haushaltslöcher zu stopfen. Dazu zählten Zucker-, Tabak- und Biersteuern. Gleichzeitig senkte er aber auch die Preise, um der deutschen Wirtschaft beim Export von Waren Vorteile zu verschaffen. Die Politik von Brüning bewirkte tatsächlich eine Deflation, sodass Löhne und Preise sanken. Allerdings verbesserte sich die wirtschaftliche Situation nicht. Noch immer litten die Menschen unter Arbeitslosigkeit, massiver Armut und Hunger, sodass auch die Nachfrage nach produzierten Waren sank und weitere Unternehmen Bankrott anmelden mussten.

M 2

Einnahmen, Ausgaben und Verschuldung der USA 1929–1939 (in Mrd. Dollar)

Jahr	Einnahmen	Ausgaben	Staatsschulden
1929	4,0	3,3	16,9
1930	4,2	3,4	16,2
1931	3,1	3,6	16,8
1932	1,9	4,7	19,5
1933	2,0	4,6	22,5
1934	3,1	6,7	27,0
1935	3,7	6,5	28,7
1936	4,1	8,5	33,8
1937	5,0	7,8	36,4
1938	5,6	6,8	37,2
1939	5,0	8,9	40,4

Historical Statistics of the United States, Washington (U.S. Govt. Print.) 1960, S. 71f.

M 3

Arbeitslosigkeit in Deutschland 1923–1933 (in 1000)

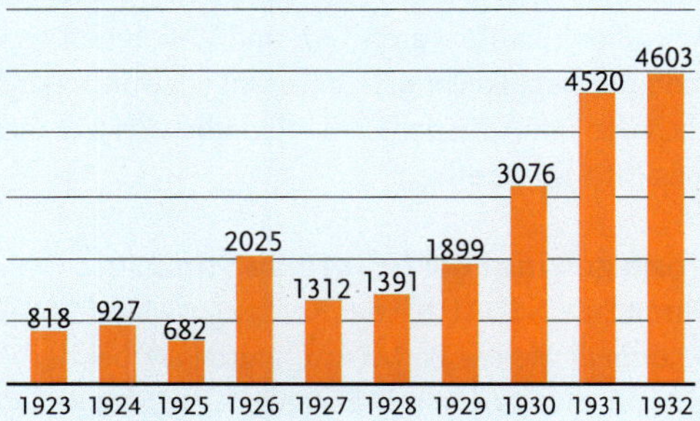

Nach Dietmar Petzina u. a., Sozialgeschichtliches Arbeitsbuch, München (Beck) 1978, S. 119.

Wortschatz: ein System droht zusammenzubrechen • den Preis für etwas drücken (= senken) • Zahlungen veranlassen • ein Programm beschließen • Beiträge für eine Versicherung zahlen • eine Deflation • einen strikten (= ohne Einschränkung) Sparkurs verfolgen • die Entwertung des Geldes • die Ausgaben senken • die Reparationszahlungen einstellen • die Opposition • gegen etwas opponieren • Bankrott anmelden • ein Haushaltsloch

M 4

Heinrich Brüning über ein Gespräch mit Adolf Hitler am 6. Oktober 1930 (veröffentlicht in seinen Memoiren 1970):

Nach einigen einleitenden kurzen Gesprächen begann ich mit der Darlegung der Lage und der Absichten der Regierung für die Zukunft. Die Krise würde nach unserer Schätzung etwa vier bis fünf Jahre dauern, frühestens im Sommer 1932 sei die erste Besserung möglich ... Eine Wiedererreichung des Lebensstandards von 1927/28 sei auch nach Streichung der Reparationen in den nächsten Jahren nicht möglich. Diese Streichung der Reparationen herbeizuführen ..., würde das erste Streben der Regierung sein. [Man] hoffe im Laufe von anderthalb bis zwei Jahren den ganzen Versailler Vertrag ... ins Wanken zu bringen ... Das sei die erste Phase der Politik, für die eine schärfere ... Opposition seitens der NSDAP das Zweckmäßigste wäre ... Ich hoffte, in der zweiten Phase zusammen mit der [NSDAP] an die Verfassungsreform herangehen zu können, die nach meinen persönlichen Wünschen in einer monarchischen Restauration enden müsse ... Wenn Hitler bereit sei, ... erst versteckt und dann offen, mitzuarbeiten, so würde das deutsche Volk in zwei bis drei Jahren die Fesseln des Versailler Vertrages los sein.

*Heinrich Brüning, Memoiren 1918–1934, Stuttgart (DVA) 1972, S. 203ff.***

1 **Partnerarbeit:** Eine arbeitet Ziele und Maßnahmen zur Lösung der Weltwirtschaftskrise auf Seiten der USA und der andere auf Seiten Deutschlands heraus (Darstellungstext). **Tipp** → S. 243.
   a) Stellt euch eure Ergebnisse vor und vergleicht.
   b) Diskutiert, welche Maßnahmen die erfolgreicheren waren. Nutze den **Wortschatz**.

MK 2 **a)** **Methode:** Werte M2 mithilfe der Arbeitsschritte auf S. 135 oder der Kopiervorlage im Webcode aus.
   b) Beschreibe die Karikatur M1. **Tipp** → S. 243.
   c) Überprüfe anhand von M2 die Aussage von M1.

3 Erläutere die in M4 genannten Absichten Brünings für seine Deflationspolitik.

4 Beurteile die Folgen des „New Deals" und der Deflationspolitik (Darstellungstext, M3, M4). **Tipp** → S. 243.

cornelsen.de/webcodes
Code: seduke
Kopiervorlage Methodentabelle

Ursachen für den Aufstieg der NSDAP

Die Weltwirtschaftskrise verschärfte die politischen Konflikte und die soziale Lage der Bevölkerung. Für die Große Koalition aus SPD, Zentrum, BVP, DDP und DVP wurde sie zur Belastungsprobe. Wahlerfolge der NSDAP und KPD verhinderten im Reichstag ab 1930 demokratische Mehrheiten und schwächten die Republik.

- ***Wie gelang es der NSDAP, von dieser Krise zu profitieren?***

Parteien finden keine Kompromisse mehr

Hauptstreitpunkt in der Koalition war die Frage der Finanzierung der Arbeitslosenunterstützung für die mehr als drei Millionen Arbeitslosen. Weil die Koalition zu dieser Frage keinen Kompromiss fand, trat sie im Frühjahr 1930 zurück. Sie war die letzte Regierung der Weimarer Republik, die sich auf eine Mehrheit im Parlament stützen konnte. Gewinner der Reichstagswahl im Herbst 1930 waren die links- und rechtsextremen Parteien KPD und NSDAP (S. 130 M1). Sie verhinderten demokratische Mehrheiten im Reichstag. Um ohne Mehrheit im Reichstag eine Regierung zu bilden, beauftragte Paul von Hindenburg, der seit Friedrich Eberts Tod im Jahr 1925 Reichspräsident war, Minderheitsregierungen*. Der zu diesem Zeitpunkt 82-jährige Hindenburg hatte als junger Offizier am Deutsch-Französischen Krieg 1870/71 teilgenommen und gehörte im Ersten Weltkrieg als oberster Befehlshaber der deutschen Truppen zur Führungsschicht des Kaiserreichs. Die Präsidialregierungen („Präsidialkabinette", siehe M7) waren allein von dem Reichspräsidenten abhängig. Die erste Minderheitsregierung bildete sich unter dem Reichskanzler Heinrich Brüning. Ihm gelang es nicht, die Krise zu lösen. Im Gegenteil: Die wirtschaftliche Not belastete vor allem die unteren und mittleren Bevölkerungsschichten. Auch seine Nachfolger Franz von Papen und Kurt von Schleicher scheiterten und wurden von Hindenburg entlassen oder traten selbst zurück. Innerhalb von drei Jahren gab es so drei verschiedene Reichskanzler (M7).

Demonstrationen und Straßenkämpfe

Viele Menschen gaben der Republik die Schuld für die Krise und wandten sich von ihr ab. Ständige Wahlkämpfe und Parteiaufmärsche trieben die Bürger auf die Straße. Die Kampfverbände der Nationalsozialisten SA* und SS* lieferten sich blutige Kämpfe mit dem kommunistischen Rotfrontkämpferbund*. Die Folgen der Straßenkämpfe waren Tote und Verletzte. Das Vertrauen der Bevölkerung in den Staat schwand. Das entsprach der Strategie der Radikalen, die sich aus diesem Chaos Erfolge erhofften.

Warum gewinnt die NSDAP an Stimmen?

Während die NSDAP bei der Reichstagswahl 1928 noch eine unbedeutende Partei war, wurde sie bei der Wahl 1930 zur zweitstärksten Partei im Parlament und zu einer Massenpartei. Der Grund war nicht nur die wirtschaftliche und politische Krise, sondern auch eine neue Taktik der NSDAP, die nun mit legalen Mitteln, durch Wahlen, die Macht erlangen wollte. Dazu wurde eine straff organisierte Parteistruktur geschaffen und die Partei richtete sich auf den „Führer" Adolf Hitler aus. Mittels Propaganda sollte Hitler als Retter Deutschlands erscheinen, der den Menschen einen Ausweg aus der Krise versprach. Er absolvierte viele Auftritte unter dem Schutz von SA* und SS* und nutzte in seinen Reden geschickt die Vorurteile und Ängste seiner Zuhörer. Gleichzeitig erhielt die NSDAP die Unterstützung hoher Wirtschaftsfunktionäre, was sie als ernst zu nehmende politische Kraft erscheinen ließ.

M1

Wahlplakat der NSDAP zur Reichstagswahl 1932

M 2

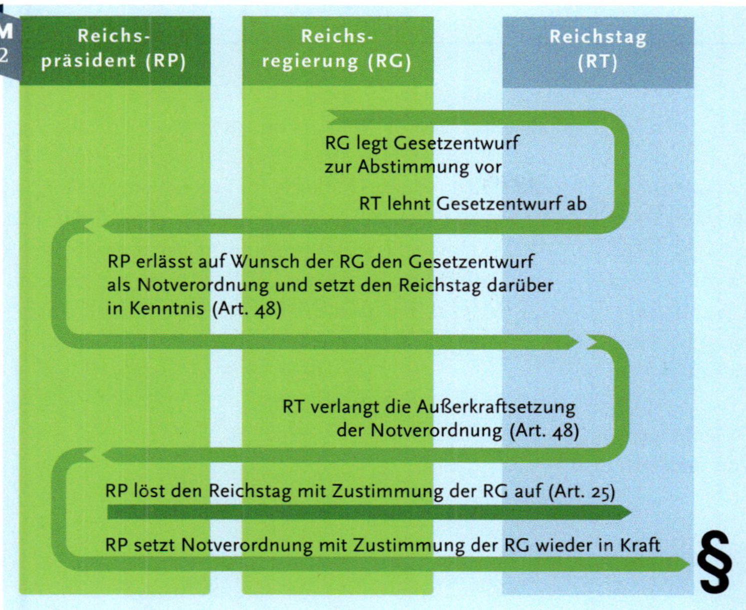

Mechanismen der Präsidialregierung (1930–1933)

cornelsen.de/webcodes
Code: gotixe
Film: 1932 – Abgesang der Ersten Republik

M 3

Auswirkungen der Präsidialregierungen auf den Reichstag:

	1930	1931	1932
Vom Reichstag beschlossene Gesetze	98	34	5
Präsidiale Notverordnungen	5	44	66
Sitzungstage des Reichstages	94	41	13

Nach Karl Dietrich Bracher, Demokratie und Machtvakuum. Zum Problem des Parteienstaats in der Auflösung der Weimarer Republik, in: Karl Dietrich Erdmann (Hg.), Weimar – Selbstpreisgabe einer Demokratie, Düsseldorf (Droste) 1980, S. 129.

M 5

Sozialstruktur der NSDAP:

Anteil an (in Prozent)	NSDAP-Mitgliedern	Gesamtbevölkerung
Arbeiter	28,1	45,1
Landwirte	14,1	6,7
Handwerker	9,1	5,5
Kaufleute	8,2	3,7
Freie Berufe	3,0	1,5
Lehrer	1,7	1,0
Beamte	6,6	3,3
Angestellte	25,6	15,9
Mithelfende Familienangehörige (meist weiblich)	3,6	17,3
Insgesamt	100	100

Nach Martin Broszat, Der Staat Hitlers, München (dtv) 1969, S. 51.

M 4

Reichspräsident Paul von Hindenburg in einer persönlichen Darlegung am 25.02.1932:

Ich weiß, dass ich durch den Erlass zahlreicher Notverordnungen dem deutschen Volke schwere Lasten zugemutet und mich der persönlichen Kritik sehr ausgesetzt habe. Da aber der Reichstag, der eigentliche Gesetzgeber, völlig versagte und selbst unfähig war, Maßnahmen zur Beseitigung unmittelbarer Gefahren für Wirtschaft, Staatsfinanzen und Währung zu treffen, musste ich einspringen und die Verantwortung übernehmen. Ich habe hierbei nach dem ... Grundsatz ... gehandelt, der besagt, dass ein Fehlgriff in der Wahl der Mittel nicht so schlimm ist als das Unterlassen jeglichen Handelns.

*Zit. nach Ilse Maurer u. a., Politik und Wirtschaft in der Krise 1930–1932. Quellen zur Ära Brüning, Zweiter Teil, Düsseldorf (Droste) 1980, S. 1309.**

M 6

Joseph Goebbels über die sogenannte „Legalitätstaktik" der NSDAP (1928):

Wir gehen in den Reichstag hinein, um uns im Waffenarsenal der Demokratie mit deren eigenen Waffen zu versorgen. Wir werden Reichstagsabgeordnete, um die Weimarer Gesinnung mit ihrer eigenen Unterstützung lahm zu legen. Wenn die Demokratie so dumm ist, uns für diesen Bärendienst Freifahrkarten und Diäten [= Bezahlung und Freifahrscheine der Abgeordneten] zu geben, so ist das ihre eigene Sache ... Uns ist jedes gesetzliche Mittel recht, den Zustand von heute zu revolutionieren. Wenn es uns gelingt, ... sechzig bis siebzig Agitatoren [= Hetzer] unserer Partei in die verschiedenen Parlamente [= Reichstag und Länderparlamente] hineinzustecken, so wird der Staat selbst in Zukunft unseren Kampfapparat ausstatten und besolden ... Wir kommen als Feinde! Wie der Wolf in die Schafsherde einbricht, so kommen wir. Jetzt seid ihr nicht mehr unter euch!

*Zit. nach Wolfgang Michalka & Gottfried Niedhardt (Hg.), Die ungeliebte Republik. Dokumente zur Innen- und Außenpolitik Weimars 1918–1933, München (dtv) 1980, S. 251.***

M 7

Politik der Präsidialkabinette:

- Reichskanzler Heinrich Brüning (Zentrum), April 1930 bis Mai 1932: Vom Reichspräsidenten eingesetzte Regierung mit einer Parlamentsmehrheit nur bei Tolerierung durch die SPD. Fehlt diese, dann Regierung mit Notverordnungen (Artikel 48). Sparmaßnahmen in den öffentlichen Haushalten, Senkung der Beamtengehälter, Erhöhung von Steuern; duldet Verschärfung der Wirtschaftskrise. Sturz durch Hindenburg nach politischen Intrigen von Interessenverbänden; SA-Verbot
- Reichskanzler Franz von Papen (Zentrum), Juni bis November 1932: „Kabinett der Barone" (so genannt wegen zahlreicher adliger Minister); Aufhebung des SA-Verbots; dadurch Zunahme blutiger Straßenkämpfe; 20. Juli 1932 „Preußenschlag": Sturz der von der SPD geführten Koalitionsregierung in Preußen, einer starken Stütze der parlamentarischen Demokratie, durch Verordnung des Reichspräsidenten; Ernennung von Papens zum Reichskommissar für Preußen; Scheitern der Politik mit Notverordnungen; Entlassung Papens durch Hindenburg.
- Reichskanzler General Kurt von Schleicher (parteilos), Dezember 1932 bis Januar 1933: Ziel: Spaltung der NSDAP und Herstellung einer parlamentarischen Mehrheit durch die bürgerlichen Parteien und die SPD. Rücktritt nach Scheitern der Pläne. Hindenburg ernennt am 30. Januar 1933 Adolf Hitler zum Reichskanzler.

Vom Autor zusammengestellt.

1 a) Arbeite Faktoren heraus, die zur Krise der Weimarer Republik führten (Darstellungstext, M3, M7). Nutze den **Wortschatz**.
b) Nenne mithilfe des Kapitels weitere Faktoren, die zu der politischen Krise führten.

2 Methode: Analysiere M1 mithilfe der Arbeitsschritte oder der Kopiervorlage im Webcode auf S. 123.

3 Erkläre anhand von M2, wie eine Präsidialregierung funktionierte. Beginne so: *Zunächst legt die Reichsregierung dem Reichstag einen Gesetzesentwurf vor. Der Reichstag lehnt …*

4 a) Arbeite Hindenburgs Begründung für den Erlass der Notverordnungen heraus (M4).
b) Nimm dazu kritisch Stellung. **Tipp** → S. 243.

5 Beurteile die Rolle von Reichspräsident Hindenburg bei der Aushöhlung der parlamentarischen Demokratie (Darstellungstext, M3, M4).

6 a) Beurteile, inwiefern die in M6 formulierte „Legalitätstaktik" damals legal war.
b) Bewerte, inwiefern solch eine Position heute legal wäre. **Tipp** → S. 243.

7 Begründe mithilfe von M5, warum die NSDAP als „moderne Volkspartei" bezeichnet wurde.

8 Gruppenarbeit: Diskutiert und begründet mithilfe eines Placemats (→ S. 252), ob die Weimarer Republik mutwillig zerstört wurde oder ob sie aufgrund zu vieler Probleme scheiterte.

Wortschatz: eine/keine Mehrheit im Parlament haben • die Autorität von jemandem schwindet • eine Strategie verfolgen • das Parlament auflösen • ein Präsidialkabinett bilden • das Vertrauen in die parlamentarische Demokratie verlieren

Wie stabil ist unsere Demokratie heute?

Im deutschen Grundgesetz wurden im Jahr 1949 Regelungen geschaffen, um eine Wiederholung des Scheiterns der Demokratie zu verhindern. Dennoch gibt es Stimmen, die vor „Weimarer Verhältnissen" warnen.

- ***Untersuche, ob diese Sorgen heute gerechtfertigt sind.***

M 1

Der Historiker Andreas Wirsching in einem Zeitungsartikel vom 24. April 2017:

Der Unterschied zu unserer heutigen Situation fällt unmittelbar ins Auge, und er ist gravierend [= ins Gewicht fallend]. Die Bundesrepublik Deutschland verfügt über eine lang etablierte Tradition ... Ihre ... Demokratie [kann] als gefestigt bezeichnet werden ... In Weimar stand ein Großteil der politischen Eliten der Republik grundsätzlich skeptisch, wenn nicht sogar feindlich gegenüber. Heute sind in Deutschland Ämter und Mandate in den Händen von Demokraten. Warum dann aber die Sorge um die Stabilität unserer Demokratie? Sie rühren hauptsächlich von einer Veränderung der politischen Sprache her ... Unverkennbar haben sich die Grenzen des öffentlich Sagbaren in den vergangenen Jahren verschoben. An den Rändern sind sie offen geworden für die Sprache des Nationalismus ... und des „eigentlichen" Volkes, das es gegen seine Verächter im eigenen Land zu schützen gelte. Diese propagandistischen Waffen, mit denen Radikale die Grundregeln der demokratischen Willensbildung attackieren, gewinnen an Einfluss. [Sie] tragen ... einen Hauch von Weimar in unsere Gegenwart ... In der jüngsten Zeit erzeugt die ... Globalisierung sehr konkrete Verunsicherungen ... Nationalismus und nationaler Protektionismus [= Abschottung gegenüber Fremden] erscheinen als die einfachsten Instrumente, um der Überlastung vieler Menschen zu begegnen ... Diese Tendenz ist gefährlich. Und sie wird umso gefährlicher, je mehr sie das Wahlverhalten bestimmt ... Der Aufstieg der Nationalsozialisten war ja nur möglich, weil die liberalen und konservativen Pfeiler des deutschen Parteiensystems erodierten[1]. Es kann daher durchaus Anlass zur Sorge geben, dass sich in Deutschland eine neue Form des ... Vielparteiensystems [= ein politisches System, bei dem mehrere Parteien die Regierung ausüben] entwickelt, die das Regieren erkennbar erschwert ... Insofern machte man es sich zu leicht, konstatierte [= feststellen] man allzu selbstzufrieden die gewachsene Stabilität der deutschen Nachkriegsdemokratie ...

*Zit. nach http://www.faz.net/aktuell/politik/die-gegenwart/weimarer-verhaeltnisse-appell-an-die-vernunft-14985470.html (Stand: 09.01.2018).***

[1] *abgetragen wurden*

1 Wähle eine Aufgabe aus:

a) Begründe, dass sich die Demokratie heute wehren kann und nicht wie 1933 auf legalem Weg zu beseitigen ist. Recherchiere dafür die Artikel 19, 20, 21 Abs. 2 und 79 Abs. 3 des Grundgesetzes.

b) Eine Ursache für das Scheitern der Weimarer Republik war die Verfassung. Vergleiche Art. 48 aus der Weimarer Verfassung mit Art. 81 des Grundgesetzes und erkläre die Veränderung.

Nutze jeweils den Webcode.

2 Arbeite Gemeinsamkeiten und Unterschiede zwischen der Weimarer Demokratie und der heutigen Demokratie heraus (M1).

3 Stelle Vermutungen an, wie der Autor (M1) die Frage der Überschrift beantworten würde.

4 a) Nimm zur Frage der Überschrift Stellung.

b) Partnerarbeit: Vergleicht eure Argumentation. Nutze den **Wortschatz**.

c) Diskutiert, wie Demokratie und Freiheit auch in Zukunft geschützt (bewahrt) werden können.

cornelsen.de/webcodes
Code: fifixu
Das Grundgesetz

Wortschatz: eine stabile (= widerstandfähige) Demokratie • eine wehrhafte (= in der Lage sein, sich zu wehren) Demokratie • aus dem Scheitern lernen • an den Rändern des politischen Spektrums • ein Vielparteiensystem

1920

November 1918 Ausrufung der Republik und Waffenstillstand

1919 Wahlen zur Nationalversammlung; Versailler Vertrag; Weimarer Reichsverfassung

1920–1923 Terror und Attentate von links und von rechts

1922 Vertrag von Rapallo

1923 Inflation; Besetzung des Ruhrgebietes; Währungsreform; Hitlerputsch

Die Weimarer Republik

Rätesystem oder parlamentarische Demokratie?

Allgemeine Kriegsmüdigkeit und die schlechte Versorgung mit Nahrungsmitteln führten zu Aufständen von Arbeitern und Soldaten im November 1918. In allen großen Städten entstanden **Arbeiter- und Soldatenräte**, die sich um Verwaltungsaufgaben kümmerten. Im **Rätesystem** wählen Arbeiter und Soldaten in Versammlungen auf lokaler und regionaler Ebene ihre Vertreter. Die Souveränität liegt bei den Wählenden und die Abgeordneten müssen diesen Willen erfüllen. Es gibt keine Gewaltenteilung.

Am **9. November 1918** wurde in Berlin gleich zweimal die Republik ausgerufen. Am selben Tag bildete Friedrich Ebert als Reichskanzler und Vorsitzender der SPD als größter Partei im Reichstag eine Übergangsregierung mit Namen „Rat der Volksbeauftragten". Ebert schloss ein Bündnis mit dem Militär, um Aufstände linksradikaler Kräfte mithilfe von regulären Truppen und Freikorpsmitgliedern niederzuschlagen. Ende November 1918 dankte der Kaiser ab und floh in die Niederlande.

Im Dezember 1918 entschied ein Kongress aller Arbeiter- und Soldatenräte über die künftige Staatsform. Mit großer Mehrheit stimmten die Abgeordneten des Rätekongresses für Wahlen zu einer verfassunggebenden Nationalversammlung. Damit setzte sich das Modell der **parlamentarischen Demokratie** mit freien und geheimen Wahlen und der Gewaltenteilung in Legislative, Exekutive und Judikative gegen das Rätesystem durch.

Die Weimarer Verfassung

Im Januar 1919 fanden die Wahlen zur Nationalversammlung statt und die neue Verfassung trat am 14. August 1919 in Kraft. Im Vergleich zur Verfassung des Kaiserreichs wurde nach dem Verhältniswahlrecht und nicht mehr nach dem Mehrheitswahlrecht gewählt. In der Weimarer Verfassung erhielt der Reichspräsident als „Ersatzkaiser" eine herausragende Stellung. Die Weimarer Republik war ein Parteienstaat, in dem die Regierung vom Parlament, dem Reichstag, abhängig war. Laut Weimarer Verfassung waren alle Deutschen vor dem Gesetz gleich und besaßen gleiche Rechte und Pflichten. Auch wurden 1919 die Religionsfreiheit und das Versammlungsrecht festgeschrieben. Erstmals wurde in Deutschland den Frauen die rechtliche Gleichstellung mit den Männern garantiert. Sie durften wählen und in ein Amt gewählt werden. Bei der **rechtlichen Gleichstellung der Frau** herrschte ein großer Unterschied zwischen Anspruch und Wirklichkeit, denn tatsächlich wurde die rechtliche Gleichstellung im Alltag kaum umgesetzt.

Äußere und innere Belastungen der Republik

Am 28. Juni 1919 wurde der **Versailler Vertrag** unterzeichnet. Der Vertrag gab Deutschland die alleinige Schuld am Ersten Weltkrieg. Es musste Gebiete mit zum Teil hohem wirtschaftlichen Nutzen abtreten, das Rheinland entmilitarisieren, sein Heer stark reduzieren und Reparationszahlungen leisten. Fast alle Deutschen reagierten mit Empörung auf die Bedingungen des Versailler Vertrages und viele sprachen von einem „Diktatfrieden" der Kriegsgegner. Fälschlicherweise gaben zahlreiche Deutsche den demokratischen Politikern der jungen Republik die Schuld. Zudem wurde aus nationalistischen Kreisen die Lüge verbreitet, die Deutschen hätten den Krieg nur verloren, weil von den Sozialdemokraten gelenkte Streiks und die Antikriegsstimmung eine siegreiche Beendigung des Krieges verhindert hätten (**„Dolchstoßlegende"**). Daher sympathisierten viele Wählerinnen und Wähler mit antidemokratischen Parteien.

Zwischen 1920 und 1923 belasteten politische und wirtschaftliche Krisen die Weimarer Demokratie. Es kam zu **Attentaten und Putschversuchen** von rechts- und linksextremen Kreisen. Der rechte Kapp-Lüttwitz-Putsch (März 1920) scheiterte am

1925 | 1930

1925 Vertrag von Locarno zwischen dem Deutschen Reich und Frankreich; Paul von Hindenburg wird Reichspräsident

1926 Aufnahme Deutschlands in den Völkerbund

1929 Weltwirtschaftskrise und Youngplan

1930 Aufstieg der NSDAP zur stärksten Kraft im Parlament

1930–1933 Präsidialkabinette

Generalstreik* der Arbeiter und am passiven Verhalten der Beamten in Regierung und Verwaltung. Im Januar 1923 besetzten französische und belgische Truppen wegen ausstehender Reparationszahlungen das Ruhrgebiet. Daraufhin trat die Arbeiterschaft dieser Region in einen staatlich finanzierten Generalstreik. Dieser verschlimmerte die Staatsverschuldung. Die **Hyperinflation*** führte zum Verfall der Währung und verschärfte die Krise. In München misslang im November 1923 ein Putsch rechtsradikaler Kräfte um Adolf Hitler.

Die Etablierung der Demokratie 1924–1929

Dem Reichskanzler und späteren Außenminister Gustav Stresemann gelang durch die Einführung einer neuen Währung („Rentenmark") die Sanierung der Staatsfinanzen nach der Hyperinflation. Er erreichte, dass Frankreich und Belgien ihre Truppen aus dem Ruhrgebiet abzogen. Im **Vertrag von Locarno 1925** erkannte Deutschland seine Westgrenzen zu Frankreich und Belgien an. Die Anerkennung der Ostgrenzen zur Republik Polen blieb offen. Ab 1924 flossen mit dem Dawes-Plan hohe Summen an US-Krediten nach Deutschland.
Die Gesellschaft der 1920er Jahre befand sich im Spannungsfeld von Tradition und Moderne. Das zeigte sich an der neuen Rolle der Frau, an sozialpolitischen Reformen und an Neuerungen in der Architektur, Kunst und Literatur („**Goldene Zwanziger**"). Wissenschaft und Technik wandelten sich und bahnten modernen Produktionsstrukturen und dem **Massenkonsum** den Weg. **Massenmedien** wie Film und Rundfunk wurden in der neu entstandenen **Konsumgesellschaft** populär. Die Massen drängten in Varietés und Kabaretts. Dort wurde Unterhaltung geboten, die sich aber nur gut verdienende Menschen leisten konnten.

Scheitern der Weimarer Demokratie 1929–1933

Ab 1924 erholte sich Deutschland wirtschaftlich, die Arbeitslosigkeit blieb aber hoch. 1925 wählten die Deutschen den konservativen und monarchistisch geprägten Paul von Hindenburg zum Reichspräsidenten. Er gehörte zur Führungsschicht des Kaiserreichs. Durch die **Weltwirtschaftskrise 1929** kam es zu einem weiteren rasanten Anstieg der Arbeitslosenzahlen. Während in den USA staatliche Investitionsprogramme („**New Deal**") die Wirtschaft stabilisierten, verfolgte die deutsche Regierung unter Reichskanzler Heinrich Brüning (1930-1932) eine strikte Sparpolitik. Der „New Deal" linderte in den USA die soziale Not der Massenarbeitslosigkeit. In Deutschland verbesserte sich die wirtschaftliche Lage durch die Sparpolitik nur allmählich.
Auf dem Höhepunkt der Weltwirtschaftskrise regierten in Deutschland ab 1930 **Präsidialkabinette** mithilfe von Notverordnungen, gestützt auf die Macht des Reichspräsidenten. Die parlamentarische Verfassung war damit in wichtigen Teilen außer Kraft gesetzt. Gewalt gegenüber dem politischen Gegner galt zunehmend als Mittel zur Lösung der Probleme. Durch die instabile politische Situation und die wirtschaftliche Not, die besonders auch in der Mittelschicht für Existenzängste sorgte, erhielten KPD und NSDAP starken Zulauf. Die Koalition der demokratischen Parteien zerbrach 1930 und die Wahlergebnisse von 1930 und 1932 offenbarten eine zunehmende Radikalisierung im Wählerverhalten. Ab Juli 1932 wurde die NSDAP die stärkste Kraft im Parlament und erhob Anspruch auf die Kanzlerschaft. Die nationalsozialistische Propaganda* und die Ausrichtung auf den „Führer" Adolf Hitler vermittelten der Bevölkerung das Gefühl, dass durch diese Partei wieder Wohlstand und geordnete Verhältnisse einkehren würden. Auch Großindustrielle und Besitzer großer Betriebe unterstützen die NSDAP und erhofften sich stabile politische und wirtschaftliche Verhältnisse.

1 Erstelle eine Concept-Map. Sie soll die Begriffe Etablierung und Belastungen der Demokratie beinhalten (→ S. 35).

In diesem Kapitel konntest du folgende Kompetenzen erwerben:

- Unterschiede zwischen parlamentarischer Demokratie und Rätesystem erläutern
- anhand der Weimarer Reichsverfassung Kontinuität und Wandel der politischen Ordnung erläutern
- Auswirkungen und gesellschaftliche Folgen der neuen Massenmedien, der Konsumgesellschaft und der neuen Wege in Kunst und Kultur darstellen
- innere und äußere Belastungsfaktoren sowie stabilisierende Elemente der Weimarer Republik erörtern
- Verantwortung bei der Etablierung und Aushöhlung der parlamentarischen Demokratie beurteilen
- Lösungsansätze für die Weltwirtschaftskrise am Beispiels Deutschlands und der USA erörtern
- politische, rechtliche und soziale Fragen der Gleichberechtigung von Frauen und Männern beurteilen
- **Medien und Methoden:** Politische Plakate analysieren
- **Medien und Methoden:** Ein Bild verfilmen
- **Medien und Methoden:** Eine Statistik auswerten

M 1

Otto Dix, „Bildnis der Journalistin Sylvia von Harden", 1926

M 2

Wahlplakat der DDP aus dem Jahr 1920

M 3

Der Dichter Leonhard Frank in seinen Erinnerungen über Berlin in den 1920er Jahren:
Damals war die schöne Zeit. Von den Nachwirkungen des verlorenen Krieges war nichts mehr zu spüren. Die Wirtschaftsverhältnisse hätten nicht besser sein können, wenn Deutschland den Krieg gewonnen haben würde. Riesige Summen amerikanischen Privatkapitals wurden ins Land gepumpt ... Ein neues Deutschland hatte sich herausgeschält ... Diese Zeit war der Beweis dafür, dass Wirtschaftskraft und -aufstieg auch das geistige und künstlerische Schaffen befruchten. Selbst der junge Maler hungerte nicht mehr, er malte nicht nur, er verkaufte ... Theater, Oper, Konzertsäle waren überfüllt. Europäische Künstler aus Paris, London, Rom, die nach Berlin kamen, waren begeistert und wollten nicht mehr fort. Die Luft in Berlin war elektrisch geladen.

*Leonhard Frank, Links wo das Herz ist, München (dtv) 1963, S. 113 f.**

M4 Marie Juchacz (SPD) hält als erste Frau in Deutschland eine Parlamentsrede (19. Februar 1919):

Ich möchte hier feststellen und glaube damit im Einverständnis vieler zu sprechen, dass wir deutschen Frauen dieser Regierung nicht etwa in dem altehrgebrachten Sinne Dank schuldig sind. Was diese Regierung getan hat, das war eine Selbstverständlichkeit: Sie hat den Frauen gegeben, was ihnen bis dahin zu Unrecht vorenthalten worden ist. Wollte die Regierung eine demokratische Verfassung vorbereiten, dann gehörte zu dieser Vorbereitung das Volk, das ganze Volk in seiner Vertretung ... Durch die politische Gleichstellung ist nun meinem Geschlecht die Möglichkeit gegeben zur vollen Entfaltung seiner Kräfte. Mit Recht wird man erst jetzt von einem neuen Deutschland sprechen können und von der Souveränität des ganzen Volkes ... Ich möchte hier sagen, dass die Frauenfrage, so wie es jetzt ist in Deutschland, in ihrem alten Sinne nicht mehr besteht, dass sie gelöst ist ...

*Die Gleichheit. Zeitschrift für Arbeiterfrauen und Arbeiterinnen Nr. 12, 14.3.1919, S. 1.**

M5

„Sie tragen die Buchstaben der Firma – aber wer trägt den Geist?" Karikatur von Th. Th. Heine aus dem „Simplicissimus" vom 21. März 1927

M6 Der Historiker Heinrich August Winkler über die Gründe des Scheiterns der Demokratie (1993):

Seit Hindenburg 1925 erstmals in das höchste Staatsamt gewählt worden war, gab es keine Gewähr [= Sicherheit] mehr dafür, dass der Reichspräsident sich im Ernstfall als Hüter des Geistes der Verfassung erweisen würde. Die parlamentarische Demokratie zerbrach fünf Jahre später daran, dass sie das Gros der Machteliten gegen sich und die demokratischen Parteien nicht mehr entschieden hinter sich hatte. Die anschließende Radikalisierung war eine zwangsläufige Reaktion auf die wirtschaftliche Depression und die Verselbstständigung der Exekutivgewalt ...

*Heinrich August Winkler, Weimar 1918-1933, München (C. H. Beck) 1993, S. 609.**

Sachkompetenz:

1 Analysiere das Wahlplakat M2 mithilfe der Arbeitsschritte auf S. 123.

2 **a)** Fasse zusammen, wie der Dichter in M3 das Leben in Berlin in den Zwanzigerjahren sieht.
b) Nimm dazu kritisch Stellung.

Urteilskompetenz:

3 Diskutiere Hindenburgs Rolle beim Scheitern der Weimarer Republik (M6).

4 Beurteile anhand von M5 die Einstellung der verschiedenen Personen zur Weimarer Republik und die Handlungsspielräume der politischen Kräfte. Tipp → S. 243.

5 **a)** Erstelle mithilfe deiner Kenntnisse aus dem Kapitel eine Mind-Map zu den inneren und äußeren Belastungen der Weimarer Republik.
b) Diskutiere und begründe, welchen inneren und äußeren Belastungen du größere Bedeutung einräumst.

6 **a)** Beschreibe das Bild M1.
b) Beurteile die Umsetzung der in der Verfassung festgeschriebenen Gleichberechtigung der Frauen in der Weimarer Republik (M1, M4).

7 Erörtere in einer eigenen Darstellung mithilfe der S. 136/137 die Wirksamkeit des „New Deals" in den USA und der Deflationspolitik in Deutschland zur Lösung der Weltwirtschaftskrise.

cornelsen.de/webcodes
Code: kopuye
Selbsteinschätzungsbogen

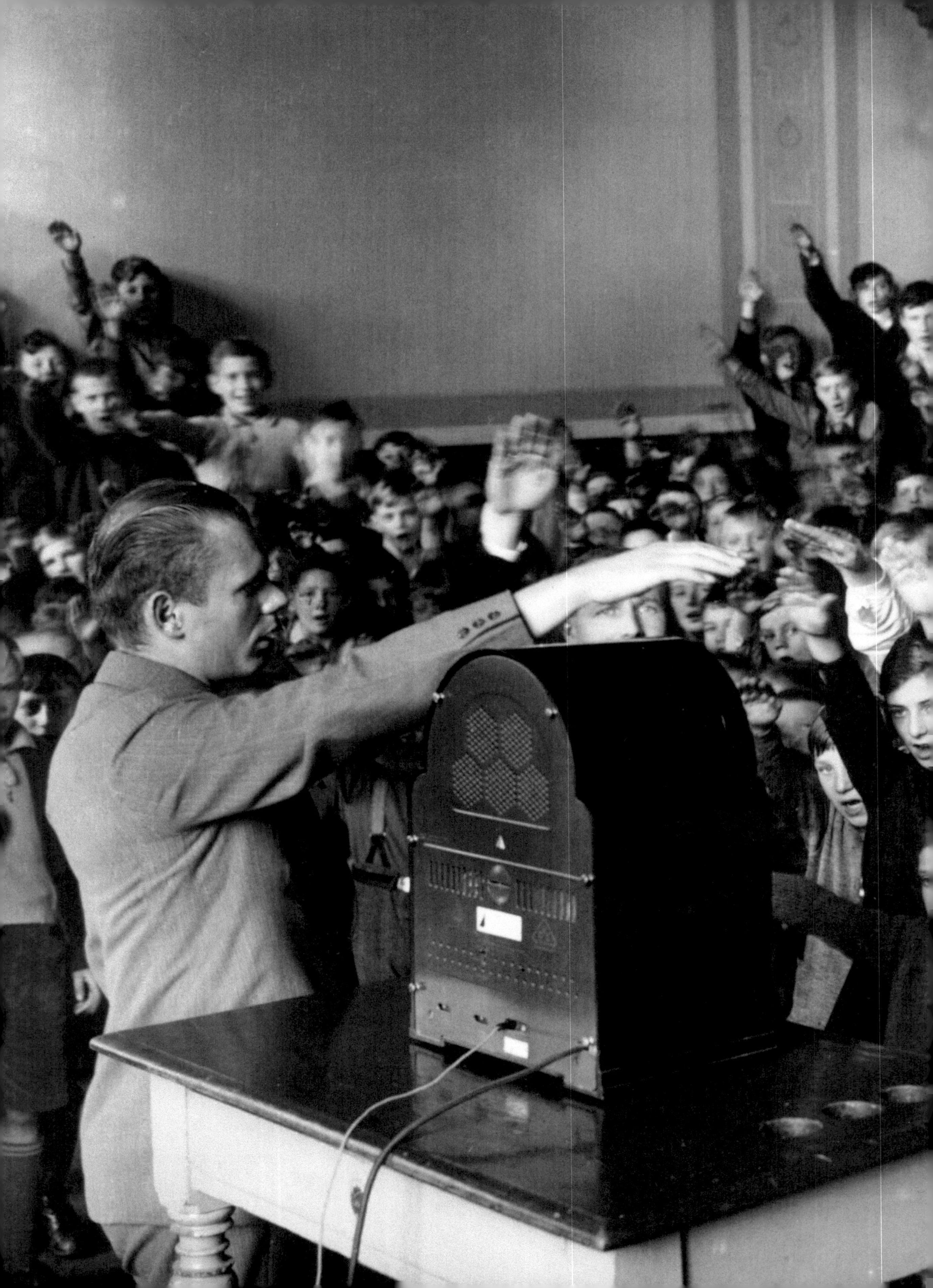

cornelsen.de/webcodes
Code: dekadu
alle Darstellungstexte zum Anhören

5
Herrschaft und Alltagsleben im Nationalsozialismus

Eine Schulklasse in Berlin hört gemeinsam mit dem Lehrer eine im Radio übertragene Rede von Adolf Hitler. Nach der Ernennung Hitlers zum Reichskanzler am 30. Januar 1933 veränderten die Nationalsozialisten radikal die deutsche Gesellschaft und das Alltagsleben. Davon wurde auch das schulische Leben erfasst.

Wie wirkt das Foto auf dich? Welche Unterschiede zum heutigen Schulleben bestehen? Diskutiere mit deiner Partnerin oder deinem Partner, warum die Nationalsozialisten von Beginn ihrer Herrschaft an großen Wert darauf legten, Kinder und Jugendliche zu beeinflussen.

Rechts neben dem Lehrer steht ein Radioapparat mit Namen „Volksempfänger". Dieses Gerät war seit Januar 1933 auf dem Markt und wurde zu einem günstigen Preis verkauft. Hatten 1933 erst 25% der Haushalte ein Radio, waren es 1941 etwa 65%, Foto, 1933

1930

1935

1918–1933 Weimarer Republik

1930–1933 Präsidialkabinette

1935 Nürnberger Gesetze: Deutsche jüdischen Glaubens verlieren die deutsche Staatsbürgerschaft

1933–1934 Gleichschaltung und Aufbau der Diktatur der Nationalsozialisten
30. Januar 1933 Hitler wird Reichskanzler
23. März 1933 „Ermächtigungsgesetz“: Ausschaltung des Reichstags als Gesetzgeber
ab März 1933 Errichtung der ersten Konzentrationslager
2. August 1934 Tod Hindenburgs; Hitler wird „Führer und Reichskanzler“

Herrschaft und Alltagsleben im Nationalsozialismus

Als die Nationalsozialisten (NS) 1933 in Deutschland an die Regierung kamen, hatten sich im übrigen Europa bereits einige Demokratien und Monarchien in Diktaturen verwandelt. Von dieser Entwicklung wurde auch Deutschland erfasst. Die durch Adolf Hitler und seine Gefolgschaft eingeführte totalitäre* Diktatur basierte auf bestimmten ideologischen Vorstellungen und verfolgte eine Vielzahl von aggressiven Zielen. Bis 1938 veränderte sich Deutschland radikal. Die Partei der Nationalsozialisten beherrschte alle Bereiche der Gesellschaft: von der Erziehung bis zur Freizeitgestaltung, vom Gesundheitswesen bis zum Militär, von den Regierungsämtern bis zur Gemeindeverwaltung. Kein Zeitraum der deutschen Geschichte wurde so intensiv in der Wissenschaft untersucht und in der Öffentlichkeit diskutiert wie die zwölf Jahre der Herrschaft der Nationalsozialisten von 1933 bis 1945.

- Von welchen Ideologien war der Nationalsozialismus gekennzeichnet?
- Wie gelang es den Nationalsozialisten, den demokratischen Rechts- und Verfassungsstaat zu zerstören und diesen in einen totalen Staat* umzubauen?
- Welche politischen Akteure und Gruppen waren für die Zerstörung des Weimarer Rechts- und Verfassungsstaates verantwortlich?
- Wie sahen die Handlungsspielräume der Menschen unter den Bedingungen der NS-Diktatur aus?

M 1

(die) Diktatur
Herrschaftssystem, in dem eine einzelne Partei oder eine Person als Führer (Diktator) alles bestimmt. Diktatoren bringen sich meistens selbst gewaltsam an die Macht. In Diktaturen gibt es keine Gewaltenteilung und keine Grundrechte. Die staatliche Überwachung erfasst alle Lebensbereiche, oft verbunden mit Einschüchterung und Gewalt. Eine Diktatur ist das Gegenteil einer Demokratie. In einer Militärdiktatur wird die Herrschaft von Militärführern ausgeübt.

(das) autoritäre Regime
Regierungsform, bei der nicht der Wille der Mehrheit zählt, sondern der eines Einzelnen oder einer kleinen Gruppe. Anders als in einem totalen Staat gibt es noch vom Staat unberührte private Bereiche. Oft gibt es eine privilegierte Gesellschaftsschicht, wie zum Beispiel Offiziere des Militärs oder Großindustrielle.

Demokratien und Diktaturen in Europa 1938

1940

1945

1939–1945 Zweiter Weltkrieg

9. November 1938 Novemberpogrome: Zerstörung jüdischen Eigentums und vieler Synagogen

M 2

Propagandawagen der Hitlerjugend, Berlin, Foto, 1934. Auf dem Plakat an dem Lkw steht: „Führer befiehl, wir folgen! Alle sagen Ja!"

M 3

Kritiker der Nationalsozialisten werden von bewaffneten NS-Trupps verhaftet. Foto, April 1933

1 **a)** Beschreibe mit M1 die Entwicklung der Herrschaftsformen in den europäischen Staaten zwischen 1919 und 1933.
b) Vergleiche diese Entwicklungen mit den Vorstellungen der USA von einer Neuordnung Europas bei den Pariser Friedenskonferenzen nach dem Ersten Weltkrieg (S. 94 ff.).

2 Beschreibe die Fotos M2 bis M4. Welche Stimmung vermitteln uns diese Fotos heute?

3 Suche in den Materialien nach Hinweisen dafür, dass das nationalsozialistische Deutschland ein Unrechtsstaat war.

4 Das Foto M4 wurde von Nationalsozialisten in Auftrag gegeben. Stelle Vermutungen an, was der Fotograf in Szene setzen sollte.

M 4

Deutsche Frauen, die eine Beziehung zu „nichtarischen" Partnern hatten, wurden öffentlich gedemütigt und aus der sogenannten „Volksgemeinschaft" ausgeschlossen. Im Hintergrund ist ein SS-Angehöriger zu sehen. Foto, undatiert

Was kennzeichnete die Ideologie der Nationalsozialisten?

Das Handeln der Nationalsozialisten ist nur zu verstehen, wenn deren Anschauungen über Menschen, ihre politischen Ideen und Ziele sowie ihre Auffassung von Herrschaft erkannt werden.

- ***Untersuche, welche Ideologie die Nationalsozialsten vertraten.***

M 1

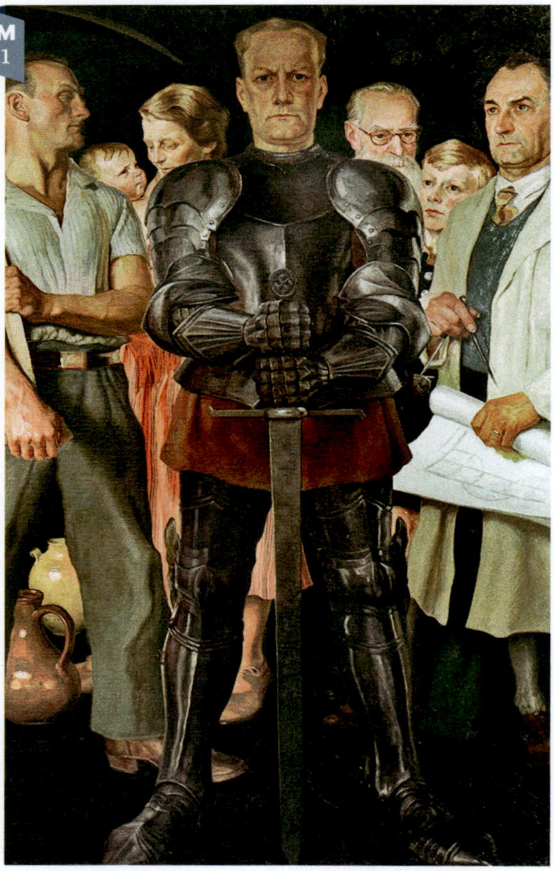

Deutsche Symphonie, Gemälde von Hans Toepper, um 1938. Griech. symphonos = „zusammenklingend", „harmonisch".

Die Partei und ihr „Führer"

Die Nationalsozialisten hatten keine klar definierte Weltanschauung. Vielmehr bestand ihre Ideologie aus radikalen, antidemokratischen, rassistischen, imperialistischen und antisemitischen Einflüssen des 19. und 20. Jahrhunderts.

Bis 1930 hatte die NSDAP nur etwa 130 000 Mitglieder. Im Mai 1933 waren es bereits über 1,6 Millionen. Hitlers Weltanschauung und die Ziele der Nationalsozialisten lassen sich aus zwei zentralen Quellen herausarbeiten. Eine dieser Quellen ist das Parteiprogramm der NSDAP. Die 25 Punkte des Programms, die Hitler schon im Februar 1920 im Münchener Hofbräuhaus verkündete, galten trotz einiger Veränderungen bis zum Ende der Partei 1945. Die zweite Quelle ist Hitlers Buch „Mein Kampf". Dieses Buch verfasste er hauptsächlich während seines Gefängnisaufenthaltes (siehe S. 116 ff.). Es erschien 1925/26 in zwei Bänden. In dem Buch legte Hitler dar, wie er sich die Zukunft Deutschlands vorstellte. Dabei definierte er, wer zur deutschen „Volksgemeinschaft*" gehöre und wer nicht. In diesen Ausführungen wird sein rassistisches und antisemitisches Weltbild deutlich.

Im Hinblick auf die deutsche Außenpolitik stellt er klar, dass diese als imperialistische „Lebensraumpolitik" zu verstehen sei. Auch werden unmissverständlich die Rolle der NSDAP sowie seine Rolle als Führer in Deutschland dargelegt.

Hitlers Ideen bilden die Grundlage der nationalsozialistischen Ideologie und bestimmten im Wesentlichen die NS-Politik im totalitären Staat. Die Auflage des Buches „Mein Kampf" lag 1933 bei 290 000 Exemplaren und schnellte bis Ende 1933 um rund eine Million in die Höhe. Die Gewinne aus dem Buchverkauf machten Hitler zu einem wohlhabenden Mann.

(der) totale oder totalitäre Staat

Eine totale Herrschaft hebt die Trennung von Staat und Gesellschaft auf. Der Staat greift in alle Bereiche des öffentlichen und privaten Lebens ein. Eine Ideologie benennt die Ziele des Staates, denen sich alle Individuen unterordnen müssen. Eine Einheitspartei kontrolliert alle Lebensbereiche und steuert zentral die Wirtschaft. Widerstand wird gewaltsam unterdrückt. Als bedeutende „totale Staaten" im 20. Jahrhundert gelten NS-Deutschland und die Sowjetunion unter Stalin.

cornelsen.de/webcodes
Code: xabuqi
Film: Hitler an der Macht

M 2

Adolf Hitler in seinem Buch „Mein Kampf" (1924/1926):

A Demgegenüber erkennt die völkische Weltanschauung die Bedeutung der Menschheit in deren rassischen Urelementen ... Sie glaubt somit keineswegs an eine Gleichheit der Rassen, sondern erkennt mit ihrer Verschiedenheit auch ihren höheren und minderen Wert und fühlt sich durch diese Erkenntnis verpflichtet, ... den Sieg des Besseren, Stärkeren zu fördern, die Unterordnung des Schlechteren und Schwächeren zu verlangen ... Sie sieht nicht nur den verschiedenen Wert der Rassen, sondern auch den verschiedenen Wert der Einzelmenschen.

B Die Außenpolitik des völkischen Staates hat die Existenz der durch den Staat zusammengefassten Rasse auf diesem Planeten sicherzustellen ... Nur ein genügend großer Raum auf dieser Erde sichert einem Volke die Freiheit des Daseins ... [Wir Nationalsozialisten müssen] unverrückbar an unserem außenpolitischen Ziel festhalten, nämlich dem deutschen Volk den ihm gebührenden Grund und Boden auf dieser Erde zu sichern. Und diese Aktion ist die einzige, die vor Gott und unserer deutschen Nachwelt einen Bluteinsatz[1] gerechtfertigt erscheinen lässt ... Wenn wir aber heute in Europa von neuem Grund und Boden reden, können wir in erster Linie nur an Russland und die ihm untertanen Randstaaten denken.

C Die Gedankengänge des Judentums sind klar. Die Bolschewisierung Deutschlands [= Deutschland zu einem kommunistischen Staat machen], d. h. die Ausrottung der nationalen völkischen Intelligenz und die dadurch ermöglichte Auspressung der deutschen Arbeitskraft im Joche[2] der jüdischen Weltfinanz ist nur als Vorspiel gedacht für die Weiterverbreitung dieser jüdischen Welteroberungstendenz. Nur in Frankreich besteht heute mehr denn je eine innere Übereinstimmung zwischen den Absichten der Börse, der sie tragenden Juden und den Wünschen einer nationalistischen Regierungspolitik ... Gerade aus diesem Grunde ist und bleibt Frankreich der weitaus furchtbarste Feind. Dieses an sich immer mehr der Vernegerung[3] anheimfallende [= erliegende] Volk bedeutet in seiner Bindung an die Ziele der jüdischen Weltbeherrschung eine ... Gefahr für den Bestand der weißen Rasse Europas.

D Die junge Bewegung [= NS-Bewegung] ist ihrem Wesen und ihrer inneren Organisation nach antiparlamentarisch, d. h. sie lehnt im allgemeinen wie in ihrem eigenen inneren Aufbau ein Prinzip der Majoritätsbestimmung[4] ab, in dem der Führer nur zum Vollstrecker des Willens und der Meinung anderer degradiert wird. Die Bewegung vertritt im Kleinsten wie im Größten den Grundsatz der unbedingten Führerautorität, gepaart mit höchster Verantwortung.

Adolf Hitler, Mein Kampf. Eine kritische Edition, hg. v. Christian Hartmann u. a. im Auftrag des Instituts für Zeitgeschichte München, 2016, A: Band II, S. 981 ff.; B: Band II S. 1629 ff. und 1651–1655 f.**; C: Band II, S. 1581–1583**, D: Band II, S. 891.***

[1] Krieg; [2] Unterdrückung; [3] Anspielung auf die afrikanischen Kolonien Frankreichs und ihre Bewohner; [4] Mehrheit

M 3

Auszüge aus dem Parteiprogramm der NSDAP (1920):

2. Wir fordern die Gleichberechtigung des deutschen Volkes gegenüber anderen Nationen, Aufhebung der Friedensverträge von Versailles.

3. Wir fordern Land und Boden (Kolonien) zur Ernährung unseres Volkes und Ansiedlung unseres Bevölkerungsüberschusses.

4. Staatsbürger kann nur sein, wer Volksgenosse ist. Volksgenosse kann nur sein, wer deutschen Blutes ist ... Kein Jude kann daher Volksgenosse sein ...

8. Jede weitere Einwanderung Nicht-Deutscher ist zu verhindern. Wir fordern, dass alle Nicht-Deutschen, die seit 2. August 1914 in Deutschland eingewandert sind, sofort zum Verlassen des Reiches gezwungen werden ...

23. ... Zeitungen, die gegen das Gemeinwohl verstoßen, sind zu verbieten. Wir fordern den gesetzlichen Kampf gegen eine Kunst und Literaturrichtung, die einen zersetzenden [= zerstörerischen] Einfluss auf unser Volksleben ausübt.

25. Zur Durchführung alles dessen fordern wir: die Schaffung einer starken Zentralgewalt des Reichs.

*Zit. nach http://www.documentarchiv.de/wr/1920/nsdap-programm.html (Stand: 17.12.2020).***

Schlüsselbegriffe der NS-Ideologie

(die) „Arier"
Seit Ende des 18. Jahrhunderts erforschten Sprachwissenschaftler Ähnlichkeiten vieler Sprachen in Asien und Europa. Sie nahmen an, dass es eine gemeinsame „Ursprache" geben müsse, die sie „indogermanisch" nannten. Ihre Sprecherinnen und Sprecher in Indien und Persien hießen „Arier". Die Rassenlehre des 19. Jahrhunderts und die Nationalsozialisten deuteten diesen Begriff um. Sie verstanden darunter eine „nordisch aussehende Menschengruppe", deren Hauptmerkmale blonde Haare, blaue Augen und Tatkraft waren. „Arier" seien allen anderen Menschen geistig, kulturell und politisch überlegen. Alle bedeutenden Erfindungen und Errungenschaften in Wissenschaft, Kunst und Kultur wurden nach NS-Ideologie nur von „Ariern" erreicht.

(die) Gewinnung von „Lebensraum"
Hauptziel der NS-Außenpolitik war die Gewinnung von „Lebensraum" im Osten. Hier griff Hitler auf Vorstellungen aus dem späten 19. Jahrhundert und aus dem Zeitalter des Kolonialismus zurück, die Völker und Staaten als Organismen betrachteten, die Raum zum Wachsen benötigen. Das könne nur durch ständigen Kampf geschehen, wobei sich die stärkere Nation durchsetze. Für die Nationalsozialisten bedeutete das die „Vernichtung des Judentums" und des „Bolschewismus" (= der kommunistischen Sowjetunion). Der deutschen Bevölkerung wurde eingeredet, dass sie angesichts steigender Bevölkerungszahlen ein „Volk ohne Raum" sei.

(die) „Rasse"
Die These eines „ewigen Kampfes" zwischen „höherwertigen und minderwertigen Rassen" um „Lebensraum" stand im Mittelpunkt der NS-Ideologie. Diese Ideen wurden bereits Mitte des 19. Jahrhundert entwickelt und im Zeitalter des Imperialismus durch die Vorstellung des „Sozialdarwinismus" (siehe S. 43) ergänzt. Darwins Lehre vom „Kampf ums Dasein" wurde auf das menschliche Zusammenleben übertragen. Die Nationalsozialisten behaupteten, dass sich nur „die stärkere menschliche Rasse" (in ihren Augen die „arische Rasse") im Überlebenskampf der Völker durchsetzen werde. Die moderne Genforschung hat erwiesen, dass es keine unterschiedlichen menschlichen Rassen gibt und die Thesen aus wissenschaftlicher Sicht nicht zu halten sind.

(der) Antikommunismus
Die Ereignisse rund um die Novemberrevolution 1918 bestärkten Hitler in seinem Denken, dass die Sozialdemokraten und Kommunisten als Feinde anzusehen seien. Ihnen schob er die Schuld an der Niederlage im Ersten Weltkrieg zu. Die von den Theoretikern des Kommunismus beschriebenen Lösungsansätze zur Beseitigung der Konflikte zwischen Arbeitnehmern und Arbeitgebern lehnten die Nationalsozialisten ab. Sie forderten die „Zerschlagung der Arbeiterbewegung". Seit der Oktoberrevolution der kommunistischen Bolschewiki unter Lenin in Russland 1917 herrschte insbesondere im Bürgertum und bei Unternehmern die Furcht vor „russischen Verhältnissen" in Deutschland. Diese Denkweise setzte sich auch in der Weimarer Republik fort. Der Kommunismus ging auf eine Lehre von Karl Marx zurück, der aus einer jüdischen Familie stammte. An der Revolution 1917 in Russland beteiligten sich zahlreiche russische Revolutionäre ebenfalls aus jüdischen Familien. Daher verband sich in der NS-Ideologie der Antikommunismus mit dem Antisemitismus.

(der) Antisemitismus
Obwohl die meisten Menschen mit jüdischem Glauben im Kaiserreich weitgehend in die Gesellschaft integriert waren, gab es im deutschen Kaiserreich einen wachsenden Antisemitismus. Hitler hasste die Juden, weil sie seiner Überzeugung nach „die rassische Gesundung des deutschen Volkskörpers" verhinderten. Daher müsse diese „zutiefst minderwertige Rasse" bekämpft werden. Die NS-Presse bezeichnete Juden als „Schmarotzer", „Parasiten" oder „Ratten" und stellten Deutschland als Opfer einer „jüdischen Weltverschwörung" oder des „internationalen Finanzjudentums" dar. Historisch neu und beispiellos war, dass dieser radikale Rassismus nach 1933 zur staatlichen deutschen Politik wurde. Die Umsetzung dieser Ideologie mündete in der Ausgrenzung, Verfolgung und Vernichtung der jüdischen Bevölkerung.

(das) Führerprinzip und (der) Führerkult
Einen Kult um starke Politiker gab es zwischen den Weltkriegen in vielen europäischen Ländern. In Deutschland sah Hitler sich als „Führer" mit einem „heldenhaften Auftrag". Der „Führer" vereinte in sich die oberste vollziehende, gesetzgebende und richterliche Gewalt und kannte keine Gewaltenteilung; er bedurfte keiner Legitimation und verlangte unbedingten Gehorsam. Seine Person wurde kultisch verehrt.

M 4

NS-Propagandaplakat „Es lebe Deutschland!", Entwurf von Karl Stauber, 1930er Jahre

M 5

Antisemitisches Plakat der Nationalsozialisten mit der Aufschrift „Der ewige Jude" für die gleichnamige Ausstellung im Deutschen Museum in München, 1937

1 Analysiere das Gemälde M1. **Tipp** → S. 243.

2 **a)** Erkläre, inwiefern die Ideologie der NSDAP durch Antisemitismus, Nationalismus sowie durch Ablehnung der Demokratie gekennzeichnet war (M3). Nutze den **Wortschatz**.
b) Bewerte die Auszüge aus dem Parteiprogramm der NSDAP aus heutiger Sicht (M3). Nutze das Grundgesetz der Bundesrepublik und die geltenden Grundrechte.

3 Entwickle eine Begriffskarte (→ S. 253) zum Begriff „totaler Staat".

4 **a)** Ordne die Worterklärungen von S. 152 den Textstellen M2A bis M2D zu. Manchmal können einer Quelle auch mehrere Begriffe zugeordnet werden.
MK **b)** Erstelle eine Mind-Map zu den Elementen der NS-Ideologie. Verwende dazu den Darstellungstext sowie die Schlüsselbegriffe der NS-Ideologie auf S. 152. Verwende auch den Begriff „totaler Staat". Du kannst die Mind-Map auch am Computer erstellen.

MK 5 **Partnerarbeit**:
a) **Methode:** Einer von euch untersucht M4, der andere M5. Nehmt die Arbeitsschritte „Politische Plakate analysieren" auf S. 123 oder die Kopiervorlage im Webcode zu Hilfe.
b) Vergleicht eure Ergebnisse.
c) Diskutiert, inwiefern die jeweilige Darstellung die Ideologie des Nationalsozialisten widerspiegelt.

6 Das Buch „Mein Kampf" durfte in Deutschland bis 2015 nicht neu gedruckt werden. Seit 2016 wird eine von Historikern kommentierte Version in Deutschland angeboten. Nimm zum Verbot und zu den Gefahren einer Neuauflage des Buches Stellung.

cornelsen.de/webcodes
Code: xafijo
Kopiervorlage Methodentabelle

Wortschatz: die Weltanschauung oder Ideologie der Nationalsozialisten • eine Ideologie vertreten • jemanden untertan sein (= untergeben) • ein Personenkult (= eine Person und ihre Führungsrolle wird in Politik und Gesellschaft über alle Maßen verehrt und überbewertet) • die NS-Ideologie lässt sich an ... erkennen

Der 30. Januar 1933: Hitler wird Reichskanzler

Reichspräsident Paul von Hindenburg ernannte am 30. Januar 1933 Adolf Hitler zum Reichskanzler. Die Nationalsozialisten sprachen untereinander von einer „Machtergreifung“ und nach außen von einer „Machtübernahme“ – sie feierten den Tag als „nationalsozialistische Revolution“. Die heutige Fachwissenschaft spricht von „Machtübertragung.“

- ***Welche politischen Umstände führten zur Ernennung Hitlers zum Reichskanzler?***

M 1

„Ein Dreimännerbund auf Zeit", Karikatur von Bernard Partridge in der englischen Zeitschrift „Punch" vom 8. Februar 1933. Die Personen von links nach rechts: Paul von Hindenburg, Adolf Hitler und Franz von Papen.

Hitler wird Reichskanzler

„Hitler ist Reichskanzler. Wie ein Märchen! Uns allen stehen die Tränen in den Augen. […] Großer Jubel“, notierte der spätere Propagandaminister Joseph Goebbels einen Tag nach der Vereidigung Hitlers zum Reichskanzler euphorisch in seinem Tagebuch. Die Schlüsselrolle bei der Regierungsbildung spielte der ehemalige Reichskanzler Franz von Papen, der seit Anfang Januar hinter dem Rücken des amtierenden Reichskanzlers von Schleicher mit der NSDAP und der DNVP verhandelte. Reichspräsident Hindenburg, der sich zweimal gegen eine Kanzlerschaft Hitlers gewehrt hatte, konnte letztlich von Papen und dessen Ratgeber aus Politik und Wirtschaft überzeugt werden. Hitler, der seit November 1932 von einflussreichen Bankiers und Industriellen unterstützt wurde, war nun Reichskanzler. Dies bedeutete für Mitglieder und Anhänger der NSDAP einen Triumph.

Die neue Koalitionsregierung war demokratisch nicht legitimiert, weil sie im Reichstag über keine Mehrheit verfügte. Sie war somit – wie in der Endphase der Weimarer Republik und mit ihrer Verfassung vereinbar – ein Präsidialkabinett (siehe S. 138 ff.), das in Abhängigkeit vom Reichspräsidenten mit Notverordnungen ohne die Mitwirkung des Parlaments regierte.

Hitler wird unterschätzt

Der neuen Regierung gehörten neben Hitler „nur“ zwei weitere NSDAP-Mitglieder an. Die deutschnationalen und rechtskonservativen Kräfte um Vizekanzler von Papen waren überzeugt, Hitler mit nicht-nationalsozialistischen Ministern politisch „eingerahmt“ zu haben. Papen ging gegenüber Hindenburg sogar davon aus, Hitler werde sich „zähmen“ lassen: „In zwei Monaten haben wir Hitler in die Ecke gedrückt, dass er quietscht.“ Gegen den Willen der DNVP setzte Hitler jedoch umgehend vorgezogene Neuwahlen durch. Am 31. Januar löste Hindenburg den Reichstag auf und bestimmte für den 5. März Neuwahlen. Die Nationalsozialisten hofften, bei den Reichstagswahlen die absolute Mehrheit zu erhalten, um sich ihre Herrschaft vom Volk legitimieren zu lassen und um Verfassungsänderungen zu beschließen, um Verfassungsänderungen mit der erforderlichen Zweidrittelmehrheit durchsetzen zu können.

Wortschatz: jemandem die Macht übertragen • hinter dem Rücken etwas verhandeln (= etwas wird heimlich verhandelt) • demokratisch nicht legitimiert sein • mit Notverordnungen regieren • den Reichstag auflösen • eine Doppelstrategie verfolgen • sich staatlicher Machtmittel bedienen

M 2

Der Journalist Sebastian Haffner (1907– 1999) in seinen Erinnerungen über den 30. Januar 1933:
Die Nazis feiern als den Tag ihrer Revolution den 30. Januar. Mit Unrecht. Der 30. Januar 1933 brachte keine Revolution, sondern einen Regierungswechsel. Hitler wurde Reichskanzler ... Verfassungsrechtlich war der Vorgang weit normaler und unrevolutionärer als das meiste, was sich im Jahr zuvor abgespielt hatte. Und äußerlich verlief der Tag ebenfalls ohne alle revolutionären Merkmale – wenn man nicht einen Fackelzug der Nazis durch die Wilhelmstraße und eine belanglose nächtliche Schießerei in einem Vorort als solche gelten lassen will. Für uns andere bestand das Erlebnis des 30. Januar tatsächlich nur in Zeitungslektüre – und den Empfindungen, die sie auslöste ... Gegen 5 Uhr dann waren die Abendzeitungen da: Kabinett der nationalen Konzentration gebildet – Hitler Reichskanzler. Ich weiß nicht genau, wie die allgemeine erste Reaktion war. Die meine war etwa eine Minute lang richtig: Eisiger Schreck. Gewiss, es war „drin“ gewesen, schon lange. Man hatte damit rechnen müssen. Dennoch, es war so phantastisch. So unglaubhaft ... Hitler – Reichskanzler ... Am Abend diskutierte ich die Aussichten der neuen Regierung mit meinem Vater, und wir waren uns einig darüber, dass sie zwar eine Chance hatte, eine ganz hübsche Menge Unheil anzurichten, aber kaum eine Chance, lange zu regieren. Eine schwarz-reaktionäre Regierung im Ganzen, mit Hitler als Mundstück. Bis auf diesen Zusatz unterschied sie sich wenig von den beiden letzten, die [Reichskanzler] Brüning gefolgt waren ... Nein, alles in allem war diese Regierung kein Grund zur Beunruhigung.

*Sebastian Haffner, Geschichte eines Deutschen. Die Erinnerungen 1914–1933, Freiburg (dva) 2000, S. 103 ff.***

M 3

Der Historiker Eberhard Kolb über den 30. Januar 1933 (2009):
Mit dem Übergang zum Präsidialsystem wurde ... eine Abwendung von der parlamentarischen Regierungsweise vollzogen und die Position der republiktreuen und staatsbejahenden Kräfte empfindlich geschwächt ... [Die] NSDAP [war] nur deshalb schließlich siegreich, weil die alten Eliten in Großlandwirtschaft und Industrie, Militäraristokratie [= obere Militärs adliger Herkunft] und Großbürgertum zur autoritären Abkehr von Weimar entschlossen waren und glaubten, die nationalsozialistische Massenbewegung für sich benutzen zu können. Zwar erstrebten sie nicht eine totalitäre Diktatur, wie sie seit dem 30. Januar 1933 Wirklichkeit wurde, aber im Kampf gegen Demokratie, Parlamentarismus und organisierte Arbeiterschaft war die NSDAP für sie ein akzeptabler Bundesgenosse. Wohl wird man behaupten dürfen, dass die nationalsozialistische Machtergreifung ... nicht objektiv unvermeidbar war. Aber ... seit 1932 [bestand] zweifellos ein außerordentlich starker Trend in Richtung einer Hitler-Lösung ... Nicht ... der sozialdemokratischen Arbeiterschaft und ... der immer stärker schrumpfenden Gruppe republiktreuer bürgerlicher Demokraten ... ist der Untergang der Republik anzulasten, sondern den nationalistischen und autoritären Gegnern der Weimarer Demokratie, die ... den Staat ... in einer großangelegten Offensive zertrümmerten.

*Eberhard Kolb, Die Weimarer Republik, 7. Aufl., München (Oldenbourg) 2009, S. 150 ff.***

1 Fasse die zentralen Ereignisse auf dem Weg Hitlers zum Reichskanzler zusammen (Darstellungstext). Nutze den **Wortschatz**.

MK **2** **Methode:** Analysiere die Karikatur M1 mithilfe der Kopiervorlage im Webcode oder der Arbeitsschritte auf S. 257.

3 **a)** Beschreibe, wie Haffner den 30. Januar 1933 erlebte (M2).
b) Beurteile: „Nein, alles in allem war diese Regierung kein Grund zur Beunruhigung.“ (M2, Z. 34 f).

4 Untersuche, wen Kolb für die „Machtergreifung“ der Nationalsozialisten verantwortlich macht (M3).

5 Diskutiere, warum die Nationalsozialisten eher von Machtübernahme als von „Machtergreifung“ sprachen.

6 Beurteile, welche politischen und gesellschaftlichen Kräfte Hitlers Ernennung zum Reichskanzler befürworteten (Darstellungstext, M1, M3).

cornelsen.de/webcodes
Code: casawa
Kopiervorlage Methodentabelle

Das „Ermächtigungsgesetz" – warum schafft das Parlament seine Rechte ab?

Nach seiner Ernennung zum Reichskanzler verfolgte Hitler das Ziel, auf scheinbar legalem Weg die nationalsozialistische Diktatur zu errichten.

- *Untersuche hier die zentralen Schritte der Nationalsozialisten zur Festigung ihrer Macht.*

Die Doppelstrategie der NSDAP

Im Wahlkampf für die Reichstagswahlen am 5. März 1933 machte die NSDAP einerseits aufwändig Propaganda in Rundfunk und Presse für ihre Wahlziele. Zum anderen bedienten sich die Nationalsozialisten aller staatlichen Machtmittel bei der Bekämpfung und Ausschaltung ihrer politischen Gegner. Als am 27. Februar 1933 ein Großbrand den Reichstag schwer beschädigte, nutzten die Nationalsozialisten das Ereignis für ihre Zwecke. Sie beschuldigten die Kommunisten der Brandstiftung. Der junge niederländische Kommunist Marinus van der Lubbe wurde als Täter verhaftet, ohne gesetzliche Grundlage zum Tode verurteilt und im Dezember 1933 hingerichtet. Das Todesurteil wurde 1980 in der Bundesrepublik Deutschland als unrechtmäßig nachträglich aufgehoben. Mit dem Urteil gegen van der Lubbe wollte Hitler in erster Linie die deutschen Kommunisten treffen. Mit bereits vorbereiteten Gesetzen sollte Reichspräsident Hindenburg die Politik Hitlers gegen einen „kommunistischen Umsturz" durchsetzen. Die Notverordnung „Zum Schutz von Volk und Staat" („Reichstagsbrandverordnung") hob alle demokratischen Grundrechte auf. Nun konnte jeder unter dem Vorwurf des „Hochverrats am deutschen Volk" willkürlich verhaftet und ohne Gerichtsurteil eingesperrt werden. Allein in Preußen inhaftierten und folterten die Nationalsozialisten bis April 1933 rund 35 000 Gegner, vor allem Kommunisten, aber auch Sozialdemokraten und Gewerkschafter. Viele von ihnen wurden ermordet oder wurden in den zu dieser Zeit entstehenden Konzentrationslagern* inhaftiert.

Das „Ermächtigungsgesetz" wird verabschiedet

Diese Umgehung des Parlaments ging den Nationalsozialisten aber noch nicht weit genug. Bei den Reichstagswahlen am 5. März erreichte die NSDAP trotz massiver Einschüchterung der Wählerinnen und Wähler nicht die von ihr erwartete absolute Mehrheit. So blieben sie und Hitler weiterhin von den Entscheidungen des Parlaments abhängig. Am 23. März legte dieser den Abgeordneten das „Ermächtigungsgesetz*" zur Abstimmung vor. Es gab der Regierung das Recht, Gesetze ohne Zustimmung des Parlamentes zu erlassen. Zur Verabschiedung des Gesetzes mussten mindestens zwei Drittel der 647 Reichstagsmitglieder dafür stimmen. Die 81 KPD-Abgeordneten wie auch 26 Sozialdemokraten waren entweder in „Schutzhaft*" genommen worden oder untergetaucht und daher nicht anwesend. Die Zustimmung des katholischen Zentrums und der ihm nahestehenden Bayerischen Volkspartei (BVP) hatte sich Hitler gesichert. Hitlers Annäherung an die katholische Kirche gab trotz innerer Zerrissenheit der Fraktionen und grundsätzlicher Vorbehalte gegenüber der Hitler-Regierung den entscheidenden Ausschlag. Das Gesetz wurde mit 444 Ja-Stimmen gegen 94 Nein-Stimmen der Sozialdemokraten angenommen. Es trat sofort für die Dauer von vier Jahren in Kraft. Durch Verlängerungen galt es bis zum Ende der NS-Herrschaft.

M 1

Wegen des Brandes im Reichstag tagte das Parlament in der Berliner „Kroll-Oper". Hier rückten am Tag der Verabschiedung des „Ermächtigungsgesetzes" SA und SS*-Einheiten als „Saalschutz" an, Foto, 1933*

Wortschatz: sich eines Mittels bedienen • ein Grundrecht außer Kraft setzen • jemanden zu etwas ermächtigen • einer Zustimmung bedürfen • etwas wird außer Kraft gesetzt • die Folgen des Ermächtigungsgesetzes waren ...

M 2

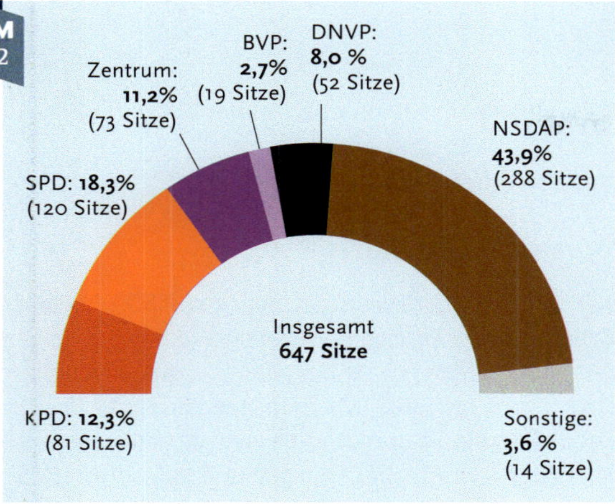

Ergebnisse der Reichstagswahl vom 5. März 1933 und die Verteilung der Parlamentssitze auf die einzelnen Parteien

M 3

Aus der „Notverordnung zum Schutz von Volk und Staat" vom 28. Februar 1933:

Aufgrund des Artikels 48 Absatz 2 der Reichsverfassung wird zur Abwehr kommunistischer staatsgefährdender Gewaltakte folgendes verordnet:

§ 1 Die Artikel 114, 115, 117, 118, 123, 124 und 153 der Verfassung des Deutsches Reiches werden bis auf weiteres außer Kraft gesetzt. Es sind daher Beschränkungen der persönlichen Freiheit, des Rechts der freien Meinungsäußerung, einschließlich der Pressefreiheit, des Vereins- und Versammlungsrechts, Eingriffe in das Brief-, Post-, Telegraphen- und Fernsprechgeheimnis, Anordnungen von Haussuchungen und von Beschlagnahmen, sowie Beschränkungen des Eigentums auch außerhalb der sonst hierfür bestimmten gesetzlichen Grenzen zulässig ...

*Zit. nach http://www.documentarchiv.de/ns/rtbrand.html (Stand: 17.12.2020).**

M 4

Aus dem Gesetz zur Behebung der Not von Volk und Reich („Ermächtigungsgesetz") vom 24. März 1933:

Art. 1. Reichsgesetze können außer in dem in der Reichsverfassung vorgesehenen Verfahren auch durch die Reichsregierung beschlossen werden ...

Art. 2. Die von der Reichsregierung beschlossenen Reichsgesetze können von der Reichsverfassung abweichen, soweit sie nicht die Einrichtung des Reichstags und des Reichsrats als solche zum Gegenstand haben. Die Rechte des Reichspräsidenten bleiben unberührt.

Art. 3. Die von der Reichsregierung beschlossenen Reichsgesetze werden vom Reichskanzler ausgefertigt und im Reichsgesetzblatt verkündet. Sie treten, soweit sie nichts anderes bestimmen, mit dem auf die Verkündung folgenden Tage in Kraft ...

Art. 4. Verträge des Reichs mit fremden Staaten, die sich auf Gegenstände der Reichsgesetzgebung beziehen, bedürfen nicht der Zustimmung der an der Gesetzgebung beteiligten Körperschaften[1]. Die Reichsregierung erlässt die zur Durchführung dieser Verträge erforderlichen Vorschriften.

Art. 5. Dieses Gesetz tritt mit dem Tage seiner Verkündung in Kraft. Es tritt mit dem 1. April 1937 außer Kraft; es tritt ferner außer Kraft, wenn die gegenwärtige Reichsregierung durch eine andere abgelöst wird.

*Reichsgesetzblatt (RGBl) I 1933, S. 141.**

[1] *ein auf Dauer angelegter Zusammenschluss von Personen, die ein gemeinsames Ziel verfolgen*

1 Stelle die Folgen des Reichstagsbrandes für Kommunisten und Sozialisten in Deutschland dar (Darstellungstext, M3).

2 Wähle eine Aufgabe aus:

a) Erläutere, inwiefern sich der Reichstagsbrand als nützlich für die Verwirklichung der Pläne Hitlers im Hinblick auf einen Wahlsieg der NSDAP erwies (M2, Darstellungstext).

b) Skizziere die politische Stimmung in Deutschland am 5. März 1933 (M2, Darstellungstext). **Tipp** → S. 243.

3 Erläutere, was unter „Doppelstrategie der NSDAP" zu verstehen ist (Darstellungstext).

4 Nenne drei Ursachen für die Verabschiedung des Ermächtigungsgesetzes (Darstellungstext, M1).

5 a) Erkläre, warum Hitler das „Ermächtigungsgesetz" zur Abstimmung brachte (Darstellungstext, M4).

b) Erläutere die Auswirkungen des „Ermächtigungsgesetzes" auf die demokratische Ordnung (M4). Nutze den **Wortschatz**. **Tipp** → S. 243.

6 a) Beurteile die Bedeutung des Ermächtigungsgesetzes für den Aufbau der NS-Herrschaft.

b) Erörtere, ob die Demokratie auf Grundlage der Verfassung beseitigt wurde.

cornelsen.de/webcodes
Code: pikoti
Film: Der Weg in die Diktatur

Der „Tag von Potsdam“

Mit einem Festakt am 21. März 1933 in Potsdam stellten die Nationalsozialisten die Eröffnungsfeier des neu gewählten Reichstags in die Tradition des deutschen Kaiserreichs. Reichspräsident Hindenburg stand als Bindeglied zwischen Militärmonarchie und NS-Führerstaat. Beantworte mit A, B oder C:

- ***Welche Botschaft sollte der sogenannte „Tag von Potsdam“ vermitteln?***

Die Vorbereitungen

Die Eröffnungszeremonie des neu gewählten Reichstags fand in Potsdam statt. In der evangelischen „Hof- und Garnisonkirche“ in Potsdam befanden sich die Gräber der preußischen Könige. Am 21. März 1871 hatte Kaiser Wilhelm I. am gleichen Ort die erste Sitzung des neu gegründeten Reichstags eröffnet. Die Kirche bot Platz für rund 2000 Ehrengäste. Auf den Straßen und Plätzen Potsdams wehten unzählige Fahnen im kaiserlichen Schwarz-Weiß-Rot und Hakenkreuzfahnen, die seit 1920 das offizielle Zeichen der NSDAP waren. Zehntausende Zuschauer versammelten sich hier, um den anschließenden Militärparaden zuzujubeln. Der kurz zuvor ernannte NS-Propagandaminister Joseph Goebbels sorgte dafür, dass die Feier zu einem nationalen Ereignis wurde: In Zeitungen und im Radio hatte er zur Beflaggung von Wohnhäusern und zu lokalen Festakten mit Fackelzügen aufgerufen. Per Kamera und Mikrofon wurde die Veranstaltung festgehalten und im Radio übertragen.

A

M1

Protokoll für den Ablauf der Feier:

- evangelischer Gottesdienst für Hindenburg und die evangelischen Abgeordneten in der Nikolaikirche, katholischer Gottesdienst in der Stadtpfarrkirche
- Stadtrundfahrt Hindenburgs bis zum Schloss Sanssouci (= Schloss Friedrichs des Großen in Potsdam) und zurück, Ankunft in der Garnisonkirche
- Zusammentreffen in der Garnisonkirche, Hitler führt den Zug der Abgeordneten, Hindenburg schreitet die Ehrenkompanie auf dem Weg in die Kirche ab
- Festakt in der Kirche, Ansprache Hindenburgs, Regierungserklärung Hitlers, Kranzniederlegung auf den Gräbern der Preußenkönige
- Abnahme der Militärparade durch Hindenburg auf einer Tribüne vor der Kirche
- Abfahrt Hitlers und der Abgeordneten nach Berlin, Reichstagssitzung in der Kroll-Oper

Vom Autor zusammengestellt.

M2

Fotopostkarte zum „Tag von Potsdam“, 1933. Unter der Garnisonkirche von links: Adolf Hitler, Friedrich der Große (1740–1786 König von Preußen), Paul von Hindenburg.

1 Erläutere die Botschaft, die der „Tag von Potsdam“ aus Sicht der nationalsozialistischen und aus Sicht der konservativen Beteiligten vermitteln sollte (M1, Darstellungstext).

2 Überprüfe, inwiefern sich diese Botschaft in der Abbildung wiederfindet (M2).

B

M 3

Reichskanzler Adolf Hitler verabschiedet sich vor der Garnisonkirche in Potsdam von Reichspräsident Paul von Hindenburg. Foto, 21. März 1933

M 4

Schutzpolizisten versuchen, die Menschenmassen zurückzuhalten. Foto, 21. März 1933

1 **a)** Fasse in passenden Adjektiven die Wirkung der Fotos M3 und M4 auf dich zusammen.
b) Beschreibe und deute beide Fotografien. Achte dabei auf Mimik, Gestik, Körperhaltung und Symbolkraft. Nutze auch den Darstellungstext.

2 Es ist unklar, ob die Zuschauer in M4 auf die Szene in M3 reagieren. Stelle dir vor, dass es so ist, und erkläre die möglichen Ursachen für diese Reaktion.

C

M 5

Aus der Rundfunkübertragung des Reporters Eberhard Freiherr von Medem (1933):

(Glockenläuten) ... Deutsche Hörer an allen Stellen des Reiches! Ich stehe jetzt mit Euch zusammen an einem hohen Fenster am Südportal der Garnisonkirche ... (Orgelspiel) Wir treten ein in die Kirche ... Hört, was das neue Deutschland in Ehrfurcht und Selbstbesinnung ... der Welt zu sagen hat. Reichspräsident Generalfeldmarschall von Hindenburg: ... Der Ort, an dem wir uns heute versammelt haben, mahnt uns zum Rückblick auf das alte Preußen, das in Gottesfurcht durch pflichttreue Arbeit, nie verzagenden Mut und hingebende Vaterlandsliebe groß geworden ist ... Möge der alte Geist dieser Ruhmesstätte auch das heutige Geschlecht beseelen [= inspirieren], möge er ... in nationaler Selbstbestimmung und seelischer Erneuerung zusammenführen zum Segen eines in sich geeinten, freien, stolzen Deutschlands! Reichskanzler Adolf Hitler: ... Diesem jungen Deutschland haben Sie, Herr Generalfeldmarschall, am 30. Januar 1933 in großherzigem Entschluss die Führung des Reiches anvertraut ... Wir erheben uns vor Ihnen ... Sie erlebten einst des Reiches Werden, sahen vor sich noch des großen Kanzlers [Bismarck] Werk, den wunderbaren Aufstieg unseres Volkes ... Heute lässt Sie die Vorsehung Schirmherr[1] sein über die neue Erhebung unseres Volkes.

*Zit. nach Michael Sauer (Hg.), Geschichte lernen, Sammelband Nationalsozialismus, Velber (Friedrich) 2000, S. 12.***

[1] *eine Person, die offizieller Förderer oder Betreuer einer Institution, Initiative oder Veranstaltung ist*

1 Arbeite die Vorstellungen Hindenburgs und Hitlers von einem „neuen Deutschland" mithilfe von M5 heraus.

2 Vergleiche die Weltanschauungen beider in M5 zu Wort kommenden Politiker.

Aufgabe für alle:
a) Diskutiert, ob Hitler mit dem „Tag von Potsdam" „gezähmt" werden konnte.
b) Diskutiert das Vorhaben, die als Ruine des Weltkriegs gesprengte Garnisonkirche als Erinnerungsort wiederaufzubauen. Nehmt den Webcode zu Hilfe.

cornelsen.de/webcodes
Code: semofo
Wiederaufbau der Garnisonkirche

Eine politische Rede analysieren

Am 23. März 1933 stellte Reichskanzler Hitler seine Argumente für das „Ermächtigungsgesetz" in einer Rede im Reichstag dar. Im Anschluss machte der SPD-Vorsitzende Otto Wels die Position der Sozialdemokraten deutlich. Es war die „letzte freie Rede" im Reichstag bis zum Ende des Zweiten Weltkriegs.

- *Analysiere die beiden Reden und werte sie mithilfe der Arbeitsschritte aus.*

M 1

Aus der Regierungserklärung Adolf Hitlers vor dem Reichstag am 23. März 1933:

Um die Regierung in die Lage zu versetzen, die Aufgaben zu erfüllen, die innerhalb des allgemein gekennzeichneten Rahmens liegen, hat sie im Reichstag durch die beiden Parteien der Nationalsozialisten [NSDAP] und Deutschnationalen [DNVP] das Ermächtigungsgesetz einbringen lassen. Ein Teil der beabsichtigten Maßnahmen erfordert die verfassungsändernde Mehrheit. Die Durchführung dieser Aufgaben bzw. ihre Lösung ist notwendig. Es würde dem Sinn der nationalen Erhebung widersprechen, ... wollte die Regierung sich für ihre Maßnahmen von Fall zu Fall die Genehmigung des Reichstags erhandeln oder erbitten. Die Regierung wird dabei nicht von der Absicht getrieben, den Reichstag als solchen aufzuheben, im Gegenteil, sie behält sich auch in Zukunft vor, ihn von Zeit zu Zeit über ihre Maßnahmen zu unterrichten oder aus bestimmten Gründen, wenn zweckmäßig, auch seine Zustimmung einzuholen. Die Autorität und damit die Erfüllung der Aufgaben der Regierung würden aber leiden, wenn im Volke Zweifel an der Stabilität des neuen Regiments entstehen ... Sie bietet den Parteien des Reichstags die Möglichkeit einer ruhigen Entwicklung und einer sich daraus in der Zukunft anbahnenden Verständigung; sie ist aber ebenso fest entschlossen und bereit, die Bekundung der Ablehnung und damit die Ansage des Widerstandes entgegenzunehmen. Mögen Sie, meine Herren, nun mehr selbst die Entscheidung treffen über Frieden oder Krieg.

*Zit. nach Johannes Hohlfeld u. a. (Hg.), Dokumente der deutschen Politik und Geschichte von 1848 bis zur Gegenwart, Bd. 4, Berlin (Wendler) 1954, S. 35 f.***

M 2

Aus der Rede des SPD-Vorsitzenden Otto Wels (1873–1939) vor dem Reichstag am 23. März 1933:

Freiheit und Leben kann man uns nehmen, die Ehre nicht. Nach der Verfolgung, die die Sozialdemokratische Partei in der letzten Zeit erfahren hat, wird billigerweise [= logischerweise] niemand von ihr verlangen oder erwarten können, dass sie für das hier eingebrachte Ermächtigungsgesetz stimmt. Die Wahlen vom 5. März haben den Regierungsparteien die Mehrheit gebracht und damit die Möglichkeit gegeben, streng nach Wortlaut und Sinn der Verfassung zu regieren. Wo diese Möglichkeit besteht, besteht auch die Pflicht ...

Noch niemals, seit es einen Deutschen Reichstag gibt, ist die Kontrolle der öffentlichen Angelegenheiten durch die gewählten Vertreter des Volkes in solchem Maße ausgeschaltet worden, wie es jetzt geschieht und wie es durch das neue Ermächtigungsgesetz noch mehr geschehen soll ... Die Herren von der Nationalsozialistischen Partei nennen die von ihnen entfesselte Bewegung eine nationale Revolution, ... Zerstörung von Bestehendem ist aber noch keine Revolution. Das Volk erwartet positive Leistungen ... Wir deutschen Sozialdemokraten bekennen uns in dieser geschichtlichen Stunde feierlich zu den Grundsätzen der Menschlichkeit und der Gerechtigkeit, der Freiheit und des Sozialismus ... Wir grüßen die Verfolgten und Bedrängten. Wir grüßen unsere Freunde im Reich. Ihre Standhaftigkeit und Treue verdienen Bewunderung. Ihr Bekennermut, ihre ungebrochene Zuversicht verbürgen [= versprechen] eine hellere Zukunft.

*Zit. nach Herbert Michaelis & Ernst Schraepler, Ursachen und Folgen. Vom deutschen Zusammenbruch 1918–1945 bis zur staatlichen Neuordnung Deutschlands in der Gegenwart, Bd. 9, Berlin (Dokumentenverlag Wendler) 1964, S. 147 f.***

cornelsen.de/webcodes
Code: *vajaru*
Audio: Reden von Otto Wels und Adolf Hitlers Reaktion

Arbeitsschritte „Eine politische Rede analysieren“

Eine Leitfrage formulieren	Sprachliche Formulierungshilfen
1. Formuliere eine Leitfrage.	• *Zum Beispiel: Das „Ermächtigungsgesetz“ – eine alternativlose Notwendigkeit im Sinne des Volkes?*
Formale Analyse	
2. Wer hat die Rede verfasst? Wann ist sie entstanden? **Tipp:** *Politische Reden sind Quellen, in denen der Redner seine Zuhörer von einer bestimmten Meinung überzeugen will. Sie eignen sich, zeitgenössische Perspektiven auf ein Thema kennenzulernen.*	• *Die Rede M1 wurde von …*
3. In welchem Kontext wurde die Rede gehalten und an wen (Adressat) wendet sich der Redner? Welche Absicht/Intention verfolgt der Redner?	• *Die Rede Hitlers ist die Regierungserklärung zum …*
Inhaltliche Analyse	
4. Wie ist die Rede aufgebaut?	• *M1 lässt sich in folgende Abschnitte gliedern …*
5. Was sind die Kernaussagen? Welche Argumente bringt der Redner vor?	• *Es werden folgende zentrale Aussagen getroffen …* • …
6. Welche Aussagen müssen erläutert werden?	• *Die Aussage Hitlers … meint …*
Ergebnisse beurteilen und bewerten	
7. Wie würde der Redner die aufgestellte Leitfrage beantworten?	• *Hitler bejaht diese Frage, weil er …*
8. Bewerte die Argumente aus heutiger Sicht.	• …
9. Beantworte deine Leitfrage aus Schritt 1.	• *Adolf Hitler versucht …*
Tonaufnahmen von Reden analysieren	
10. Wie arbeitet der Redner mit seiner Stimme (Lautstärke, Tempo, Deutlichkeit, Emotionalität)?	**Tipp:** *Nutze den Webcode auf S. 160, um dir die Rede von Otto Wels und Hitlers Reaktion auf diese anzuhören.*
11. Wie reagieren die Zuhörenden?	• …
12. Wie reagiert der Redner auf das Publikum?	• …

MK **1** **a)** Analysiere M1 mithilfe der Arbeitsschritte 1 bis 9. Nutze dafür die Kopiervorlage im Webcode und die sprachlichen Formulierungshilfen.
b) Analysiere anschließend Quelle M2 selbstständig mithilfe der Arbeitsschritte 1 bis 9.
c) Bewerte den Mut von Otto Wels, sich in seiner Rede gegen die Nationalsozialisten zu stellen.

2 Vergleiche die Reden M1 und M2 miteinander. Orientiere dich an folgenden Fragen:
a) Inwiefern nehmen sie aufeinander Bezug?
b) Mithilfe welcher Kriterien lassen sich die Quellen vergleichen? **Tipp** → S. 243.

MK **3** **a)** Bearbeite die Arbeitsschritte 10 bis 12 mithilfe des Webcodes (S. 160).
b) Erkläre, welche Chancen und welche Schwierigkeiten die Analyse einer Rede als Tondokument mit sich bringt.

MK **4** Recherchiere den weiteren Lebensweg von Otto Wels.

cornelsen.de/webcodes
Code: pagohu
Kopiervorlage Methodentabelle

Das Ende des Rechtsstaats

Innerhalb weniger Monate zerstörten die Nationalsozialisten die parlamentarische Demokratie der Weimarer Republik und errichteten eine totalitäre Diktatur.
- ***Mit welchen Mitteln und Maßnahmen gelang dies den Nationalsozialisten?***

Die Zerstörung der demokratischen Ordnung

Die im Februar und März 1933 erlassenen Notverordnungen und das „Ermächtigungsgesetz" leiteten einen Prozess der absoluten Kontrolle aller staatlichen, aber auch sozialen Einrichtungen durch die Nationalsozialisten ein. So wurden mit dem „Gesetz zur Gleichschaltung der Länder mit dem Reich" die Länderregierungen beseitigt und „Reichsstatthalter" eingesetzt, die Hitler unmittelbar unterstanden. Das im April 1933 erlassene „Gesetz zur Wiederherstellung des Berufsbeamtentums" bot die Grundlage für die Entlassung politisch Andersdenkender sowie deutscher Beamtinnen und Beamter jüdischen Glaubens oder mit jüdischen Vorfahren. Der 1. Mai wurde zum „Tag der nationalen Arbeit" erklärt und mit Massenaufmärschen und Großkundgebungen als Feiertag inszeniert. Am 2. Mai 1933 besetzten völlig überraschend SA*, SS* und Polizei die Gewerkschaftshäuser im ganzen Reich. Freie Gewerkschaften wurden verboten, ihr Vermögen beschlagnahmt, zahlreiche Gewerkschaftsfunktionäre verhaftet und in die neu entstehenden Konzentrationslager gebracht. Das beschlagnahmte Vermögen nutzte das NS-Regime für die Neugründung einer deutschen Arbeitsfront (DAF). Alle „arbeitenden Deutschen" waren in dieser der NSDAP unterstellten Organisation Zwangsmitglieder, bis 1938 waren es 23 Millionen Männer und Frauen. Alle mussten zur Kontrolle ein Arbeitsbuch führen und einen monatlichen Zwangsbeitrag leisten, der direkt vom Lohn abgezogen wurde. Nach dem Verbot oder der Selbstauflösung der anderen Parteien wurde die NSDAP zur alleinigen Partei im NS-Staat. Für eine positive Berichterstattung in der Presse wie auch die Gleichschaltung der Literatur und Kunst sorgten das „Reichsministerium für Volksaufklärung und Propaganda" und die „Reichskulturkammer" unter Joseph Goebbels.

In den ersten Wochen der Hitler-Regierung regte sich nur vereinzelt Protest. Die meisten Menschen waren offensichtlich bereit, die radikale Abschaffung ihrer Grundrechte hinzunehmen, weil die Nationalsozialisten nach den Krisenzeiten der Weimarer Republik politische Stabilität versprachen. Vielen schien es so, als ob den Nationalsozialisten die Einlösung ihres Versprechens gelänge, die soziale Not zu bekämpfen.

Festigung der totalitären Macht

Eine scharfe Konkurrenz zwischen der immer mächtiger werdenden SA und der Reichswehr sowie parteiinterne Machtkämpfe belasteten das Hitler-Regime zunehmend. Im Sommer 1934 wurden die gesamte SA-Spitze um Ernst Röhm sowie etliche konservative Regimekritiker auf Befehl Hitlers entmachtet und hingerichtet. Nach dem Tod des Reichspräsidenten Hindenburg am 2. August 1934 ergriff Hitler auch den Posten des Staatsoberhauptes und ließ sich nachträglich durch Volksentscheid als „Führer* und Reichskanzler" in diesem Amt bestätigen. Damit besaß er die uneingeschränkte Macht in Deutschland.

M 1

„1. Mai 1933", Tag der Arbeit, Postkarte, 1933

Wortschatz: missliebig sein (= unerwünscht sein) • eine Gleichschaltung • ein Berufsverbot erhalten • eine Belastung für ein Regime • Staatsoberhaupt werden • eine Diktatur errichten • eine Macht festigen

M 2

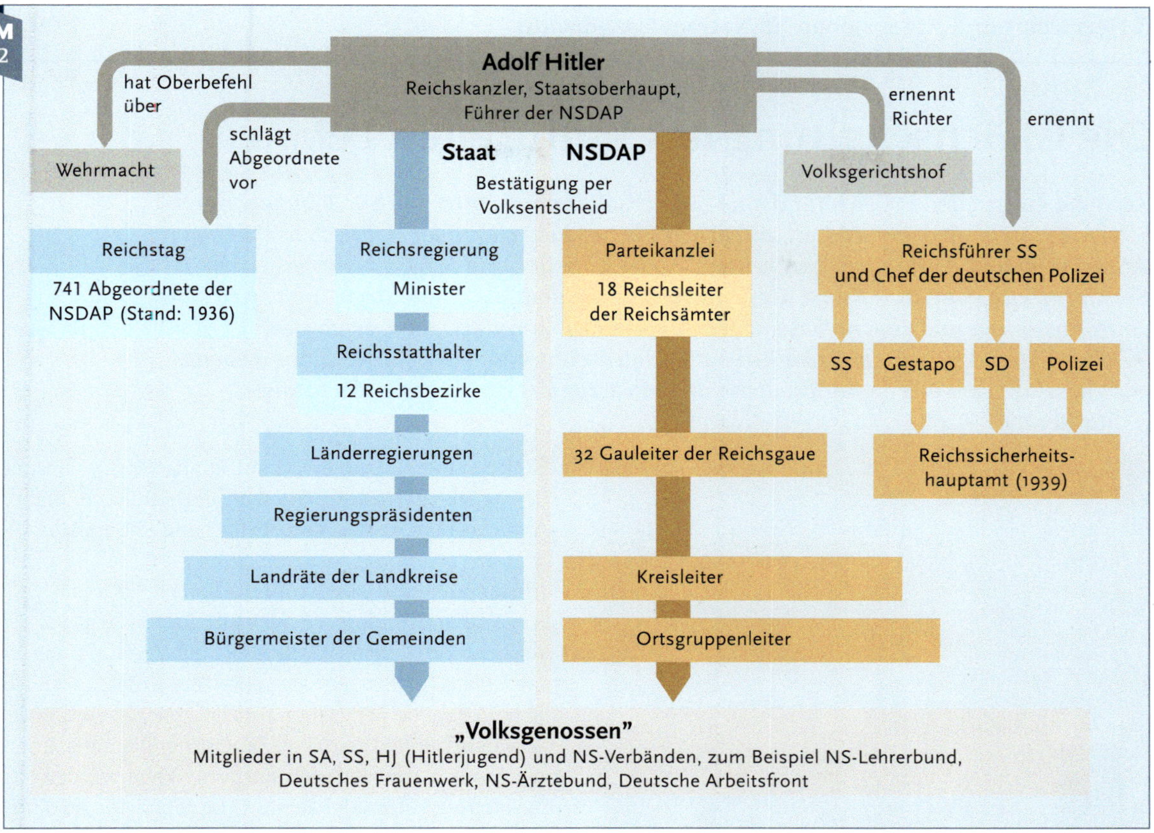

Die Machtstruktur im NS-Staat, Schaubild

M 3

Reichspropagandaminister Goebbels notierte in seinem Tagebuch, 17. April 1933:

Ich habe mit dem Führer die schwebenden Fragen eingehend durchgesprochen ... Den 1. Mai werden wir zu einer grandiosen Demonstration des deutschen Volkswillens gestalten. Am 2. Mai werden dann die Gewerkschaftshäuser besetzt. Gleichschaltung auch auf diesem Gebiet. Es wird vielleicht ein paar Tage Krach geben, aber dann gehören sie uns. Man darf hier keine Rücksicht mehr kennen ... Sind die Gewerkschaften in unserer Hand, dann werden sich auch die anderen Parteien und Organisationen nicht mehr lange halten können.

*Zit. nach Herbert Michaelis & Ernst Schraepler (Hg.), Ursachen und Folgen. Vom deutschen Zusammenbruch 1918 und 1945 bis zur staatlichen Neuordnung Deutschlands in der Gegenwart, Berlin (Wendler) 1964, S. 628.**

(die) Gleichschaltung
die erzwungene Eingliederung aller Institutionen und Organisationen in die NS-Diktatur nach den Vorstellungen der NSDAP (zum Beispiel Schulen oder Zeitungen). Abschaffung der Meinungsfreiheit und der Vielfalt.

1 Wende die Strukturlege-Technik an (→ S. 253): Lies den Darstellungstext und erkläre mithilfe der Kärtchen, wie die Nationalsozialisten die demokratische Ordnung zerstörten und ihre totale Macht festigten. Nutze den **Wortschatz**.

2 **Wähle eine Aufgabe aus:**

a) Erkläre, wie die Nationalsozialisten bei der Gleichschaltung der Arbeiter vorgingen (Begriffskasten, Darstellungstext und M1).

b) Erkläre, wie die Nationalsozialisten bei der Gleichschaltung der Gewerkschaften vorgingen (Begriffskasten, Darstellungstext und M3).

3 **Partnerarbeit**: Diskutiert die Ursachen für die Gleichschaltung der Arbeiter und Gewerkschaften.

4 **a)** Untersuche das Schaubild M2. Kläre unbekannte Begriffe und Abkürzungen.

b) Beschreibe die Struktur der NS-Diktatur. Verwende den Begriff „Doppelstruktur".

Die Gleichschaltung des kulturellen Lebens

Auch im kulturellen Bereich fand eine „Gleichschaltung“ statt. Am 10. Mai begannen Studenten in deutschen Städten, öffentlich Bücher jüdischer oder politisch missliebiger Autorinnen und Autoren zu verbrennen. Viele Künstler und Schriftsteller erhielten Berufsverbote, weil ihre Kunst als „entartet“ und damit als „undeutsch“ galt. Kritische Journalistinnen und Journalisten wurden verhaftet, gefoltert, viele ermordet.

- ***Wie gelang den Nationalsozialisten die Gleichschaltung des künstlerischen Lebens?***
- ***Wie setzten sie ihre Vorstellungen von Kunst zur Verwirklichung des totalen Staates ein?***

M 1

„Die Fahne“, Aquarell von Paul Hermann, veröffentlicht 1942 zum Jahrestag des Hitlerputsches vom 9. November 1923. Das Werk hing 1942 in der „Großen Deutschen Kunstausstellung“ in München. Auf Hitlers Veranlassung erhielt der Künstler mehrere Auszeichnungen.

Bücher brennen

Auf Anweisung der Nationalsozialisten wurde „undeutsche Literatur“ aus den Bibliotheken verbannt. Am 10. Mai 1933 loderten in vielen deutschen Universitätsstädten Scheiterhaufen aus Büchern, die von der NS-Propaganda als „volksfremd, dekadent (= kulturell verfallen) und jüdisch“ gebrandmarkt wurden. An der Veranstaltung in Berlin nahmen 70 000 Menschen teil. Propagandaminister Goebbels hielt eine Rede. Bücher der verachteten Schriftsteller durften nicht mehr verkauft werden. Darunter waren Heinrich Heine, Bertolt Brecht, Erich Kästner, Thomas und Heinrich Mann, Anna Seghers, Bertha von Suttner und Robert Musil.

„Entartete“ und „instrumentalisierte“ Kunst

Gemälde und Skulpturen der abstrakten Kunst, vor allem jene des Expressionismus (= eine Stilrichtung in der Kunst), galten nun als „entartete Kunst“, weil sie nicht in das von den Nationalsozialisten vorgeschriebene Menschenbild passten. Zahlreiche Werke wurden aus Museen und Galerien entfernt. Viele wurden ins Ausland verkauft oder zerstört. Im Sinne der NS-Führung sollte die Kunst sich am „gesunden Volksempfinden“ orientieren. Viele Werke der „entarteten Kunst“ wurden in großen Ausstellungen präsentiert und bloßgestellt, da in der Öffentlichkeit oft Unverständnis gegenüber den schwerer verständlichen Werken der Moderne vorherrschte. Viele bedeutende Künstlerinnen und Künstler verließen Deutschland, um Berufsverboten und Verfolgung zu entgehen.

Aufträge für neue Kunstwerke gab es nur noch für Gemälde und Skulpturen, die der NS-Ideologie entsprachen und die geeignet waren, die Bevölkerung im national-sozialistischen Sinne zu beeinflussen. Kunst und Architektur standen im Dienst der Diktatur – sie wurden „instrumentalisiert“. 1937 wurde in München das „Haus der deutschen Kunst“ eingeweiht. Dort wurde gezeigt, was die Nationalsozialisten als Kunst verstanden. In öffentlichen Gebäuden wie Schulen ersetzten Bilder von Hitler oder von pflügenden Bauern das bis dahin vorherrschende Goethe-Porträt. Im privaten Bereich waren realitätsgetreue Natur- und Landschaftsmotive oder idealisierende Familiendarstellungen besonders beliebt.

Wortschatz: ein Kunstwerk als „entartet“ betrachten • Zustimmung/Ablehnung bekunden • sich zu einer Ideologie bekennen • ein Kunstwerk instrumentalisieren (= für einen bestimmten Zweck gebrauchen) • eine realitätsgetreue Darstellung

M 2

Im Juli 1937 wurde in München die Propaganda-Ausstellung „Entartete Kunst“ eröffnet, die täglich 20 000 Besucher anzog. Zu ihrer Zielsetzung heißt es im Ausstellungskatalog:

Was will die Ausstellung „entartete Kunst“? Sie will am Beginn eines neuen Zeitalters für das Deutsche Volk anhand von Originaldokumenten allgemeinen Einblick geben in das grauenhafte Schlusskapitel des Kulturzerfalles der letzten Jahrzehnte vor der großen Wende ...

Sie will die gemeinsame Wurzel der politischen Anarchie[1] und der kulturellen Anarchie aufzeigen, die Kunstentartung als Kunstbolschewismus im ganzen Sinn des Wortes entlarven. Sie will die weltanschaulichen, politischen, rassischen und moralischen Ziele und Absichten klarlegen, welche von den treibenden Kräften der Zersetzung[2] verfolgt wurden.

Sie will auch zeigen, in welchem Ausmaß diese Entartungserscheinungen von den bewusst treibenden Kräften übergriffen auf mehr oder weniger unbefangene Nachbeter, die trotz einer früher schon und manchmal später wieder bewiesenen formalen Begabung gewissen-, charakter- oder instinktlos genug waren, den allgemeinen Juden- und Bolschewistenrummel mitzumachen ...

*Zit. nach http://germanhistorydocs.ghi-dc.org/pdf/deu/Entartete%20Kunst_GER.pdf (Stand: 17.12.2020).**

[1] *Zustand der Gesetzlosigkeit*

[2] *Gemeint sind die von den Nationalsozialisten ausgemachten politischen Gegner und das von ihnen so bezeichnete „Judentum“.*

M 3

Der Präsident der „Reichskammer der bildenden Künste“, Adolf Ziegler, schrieb am 3. April 1941 an den Maler Karl Friedrich Schmidt-Rottluff (1884–1976):

Anlässlich der mir seinerzeit vom Führer aufgetragenen Ausmerzung[1] der Werke entarteter Kunst in den Museen mussten von Ihnen allein 608 Werke beschlagnahmt werden. Eine Anzahl dieser Werke war auf den Ausstellungen „Entartete Kunst“ in München, Dortmund und Berlin ausgestellt. Aus dieser Tatsache mussten Sie ersehen, dass Ihre Werke nicht der Förderung deutscher Kultur in Verantwortung gegenüber Volk und Reich entsprachen.

Obwohl Ihnen außerdem die richtungsweisenden Reden des Führers anlässlich der Eröffnung der großen Deutschen Kunstausstellungen bekannt sein mussten, geht aus Ihren nunmehr zur Einsichtnahme hergereichten Original-Werken ... hervor, dass Sie auch heute noch dem kulturellen Gedankengut des nationalsozialistischen Staates fernstehen.

Ich vermag Ihnen auf Grund dieser Tatsachen nicht die für die Mitgliedschaft bei meiner Kammer erforderliche Zuverlässigkeit zuzuerkennen. Auf Grund des § 10 der Ersten Durchführungsverordnung zum Reichskammerkulturgesetz vom 1.11.33 ... schließe ich Sie aus der Reichskammer der bildenden Künste aus und untersage Ihnen mit sofortiger Wirkung jede berufliche – auch nebenberufliche – Betätigung auf dem Gebiet der bildenden Künste.

*Zit. nach Hildegard Brenner, Die Kunstpolitik des Nationalsozialismus, Reinbek bei Hamburg (Rowohlt) 1963, S. 206.***

[1] *Beseitigung, Entfernung*

1 Stelle anhand des Darstellungstextes die Veränderungen auf dem Gebiet der Kunst nach 1933 dar. Nutze den **Wortschatz**.

MK 2 a) **Methode:** Untersuche M1 mithilfe der Kopiervorlage im Webcode oder der Arbeitsschritte „Eine Bildquelle auswerten“ (→ S. 256).

b) Begründe, inwiefern es sich hierbei um ein Beispiel für „instrumentalisierte Kunst“ handelt.

3 Erkläre, welche Botschaft die Nationalsozialisten 1937 mit der Ausstellung „Entartete Kunst“ vermitteln wollten (M2). **Tipp** → S. 243.

4 Erläutere, welche Folgen das Schreiben M3 für die künstlerische Laufbahn und das alltägliche Leben des Malers Karl Friedrich Schmidt-Rottluff höchstwahrscheinlich gehabt hatten.

5 a) Arbeite die Unterschiede zwischen M1 und dem Bild von Otto Dix auf S. 144 heraus.

b) Erkläre die Gründe für die Unterschiede.

6 Beurteile mithilfe dieser Doppelseite den Stellenwert der Kunst im Rahmen der NS-Propaganda.

Zusatzaufgabe: → S. 239

cornelsen.de/webcodes
Code: samete
Kopiervorlage Methodentabelle

Propaganda im Nationalsozialismus

In Diktaturen spielt Propaganda eine zentrale Rolle, um die Bevölkerung permanent beeinflussen zu können. Die Nationalsozialisten nahmen mit einem riesigen Propaganda-Apparat Einfluss auf die öffentliche Meinung.

- ***Warum ist eine Beeinflussung der öffentlichen Meinung für totalitäre Diktaturen wichtig und welcher Mittel bediente sich die NS-Propaganda?***

M 1

Plakat zur Rundfunkausstellung in Berlin, 1936

Massenmedien als Propagandainstrumente

Bereits bei ihren Wahlkämpfen nutzten die Nationalsozialisten für die Zeit neuartige Medien. Der Einsatz von Lautsprecheranlagen, Plakaten und kostenlosen Zeitungen zeigte Wirkung. „Hitler über Deutschland" titelte die NS-Propaganda 1932, weil dieser als einer der ersten Politiker mit dem Flugzeug zu seinen Wahlkampfauftritten anreiste. Dadurch erschien Hitler besonders modern und dynamisch.

Die NS-Führung nutzte insbesondere Rundfunk und Film, um die breite Masse zu erreichen. Der Rundfunk wurde zum wichtigsten Massenmedium im Dritten Reich*. Mittels des preisgünstigen Volksempfängers konnte der „Führer" eine immer größere Zahl von Hörerinnen und Hörern mit seinen Reden erreichen. Die Reden wurden oft gemeinschaftlich am Arbeitsplatz, in der Schule oder in Hausgemeinschaften angehört. Wenn alle Medien die gleiche Botschaft vermitteln, fällt es dem Einzelnen schwer, das tatsächliche Geschehen herauszufinden und ein kritisches Bewusstsein zu entwickeln.

Unter Propagandaminister Joseph Goebbels entstanden pro Jahr circa 100 neue Filme, meist Unterhaltungsfilme, die die Bevölkerung von Problemen wie der Sorge um die Männer an den Fronten und den feindlichen Bombenangriffen auf die eigene Stadt ablenken sollten. Propagandazwecke verfolgten Spielfilme, wie der Streifen „Hitlerjunge Quex" (1933) oder der antisemitische Hetzfilm „Jud Süß" (1940), aber auch Dokumentationen. So bekam die junge Regisseurin Leni Riefenstahl den Auftrag, zwei Reichsparteitage* in Nürnberg und die Olympischen Spiele in Berlin 1936 filmisch festzuhalten. Mit großem technischen Aufwand inszenierte sie Hitler dabei als „Führer" der „Volksgemeinschaft". Der Gang ins Kino war die wichtigste Freizeitaktivität. Ab 1938 mussten alle Kinobesitzer im Vorprogramm die „Wochenschau*" zeigen, eine Nachrichtensendung, die die Leistungen des NS-Regimes verherrlichte.

Nationalsozialistische Festveranstaltungen

Wichtig für NS-Propaganda waren zudem die über das ganze Jahr verteilten, aufwändig geplanten Massenveranstaltungen. Innerhalb des nationalsozialistischen Festkalenders ragten die stattfindenden Reichsparteitage in Nürnberg, die „Reichserntedankfeste" in Bückeburg und die Ehrung der beim Hitlerputsch (S. 116 f.) gefallenen „Blutzeugen" in München heraus. Sie sollten die Bereitschaft zu einem blinden Glauben an den „Führer" und die NS-Bewegung erzeugen bzw. aufrechterhalten und das Zusammengehörigkeitsgefühl innerhalb der „Volksgemeinschaft" fördern.

Wortschatz: auf neue Massenmedien setzen • die breite Masse erreichen oder für sich gewinnen • ein kritisches Bewusstsein entwickeln • die Leistungen von jemandem herausstellen • die öffentliche Meinung beeinflussen • einen blinden Glauben an etwas oder jemandem haben (= etwas glauben, ohne es kritisch zu hinterfragen)

M 2

Hitler in „Mein Kampf" über das Wesen der Propaganda (1924/1926):

Gerade darin liegt die Kunst der Propaganda, dass sie, die gefühlsmäßige Vorstellungswelt der großen Masse begreifend, in psychologisch richtiger Form den Weg der Aufmerksamkeit und weiter zum Herzen der breiten Massen findet.

Versteht man aber die Notwendigkeit der Einstellung der Werbekunst der Propaganda auf die breite Masse, so ergibt sich weiter: Es ist falsch, der Propaganda die Vielseitigkeit geben zu wollen. Die Aufnahmefähigkeit der großen Masse ist nur sehr beschränkt, das Verständnis klein, dafür jedoch die Vergesslichkeit groß. Aus diesen Tatsachen heraus hat sich jede wirkungsvolle Propaganda auf nur sehr wenige Punkte zu beschränken und diese schlagwortartig so lange zu vertreten, bis auch bestimmt der Letzte ... das Gewollte sich vorzustellen vermag.

*Adolf Hitler, Mein Kampf, 220./224. Auflage, München (Eher) 1936, S. 197.**

M 3

Hitler mit Goebbels und dessen Tochter am Strand, Foto, 1935

M 4

Der Direktor des Reichsrundfunks Eugen Hadamovsky über Grundsätze der Propaganda (1933):

Propaganda und abgestufte Gewaltanwendung [müssen] in ganz besonders kluger Form zusammenwirken ... Die Gewaltanwendung kann ein Teil der Propaganda sein. Dazwischen gibt es alle Arten der wirksamen Beeinflussung von Menschen und Massen, angefangen von der blitzartigen Erregung der Aufmerksamkeit, der gütlichen Überredung des Einzelnen bis hin zur trommelnden Massenpropaganda, von der losen Organisation der Gewonnenen bis zur Schaffung staatlicher oder halbstaatlicher Institutionen, vom individuellen bis zum Massenterror, von der legitimierten Gewaltanwendung des Stärkeren, Stand, Klasse, Staat, bis zur militärischen Erzwingung von Gehorsam und Disziplin im Standrecht[1].

*Eugen Hadamovsky, Propaganda und nationale Macht, Oldenburg (Gerhard Stalling) 1933, S. 22 und 39.***

[1] *Ein abgekürztes Strafverfahren, in dem ein Militärbefehlshaber die Rechtsprechung übernimmt. Es wird häufig in Kriegen angewandt und mit Todesurteilen beendet.*

1 a) Bei besonders wichtigen Ereignissen und Reden wurde „Gemeinschaftsempfang" verordnet (M2): Firmen und Geschäfte mussten für die Dauer der Rundfunkübertragung eine Pause einlegen. Erläutere die Absicht dahinter. Nutze den **Wortschatz**.
b) Erkläre, welches Verhältnis zwischen Bevölkerung und Regime dadurch deutlich wird.

2 Nenne mindestens fünf Medien, durch welche die Nationalsozialisten die Bevölkerung beeinflusste und lenkte.

3 Beschreibe in kurzen, prägnanten Sätzen das Foto M3 und erläutere, warum dieses Foto für die NS-Propaganda eingesetzt wurde.

4 a) Arbeite Eigenschaften und zentrale Ziele der NS-Propaganda aus M2 und M4 heraus.
b) Stelle dar, warum staatliche Propaganda ein Merkmal eines totalen Staates ist.

5 Partnerarbeit: Diskutiert, ob ihr heute irgendeiner Art Propaganda ausgesetzt seid.

Das NS-Ideal der „Volksgemeinschaft“

Die nationalsozialistische Propaganda hatte zum Ziel, die deutsche Gesellschaft in eine große „Volksgemeinschaft“ umzuwandeln. Darunter verstanden sie eine „Blut- und Schicksalsgemeinschaft“, in der alle Klassengegensätze, Parteien und Einzelinteressen aufgehoben werden sollten und sich die Gemeinschaft dem Willen eines „Führers“ unterordnete.

- ***Wer gehörte nach nationalsozialistischer Auffassung dieser „Volksgemeinschaft“ an?***
- ***Wie wurde die „Volksgemeinschaft“ im Alltag gelebt?***

M 1 *„Berlin isst heute sein Eintopfgericht“, Foto, 1935. Solche öffentlichen Eintopfessen fanden jeweils am ersten Sonntag der Monate Oktober bis März statt. Von jedem Teilnehmer wurde eine großzügige Spende für Bedürftige erwartet. Auch der „Führer“ und andere NS-Größen nahmen regelmäßig daran teil.*

„Gemeinnutz geht vor Eigennutz“

Mit dieser Parole wollten die Nationalsozialisten ein Zusammengehörigkeitsgefühl in der Bevölkerung schaffen. In der „Volksgemeinschaft“ sollten alle Unterschiede in Herkunft, Beruf, Vermögen und Bildung aufgehoben sein und sich jeder als Teil eines großen Ganzen fühlen. Sammelaktionen für das „Winterhilfswerk“ (WHW, siehe M3), die „Eintopfsonntage“ oder Organisationen wie die Hitlerjugend (siehe S. 172/173) sollten Solidarität in der Gemeinschaft vermitteln. Die nationalsozialistische Propaganda verstärkte die Maßnahmen mit Schlagworten wie „Du bist nichts, dein Volk ist alles!“. Dadurch wurde die Eingliederung des Einzelnen in eine opferbereite „Volks- und Leistungsgemeinschaft“ beschworen. Um die Bevölkerung und vor allem die dem neuen Regime gegenüber noch ablehnend eingestellten Teile der Arbeiterschaft vom Nationalsozialismus zu überzeugen, leiteten die Nationalsozialisten einige sozialpolitische Maßnahmen ein und versuchten auch durch lukrative Freizeitangebote die „Volksgemeinschaft“ enger an das NS-System zu binden. Die Organisation „Kraft durch Freude“ (KdF) organisierte ein umfangreiches Freizeitangebot für die Bevölkerung. Neben „Bunten Abenden“, Gymnastikkursen, Schwimmlehrgängen, Nähkursen oder Schachturnieren gab es auch ein umfangreiches kulturelles und touristisches Freizeitangebot. Theateraufführungen, Konzerte, Kunstausstellungen oder Vorträge wurden bis 1938 von über 38 Millionen Menschen besucht. Mit ihren Aktivitäten unterstützte die KdF-Organisation vor allem den Gedanken der „Volksgemeinschaft“. Damit sollte die Arbeiterschaft für die Weltanschauung der Nationalsozialisten gewonnen werden. Während des Zweiten Weltkrieges erfuhr die Idee der „Volksgemeinschaft“ ihre äußerste Steigerung in der Propaganda der „Schicksalsgemeinschaft des deutschen Volkes“. In ihr sollten nach dem Willen Hitlers alle Mitglieder auf Leben und Tod miteinander verschworen sein.

Wer gehörte nicht zur „Volksgemeinschaft“?

Alle Bürger, die nicht bereit waren, sich vollkommen in die Gemeinschaft einzufügen, galten als „Volksschädlinge“. Die Nationalsozialisten definierten unter rassenideologischen Gesichtspunkten, wer zur „Volksgemeinschaft“ gehörte. Ausgeschlossen aus der „Volksgemeinschaft“ waren politische Gegner, Deutsche jüdischen Glaubens, Sinti und Roma, Homosexuelle, körperlich und geistig Behinderte oder religiöse Minderheiten wie die Zeugen Jehovas. Diese Gruppen wurden systematisch aus der „Volksgemeinschaft“ ausgeschlossen, diskriminiert, entrechtet und waren von der Ermordung bedroht.

Wortschatz: sich als Teil eines großen Ganzen fühlen • auf dem Index stehen • die Gesinnung (= politische Einstellungen oder Standpunkte) von jemandem prüfen • flaggen (= eine Fahne aufziehen oder hissen) • der „Volksgemeinschaft“ angehören • etwas beschwören • eine Opferbereitschaft • opferbereit sein

M 2

Arbeiter der Werft Blohm+Voss in Hamburg bei einem Besuch Adolf Hitlers am 13.6.1936. Das Foto wurde während des Höhepunkts der Veranstaltung aufgenommen: Ein Kriegsschiff läuft von Stapel und die Nationalhymne wird gespielt. Ein Arbeiter verweigerte den Hitlergruß.

M 3

Eine Zeitzeugin erinnert sich (1980):

Zum Beispiel waren ab und zu Büchersammlungen neben all den anderen Sammlungen. Diese Bücher mussten beim Blockwart[1] abgegeben werden ... Dabei war genau aufzupassen, dass man nicht aus Versehen ein falsches Buch abgab. Viele Bücher standen auf dem Index [= Verzeichnis verbotener Bücher], die hätte man schon 1933 zur Verbrennung abgeben müssen ... Der Blockwart kannte den Index ganz genau ... Aber kein Buch abzugeben war genauso verräterisch, denn dann fragte der Blockwart, ob man sich denn gar nicht der Volksgemeinschaft zugehörig fühle ... In manchen Läden stand: „Hier grüßt man mit dem Deutschen Gruß". Meine Mutter ist lieber vier Straßen weitergegangen, in ein anderes Geschäft, als in diesem Eckladen zu kaufen, der bei uns gegenüberlag. Wenn sie einmal reingegangen ist, dann hat sie „Guten Tag" gesagt. Dann hat die Besitzerin laut und deutlich „Heil Hitler" geantwortet ... Wenn Adolf Hitler oder Goebbels gesprochen haben, ... dann waren die Straßen leer, und im Sommer waren die Fenster offen, damit auch jeder hörte, dass man den Volksempfänger anhatte ... Wer da wegging, in einen Schrebergarten, der hat sich schon verdächtig gemacht ... Geflaggt haben wir nie. Meine Mutter hat sich immer herausgeredet, dass der Hauswirt schon so eine große Fahne aufziehen würde. Damals wurden wir Mädchen von unseren BDM[2] Führerinnen gefragt, ob die Eltern Feindsender[3] hören oder Kontakte zu Kriegsgefangenen hätten ... Bei uns wurden Straßenarbeiten von Kriegsgefangenen gemacht. Sie wurden schwer bewacht. Wenn jemand vorbeikam, flüsterten sie „Brot, Brot". Meine Mutter schnitt Brotscheiben, wickelte sie ein und warf sie auf dem Weg zum Einkaufen in die in der Nähe stehenden Mülltonnen. Da wussten die Gefangenen Bescheid ... Was meine Eltern gemacht haben, war nicht viel, aber viel mehr konnte man nicht machen ... Und man musste seine Freunde kennen, mit denen man sich unterhalten wollte.

*Anne Betz im Gespräch 1980, zit. nach Reinhard Bein, „Wer nicht für uns ist, ist gegen uns", in: Praxis Geschichte Heft 5, 1990, S. 24.***

[1] Hausmeister, die die politische Einstellung der Menschen in ihrem Block kontrollierten; [2] Bund Deutscher Mädel, nationalsozialistische Jugendorganisation; [3] ausländische Radiosender wie die britische BBC, deren Hören in Deutschland unter Strafe stand

1 Erkläre mithilfe des Darstellungstextes den Zweck von Veranstaltungen wie dem „Eintopfessen" (M1).

2 a) Arbeite aus M3 Beispiele für angepasstes Verhalten heraus.
b) Nenne Beispiele aus M1–M3: Welche Möglichkeiten gab es, auf Distanz zur nationalsozialistischen Mehrheit zu gehen?

3 Beurteile anhand von M3 die Rolle der Blockwarte für die Schaffung der „Volksgemeinschaft".

4 Gruppenarbeit: Erstellt ein Placemat (→ S. 252).
a) Nimm Stellung, ob das NS-Ideal der „Volksgemeinschaft" Wirklichkeit war. Halte Argumente, die dafür und dagegen sprechen, in deinem Feld des Placemats fest. Nutze den **Wortschatz**.
b) Lies und kommentiere die Beiträge der anderen Gruppenmitglieder.
c) Diskutiert und einigt euch auf eine Position. Haltet diese in der Mitte des Placemats fest.

Die Olympischen Spiele 1936: Sport als Mittel der Politik?

Die Nationalsozialisten unternahmen viele Maßnahmen zur Stärkung der Volksgemeinschaft. In den Olympischen Sommerspielen, die Adolf Hitler am 1. August 1936 in Berlin eröffnete, erkannten sie eine weitere Gelegenheit dazu.

- ***Welche Ziele verfolgten die Nationalsozialisten mit den Olympischen Spielen?***

M 1

Das größte Luftschiff der Welt über dem Reichssportfeld, Zeichnung von Hans Liska aus einem Bilder-Sammelalbum, 1936

Vorgetäuschte Weltoffenheit

So viele Sportler hatte es bei Olympischen Spielen noch nie gegeben: Fast 4000 Athleten aus 49 Nationen gingen bei den XI. Olympischen Sommerspielen im August 1936 an den Start. Berlin war bereits 1931 zum Austragungsort bestimmt worden, und trotz weltweiter Boykottaufrufe wegen der antisemitischen Politik in Deutschland wurde die Entscheidung nicht zurückgenommen. Den Nationalsozialisten gelang es, die Befürworter eines Boykotts der Spiele zu beschwichtigen: Für die Zeit der Olympischen Sommerspiele in Berlin wurde die Stadt „aufgeräumt“: Obdachlose sowie Roma und Sinti verbannten die Nationalsozialisten in die äußeren Randgebiete der Stadt. Judenfeindliche Schilder wurden abgehängt, und das NSDAP-Hetzblatt „Der Stürmer“ verschwand vorübergehend aus den Zeitungsläden. Die Zeitung „Der Angriff“ rief die Bevölkerung dazu auf, sich gegenüber den Gästen zuvorkommend zu verhalten, „um alle Vorurteile, die Böswilligkeit und Unverständnis ... dem deutschen Volke angedichtet haben“, auszuräumen.

Außerdem sicherten die Nationalsozialisten dem IOC (Internationales Olympisches Komitee) zu, auch deutschen Juden die Teilnahme an den Spielen zu gestatten. Allerdings waren Sportler jüdischen Glaubens schon vor Jahren von Wettkämpfen und Training ausgeschlossen worden, sodass sie an den Qualifikationsnormen scheiterten. Lediglich die populäre Weltklassefechterin Helene Mayer, deren Vater Jude war, durfte als „Halbjüdin“ teilnehmen und errang eine Silbermedaille.

Perfekte Organisation und Inszenierung

Mit großem finanziellen Aufwand und perfekter Organisation versuchte sich NS-Deutschland als weltoffener, moderner und sportlich erfolgreicher Gastgeber zu präsentieren. Dafür wurden moderne und teure Sportanlagen wie das Berliner Olympiastadion gebaut, das bis heute genutzt wird. Zum ersten Mal wurde die olympische Flamme vom griechischen Olympia durch einen 3000 Kilometer langen Fackellauf zum Ort der Spiele gebracht.

Erstmals wurden Olympische Spiele auch im Fernsehen übertragen. Dazu wurden die vom Propagandaministerium in Berlin eingerichteten „Fernsehstuben“ genutzt. Hier drängelten sich die Zuschauer vor einem kleinen

Wortschatz: etwas boykottieren (= die Ausführung einer Sache oder den Kauf von Dingen bewusst ablehnen und verhindern) • ein Boykott • jemanden beschwichtigen • etwas inszenieren • etwas zeigt Wirkung • Zweifel zerstreuen • etwas vor Augen führen

Bildschirm und konnten jeden Tag gemeinsam acht Stunden Live-Sport verfolgen. Die pompöse Eröffnungsfeier mit dem Erscheinen des damals weltgrößten Luftschiffs „Hindenburg" über dem Stadion beeindruckte Zuschauer und Sportler. Auch die Schlussfeier mit spektakulären Lichtinstallationen hinterließ einen nachhaltigen Eindruck.

Dem NS-Regime gelang es dadurch, die Spiele als ein „Fest der Volksgemeinschaft" zu inszenieren. Die perfekt organisierten Spiele zerstreuten bei vielen Deutschen Zweifel an der Bösartigkeit der NS-Herrschaft. Die Olympischen Spiele zeigten nach Ansicht vieler die Stärke der nationalsozialistischen Machthaber. Zugleich wurde der Bevölkerung vor Augen geführt, dass Deutschland in der Welt anerkannt war. Dies bestätigte sich auch im Abschneiden der deutschen Athleten: In der Medaillenwertung lag das Deutsche Reich mit großem Vorsprung vorne.

M 2

Victor Klemperer war bis zu seiner Entlassung durch die Nationalsozialisten 1935 Professor in Dresden. Er war Protestant, hatte aber jüdische Vorfahren und wurde deshalb als „Jude" verfolgt. In seinen Tagebüchern schrieb er:

Die Olympiade, die nun zu Ende geht, ist mir doppelt zuwider. 1. als irrsinnige Überschätzung des Sports; die Ehre eines Volkes hängt davon ab, ob ein Volksgenosse zehn Zentimeter höher springt als alle anderen. Übrigens ist ein Neger[1] aus USA am allerhöchsten gesprungen, und die silberne Fechtmedaille für Deutschland hat die Jüdin Helen Meyer gewonnen ...

Und 2. ist mir die Olympiade so verhasst, weil sie nicht eine Sache des Sports ist – bei uns meine ich –, sondern ganz und gar ein politisches Unternehmen ... Immerfort wird dem Volk und den Fremden eingetrichtert, dass man hier den Aufschwung, die Blüte, den neuen Geist, die Einigkeit, Festigkeit und Herrlichkeit, natürlich auch den friedlichen, die ganze Welt liebevoll umfassenden Geist des Dritten Reiches sehe ... Judenhetze, kriegerische Töne, alles Anrüchige ist aus den Zeitungen verschwunden, bis zum 16. August, und ebensolange hängen überall Tag und Nacht die Hakenkreuzfahnen. In englisch geschriebenen Artikeln werden „unsere Gäste" immer wieder darauf hingewiesen, wie friedlich und freudig es bei uns zugeht.

*Viktor Klemperer, Das Tagebuch 1933–1945. Eine Auswahl für junge Leser, Berlin (Aufbau TB) 1997, S. 57 f.**

[1] *Diese Bezeichnung für Menschen mit schwarzer Hautfarbe galt in der damaligen Zeit als normal. Heutzutage ist das Wort ein rassistisches und diskriminierendes Schimpfwort.*

M 3

„The Modern Mercury" (Der moderne Merkur bzw. der griechische Gott Hermes), Karikatur von Jerry Doyle. Sie erschien am 7. Dezember 1935 in der Zeitung „The Philadelphia Record". Der Schatten im Hintergrund trägt die Aufschrift „Olympics ideals of sportsmanship and international good will" (= Olympische Ideale von Sportlichkeit und internationalem Wohlwollen). Die Figur Hitlers ist mit der Aufschrift „1936 Olympics", „Intolerance and discrimination" (= Intoleranz und Diskriminierung) und „Nazism" (= Nazismus) versehen.

1 Erläutere, wie es den Nationalsozialisten gelang, einen Boykott der Olympischen Spiele zu verhindern (Darstellungstext). Nutze den **Wortschatz**.

2 Nenne die Mittel und Maßnahmen, mit denen die Nationalsozialisten „perfekte" Olympische Spiele organisierten (Darstellungstext, M1).

MK 3 Die Olympischen Spiele 1936 – ein umfassender Propagandaerfolg? Beurteile die Aussage mithilfe des Darstellungstextes sowie von M2 und M3. Nutze auch den Film im Webcode.

cornelsen.de/webcodes
Code: ciguye
Film: Olympia im NS-Reich

Jugend und Schule im Nationalsozialismus

Die Erziehung von Kindern und Jugendlichen war für die Nationalsozialisten von besonderer Bedeutung. Die jungen Menschen sollten so früh wie möglich die NS-Ideologie verinnerlichen und dem totalen Staat treu ergeben sein.

- ***Mit welchen Mitteln versuchten die Nationalsozialisten dies zu erreichen?***

M 1

Werbekampagne für den Bund Deutscher Mädel (BDM), Plakat, 1937

Werben für die Hitlerjugend

„Meine Pädagogik ist hart. Das Schwache muss weggehämmert werden … Eine gewalttätige, herrische, unerschrockene, grausame Jugend will ich", sagte Hitler über das Ziel der Erziehung. Dazu diente vor allem die bereits 1926 gegründete Hitlerjugend (HJ). Nach Hitlers Amtsantritt 1933 begann eine staatliche Werbekampagne, um die Heranwachsenden zum Eintritt in die HJ zu bewegen. Geworben wurde mit Ausflugsfahrten und Zeltlagern. Technisch interessierte und sportliche Jugendliche fühlten sich besonders durch die Reiter-, Motor-, Flieger- oder Nachrichten-HJ angezogen. Für musikalisch und künstlerisch Talentierte gab es Fanfarenzüge und Theaterspielgruppen.

Mitgliedschaft in der Hitlerjugend

Ab 1936 mussten alle Jugendliche Mitglied der HJ werden. Heranwachsende mit jüdischem Glauben waren ausgeschlossen. Die HJ war hierarchisch aufgebaut. Ältere Jugendliche befehligten Jüngere als „kleine" Führer. Die HJ gliederte sich in das „Deutsche Jungvolk" (DJ), die „Hitlerjugend" (HJ) für die männlichen sowie die „Jungmädel" (JM) und den „Bund Deutscher Mädel" (BDM) für die Mädchen. Bei „Jungvolk" und „Jungmädeln" waren die 10- bis 14-Jährigen organisiert, in HJ und BDM die 14- bis 18- bzw. 21-Jährigen.

Erziehungsziele

Bei allen Aktivitäten der HJ bildete das Leben eines Soldaten das Leitbild. Die soldatischen Tugenden – Disziplin, Gehorsam und Opferbereitschaft – sollten während der Wochenendfahrten spielerisch trainiert werden. Die vormilitärische Ausbildung, welche auch Schießübungen umfasste, war die Vorbereitung für ein Verhalten im Krieg. Die Mädchen wurden im BDM auf ihre Rolle als Ehefrau und Mutter vorbereitet. Neben hauswirtschaftlichen Aufgaben und sportlichen Übungen wurden sie im Sinne der „Rassenhygiene" geschult. Ihre Aufgabe war es, später viele „erbgesunde" Kinder (= Kinder ohne erbliche Krankheiten) zur Welt zu bringen.

Schule im NS-Staat

In jedem Klassenzimmer hingen Hitlerporträts und Hakenkreuz-Fahnen. Gegrüßt wurde mit dem Hitlergruß. Zudem fanden regelmäßig Fahnenappelle statt. Die Lehrkräfte mussten dem NS-Lehrerbund beitreten und waren damit „gleichgeschaltet". Lehrkräfte jüdischen Glaubens durften nach 1933 nicht mehr unterrichten. Ab 1936/37 wurden insbesondere die Fächer Biologie und Geschichte genutzt, um Einfluss auf die Schülerinnen und Schüler zu nehmen. Der Geschichtsunterricht beschränkte sich auf deutsche Geschichte und die der „nordischen Rasse". In Biologie machten „Vererbungslehre" und „Rassenkunde" einen Großteil des Unterrichts aus. Das Fach Sport erhielt mehr Wochenstunden, damit die Kinder und Jugendlichen gut trainiert waren.

Wortschatz: eine Kampagne beginnen • eine vormilitärische Ausbildung • ein Fahnenappell (= Versammeln der Schulgemeinschaft und Hissen der NS-Fahne) • sich der Erziehung entziehen • die Mitgliedspflicht

M2

Tagesablauf in einem HJ-Lager für Jungen:

6:30 Wecken
6:35–6:50 Geländelauf
6:50–7:20 Waschen, Anziehen, Zelt aufräumen
7:25 Zeltbesichtigung
7:30 Flaggen hissen
7:40–8:10 Frühstück
8:20–9:00 Weltanschaulicher Vortrag
9:15–11:45 in Gruppen: Leibesübungen, Keulen werfen, Kampfspiele, Geländeerkundung, Ziel erkennen, Tarnen, Entfernung schätzen, Luftgewehrschießen, Waffenkunde, Zielübungen
12–14:30 Mittagessen, Mittagsruhe
14:30–16:30 Geländesport, Luftgewehrschießen
16:30–17:00 Kaffee
17:00–18:30 Baden
18:50 Flaggen einholen
19:00 Abendessen, dann Lagerfeuer
21:00 Nachtruhe

Zit. nach Reinhold Sautter, Hitlerjugend. Das Erlebnis einer großen Kameradschaft, München (Carl-Röhrig) 1942, S. 81.

M3

Gesetz über die Hitlerjugend (1936):

Von der Jugend hängt die Zukunft des deutschen Volkes ab. Die gesamte deutsche Jugend muss deshalb auf ihre künftigen Pflichten vorbereitet werden. Die Reichsregierung hat daher das folgende Gesetz beschlossen ...:

§1 Die gesamte deutsche Jugend innerhalb des Reichsgebiets ist in der Hitlerjugend zusammengefasst.

§2 Die gesamte deutsche Jugend ist außer in Elternhaus und Schule in der Hitlerjugend körperlich, geistig und sittlich im Geiste des Nationalsozialismus zum Dienst am Volk und zur Volksgemeinschaft zu erziehen.

*Zit. nach Wolfgang Michalka (Hg.), Deutsche Geschichte 1933–1945, Dokumente zur Innen- und Außenpolitik, Frankfurt a. M. (Fischer) 2000, S. 90.**

cornelsen.de/webcodes
Code: nosaqu
Film: Die Hitler-Jugend und der BDM

M4

Der Zeitzeuge jüdischen Glaubens Otto Jehuda Reiter erinnert sich (1983):

[1933] kam es an meiner Schule zu ersten antijüdischen Ausschreitungen. In der Pause rotteten sich die Schüler auf dem Schulhof zusammen, und unter den Augen des aufsichtführenden Lehrers gelang es meinen Mitschülern, mich in einen der Papierkörbe zu stecken und mich mit viel Geschrei zu umtanzen. Schlagartig setzte nun eine Veränderung auf fast allen Gebieten des Schulbetriebs ein. Die Lehrer wurden aufgefordert, beim Betreten der Klasse den deutschen Gruß zu grüßen, und die Schüler antworteten im Chor. Nur einige Mitschüler wagten es noch, mit mir überhaupt zu reden. In den kommenden Jahren war eine besondere Schulbank an der Seite des Klassenzimmers für mich bestimmt. In den Jahren 1933 bis 1937 wurden viele Unterrichtsstunden gleichgeschaltet ... In den Turnstunden wurde fast nur Wehrsport getrieben. [Mir blieb] nichts anderes übrig, als 1937 auf eine jüdische Schule überzuwechseln. Am 9. November 1938 wurde [die Schule] zerschlagen, wir Schüler mit den Lehrern zusammen verhaftet und in die KZs überführt.

*Zit. nach Geert Platner (Hg.), Schule im Dritten Reich. Erziehung zum Tod? Eine Dokumentation, München (dtv) 1983, S. 145 ff.***

1 **a)** Nenne die Erziehungsziele der Nationalsozialisten für Jungen und Mädchen (Darstellungstext, M3).
   b) Erkläre, mit welchen Mitteln diese erreicht werden sollten (M2).

2 **Wähle eine Aufgabe aus:**
Erläutere, wie für die NS-Jugendorganisationen geworben wurde.
   a) Untersuche dazu das Plakat M1.
   b) Untersuche dazu das Gesetz M3.

3 Beschreibe, wie der NS-Staat mit Jugendlichen sowie Lehrkräften jüdischen Glaubens umging (Darstellungstext, M4).

4 Diskutiert, ob und inwiefern die Jugendlichen die Möglichkeit hatten, sich der nationalsozialistischen Erziehung zu entziehen. Nutzt die Materialien und den **Wortschatz**.

5 Bewerte die Ziele, die die nationalsozialistische Erziehung verfolgte, aus heutiger Sicht.
Tipp → S. 243.

Einen außerschulischen Lernort besuchen

Geschichte kann interessanter sein und besser verstanden werden, wenn der Besuch eines außerschulischen Lernorts im Rahmen einer Exkursion vorgesehen ist. Eine solche Exkursion muss gut vorbereitet werden, denn die Zeit für eine Besichtigung ist immer begrenzt. Wer sich vorher nicht ausreichend informiert, läuft vielleicht achtlos an Wichtigem und Interessantem vorbei. In Vogelsang in der Eifel kann die Gedenkstätte „NS-Dokumentation Vogelsang" besucht werden. Zur Zeit des Nationalsozialismus wurde dort eine „Ordensburg" errichtet. Dies war eine Schule für junge Männer, die auf eine Führungsrolle im NS-Staat vorbereitet werden sollten.

- ***Wie könnt ihr einen Besuch zu einem außerschulischen Lernort wie der Gedenkstätte in Vogelsang planen und durchführen? Die Arbeitsschritte leiten euch an.***

Schulen für den NS-Führungsnachwuchs

Die Nationalsozialisten schufen neben den herkömmlichen Schulen „Eliteschulen" wie die Adolf-Hitler-Schulen (AHS), die Nationalpolitischen Erziehungsanstalten (Napola) und die sogenannten Ordensburgen. Die AHS waren Internate, die die Schüler fünf Jahre lang besuchten. Der Eintritt erfolgte im Alter von 12 bis 13 Jahren nach einer genau festgelegten Prüfung und unter Einhaltung bestimmter Vorgaben, wie einem „einwandfreien" Ahnennachweis. Weitere Grundvoraussetzungen der Aufnahme waren die Erbgesundheit der Familie sowie ein Engagement in der NSDAP oder ihren angeschlossenen Verbänden. Die Schulzeit endete mit dem Erwerb des „Diploms der Adolf-Hitler-Schulen", welches mit dem staatlichen Abitur gleichgesetzt war. Den Absolventen stand damit jede Laufbahn innerhalb der NSDAP und des Staates offen. Die AHS galten als Vorstufe für die Partei-Ordensburgen.

Geschichte der Ordensburg Vogelsang

1933 Die NSDAP beschließt den Bau von Schulungsburgen; Ziel dieser Einrichtungen: Schulung des Führungsnachwuchses der NSDAP.

1934 Baubeginn der Ordensburg Vogelsang; sie wird eines der größten Bauwerke des Nationalsozialismus

1936 Der Lehrbetrieb wird aufgenommen.

1939 Nach Beginn des Zweiten Weltkrieges wird der Lehrbetrieb vorerst eingestellt.

1942 Die Ordensburg wird wieder durch „Adolf-Hitler-Schulen" als Lehrort genutzt.

1945 Das heutige Nordrhein-Westfalen wird am Ende des Zweiten Weltkrieges von der US-Armee besetzt.

ab 1945 Die Ordensburg wird Truppenübungsplatz des britischen und später des belgischen Militärs.

2006 Öffnung Vogelsangs für Besucherinnen und Besucher als internationaler Platz (IP)

2016 Eröffnung des neuen „Forum Vogelsang IP" mit der „NS-Dokumentation Vogelsang"

M 1

Foto der NS-Dokumentation mit dem Titel „Bestimmung: Herrenmensch" auf der ehemaligen Ordensburg Vogelsang, Foto, undatiert

M 2

Gebäudekomplex der NS-Ordensburg Vogelsang, Foto, 2006

Arbeitsschritte „Einen außerschulischen Lernort besuchen“

Informationen beschaffen	Tipps
1. Besorgt euch Informationsmaterial im Internet oder bei der Verwaltung der Sehenswürdigkeit.	• *offizielle Internetseite der Gedenkstätte oder andere vertrauenswürdige Seiten*
Exkursion organisieren	
2. Klärt, welcher Termin infrage kommt. Beachtet Termine in der Schule und die Öffnungszeiten der Sehenswürdigkeit. Ermittelt Fahrpreis, Fahrzeiten sowie Preise für Eintritt und Führungen.	• *Die Internetseiten der Sehenswürdigkeiten liefern dazu Informationen. Viele Gedenkstätten haben zum Beispiel montags geschlossen.*
Inhalte der Exkursion in der Schule vorbereiten	
3. Sichtet das Material und entscheidet euch für einige Schwerpunkte eurer Exkursion.	• …
4. Einigt euch auf den Ablauf der Exkursion und darauf, wie ihr eure Ergebnisse dokumentieren wollt.	• *zum Beispiel: Schüler halten Informationsvorträge; Arbeitsmaterial zur eigenständigen Erkundung entwerfen* • *zum Beispiel: Ausstellung in der Schule; Artikel für die Internetseite der Schule*
5. Teilt die Klasse in Gruppen ein, die dann Einzelfragen zu ihrem Thema formulieren.	• …
Exkursion zum außerschulischen Lernort durchführen	
6. Verschafft euch gemeinsam einen ersten Überblick, zum Beispiel durch eine Führung.	• *Informiert euch auf der Webseite der Gedenkstätte, wann Führungen stattfinden.*
7. Fertigt Notizen, Skizzen und Fotos oder Videos an. Befragt das Personal der Sehenswürdigkeit. Teilt euch dazu in die vorher festgelegten Kleingruppen ein.	• *Achtet auf Bild- und Personenrechte.*
Befunde auswerten und dokumentieren	
8. Wertet eure Ergebnisse in der Schule in den Arbeitsgruppen aus und tragt sie der Klasse vor.	• …
9. Dokumentiert eure Ergebnisse wie geplant.	• …

1 **Gruppenarbeit**:
a) Entwickelt mithilfe der Abbildungen und Informationen dieser Doppelseite Einzelfragen, die ihr bei einer Exkursion zur Ordensburg Vogelsang erforschen könntet.
MK **b)** Bereitet mithilfe der Arbeitsschritte eine Exkursion zur Ordensburg Vogelsang vor und führt diese (wenn möglich) durch. Ihr könnt auch die Kopiervorlage im Webcode nutzen.

2 **a) Partnerarbeit**: Fertigt gemeinsam eine Mind-Map an, welche zeigt, warum es wichtig ist, dass Gedenkstätten wie die Ordensburg Vogelsang für die Zukunft erhalten bleiben.
b) Diskutiere, ob es nicht sinnvoller wäre, das viele Geld zur Erhaltung der Ordensburg für den Bau neuer Wohnungen auszugeben. **Tipp** → S. 244.

3 Führt eine Exkursion zu einem außerschulischen Lernort in eurer Nähe durch. Nutzt dafür die Karte mit den Exkursionszielen im Umschlag und die Arbeitsschritte auf dieser Seite.

cornelsen.de/webcodes
Code: qoteta
Kopiervorlage Methodentabelle

Geschlechterbilder im Nationalsozialismus

Während der Weimarer Republik hatten Frauen in Deutschland erstmals demokratische Rechte und neue Freiheiten errungen. Unter der Herrschaft der Nationalsozialisten wurden viele dieser Rechte und Freiheiten ab 1933 eingeschränkt oder abgeschafft. Die NS-Ideologie verbreitete klare Vorstellungen, wie das Leben von Männern und Frauen aussehen sollte.

- ***Welche Geschlechterbilder prägten die NS-Ideologie?***
- ***Warum verfolgten die Nationalsozialisten diese Geschlechterbilder?***

M 1

„Muttertag 1939", Titelbild der Zeitschrift „NS-Frauen Warte", 1939

Die Rolle der Frau als Mutter und Hausfrau

Die nationalsozialistische Ideologie betrachtete es als die „natürliche" Aufgabe der Frauen, die „arische Rasse" zu vermehren. Frauen sollten möglichst viele Kinder gebären und ausschließlich die Rolle der fürsorgenden Mutter und Hausfrau ausfüllen. In den NS-Organisationen „Deutsche Frauenschaft" und „Deutsches Frauenwerk" waren etwa vier Millionen Frauen organisiert.

Die Familiengründung wurde aktiv durch finanzielle Hilfen gefördert. Nach der Hochzeit erhielten die Eheleute großzügige Kredite, falls die junge Ehefrau ihre Berufstätigkeit aufgab. Kinderreiche Familien erhielten finanzielle Unterstützung. Ideelle Anreize boten die Einführung des Muttertages 1933 und 1938 des „Ehrenkreuzes der deutschen Mutter" in Bronze, Silber und Gold für die Geburt von vier, sechs bzw. acht Kindern. Parallel dazu wurden Aktivitäten von Frauen in der Öffentlichkeit immer stärker kontrolliert. Sie verloren das passive Wahlrecht (= das Recht, in ein Amt gewählt zu werden). Frauen durften nun nicht mehr als Anwältinnen und Richterinnen arbeiten, keine Praxis als Ärztin eröffnen und keine Professur anstreben. Der Frauenanteil der Studierenden an den Hochschulen lag bis 1935 unter 10 %.

Die Geschlechterbilder verändern sich

Die Rolle der Männer wurde ebenso von der nationalsozialistischen Rassenideologie geprägt: Männer sollten Kinder zeugen und als „Ernährer" für den Unterhalt der Familie sorgen. Ihre Rolle bestand in der Aufgabe, als Soldaten für die „arische Rasse" und die Ausbreitung von „Lebensraum" zu kämpfen. Ein trainierter Körper, militärische Disziplin und Aufopferungsbereitschaft galten hierfür als grundlegende Voraussetzungen. Allerdings klafften ab 1936 die NS-Theorie und die gesellschaftliche Wirklichkeit immer weiter auseinander. Wegen des ab 1937 spürbaren Mangels an Arbeitskräften aufgrund der massiven Aufrüstung ergriffen immer mehr Frauen neben der Familienarbeit einen Beruf. Im Jahre 1939 waren entgegen den ideologischen Vorstellungen der Nationalsozialisten 40 % der deutschen Frauen berufstätig. Es entwickelte sich parallel zum Bild der Frau als fürsorgende Mutter das Bild der nützlichen und unermüdlichen Arbeiterin. Im Zweiten Weltkrieg nahm der Arbeitseinsatz von Frauen ab 1941 weiter zu. Während des Krieges waren Frauen auch in den von Deutschland besetzten Gebieten im Einsatz. Dort beteiligten sie sich an rassistischen Diskriminierungen und Verbrechen. Ihr Mitwirken bei Gewalttaten blieb aber insgesamt eher begrenzt.

Die klar definierten Rollenbilder von Mann und Frau waren grundlegende Bestandteile zur Stützung der NS-Gesellschaftsordnung. Alle Lebensweisen, Einstellungen und Handlungen, die von den staatlich verordneten Geschlechterrollen abwichen, galten als „entartet" und waren zu verurteilen.

M 2

Heiratsanzeigen in der Parteizeitung „Völkischer Beobachter", 12. August 1934:

a) SA-Scharführer[1], Anfang 30, Blutordensträger[2], blonder Vollgermane, kernig und erbgesund, sucht auf diesem Weg die Mutter seiner kommenden Kinder und Wahrerin seines Hortes. Selbe muss Garantin rassischer Vollwertigkeit kommender Geschlechter sein. Stattliche Blondine bevorzugt, nachgedunkelte Schrumpfgermanin unerwünscht. Eigenes Heim vorhanden.

b) ... blondes BDM-Mädel, gottgläubig, aus bäuerlicher Sippe, artbewusst, kinderlieb, mit starken Hüften, möchte einem deutschen Jungmann Frohwalterin seines Stammes[3] sein (niedere Absätze – kein Lippenstift). Nur Neigungsehe mit zackigem Uniformträger.

*Zit. nach Völkischer Beobachter vom 12. August 1934.**

[1] der zweitniedrigste Rang der Unteroffiziere in der SS; [2] Ehrenabzeichen der NSDAP; [3] die Frau ist bereit, Nachkommen zu zeugen, um den Namen der Familie weiterzuerhalten*

M 4

„Turner", Gemälde von Gerhard Keil, 1939

M 3

„Deutsche Frau! Hilf mit", NS-Propagandaplakat, 1941

1 a) Erarbeite die unterschiedlichen Merkmale des nationalsozialistischen Frauenbildes (M1–M3, Darstellungstext). Nutze auch den Webcode.
b) Erläutere die Veränderungen, die durch Aufrüstung und Krieg eintraten.
c) Erarbeite die Aspekte des nationalsozialistischen Männerbildes (M2, M4, Darstellungstext). Nutze den **Wortschatz**.

2 Nenne anhand von M2:
a) typische Beispiele für die besondere Sprache der Nationalsozialisten
b) Elemente der nationalsozialistischen Ideologie, die sich in den Anzeigen widerspiegeln

3 Wähle eine Aufgabe aus:
a) Beurteile mithilfe dieser Doppelseite, inwiefern die nationalsozialistische Geschlechterpolitik konsequent verfolgt wurde.
b) Beurteile mithilfe dieser Doppelseite, ob Frauen im Nationalsozialismus Chancen zur Verwirklichung eigener (individueller) Interessen hatten.

4 Vergleiche die Rolle der Frauen im Nationalsozialismus mit der Rolle der Frauen in der heutigen Gesellschaft.

Wortschatz: ein System stabilisieren • materielle und ideelle Anreize bieten oder schaffen • Geschlechterrollen festlegen • jemanden auf eine Rolle festlegen • das Bild der Frau/des Mannes als ... • über das passive Wahlrecht verfügen

cornelsen.de/webcodes
Code: vahivu
Film: Frauen im NS-Reich

Ausgrenzung und Entrechtung der deutschen Jüdinnen und Juden bis 1938

Menschen mit jüdischem Glauben und jüdischer Kultur gehörten nach Vorstellungen der Nationalsozialisten nicht zur „Volksgemeinschaft". Sie wurden entrechtet, diskriminiert und verfolgt. Die NSDAP begann unmittelbar nach der Machtübernahme, ihre antisemitischen und rassistischen Pläne zu verwirklichen.

- ***Mit welchen Maßnahmen gelang es den Nationalsozialisten, Deutsche mit jüdischem Glauben innerhalb weniger Jahre systematisch aus dem öffentlichen und politischen Leben zu verdrängen?***

M 1

Ein „Paar" wird öffentlich gedemütigt, Foto, 1933. Der Mann war jüdischer Herkunft, verheiratet und betrieb ein Kino. Die Frau, seine angebliche Geliebte, galt als „arische Deutsche".

Deutsche Juden vor 1933

In der Weimarer Republik lebten 512 000 Deutsche jüdischen Glaubens (= 0,5 % der Gesamtbevölkerung) mit allen Bürgerrechten nach der demokratischen Verfassung. Dennoch kam es – wie schon im Kaiserreich – durch die politische Rechte immer wieder zu antisemitischer Propaganda und Übergriffen auf Deutsche mit jüdischem Glauben. Die Wenigsten machten sich wegen der antisemitischen Haltung Hitlers und der Drohungen seiner Parteigenossen große Sorgen. Auch jüdische Organisationen konnten sich nicht vorstellen, dass das antisemitische Parteiprogramm der NSDAP jemals zur staatlichen Politik erhoben würde. Direkt nach der nationalsozialistischen Machtübernahme 1933 häuften sich aber Übergriffe auf Menschen mit jüdischem Glauben. SA-Leute fühlten sich durch Hitlers Kanzlerschaft dazu ermächtigt, jüdische Mitbürger in der Öffentlichkeit anzugreifen. Daher entschieden sich bereits 1933 rund 37 000 jüdische Bürgerinnen und Bürger zum sofortigen Verlassen Deutschlands. In den Folgejahren bis 1938 gingen jährlich rund 25 000 Juden aus Deutschland ins Exil.

Entrechtet, diskriminiert, beraubt

Die erste in ganz Deutschland geplante Aktion war der am 1. April 1933 inszenierte Boykott-Tag. In vielen Städten hingen Schilder mit der Aufschrift „Deutsche, kauft nicht bei Juden!" (M1). Der Aufruf galt auch für Besuche von jüdischen Ärzten und Rechtsanwälten. Mit der Gleichschaltung wurden jüdische Funktionäre und Mitglieder aus den meisten Vereinen hinausgeworfen. Mit dem „Gesetz zur Wiederherstellung des Berufsbeamtentums" 1933 verloren alle Beamtinnen und Beamte jüdischen Glaubens ihre Arbeit, darunter viele Lehrerinnen und Lehrer, Beamte in Verwaltungen und jüdische Ärzte im Gesundheitswesen und in Krankenhäusern. Die „Nürnberger Gesetze" vom September 1935 bildeten die Grundlage zur weiteren Entrechtung und Ausgrenzung der deutschen Juden aus der „Volksgemeinschaft". Sie verloren durch das „Reichsbürgergesetz" das Wahlrecht und durften keine politischen Ämter mehr bekleiden. Eheschließungen zwischen Deutschen und deutschen Juden waren als „Rassenschande" verboten. Ab 1935 häufte sich die Aufschrift „Juden unerwünscht" an Ortseingängen, Restaurants sowie bei Sportvereinen. Weitere Berufsverbote nahmen immer mehr deutschen Juden ihre Existenzgrundlage. Ab 1938 war Schülern und Studenten mit jüdischem Glauben der Besuch von Schulen und Universitäten untersagt. Jüdische Ladeninhaber mussten ihre Geschäfte aufgeben. Ab Sommer 1938 waren Deutsche jüdischen Glaubens gezwungen, die Zwangsvornamen „Israel" bzw. „Sara" zu führen. Der vorläufige Höhepunkt dieser Serie von Diskriminierungen war die Pogromnacht vom 9./10. November (S. 180/181).

Wortschatz: ausgegrenzt und entrechtet werden • jemanden der Existenzgrundlage berauben • etwas unter Wert verkaufen • jemandem eine Zulassung entziehen • jemanden diskriminieren • einen Zwangsnamen tragen

(die) deutsche(n) Juden
In diesem Buch verwenden wir die Bezeichnung Deutsche jüdischen Glaubens oder Deutsche jüdischer Kultur (denn nicht alle waren gläubige Jüdinnen und Juden, die regelmäßig die Synagoge besuchten, sich jedoch mit bestimmten kulturellen Traditionen des Judentums identifizierten). Damit soll der nationalsozialistische Sprachgebrauch einer Gegenüberstellung von „Juden" und „Deutschen" vermieden werden.

M 2

Aus den Tagebuchaufzeichnungen des Hochschullehrers Victor Klemperer:

30. März 1933
Am Tage war der Boykott-Aufruf der Nationalsozialisten herausgekommen. Wir sind Geiseln. Es herrscht das Gefühl vor, ... daß diese Schreckensherrschaft kaum lange dauern, uns aber im Sturz begraben werde ... Ich empfinde eigentlich mehr Scham als Angst, Scham um Deutschland. Ich habe mich wahrhaftig immer als Deutscher gefühlt.

31. März 1933
Immer trostloser. Morgen beginnt der Boykott. Gelbe Plakate, Wachen. Zwang, christlichen Angestellten zwei Monatsgehälter zu zahlen, jüdische zu entlassen ... Es wird „kein Haar gekrümmt" – man lässt nur verhungern ... – Niemand wagt sich vor ... In München sind jüdische Dozenten bereits am Betreten der Universität gehindert worden. Der Aufruf und Befehl des Boykottkomitees ordnet an: „Religion ist gleichgültig", es kommt nur auf die Rasse an.

7. April 1933
Es lastet ein stärkerer Druck auf mir als im Kriege, und zum erstenmal in meinem Leben habe ich einen politischen Haß gegen das Kollektivum [= die Gesamtheit] einer Gruppe ..., einen tödlichen. Im Krieg stand ich unter Militärgesetz, aber doch unter Gesetz; jetzt bin ich der Willkür ausgeliefert. Ein Tier ist nicht rechtloser und gehetzter.

2. Juni 1942
Neue Verordnungen, der Würger wird immer enger gezogen. Ich fasse die Verbote der letzten Zeit zusammen: 1) Nach acht Uhr zu Hause sein, Kontrolle! 2) aus dem eigenen Haus vertrieben 3) Radioverbot, Telefonverbot 4) Theater, Kino, Konzert, Museum verboten 6) Autofahren verboten, Busverbot, Straßenbahn nur Vorderperron (= offener Teil der Bahn ohne Dach), Taxifahren verboten ... 8) Verbot Zigarren und Rauchwaren zu kaufen 9) Verbot Blumen zu kaufen ... 11) Verbot zum Friseur zu gehen 12) Handwerker nur über die Gemeinde bestellbar 13) Zwangsablieferung von Schreibmaschinen 14) Verbot Wolldecken zu kaufen 15) Verbot ein Fahrrad zu besitzen außer wenn damit zur Arbeit gefahren wird 16) Verbot von Liegestühlen 17) Verbot Hunde, Katzen oder Vögel zu halten ... 19) Verbot den Bahnhof zu betreten 22) seit dem 19. September den Judenstern tragen 23) Verbot Essensvorräte zu halten 25) durch den Stern sind uns alle Restaurants verschlossen 26) Keine Kleiderkarte 28) Keine Sonderzuteilung wie Kaffee, Schokolade, Obst, Kondensmilch ... 31) Einkaufsbeschränkung auf eine Stunde täglich von 15–16 Uhr. Diese Punkte sind nichts gegen die ständige Gefahr der Hausdurchsuchung, der Misshandlung, des Gefängnisses, Konzentrationslagers und gewaltsamen Todes.

*Victor Klemperer, Ich will Zeugnis ablegen bis zum letzten. Tagebücher 1933–1945, Bd. 1, Berlin 1995, S. 15 ff. und S. 107 f.***

1 Erstelle mithilfe des Darstellungstextes eine (digitale) Zeitleiste zum Thema „Entrechtung und Diskriminierung der deutschen Juden 1933–1938".

2 **a)** Fasse die Verbote gegenüber der jüdischen Bevölkerung zusammen (M1, Darstellungstext).
b) Erläutere die Folgen der Verbote für die jüdische Bevölkerung. Nutze M2, den Darstellungstext und den Film im Webcode. Nutze den **Wortschatz**.

3 **a)** Beschreibe die Fotografie M1.
b) Begründe die Motive für die Verbreitung solcher Fotografien durch die Nationalsozialisten.

4 Diskutiert, ob es für Menschen jüdischen Glaubens Möglichkeiten gab, den Verfolgungen durch die Nationalsozialisten entgehen zu können.

5 **Partnerarbeit:** Viele Deutsche verharmlosten das Vorgehen gegen ihre Mitbürger mit jüdischem Glauben oder denunzierten sie, das heißt sie zeigten diese bei der Polizei an. Diskutiert mögliche Beweggründe für dieses Verhalten.

cornelsen.de/webcodes
Code: tegoye
Film: Die Ausgrenzung der Juden

Die Pogromnacht in Essen

Ein Höhepunkt der rassistischen Ausschreitungen gegen Mitbürgerinnen und Mitbürger jüdischen Glaubens ereignete sich in der Pogromnacht in der Nacht vom 9. auf den 10. November 1938. Untersuche am Beispiel der Stadt Essen:

- ***Wie gingen die Täter gegen Menschen mit jüdischem Glauben in der Pogromnacht vor?***
- ***Welche Folgen hatte das Pogrom für die jüdische Bevölkerung?***

M 1

Schaulustige vor der brennenden Synagoge in Essen, Foto, 10.11.1938

Ursachen der Pogromnacht

Als Vorwand für die Gewalt gegen jüdische Bürger diente das Attentat des aus Deutschland emigrierten 17-jährigen Juden Herschel Grynspan auf den deutschen auf Eduard von Rath, einem Mitarbeiter der deutschen Botschaft in Paris. Eduard von Rath. Auslöser für das Attentat war, dass Grynspans Eltern, die als polnische Juden in Deutschland lebten, nach Polen ausgewiesen wurden. Die NS-Führung nahm das Attentat zum Anlass, um radikale Maßnahmen gegen Menschen jüdischen Glaubens in Deutschland durchzuführen. Die Kampfverbände der SA* und SS* inszenierten einen reichsweiten Pogrom. Ein Befehl aus der NSDAP-Parteizentrale in München lautete: „Sämtliche jüdische Geschäfte sind sofort von SA-Männern in Uniform zu zerstören. Die Presse ist heranzuziehen. Synagogen sind sofort in Brand zu stecken, jüdische Symbole sind sicherzustellen. Die Feuerwehr darf nicht eingreifen."

Die Opfer der Pogromnacht

In der Nacht vom 9. auf den 10. November 1938 wurden in Deutschland Hunderte Synagogen in Brand gesteckt, jüdische Friedhöfe geschändet, jüdische Wohnungen sowie Geschäfte zerstört und rund 30 000 Menschen jüdischen Glaubens verhaftet. Außerdem wurden ca. 100 jüdische Bürger ermordet und Tausende misshandelt und schikaniert. Historiker gehen jedoch davon aus, dass die tatsächliche Opferzahl weitaus höher ist. Als „Sühneleistung" für die entstandenen Schäden wurde den deutschen Juden zudem die Zahlung von einer Milliarde Reichsmark an den Staat auferlegt. Aus Hohn bezeichnen die Nationalsozialisten aufgrund der zahllosen zerstörten Schaufensterscheiben jüdischer Geschäfte diese Nacht auch als „Reichskristallnacht".

M 2

Der Historiker Hermann Schröter über die Bedeutung der Pogromnacht:

Mit der Kristallnacht ... wurde die Zeit der Unterdrückung der Juden durch die Periode der Verfolgung abgelöst. Verfolgung aber bedeutet eine Steigerung. Ziel der Verfolgung ist die Vernichtung, ... sind Deportation [= Verschleppung] und Tod. Etwa die Hälfte aller Essener Juden hat dieses Schicksal erlitten.

*Hermann Schröter, Die „Reichskristallnacht" in Essen, in: Das Münster am Hellweg, 32. Jahrgang, 1979, S. 54.**

(der oder das) Pogrom
gewalttätige Ausschreitungen gegen Minderheiten, insbesondere Juden, die oft mit Plünderungen und Mord einhergehen

Wortschatz: als Vorwand dienen • etwas zum Anlass nehmen • antijüdische Maßnahmen durchführen • ein Pogrom inszenieren • etwas in Brand stecken • etwas schänden • jemanden schikanieren • jemanden in ein Konzentrationslager deportieren • die Deportation • jemanden in Haft nehmen • Sühne für etwas leisten (= die Schuld für etwas auf sich nehmen)

M 3

Der Essener Rabbiner Hugo Hahn schreibt über die Zerstörung der Synagoge:

Nachts, kurz nach zwölf Uhr, wurde die Tür zu unserer Wohnung ... eingeschlagen. Sturmtruppen unter Führung eines SS-Offiziers ... warfen das Klavier und viele wertvolle Möbelstücke vom zweiten Stock auf die Straße ... Auf der Straße angelangt sahen wir, wie aus Fässern Benzin und Petroleum in die Synagoge hineingegossen wurden. Aus den gewaltigen, farbenreichen Fenstern schossen die Flammen heraus. Die ... Synagoge, die von allen Kunstkennern als eine der schönsten im ganzen Lande angesprochen wurde, lag gespensterhaft vor uns. Wir nahmen mit Tränen in den Augen Abschied.

*Zit. nach Hermann Schröter, Die „Reichskristallnacht" in Essen, in: Das Münster am Hellweg, 32. Jahrgang, 1979, S. 53.**

M 4

Der Essener Jude Erwin Silberberg schildert den Überfall in der Pogromnacht:

Als es klingelte, öffneten wir die Tür und wurden von den Eindringlingen an die Wand gedrückt. Die Regale wurden heruntergeschlagen, die Fensterscheiben zerbrochen und die Geschäftsbücher zerrissen. Unser Warenlager hatte meiner Erinnerung nach damals einen Wert von RM 15–16 000 ... Dieses Warenlager ist an diesem Abend größtenteils zerstört worden ... Die Schaufenster an der Passage ... wurden total zersplittert. Mein Vater und ich waren während der Zerstörungen nicht mehr im Geschäft. Man hatte uns auf den Boden geschleppt und hielt uns einen Revolver auf die Brust. Am nächsten Tag wurden wir beide abgeholt. Mein Vater kam ins Essener Polizeigefängnis und ich in das Konzentrationslager Dachau.

*Quellenangabe siehe M3.**

M 5

Die Essener Jüdin Hanna Sella-Steiberg berichtet über ihre Erlebnisse:

Dann kamen sie [vermutlich SA- oder SS-Männer], ... während wir das fürchterliche Geräusch eiserner Pickel gegen die Türen, zerbrechendes Glas und Johlen hörten ... Ich griff im Dunkel einen Mantel, zog ihn über mein Nachthemd, raste wie die anderen die Treppe zum Keller hinunter – und war plötzlich allein ... Als erste Person begegnete mir ein Mann, ... es war gegen 6h morgens ... Er beruhigte mich, kehrte mit mir um, und wir suchten eine Telefonzelle, von der ich das Polizei-Präsidium anrief. Dem antwortenden Beamten sagte ich, was mir passiert war – der antwortete mir: „Uns sind die Hände gebunden", und legte den Hörer auf. [Erneuter Anruf] ... Ich erklärte ihm, dass ich deutsche Staatsbürgerin jüdischen Glaubens sei und mich unter seinen Schutz begeben wolle – ich bekam die gleiche stereotype Antwort wie vorher. Dann sagte ich ihm, dass ich mit bloßen Füßen, die inzwischen bluteten, und im Nachthemd sei. Seine Antwort: „Gehen Sie ins nächste Haus, und lassen Sie sich Kleider geben." Ich antwortete ihm, dass ich keine Wohnung ohne Hakenkreuzflagge sehe und ich überzeugt sei, dass mich hunderte Augen über den Zaun klettern sahen und niemand sich meiner angenommen hätte von diesen Anwohnern – wieder: „Uns sind die Hände gebunden."

*Zit. nach Michael Ruetz, Pogrom 1938. Das Gesicht in der Menge, Wädenswill am Bodensee (Nimbus) 2018, S. 39.***

1 Arbeite Ursachen und Folgen der Pogromnacht mithilfe des Darstellungstextes heraus.

2 Fasse anhand von M1 bis M5 die Ereignisse in der Pogromnacht in Essen zusammen. Nutze dazu auch den Webcode und den **Wortschatz**.

3 Beschreibe, was sich für die Menschen mit jüdischem Glauben in Deutschland in und nach der Pogromnacht veränderte (M1 und M5).

4 **Gruppenarbeit**:

a) Diskutiert, wie ihr den Opfern der Pogromnacht in eurer Stadt gedenken könnt.

b) Präsentiert eure Vorschläge in der Klasse.

MK **5** **Methode:** Gestaltet einen BIPARCOURS (→ S. 256) zum Thema „Erinnerungen an die deutschen Jüdinnen und Juden in eurer Heimatregion". **Tipp** → S. 244.

cornelsen.de/webcodes
+ *Code: tataki*
Pogromnacht in Essen

Euthanasie: Die Vernichtung „unwerten Lebens"

cornelsen.de/webcodes
Code: bazewo
Die Euthanasie-Gedenkstätte in Warstein

Auch kranke und behinderte Menschen, darunter viele Kinder, wurden von der nationalsozialistischen „Volksgemeinschaft" ausgegrenzt. Menschen mit Behinderungen galten den Nationalsozialisten grundsätzlich als „lebensunwert".
- ***Was geschah mit behinderten Menschen?***
- ***Wie rechtfertigten die Nationalsozialisten und die Täter ihr Handeln?***

M 1

Busgarage der ehemaligen Tötungsanstalt im mittelhessischen Hadamar, Foto, 2013

Die Behandlung von behinderten und kranken Menschen durch die Nationalsozialisten

Nach der Machtübernahme der Nationalsozialisten wurden Menschen mit körperlichen und geistigen Behinderungen registriert und „ausgesondert". Auch Personen mit erblichen Krankheiten wurden als „Bedrohung für die Volksgesundheit" angesehen. Etwa 400 000 Deutsche wurden zwischen 1933 und 1945 zwangssterilisiert (= unfruchtbar gemacht). Das „Ehegesundheitsgesetz" verbot 1935 Ehen zwischen „erbgesunden" und „erbkranken" Menschen. Die Nationalsozialisten rechtfertigten ihre „Rassenhygiene", indem sie sich auf die Lehre der Eugenik beriefen. 1939 ordnete Hitler in einem Schreiben die „Euthanasie" als „Gnadentod" für „unheilbare" Patienten an und ließ entsprechende Ermordungen durch Giftgas durchführen. Geplant wurde das Vorgehen von der Leitzentrale in der Tiergartenstraße 4 in Berlin, weshalb die systematische Ermordung in der Nachkriegszeit als „Aktion T4" bezeichnet wurde. Nach Protesten aus der Bevölkerung gegen die „Aktion Gnadentod" wurde die Aktion abgebrochen. Behinderte Menschen wurden jedoch weiterhin auf andere Weise ermordet. An der Euthanasie beteiligte Ärzte mussten sich nach dem Krieg vor Gericht für ihre Verbrechen verantworten. Viele von ihnen waren dennoch weiter als Ärzte tätig.

Kindereuthanasie als Ausgangspunkt

Die „Kindereuthanasie" begann 1938/39. Aufgrund einer Meldepflicht für Kinder mit „schweren angeborenen Leiden" wurden die sogenannten „lebensunwerten" Kinder erfasst, begutachtet und in einer der neu gegründeten „Kinderfachabteilungen" untergebracht. Zwischen 1939 und 1945 wurden zwischen 5000 und 8000 körperlich und geistig behinderte Neugeborene und Kinder im Rahmen der sogenannten „Aktion T4" in Kliniken ermordet. Sie erhielten tödliche Medikamente oder verhungerten.

Die Anstalten Warstein und Hadamar

Seit 1906 bestand im hessischen Hadamar eine Landesheilanstalt, die Ende 1940 umgebaut wurde, um sie als Tötungsanstalt im Rahmen der „Aktion T4" zu verwenden. Dazu wurden eine Gaskammer und zwei Verbrennungsöfen eingebaut sowie eine Busgarage errichtet. Graue Busse holten die Patienten aus „Zwischenanstalten" ab. Nach der Ankunft in Hadamar wurden sie von Ärzten begutachtet. Diese bestimmten anhand der mitgeschickten Patientenakte eine angebliche natürliche Todesursache, die später den Angehörigen mitgeteilt wurde. Dann wurden die Patienten in die Gaskammer geführt. Ihre Leichen wurden in den Öfen verbrannt. Eine der „Zwischenanstalten", aus denen Patienten nach Hadamar verlegt wurden, war die Heilanstalt Warstein im Kreis Soest. Aus Warstein wurden in den Jahren 1940 bis 1943 insgesamt 1575 Patienten in andere psychiatrische Anstalten „verlegt", 177 davon nach Hadamar.

Wortschatz: eine Todesursache feststellen • eine Krankheit vererben • jemanden in eine Anstalt einweisen • einen Patienten (in eine andere Anstalt) verlegen • einen Patienten begutachten oder ein Gutachten erstellen • sich für ein Verbrechen oder eine Tat verantworten • ein Verbrechen verschleiern

(die) „Euthanasie" (griech. guter, leichter Tod)
Bezeichnet die medizinische Erleichterung des Sterbens oder die absichtliche Herbeiführung des Todes bei unheilbar Kranken durch Medikamente oder den Abbruch der Behandlung. Die Nationalsozialisten bezeichneten damit die systematische Ermordung psychisch kranker und behinderter Menschen.

(die) Eugenik (griech. = Lehre von der guten Erbveranlagung)
Wurde seit Ende des 19. Jahrhunderts bedeutungsgleich mit dem Begriff „Rassenhygiene" verwendet. Ziel war es, die Fortpflanzung „Erbgesunder" zu fördern (positive Eugenik) und die Fortpflanzung „Erbkranker" (negative Eugenik) zu verhindern.

M 2

Hitlers „Euthanasiebefehl" (1. September 1939):
Reichsleiter Bouhler[1] und Dr. med. Brandt[2] sind unter Verantwortung beauftragt, die Befugnisse namentlich zu bestimmender Ärzte so zu erweitern, dass nach menschlichem Ermessen unheilbar Kranken bei kritischster Beurteilung ihres Krankheitszustandes der Gnadentod gewährt werden kann. Adolf Hitler

Zit. nach http://www.ns-archiv.de/medizin/euthanasie/befehl.php (Stand: 17.12.2020).

[1] *Chef der Kanzlei des Führers der NSDAP*
[2] *Hitlers Begleitarzt*

M 3

Abbildung aus einem Schulbuch aus der NS-Zeit, Foto, 1943

M 4

Brief eines Vaters, der sich als Soldat in Frankreich befindet, an die Direktion der Landesheilanstalt Hadamar (März 1943):
Von der Heil- und Pflegeanstalt Scheuern ... habe ich Nachricht erhalten, dass mein Kind Willi in ihre Anstalt verlegt wurde ... Ich erhielt von meiner Frau die bittere Nachricht, dass mein Kind zur letzten Ruhe gebettet ist. So habe ich mir den Heimgang [= Tod] meiner Kinder [= der ältere Sohn ist an der Ostfront] nicht vorgestellt. Mein Kind verließ die Anstalt Scheuern bei Wohlbefinden. Innerhalb von 8 Tagen krank, tot, beerdigt, ohne dass ich eine Ahnung davon habe ... Es war meine Absicht das Kind heimzuholen. In der Anstalt Scheuern war ich mit der Unterbringung zufrieden. Bei Ihnen hätte ich mich erst überzeugen müssen. Ich kann mich nicht damit abfinden, mir kommt es vor, als wenn mein Kind behandelt worden wäre wie erblich belastet oder wie das Kind eines Trinkers. Ich verwahre mich dagegen. Im Privatleben unbescholten [= von gutem Ruf]. Als Soldat, einberufen 1914/18 von Anfang bis Ende, mit Auszeichnung, verwundet, Führung gut und unbestraft. Seit 1. September 1939 stehe ich ebenfalls wieder für Volk und Führer unter Waffen. Heil Hitler.

*Zit. nach Im Gedenken der Kinder, Monatsschrift Kinderheilkunde, Band 159, Supplement 1, Januar 2011, S. 8.***

1 **Wähle eine Aufgabe aus:**
a) Stelle anhand des Darstellungstextes die Gründe der Nationalsozialisten für den Umgang mit kranken und behinderten Menschen dar.
b) Erkläre, wie die Nationalsozialisten ihren Umgang mit Kranken und Behinderten rechtfertigten. Beziehe den Darstellungstext, M2 und M3 ein.

2 Untersuche die Auswirkungen der NS-„Euthanasie" auf Angehörige (M4). Nutze den **Wortschatz**.

3 Gestalte eine Darstellung für einen Audiobeitrag, in der die Behandlung von Menschen im Rahmen der „Aktion T4" beschrieben wird (Darstellungstext).

4 **a)** Informiere dich mithilfe des Webcodes über das Euthanasie-Programm in Warstein.
b) Diskutiere, warum Euthanasie-Gedenkstätten von Schulklassen besucht werden sollten.

5 Begründe, warum der Umgang mit schwachen und hilfsbedürftigen Menschen in der Zeit des Nationalsozialismus heutzutage unvorstellbar ist.

1933

30. Januar Hitler wird Reichskanzler
27./28. Februar Reichstagsbrand und „Reichstagsbrandverordnung"
5. März Neuwahlen zum Reichstag
21. März „Tag von Potsdam"
23. März „Ermächtigungsgesetz": Ausschaltung des Reichstags als Gesetzgeber
31. März „Gleichschaltung" der Länder
April Aufruf zum Boykott jüdischer Geschäfte; Beginn der Ausgrenzung und Verfolgung der jüdischen Bevölkerung

1934

2. August 1934 Tod Hindenburgs: Hitler wird „Führer und Reichskanzler"

1935

„Nürnberger Gesetze"

Herrschaft und Alltagsleben im Nationalsozialismus

Die Ideologie der Nationalsozialisten

Im Zentrum der NS-Ideologie standen …

Die stufenweise Errichtung des totalen Staates

Eine Voraussetzung für die Beseitigung der Demokratie der Weimarer Republik waren die **Präsidialregierungen** seit 1930. Diese waren vom Reichspräsidenten eingesetzt und das Parlament war weitgehend ausgeschaltet. Bei der Ernennung **Adolf Hitlers** zum Reichskanzler am 30. Januar 1933 hatten in der Regierung nicht die Nationalsozialisten, sondern deutschnationale und rechtskonservative Kräfte um den Vizekanzler Franz von Papen die Mehrheit der Ministerposten. Letztere unterschätzten den Machtwillen und die Rücksichtslosigkeit Hitlers, der gestärkt aus den Wahlen im März 1933 hervorging. Am 27. Februar 1933 brannte der Reichstag. Die Nationalsozialisten erklärten die Tat zu einem kommunistischen Umsturzversuch und drängten Reichspräsident Hindenburg dazu, tags darauf die **„Reichstagsbrandverordnung zum Schutz von Volk und Staat"** zu erlassen. Diese Notverordnung setzte wichtige Grundrechte außer Kraft. Aufgrund dieser Verordnung konnten Tausende politische Gegner verhaftet und ohne Gerichtsurteil eingesperrt werden. Das **„Ermächtigungsgesetz"** vom 23. März 1933 ermöglichte es der Regierung, ohne Zustimmung des Reichstags Gesetze zu erlassen.
In den folgenden Monaten richteten die Nationalsozialisten sowohl die politischen Institutionen als auch die Überzeugungen der Bevölkerung nach ihrer Ideologie aus (= „Gleichschaltung"). Die Gewerkschaften wurden aufgelöst und die KPD und die SPD verboten. Die bürgerlichen Parteien wurden gezwungen, sich selbst aufzulösen. An ihre Stelle traten die „Deutsche Arbeitsfront" (DAF) als Einheitsgewerkschaft und die NSDAP als Einheitspartei. Die Länderregierungen wurden bereits im April 1933 per Gesetz aufgelöst und durch „Reichsstatthalter" ersetzt. Sie unterstanden Hitler unmittelbar. Auch die Bevölkerung sollte durch Propaganda gleichgeschaltet werden. Dazu inszenierte Joseph Goebbels, der „Reichminister für Volksaufklärung und Propaganda", am 21. März 1933 den **„Tag von Potsdam"**.
Goebbels sorgte auch für die Gleichschaltung von Presse und Rundfunk: Entlassungen, Verbot und Zensur nötigten die Medien dazu, NS-Gesetze und Terror positiv darzustellen. Die Bevölkerung sollte glauben, die Maßnahmen seien notwendig, um die staatliche Ordnung aufrechtzuerhalten. Die **Propaganda** war ein wichtiges Mittel der Nationalsozialisten, um ihre Doppelstrategie zu verschleiern: Scheinlegalität auf der einen Seite, Gewalt und Einschüchterung auf der anderen. Die Zensur erstreckte sich auch auf Kunst und Kultur. Eine „Reichskulturkammer" unter Goebbels verbot die von den Nationalsozialisten so bezeichnete „entartete" Kunst und Literatur und förderte Künstler, die die NS-Ideologie unterstützten. Die Nationalsozialisten duldeten keinen Widerstand. Bereits 1933 entstanden im gesamten Reich **Konzentrationslager**. Dort wurden anfangs vorrangig regimekritische Politiker und Gewerkschafter inhaftiert.

Geschlechterrollen, Jugend und Schule

Die Rollen von Jungen und Mädchen, Männern und Frauen waren nach der **NS-Ideologie** klar definiert: Auf der einen Seite stand der kämpfende, heldenhafte Mann, auf der anderen Seite die Frau als Mutter und „Erhalterin des Volkes". Das vorgegebene Rollenbild entsprach nie der Realität. Denn mit dem Kriegsbeginn 1939 wurde die Arbeitskraft der Frauen gebraucht. Sie besetzten viele Positionen in Wirtschaft und Verwaltung, die vorher Männern vorbehalten waren. Nach

1936 | 1937 | 1938 | 1939

1936: **Hitlerjugend und Bund Deutscher Mädel werden „Staatsjugend"; Olympische Spiele in Berlin**

1938: **9./10. November von den Nationalsozialisten gesteuerte Pogrome in ganz Deutschland: Synagogen brennen, jüdische Bürgerinnen und Bürger werden verhaftet, einige ermordet**

dem Verbot aller anderen Jugendorganisationen wurde die bereits vor 1933 gegründete Hitlerjugend 1936 zur „Staatsjugend" erklärt. Eltern, deren Kinder der Organisation nicht beitraten, wurden bestraft und benachteiligt. Dies traf auch auf Kinder und Jugendliche zu. Jüdische Lehrkräfte, Schülerinnen und Schüler wurden ebenso vom Unterricht an öffentlichen Schulen ausgeschlossen wie Kinder deutscher Sinti und Roma.

Verfolgung der Deutschen jüdischen Glaubens

Die rassistische Politik der Nationalsozialisten begann mit einschneidenden Maßnahmen wie dem Aufruf zum Boykott jüdischer Geschäfte im April 1933. Zwischen 1933 und 1939 führte sie über die systematische Aberkennung der Bürgerrechte („Nürnberger Gesetze", 1935) zur offenen Verfolgung. Das „Gesetz zum Schutz des deutschen Blutes und der deutschen Ehre" stellte „rassische Mischehen" sowie sexuelle Kontakte zwischen Juden und „Staatsangehörigen deutschen oder artverwandten Blutes" unter Strafe. Das Jahr 1938 brachte einen weiteren Höhepunkt der Verfolgung: Juden, die mehr als 5000 Reichsmark besaßen, mussten dies bei den Behörden anmelden. Jüdische Ärzte und Rechtsanwälte durften ihre Berufe nicht mehr ausüben. Alle in Deutschland lebenden Menschen mit jüdischem Glauben hatten den Zwangsvornamen „Sara" oder „Israel" zu tragen. Ihre Ausreise und Flucht aus Deutschland wurden erschwert. Die von der NS-Führung inszenierte Judenverfolgung (**Pogromnacht** vom 9. zum 10. November 1938) zeigte die Brutalität des NS-Herrschaftsregimes und die Bereitschaft zur aktiven Mittäterschaft vieler Deutscher.

Eugenik und „Euthanasie"

Die nationalsozialistische „Vererbungs- und Rassenlehre" nutzte bestimmte Vorstellungen der Eugeniker vom Anfang des 20. Jahrhunderts in menschenverachtender Weise: Mit dem „Ehegesundheitsgesetz" von 1935 wurden Zwangssterilisationen legalisiert, damit keine „erbkranken" Kinder auf die Welt kämen. Der von den Nationalsozialisten angeordneten Tötung von „lebensunwertem Leben" (**„Euthanasie"**) fielen etwa 200 000 Menschen zum Opfer.

Im Ideal der „Volksgemeinschaft" sollten alle …

… individuellen Interessen und sozialen Gegensätze aufgehoben werden.

Ein weiteres wichtiges Element war …

… „Rasse", „Arier" und „Nichtarier" wurde eine Überlegenheit „arischer" Menschen behauptet.

hierarchisches „Führerprinzip"

Des Weiteren wurde …

1 Der Darstellungstext ist nicht vollständig. Verfasse mithilfe der S. 150–153 sowie der Wortschnipsel eine eigene Darstellung über Merkmale der NS-Ideologie. Beginne so: *Im Zentrum der NS-Ideologie standen der Rassismus, der Antisemitismus und die Auffassung, das deutsche Volk benötige einen größeren „Lebensraum im Osten" …*

In diesem Kapitel konntest du folgende Kompetenzen erwerben

- Merkmale des totalen Staates und Stufen seiner Verwirklichung im Nationalsozialismus erläutern
- Elemente der NS-Ideologie, deren Ursprünge und deren Auswirkungen erläutern
- Auswirkungen der nationalsozialistischen rassistischen Maßnahmen auf Juden und Euthanasieopfer erläutern
- zur Verantwortung politischer Akteure und Gruppen für die Zerstörung des Weimarer Rechts- und Verfassungsstaats Stellung nehmen
- an Beispielen Handlungsspielräume der Menschen unter den Bedingungen der NS-Diktatur erörtern
- **Medien und Methoden:** Eine politische Rede analysieren
- **Medien und Methoden:** Einen außerschulischen Lernort besuchen

M 1

Aus der Rede des Abgeordneten Reinhold Maier (DDP) vom 23. März 1933 zum „Ermächtigungsgesetz“:
Wir verstehen, dass die gegenwärtige Regierung weitgehende Vollmachten verlangt, um ungestört arbeiten zu können. Wenn wir gleichwohl in dieser so ernsten Stunde uns verpflichtet fühlen, Besorgnisse zum Ausdruck zu bringen ... Wir vermissen in dem vorliegenden Gesetzentwurf, dass den verfassungsmäßigen Grundrechten ... keine ausdrückliche Sicherung vor Eingriffen gegeben wurde. Unantastbar müssen vor allem bleiben die Unabhängigkeit der Gerichte, das Berufsbeamtentum und seine Rechte, ... die staatsbürgerliche Gleichberechtigung, die Freiheit von Kunst und Wissenschaft wie ihre Lehre. Diese Werte sind Grundelemente jedes Gemeinschaftslebens in einem geordneten Rechtsstaat ... Im Interesse von Volk und Vaterland und in Erwartung einer gesetzmäßigen Entwicklung werden wir unsere ernsten Bedenken zurückstellen und dem Ermächtigungsgesetz zustimmen.

*Zit. nach Josef u. Ruth Becker (Hg.), Hitlers Machtergreifung, München (dtv dokumente) 1992, S. 177.***

M 2

Der Historiker Michael Wildt urteilt über den 30. Januar 1933 (2008):
Von außen betrachtet [gab es] in der Tat den Eindruck, als habe die geeinte Rechte [am 30. Januar] die Regierung übernommen und die Nationalsozialisten seien eingebunden sowohl in die Kabinettsdisziplin wie in die politische Koalition mit den Deutschnationalen. Die NSDAP befand sich, gemessen an der Zahl ihrer Minister, im neuen Kabinett durchaus in der Minderheit. Neben Hitler galten der Vizekanzler Franz von Papen, der Führer der Deutschnationalen Alfred Hugenberg, der das Wirtschafts- und Landwirtschafsressort übernahm, und Arbeitsminister Franz Steldte, Führer des rechtsnationalen Wehrverbandes Stahlhelm, als die führenden politischen Figuren der neuen Regierung. Aber von Papens überheblicher Ausspruch, man habe Hitler bloß „engagiert“, erwies sich als eine krasse Fehleinschätzung ...

*Michael Wildt, Geschichte des Nationalsozialismus, Göttingen 2008, S. 73 f.***

M 3

Der Historiker Wolfgang Benz über die Reichspogromnacht am 9. November 1938 (1988):
Seit dem 15. Jahrhundert hatte es in Mitteleuropa solche Judenverfolgung nicht mehr gegeben, aber nicht nur dies, denn die mittelalterlichen Pogrome fanden statt als unkontrollierte Aggressionen zusammengelaufener Volkshaufen, in denen sich soziale und wirtschaftliche Spannungen auf dem Hintergrund religiös motivierter Judenfeindschaft entluden. Regelrecht programmiert und in Szene gesetzt von staatlichen Instanzen war vor dem 9. November kein einziger solcher antisemitischer Aufruhr gewesen.

Wolfgang Benz (Hg.), Die Juden in Deutschland 1933 bis 1945, 4. Aufl., München (C. H. Beck) 1993, S. 499.

M 4

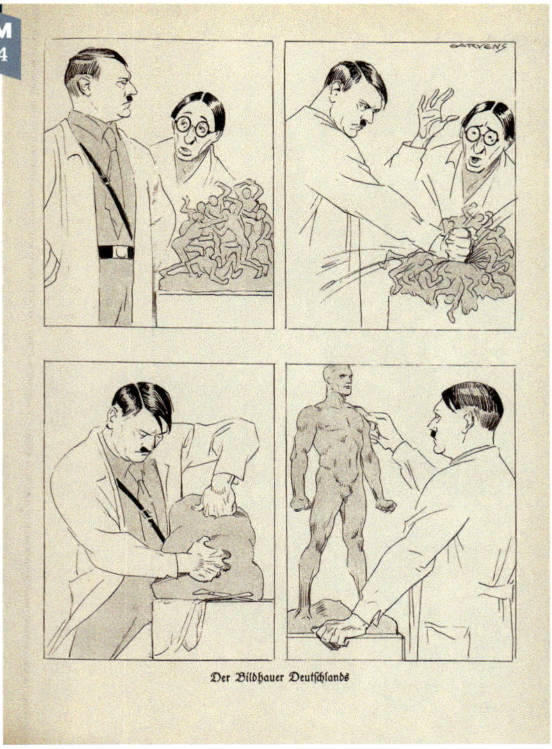

„Der Bildhauer Deutschlands", Karikatur von Oskar Garvens aus dem „Kladderadatsch" vom 30. Januar 1933

M 5

„Reichsparteitag" der NSDAP 1935 auf dem Reichsparteitagsgelände in Nürnberg, Foto. Das Bild zeigt SA-Angehörige in Formation bei der „Totenehrung" der Opfer des Hitlerputsches 1923. Am Rednerpult: Adolf Hitler.

Sachkompetenz

1 Erläutere folgende Begriffe der NS-Ideologie: Antisemitismus, Antikommunismus, „Volksgemeinschaft" und Führerprinzip.

2 Erläutere mithilfe deiner Kenntnisse aus dem Kapitel in einer eigenen Darstellung die stufenweise Errichtung des totalen Staates ab 1933.

3 Untersuche M5 hinsichtlich der Merkmale eines totalen Staates.

4 Erkläre anhand vom M4,

a) wie die Nationalsozialisten mit der Freiheit der Kunst verfuhren,

b) welche Position die Nationalsozialisten gegenüber einer vielfältigen Gesellschaft hatten,

c) welches Idealbild des Menschen dem Nationalsozialismus zugrunde liegt.

5 Erläutere mithilfe von M3 sowie deinen Kenntnissen aus dem Kapitel die gesellschaftlichen und politischen Auswirkungen der NS-Ideologie auf Menschen mit jüdischem Glauben.

Urteilskompetenz

6 Diskutiere mithilfe von M2 die Behauptung, es habe noch Ende Januar 1933 für die beteiligten Akteure die Möglichkeit gegeben, Hitler von der Macht fernzuhalten.

7 **a)** Analysiere die Rede M1 mithilfe der Arbeitsschritte 1–9 auf S. 161.

b) Vergleiche die Rede Reinhold Maiers (M1) mit der Rede von Otto Wels (S. 160, M2).

c) Beurteile die Entscheidung des DDP-Abgeordneten Maier (M1) aus der historischen Perspektive der Situation am 23. März 1933.

d) Bewerte Maiers Entscheidung aus heutiger Sicht.

cornelsen.de/webcodes
Code: bajodi
Selbsteinschätzungsbogen

cornelsen.de/webcodes
Code: *ruveho*
alle Darstellungstexte zum Anhören

6
Zweiter Weltkrieg und Shoah

Überlebende stehen in der Ruine der Kathedrale von Coventry in Großbritannien. Deutsche Kampfflugzeuge haben am Abend des 14. und in der Nacht zum 15. November 1940 den schwersten einer Reihe von Bombenangriffen gegen die dortigen Fabriken der Rüstungsindustrie geflogen. Die Auslöschung der benachbarten Wohngebiete und des Stadtzentrums mit der Kathedrale aus dem späten Mittelalter nahmen die Angreifer in Kauf. 568 Menschen starben in jener Nacht – 1200 bei allen Luftangriffen auf Coventry. Bei dem durch Brandbomben ausgelösten Feuersturm erlitten über 1000 Menschen schwerste Verbrennungen.

Sammle mit Blick auf das Foto passende Begriffe, die die hier zum Ausdruck kommende Stimmung beschreiben. Vergleicht eure Gedanken zu diesem Bild.

Ruine der Kathedrale von Coventry (erbaut im 14. Jh.), Großbritannien, am Morgen nach der deutschen Bombardierung, Foto, 15. 11. 1940

1930

1935

1933 Austritt Deutschlands aus dem Völkerbund

1935 Wiedereinführung der allgemeinen Wehrpflicht

1938 „Anschluss" Österreichs an das Deutsche Reich

1933 Hitler wird Reichskanzler

Zweiter Weltkrieg und Shoah

Die NS-Ideologie forderte seit 1933 mehr „Lebensraum im Osten" für die Deutschen. Hitler gelang es, die anderen europäischen Mächte von seinen „friedlichen Absichten" zu überzeugen und dennoch Gebietsgewinne zu machen. Als Deutschland 1939 Polen überfiel, gaben Großbritannien und Frankreich nicht mehr nach. Der Zweite Weltkrieg begann. Er übertraf an Waffentechnik und deren Vernichtungskraft alle bisherigen militärischen Konflikte in der Menschheitsgeschichte. Mit dem Zweiten Weltkrieg begann das nationalsozialistische Deutschland einen beispiellosen Vernichtungskrieg vor allem gegen die Zivilbevölkerung der Länder Ost- und Südosteuropas sowie der Sowjetunion. Die Gesamtzahl der Kriegstoten liegt bei geschätzten 80 Millionen Menschen. Während des Zweiten Weltkrieges kam es zur systematischen Ermordung von Menschen jüdischen Glaubens aus fast allen Ländern des Kontinents durch die Nationalsozialisten und ihre Mittäter. Dies wird heute mit dem hebräischen Begriff Shoah (= Unheil, Katastrophe) oder dem englischen Wort Holocaust (= vollständig verbrannt) bezeichnet. Die Nationalsozialisten sprachen verharmlosend von der „Endlösung der Judenfrage". Überall in den von Deutschen besetzten Gebieten und vereinzelt auch in Deutschland gab es Menschen, die als Einzelne oder in Gruppen Widerstand gegen die nationalsozialistische Herrschaft leisteten.

- Wie bereiteten die Nationalsozialisten den Krieg wirtschaftlich und außenpolitisch vor?
- Wo lagen die Hauptkriegsschauplätze und mit welchen Mitteln wurde der Krieg geführt?
- Wie kam es zum Massenmord an den europäischen Juden und welche weiteren gesellschaftlichen Gruppen wurden zum Mordopfer des NS-Regimes?
- Was waren die Ursachen und Folgen für den Kriegseintritt der USA im Pazifikraum?
- Wie wird heute an den Nationalsozialismus erinnert?

M 1

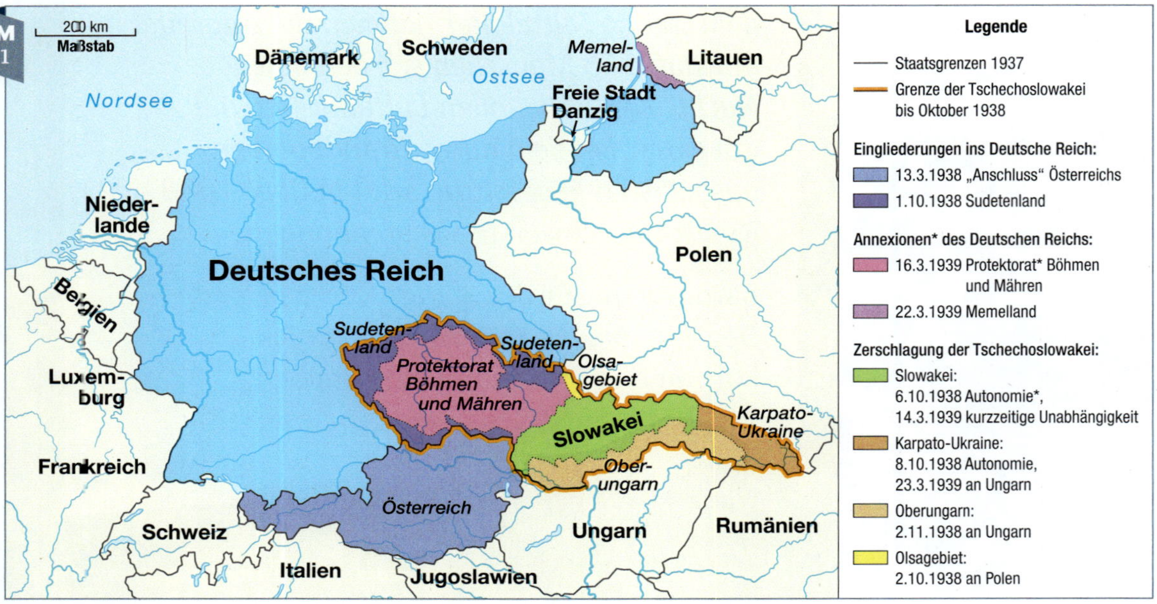

Die Erweiterung des deutschen Machtbereichs bis zum Beginn des Zweiten Weltkrieges 1939

1940

1945

1. September 1939: deutscher Überfall auf Polen; Beginn des Zweiten Weltkrieges

Juni 1941: deutscher Überfall auf die Sowjetunion

Januar 1942: Wannsee-Konferenz: Organisation der Ermordung der europäischen Juden in Vernichtungslagern

20. Juli 1944: Attentat auf Hitler

1945 Mai: Kapitulation der Wehrmacht

August 1945: US-Atombomben auf die japanischen Städte Hiroshima und Nagasaki; Kapitulation Japans

M 2 *Hinrichtung polnischer Bürger durch Soldaten der deutschen Wehrmacht, September 1939, Foto*

M 3

"So wird es mit der faschistischen Bestie kommen", sowjetische Karikatur von Alexej Kokorekin, 1945

M 4

Ankunft eines Transportzuges mit ungarischen Juden im Konzentrationslager Auschwitz-Birkenau, Foto, 1944. Die ungarische Jüdin Lilly Jacob wurde mit 18 Jahren nach Auschwitz deportiert. Sie überlebte die Haft in den Lagern Auschwitz und Mittelbau-Dora. Nach der Befreiung Doras fand sie in den verlassenen Baracken ein Fotoalbum mit Aufnahmen aus dem Konzentrationslager (KZ) Auschwitz, die von SS-Leuten aufgenommen wurden. Die 193 Fotos aus den Monaten Mai und Juni 1944 zeigen Lilly Jacob und ihre nach den Aufnahmen ermordeten Familienmitglieder. Lilly Jacob emigrierte in die USA und übergab die Fotos später an die Holocaust-Gedenkstätte Yad Vashem in Jerusalem. Es waren bis 2006 die einzigen bekannten Fotos aus dem KZ Auschwitz.

1 **a)** Beschreibe die territorialen Veränderungen Deutschlands seit 1933 bis zum Ausbruch des Zweiten Weltkrieges 1939 (M1).
b) Vergleiche, welche Einstellung der Nationalsozialisten zu den territorialen Regelungen des Versailler Vertrages deutlich wird (M1).

2 **a)** Formuliere mithilfe von M2 und M4 erste Eindrücke zu den Ereignissen im Zweiten Weltkrieg.
b) Diskutiert in der Klasse, inwiefern eine Beschäftigung mit den schrecklichen Ereignissen wichtig ist.

Wirtschaft im Dienst der Kriegsvorbereitung?

cornelsen.de/webcodes
Code: seduke
Kopiervorlage Methodentabelle

Die Nationalsozialisten wussten, dass die Industrie eine maßgebliche Rolle für ihre Eroberungspläne spielen würde. Für ihre Wirtschaftspolitik brauchten sie aber auch den Rückhalt und die Zustimmung der Bevölkerung.

- ***Untersuche, wie es den Nationalsozialisten gelang, sich in der Wirtschaftspolitik die Unterstützung der Bevölkerung zu sichern.***

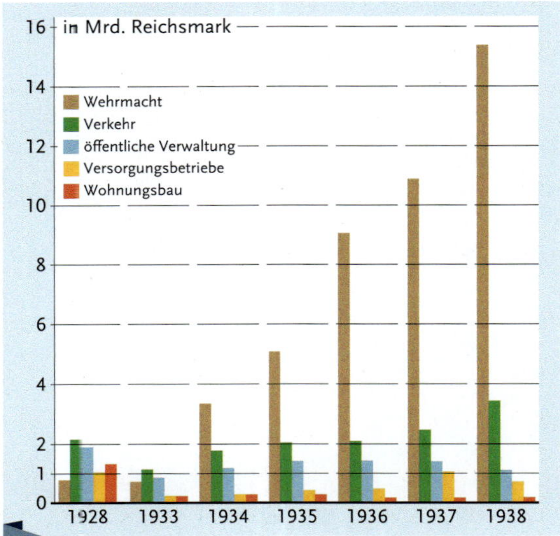

M 1 *Die Staatsausgaben im Deutschen Reich 1928–1938*

Schafft das Regime „Arbeit für alle"?

Deutschland war 1933 ein armes Land, in dem zwölf Millionen Menschen (18 % der Bevölkerung) auf kleinen Bauernhöfen gerade ausreichend Nahrung erwirtschafteten. Die Industrieproduktion erreichte trotz einiger Großkonzerne im europäischen Vergleich nur ein Mittelmaß. Hitler verkündete 1933 die Abschaffung der Arbeitslosigkeit innerhalb von vier Jahren und prägte dafür die einprägsame Formel von der „Arbeitsschlacht". Die wirtschaftliche Besserung hatte bereits 1932 durch die spürbare Erholung der Weltwirtschaft begonnen. Die Nationalsozialisten senkten die Steuern für Unternehmen und setzten ab 1933 staatliche Investitions- und Arbeitsbeschaffungsprogramme um. Hohe Summen flossen in den Ausbau der Verkehrswege und militärisch wichtiger Anlagen wie Kasernen und Flugplätze. Viele Menschen fanden Arbeit in den neuen Rüstungsbetrieben, die Flugzeuge, Panzer, Kriegsschiffe, Lkws, Kanonen und Gewehre produzierten. Tatsächlich erreichte der NS-Staat durch die Politik der massiven Aufrüstung 1938 die Vollbeschäftigung, und qualifizierte Arbeitskräfte wurden gesucht. Zur Senkung der Arbeitslosenquote trug auch bei, dass 1935 die Wehrpflicht wieder eingeführt wurde. Hunderttausende fanden durch den Reichsarbeitsdienst* eine Beschäftigung. Hinzu kam die Propagierung der Rolle der Frau als Mutter, die sich der Kindererziehung und dem Haushalt widmen und keiner Berufstätigkeit nachgehen sollte.

Wirtschaft im Zeichen des Krieges

Die NS-Wirtschaftspolitik stand ganz im Dienst der Eroberungspläne Hitlers, Deutschland „kriegsfähig" zu machen. Für die Wirtschaft wurde dazu 1936 ein erster „Vierjahresplan" verkündet. Die Politik verfolgte das Ziel einer wirtschaftlichen Autarkie* Deutschlands, damit möglichst wenig Rohstoffe aus dem Ausland importiert werden mussten. Dieses Ziel konnte zu keiner Zeit erreicht werden. Die massive Aufrüstung war entscheidend für den Rückgang der Arbeitslosigkeit. Finanziert wurde die Aufrüstung durch Kredite in zweistelliger Milliardenhöhe und eine erhebliche Verschuldung des Staates. Die Gesamteinnahmen des Staates betrugen jedoch nur rund sechs Milliarden Reichsmark im Jahr. Ohne den Kriegsausbruch 1939 wäre Deutschland bald bankrott gewesen. Während des Zweiten Weltkrieges stahlen die Deutschen in den besetzten Ländern die Goldreserven und plünderten diese Länder systematisch aus.

M 2 **Lohnentwicklung von Arbeiterinnen und Arbeitern im Deutschen Reich 1928–1942**

Der Verdienst des Jahres 1928 wird als „100" angesetzt; weniger bedeutet Lohnverlust, mehr Lohngewinn:

Jahr	1928	1933	1936	1937	1938	1940	1941	1942
Wochenreallöhne	100	91	97	101	105	108	113	111

Nach Dietmar Petzina u. a., Sozialgeschichtliches Arbeitsbuch, Bd. 3, München (C. H. Beck) 1978, S. 98.

M 3 *Nationalsozialistischer Sonderdruck über Wirtschafts- und Rüstungserfolge während des „Vierjahresplans", 1941*

M 4

Der Historiker Hans-Ulrich Wehler über die NS-Wirtschaftspolitik (2009):

Wenige Erfolge haben den Nimbus [= besonderes Ansehen] Hitlers als eines heilbringenden Erlösers, welcher der unsäglichen Misere von mehr als acht Millionen Arbeitslosen ein Ende machte, so gesteigert ... wie dieser „Sieg in der Arbeitsschlacht". Noch Jahrzehnte nach dem Zweiten Weltkrieg konzedierten [= eingestehen] zahlreiche Deutsche zwar bereitwillig das Unheil, das Hitlers Krieg über die Welt gebracht hatte, bestanden aber weiter darauf: „Er hat doch die Leute von der Straße gebracht." ... In gewisser Hinsicht war ... die Vollbeschäftigung ein „Sekundärerfolg" [= eine Folge] von Hitlers Entschluss, Deutschland kriegsfähig zu machen.

*Hans-Ulrich Wehler, Der Nationalsozialismus. Bewegung, Führerherrschaft, Verbrechen 1919–1945, München (C. H. Beck) 2009, S. 94 f.***

M 5

Aus der geheimen Denkschrift Hitlers zum Vierjahresplan vom 6. August 1936:

Europa hat zurzeit nur zwei dem Bolschewismus* gegenüber als standfest anzusehende Staaten: Deutschland und Italien. Die anderen Länder sind entweder durch ihre demokratische Lebensform zersetzt, marxistisch infiziert und damit in absehbarer Zeit selbst dem Zusammenbruch verfallen oder von autoritären Regierungen beherrscht, deren einzige Stärke die militärischen Machtmittel sind ... Alle diese Länder wären unfähig, jemals einen aussichtsvollen Krieg gegen Sowjetrussland zu führen ... [Ein] Sieg des Bolschewismus über Deutschland würde nicht zu einem Versailler Vertrag führen, sondern zu einer endgültigen Vernichtung, ja Ausrottung des deutschen Volkes ... Gegenüber der Notwendigkeit der Abwehr dieser Gefahr haben alle anderen Erwägungen als gänzlich belanglos in den Hintergrund zu treten! ... Wenn es uns nicht gelingt, in kürzester Frist die deutsche Wehrmacht ... zur ersten Armee der Welt zu entwickeln, wird Deutschland verloren sein! ... Wir sind übervölkert und können uns auf der eigenen Grundlage nicht ernähren ... Die endgültige Lösung liegt in einer Erweiterung des Lebensraumes ... Ich stelle damit folgende Aufgabe: Die deutsche Armee muss in 4 Jahren einsatzfähig sein. Die deutsche Wirtschaft muss in 4 Jahren kriegsfähig sein.

*Zit. nach Wolfgang Michalka (Hg.), Das Dritte Reich. Dokumente zur Innen- und Außenpolitik, Bd. 1: „Volksgemeinschaft" und Großmachtpolitik 1933–1939, München (dtv) 1985, S. 188 ff.***

1 **Methode:** Analysiere M1 und M2 mithilfe der Arbeitsschritte auf S. 131 oder der Kopiervorlage im Webcode auf S. 192. **Tipp** → S. 244.

2 Fasse die politischen und die wirtschaftlichen Ziele des Vierjahresplans zusammen (M3, M5). Nutze den **Wortschatz**.

3 Nimm zur Behauptung Stellung, Hitler hätte die Arbeitslosigkeit beseitigt. **Tipp** → S. 244.

4 Diskutiere: Die Nationalsozialisten konnten sich die Unterstützung der Bevölkerung sichern, indem sie Deutschland kriegsfähig machten (Darstellungstext, M4).

Wortschatz: eine militärische Aufrüstung • ein Investitionsprogramm auflegen • in etwas investieren (= Geld gewinnbringend einsetzen) • eine Autarkie (= wirtschaftliche Unabhängigkeit von Importen) erreichen • eine Vollbeschäftigung (= alle haben Arbeit, es gibt keine Arbeitslosigkeit) • ein Regime (= die Staatsmacht)

Die NS-Außenpolitik von 1933 bis 1939

Schon in seinem 1925 veröffentlichten Buch „Mein Kampf“ hat Hitler seine radikalen Vorstellungen von einer deutschen Außenpolitik ausformuliert. Ab 1933 begann er diese umzusetzen. Er entschied sich dabei für eine Doppelstrategie.
- ***Welche außenpolitischen Ziele verfolgte Hitler?***
- ***Wie reagierte die Bevölkerung auf Hitlers Außenpolitik?***

M 1

Amerikanische Karikatur zu einer Rede Hitlers am 17. Mai 1933

Hitlers Doppelstrategie

Die Ziele der nationalsozialistischen Außenpolitik entsprachen der NS-Ideologie. Im Vordergrund standen die Revision (= Rücknahme) des Versailler Vertrages und die Expansion durch Krieg in Richtung Osten. Obwohl Hitler in öffentlichen Reden den Friedenswillen seiner Regierung betonte und Abkommen mit Polen (1934) sowie Großbritannien (1935) schloss, förderte er von Anfang an die militärische Aufrüstung und plante den Krieg. Im Oktober 1933 trat Deutschland aus dem Völkerbund* aus. Begründet wurde dies mit der Nichtanerkennung der militärische Gleichberechtigung Deutschlands auf einer Konferenz in Genf, in der die europäischen Mächte über Abrüstung verhandelten. Nun konnte die Aufrüstung Deutschlands ohne Rücksichten auf vertragliche Bindungen vorangetrieben werden. Bei Einführung der allgemeinen Wehrpflicht 1935 zählte die Wehrmacht schon ca. 300 000 Soldaten. Dennoch waren die meisten ausländischen Diplomaten von Hitlers „friedlichen Absichten“ überzeugt. Ein wichtiger Triumph für die Nationalsozialisten war die Volksabstimmung im Saargebiet (1935), bei der über 90 Prozent der Bevölkerung für eine Rückkehr aus der französischen Verwaltung nach Deutschland stimmten. Großbritannien und Frankreich zeigten auch keine Reaktion, als die Wehrmacht 1936 das Rheinland besetzte, obwohl es laut Versailler Vertrag eine entmilitarisierte Zone war. Bei der Besetzung wurden die Soldaten von der Bevölkerung mit Beifall und Blumen überschüttet. Für die Zustimmung zum NS-Regime und dessen Stabilität war nichts geeigneter als ein Erfolg gegen die Bestimmungen des Versailler Vertrages. Hitler fand in dem italienischen Diktator Benito Mussolini einen Partner („Achse Berlin-Rom“) und unterstützte die italienische Eroberung Abessiniens (Äthiopiens) 1935/36. Beim Besuch Mussolinis in Berlin 1936 grenzten beide ihre Interessen ab. Das Mittelmeergebiet sollte italienischem und Osteuropa deutschem Einfluss unterstehen. Mit der Großmacht Japan verbündeten sich Italien und Deutschland gegen die „Kommunistische Internationale“ im sogenannten Antikominternpakt. Im Jahr 1938 erfolgte der „Anschluss“ Österreichs, der von der österreichischen Bevölkerung begeistert begrüßt wurde.

Das Münchner Abkommen

Hitler verlangte das Selbstbestimmungsrecht für die in den Randgebieten der Tschechoslowakei lebende Minderheit der Sudetendeutschen (S. 190 M1). Als dies nicht erfüllt wurde, drohte Hitler mit der Zerschlagung der Tschechoslowakei durch Krieg. Im September 1938 trafen sich der italienische Diktator Mussolini, der britische Premierminister Chamberlain und der französische Ministerpräsident Daladier mit Hitler in München. Im Münchner Abkommen stimmten sie der Abtretung des Sudetenlandes an Deutschland zu. Tschechoslowakische Vertreter waren nicht anwesend. Großbritannien und Frankreich hofften, dass Deutschland keine weiteren Gebietsansprüche erheben würde. Diese zwischen 1933 und 1939 verfolgte Politik des Appeasements* (englisch: Beschwichtigung) gegenüber dem NS-Staat scheiterte. Hitler brach das Abkommen und ließ im März 1939 die gesamte Tschechoslowakei besetzen (S. 190 M1).

Wortschatz: eine Doppelstrategie verfolgen • eine Aufrüstung vorantreiben • eine anwachsende Zustimmung bei der Bevölkerung zu Hitlers Politik • ein Selbstbestimmungsrecht • ein Land besetzen (= militärisch erobern)

M 2

Erste außenpolitische Rede Hitlers vor dem Reichstag (17. Mai 1933):

Wir haben aber keinen sehnlicheren Wunsch, als den, ... dass die Wunden des Krieges und des Versailler Vertrages endgültig geheilt werden, und Deutschland wird dabei keinen anderen Weg gehen als den, der durch die Verträge selbst als berechtigt anerkannt wird. Die deutsche Regierung wünscht, sich über alle schwierigen Fragen politischer und wirtschaftlicher Natur mit den anderen Nationen friedlich und vertraglich auseinanderzusetzen. Sie weiß, dass jede militärische Aktion ... auch im Falle seines vollständigen Gelingens, gemessen an seinen Opfern, in keinem Verhältnis steht zum möglichen endgültigen Gewinn.

*Zit. nach Paul Meier-Benneckenstein (Hg.), Dokumente der deutschen Politik, Bd. I, 2. Aufl., Berlin (Junker u. Dünnhaupt) 1937, S. 83 ff.**

M 3

Geheimrede Hitlers vor Verlegern und Redakteuren (10. November 1938):

Die Umstände haben mich gezwungen, jahrzehntelang fast nur vom Frieden zu reden. Nur unter der fortgesetzten Betonung des deutschen Friedenswillens und der Friedensabsichten war es mir möglich, dem deutschen Volk Stück für Stück die Freiheit zu erringen und ihm die Rüstung zu geben, die immer wieder für den nächsten Schritt als Voraussetzung notwendig war. Es ist selbstverständlich, dass eine solche jahrzehntelang betriebene Friedenspropaganda auch ihre bedenklichen Seiten hat; denn es kann nur zu leicht dahin führen, dass sich in den Gehirnen vieler Menschen die Auffassung festsetzt, dass das heutige Regime an sich identisch sei mit dem Entschluss und dem Willen, den Frieden unter allen Umständen zu bewahren ... Es war nunmehr notwendig, das deutsche Volk psychologisch allmählich umzustellen und ihm langsam klarzumachen, dass es Dinge gibt, die, wenn sie nicht mit friedlichen Mitteln durchgesetzt werden können, mit Mitteln der Gewalt durchgesetzt werden müssen ...

*Zit. nach Wilhelm Treue (Hg.), Rede Hitlers vor der deutschen Presse am 10. November 1938, in: Vierteljahreshefte für Zeitgeschichte, Jg. 6, 1958, S. 175 ff.**

M 4

Der Historiker Hans-Ulrich Wehler über die Bedeutung der NS-Außenpolitik (2009):

Es besteht kein ernsthafter Zweifel, dass die Führerdiktatur in den sechs Friedensjahren des „Dritten Reiches“ eine stürmische wachsende, schließlich enthusiastische Zustimmung aus der deutschen Gesellschaft erfahren hat. Mit dem „Anschluss“ Österreichs und der Münchner Konferenz erreichte sie 1938 ihren vorläufigen Gipfel. Kein deutscher Politiker hat seit der Begeisterung, die in den frühen 1870er Jahren durch Bismarcks Reichsgründung ausgelöst worden war, je wieder eine solche Popularität wie Hitler gewonnen. Sie war das Ergebnis einer ... makellosen Erfolgsbilanz in der Innen-, erst recht in der Außenpolitik. Hatte Hitler ... den Aufstieg zu neuer nationaler Herrlichkeit versprochen, dankte ihm jetzt die Mehrheit der Deutschen mit leidenschaftlicher „Hingabe und Gehorsamsbereitschaft“ ... Selbstverständlich existierte auch die pechschwarze Kehrseite dieser glänzenden Medaille. Die politische Opposition war mit gnadenloser Härte zerschlagen, der ... Widerstand nahezu ausgelöscht, überhaupt der Rechtsstaat zerstört worden.

*Hans-Ulrich Wehler, Der Nationalsozialismus. Bewegung, Führerherrschaft, Verbrechen 1919–1945, München (C. H. Beck) 2009, S. 112 f.**

1 Fasse die NS-Außenpolitik von 1933 bis 1938 in einer Zeitleiste zusammen. **Tipp** → S. 244.

2 Erkläre, inwiefern Hitlers Außenpolitik bis 1938 von einer Doppelstrategie gekennzeichnet war (M1, Darstellungstext).

3 **Partnerarbeit:** Verteilt M2 und M3.
   a) Fasst M2 und M3 arbeitsteilig mit eigenen Worten zusammen und stellt euch eure Ergebnisse vor.
   b) Beurteilt die Darstellung Hitlers in M1.

4 Beurteile die Bedeutung außenpolitischer Erfolge für die Zustimmung zum Nationalsozialismus durch die Mehrheit der Bevölkerung (Darstellungstext, M4). Nutze den **Wortschatz**. **Tipp** → S. 244.

Der Zweite Weltkrieg in Europa

cornelsen.de/webcodes
Code: xiyoto
Die App „WDR AR 1933–1945"

Der Zweite Weltkrieg brach nicht einfach aus, sondern er wurde geplant, vorbereitet und bewusst ausgelöst. Die Deutschen stellten mit diesem Eroberungskrieg den Fortbestand ganzer Völker infrage.

- ***Wie wurde der Zweite Weltkrieg entfesselt und welchen Verlauf nahm er?***

M 1

„Mal sehen, wie lange die Flitterwochen dauern werden!", englische Karikatur, September 1939

Die Vorbereitung des Krieges

Nach seinem Erfolg auf der Münchner Konferenz 1938 verfolgte Hitler weiter seine Expansionspolitik. Im März 1939 besetzten deutsche Truppen die sogenannte „Rest-Tschechei" und verhafteten dabei auch deutsche Emigranten. Das Gebiet wurde als „Protektorat Böhmen und Mähren" dem Deutschen Reich angegliedert (S. 186 M1). Dies war ein Bruch des Münchner Abkommens. Es machte deutlich, dass Hitler viel mehr wollte als nur eine Revision des Versailler Vertrages. Auch an die Republik Polen stellte er Forderungen. Großbritannien beendete seine Appeasement-Politik und gab gemeinsam mit Frankreich eine Garantieerklärung für den Bestand Polens ab. Hitler kündigte daraufhin am 28. April den Nichtangriffspakt mit Polen von 1934. Er war entschlossen, deutsche Truppen in Polen einmarschieren zu lassen.

Um Konflikte mit der Sowjetunion zu vermeiden, schloss Hitler am 23. August 1939 ein Abkommen mit dem sowjetischen Alleinherrscher Josef Stalin. Der „Hitler-Stalin-Pakt"* war geheim verhandelt worden. Er kam für alle anderen Länder völlig überraschend zustande, denn der sowjetische Kommunismus und der deutsche Nationalsozialismus waren Ideologien, die sich antagonistisch (= völlig gegensätzlich) gegenüberstanden. Deutschland und die Sowjetunion vereinbarten, sich gegenseitig nicht anzugreifen. Hitler wollte damit einen möglichen Zweifrontenkrieg vermeiden. Der Vertrag besaß ein geheimes Zusatzprotokoll, in dem beide Großmächte eine Aufteilung Polens und der baltischen Staaten unter sich vereinbarten.

Kriegsbeginn in Polen – die „Blitzkriege"

Am 1. September 1939 überfiel die deutsche Wehrmacht ohne Kriegserklärung Polen. Nach einem Monat war Polen geschlagen. Von Beginn an verübten deutsche Soldaten schwere Kriegsverbrechen. Zahlreiche polnische Kriegsgefangene und Zivilisten wurden ermordet. Gleichzeitig marschierten am 17. September 1939 gemäß dem geheimen deutsch-sowjetischen Zusatzprotokoll Truppen der sowjetischen Armee in Ostpolen ein. Polen wurde zwischen dem Deutschen Reich und der Sowjetunion aufgeteilt. Der polnische Staat existierte nicht mehr. Großbritannien und Frankreich erklärten Deutschland den Krieg, griffen aber zunächst nicht mit ihren Truppen ein. Bis zum Sommer 1941 verlief der Krieg für das NS-Regime sehr erfolgreich. Die Strategie Hitlers, andere Staaten nach einem rasch erfolgten und überfallartigen Angriff zu besetzen, ohne dem Gegner Zeit für eine Gegenwehr zu geben, erhielt die Bezeichnung „Blitzkrieg". Grund für dieses schnelle und offensive Vorgehen war, dass die deutsche Rüstungsindustrie nicht auf einen längeren Krieg vorbereitet war. Es fehlte an Rohstoffen und an ausreichenden Produktionsstätten. Daher besetzte Deutschland im April und Juni 1940 Dänemark sowie Norwegen und sicherte sich die Einfuhr von Erzen für die Stahlerzeugung aus Schweden. Die Deutschen erhofften sich davon eine bessere Ausgangsbasis für ihren Krieg gegen

Wortschatz: ein Antagonismus (= ein Gegensatz) • die politischen Möglichkeiten erschöpfen (= aufbrauchen) • eine peinliche (= genaue) Achtung der Neutralität anderer Staaten • Kriegsverbrechen verüben • ein Blitzkrieg

Großbritannien. Es folgten Angriffe auf die Niederlande, Belgien, Luxemburg und Frankreich. Die französische Regierung wurde im Juni 1940 gezwungen, ein Waffenstillstandsabkommen zu unterzeichnen. Der nördliche Teil Frankreichs wurde von deutschen Truppen besetzt. Hitler war auf dem Höhepunkt seiner Macht. Luftangriffe gegen England (August 1940 bis Anfang 1941) führten zu Zerstörungen (vor allem in London, Birmingham und Coventry, siehe S. 188/189). Dennoch konnten die durch die USA unterstützten Briten nicht wesentlich geschwächt werden.

Der „Russlandfeldzug"

Am 31. Juli 1940 kündigte Hitler den Oberbefehlshabern der Wehrmacht die Zerschlagung der Sowjetunion an. Eingeleitet wurde das sogenannte „Unternehmen Barbarossa" durch den Überfall deutscher Soldaten auf sowjetische Gebiete am 22. Juni 1941. Parallel dazu fanden Kämpfe im Mittelmeerraum, auf dem Balkan und in Afrika statt, größtenteils mithilfe der verbündeten italienischen Truppen Mussolinis.

M 2

Europa unter der Herrschaft Deutschlands und seiner Verbündeten 1942

M 3

Aus dem Befehl Hitlers zum Angriff auf Polen vom 31. August 1939:

1. Nachdem alle politischen Möglichkeiten erschöpft sind, um auf friedlichem Wege eine für Deutschland unerträgliche Lage an seiner Ostgrenze zu beseitigen, habe ich mich zur gewaltsamen Lösung entschlossen.

2. Der Angriff gegen Polen ist nach den für den Fall „Weiß" [Polen] getroffenen Vorbereitungen zu führen mit Abänderungen, die sich beim Heer durch den inzwischen fast vollendeten Aufmarsch ergeben.
Aufgabenverteilung und Operationsziel bleiben unverändert.
Angriffstag: 1. September 1939.
Angriffszeit: 4.45 ...

3. Im Westen kommt es darauf an, die Verantwortung für die Eröffnung der Feindseligkeiten eindeutig England und Frankreich zu überlassen. Geringfügigen Grenzverletzungen ist zunächst rein örtlich entgegenzutreten.
Die von Holland, Belgien, Luxemburg und der Schweiz zugesicherte Neutralität ist peinlich [= genau] zu achten.

*Zit. nach Walter Hofer, Nationalsozialismus. Dokumente 1933–1945, Frankfurt/M. (Fischer) 1957, S. 232 f.***

1 Fasse die Etappen des Zweiten Weltkrieges bis 1941/42 zusammen (Darstellungstext, M2). Nutze den Wortschatz. Tipp → S. 244.

2 Untersuche anhand von M3, wie Hitler den Angriff auf Polen rechtfertigt und abzusichern versucht.

MK 3 **a)** **Methode:** Analysiere die Karikatur M1. Nutze die Arbeitsschritte auf S. 257 oder die Kopiervorlage im Webcode.
b) Beurteile die Aussage des Karikaturisten in M1.

MK 4 **a)** **Gruppenarbeit:** Bildet Dreiergruppen. Fasst das Schicksal der in den drei Videos in der App „WDR AR 1933–1945" (Webcode S. 196) vorgestellten Kriegskinder zusammen. Tipp → S. 244.
b) Stellt euch eure Ergebnisse gegenseitig vor.
c) Diskutiert: Eignen sich solche Apps mit Zeitzeugen, um etwas über die Vergangenheit zu lernen? Tipp → S. 244.

cornelsen.de/webcodes
Code: casawa
Kopiervorlage Methodentabelle

Besatzungspolitik und Vernichtungskrieg

Der Krieg gegen Polen und die Sowjetunion unterschied sich von bisherigen Kriegen. Im Sinne des nationalsozialistischen Rassedenkens verfolgten und ermordeten die Deutschen auch gezielt Männer, Frauen und Kinder in der Zivilbevölkerung.

- ***Warum wird der Krieg in Osteuropa als Vernichtungskrieg bezeichnet?***

M 1

Eine Frau weint in den Armen ihres Mannes, nachdem sie ihren von Deutschen getöteten Sohn unter den Opfern erkannt haben. Sowjetisches Foto, aufgenommen bei Kertsch auf der Halbinsel Krim, Januar 1942

Deutsche Gewaltherrschaft in Polen

„Es ist die Absicht des Führers, das polnische Volk zu vernichten und auszurotten", erklärte der Oberkommandierende des deutschen Heeres zu Beginn des Überfalls auf Polen 1939. Den deutschen Soldaten war durch die NS-Propaganda eingeredet worden, alle Polen als „hinterlistige Untermenschen" zu betrachten. SS-Einsatzgruppen und Soldaten der Wehrmacht erschossen willkürlich und aus nichtigen Anlässen am Krieg unbeteiligte polnische Zivilisten, darunter Frauen und Kinder. Bis Ende 1939 wurden auf Befehl Hitlers rund 61000 Angehörige der polnischen Bildungsschicht (Ärzte, Juristen, Lehrer an Schulen und Universitäten, katholische Priester, Gewerkschafter) ermordet. Zur „Schaffung von Lebensraum" für deutsche Bauernfamilien wurden Zehntausende polnische Familien aus ihren Dörfern vertrieben. Bis Kriegsende verloren sechs Millionen Bürgerinnen und Bürger Polens ihr Leben durch die deutschen Besatzer. Etwa vier Millionen Personen wurden zur Zwangsarbeit nach Deutschland deportiert. Polnische Familien, die vor den Deutschen in die von der Sowjetunion besetzte Osthälfte Polens flüchteten, gerieten oft in sowjetische Lager. Viele wurden nach Sibirien deportiert. Etwa 4400 vor den Deutschen geflohene polnische Offiziere wurden vom sowjetischen Geheimdienst ermordet. Während der ersten Zeit der deutsch-sowjetischen Teilung Polens versorgte die Sowjetunion die Deutschen mit Getreide- und Erdöllieferungen, die für die deutsche Kriegsführung in Westeuropa wichtig waren.

Deutscher Terror in der Sowjetunion

Am 22. Juni 1941 überfielen Hitlers Truppen mit drei Millionen Soldaten ohne Kriegserklärung die kommunistische Sowjetunion. Für die Nationalsozialisten war die Sowjetunion der „jüdisch-bolschewistische Hauptfeind". Es kam wie schon zuvor in Polen zur massenhaften, systematischen Tötung der jüdischen Bevölkerung, von Sinti und Roma und der kommunistischen Führungsschicht durch SS, SD*, Polizei und die Wehrmacht. Drei Millionen sowjetische Kriegsgefangene ließen die Deutschen absichtlich streng bewacht im Freien verhungern. In der von deutschen Truppen von September 1941 bis Januar 1944 eingeschlossenen Stadt Leningrad (heute Sankt Petersburg) starben eine Million Zivilisten den Hungertod. Die deutsche Wehrmacht zerstörte vor allem in Weißrussland (Belarus), der Ukraine und dem Baltikum ganze Landesteile. Die Gesamtzahl der zwischen 1941 und 1944 durch den Krieg getöteten Sowjetbürger wird auf 27 Millionen Menschen geschätzt. In den von Deutschen besetzten Gebieten wurden Kinder, Frauen und Männer unter menschenunwürdigen Bedingungen zur Arbeit gezwungen. Von den zur Zwangsarbeit nach Deutschland geschickten Menschen waren ein Drittel Frauen und junge Mädchen.

Wortschatz: eine Gewaltherrschaft • jemanden aus nichtigem (= unbedeutendem) Anlass töten • gegen Kriegsrecht verstoßen • jemanden deportieren (= gegen seinen Willen verschleppen) • jemanden überfallen

M 2

Ein deutscher Soldat berichtet vom deutschen Vorgehen in der Sowjetunion:

In einem Dorf in Russland waren Partisanen. Da ist es klar, man muss das Dorf dem Erdboden gleichmachen, ohne Rücksicht auf Verluste. Da hatten wir einen ... Berliner; jeden, den er im Dorf sah, führte er hinters Haus und hat ihm einen Genickschuss gegeben. Dabei war der Kerl damals zwanzig Jahre oder neunzehneinhalb. Es hieß, jeder zehnte Mann ist zu erschießen in dem Dorf. „Ach, was heißt hier jeder zehnte Mann? Das ist doch klar", sagen die Kumpels, „das ganze Dorf muss ausgerottet werden." Da haben wir Bierflaschen mit Benzin gefüllt auf den Tisch gestellt und beim Rausgehen so ganz lässig Handgranaten dahintergeworfen. Da brannte gleich alles lichterloh ... Man hat Frauen und Kinder, alles niedergeschossen; die wenigsten davon waren Partisanen. Ich habe bei so was nie geschossen, wenn ich nicht ganz genau gewusst habe, dass das überhaupt Partisanen waren. Aber es gab viele Kumpels, denen machte das ungeheuren Spaß.

*Zit. nach Sönke Neitzel & Harald Welzer, Soldaten. Protokolle vom Kämpfen, Töten und Sterben, 5. Aufl., Frankfurt/M. (S. Fischer) 2011, S. 124 f.**

M 3

A Erlass Hitlers über die Art der Kriegsführung im Osten, 13. Mai 1941:

Freischärler (Partisanen) sind durch die Truppe im Kampf oder auf der Flucht schonungslos zu erledigen ... Auch alle anderen Angriffe feindlicher Zivilpersonen gegen die Wehrmacht ... sind ... auf der Stelle mit den äußersten Mitteln bis zur Vernichtung des Angreifers niederzukämpfen ... Für Handlungen, die Angehörige der Wehrmacht ... gegen feindliche Zivilpersonen begehen, besteht kein Verfolgungszwang, auch dann nicht, wenn die Tat zugleich ein militärisches Verbrechen oder Vergehen ist.

B Richtlinien für die Behandlung der „politischen Kommissare der Sowjetarmee", 6. Mai 1941:

Im Kampf gegen den Bolschewismus ist mit einem Verhalten des Feindes nach den Grundsätzen des Völkerrechts und der Menschlichkeit nicht zu rechnen...

1. In diesem Kampfe ist Schonung und völkerrechtliche Rücksichtnahme diesen Elementen gegenüber falsch. Sie sind eine Gefahr für die eigene Sicherheit und die schnelle Befriedung der eroberten Gebiete.

2. Die Urheber barbarisch-asiatischer Kampfmethoden sind die politischen Kommissare ... sie sind daher ... grundsätzlich sofort mit der Waffe zu erledigen.

*Zit. nach Hamburger Institut für Sozialforschung (Hg.), Verbrechen der Wehrmacht. Dimensionen des Vernichtungskrieges 1941–1944, Hamburg (Hamburger Edition) 2002, S. 46 ff.**

M 4

Der Historiker Timothy Snyder (2012):

Im Sommer 1941 hatte es vier Utopien [= Idealvorstellungen] Hitlers gegeben: einen Blitzsieg, der die Sowjetunion binnen weniger Wochen zerstören würde; einen Hungerplan, der 30 Millionen Menschen durch den Hungertod beseitigen sollte; eine „Endlösung", durch die Europas Juden nach dem Krieg verschwinden sollten und einen „Generalplan Ost", der den Westen der Sowjetunion zur deutschen Kolonie machen würde ... Der Blitzsieg blieb aus. Der Generalplan Ost musste warten. Die Kriegsziele wurden jetzt so umformuliert, dass die Vernichtung der Juden zur Priorität wurde.

*Timothy Snyder, Bloodlands. Europa zwischen Hitler und Stalin, München (dtv) 2011, S. 199.***

1 Untersuche M2 im Hinblick auf die (Selbst-)Darstellung der deutschen Soldaten.

2 **Partnerarbeit: a)** Untersucht M3A und B hinsichtlich der Vorgaben für die deutschen Soldaten.
b) Diskutiert, gegen welches Recht der Erlass und die Richtlinien verstießen (Darstellungstext).

3 Stelle die Verbrechen an der Zivilbevölkerung dar (Darstellungstext, M1–M3). Nutze den **Wortschatz**.

4 Erkläre anhand von M4, warum sich im Sommer 1941 die Kriegsziele Hitlers änderten.

5 **Wähle eine Aufgabe aus:**
a) Erkläre mithilfe der Materialien dieser Seite den Begriff „Vernichtungskrieg".
MK **b)** Recherchiere zur Rolle der Wehrmacht im Vernichtungskrieg.

cornelsen.de/webcodes
Code: xoxamo
Film: Angriff auf die Sowjetunion

Der deutsche Völkermord an den Juden Europas

Sechs Jahre nach seinem Amtsantritt drohte Hitler vor dem Reichstag die „Vernichtung der jüdischen Rasse in Europa" an. Mit dem Überfall auf Polen und die Sowjetunion kamen 5,4 Millionen Juden in Osteuropa und in den baltischen Staaten unter deutsche Herrschaft.

- ***Wie konnten die Nationalsozialisten den Genozid (Völkermord) an den europäischen Jüdinnen und Juden planen, anordnen und umsetzen?***

M 1 *Deutsche Soldaten suchen in den Kleidern der Ermordeten von Babi Jar nach Wertgegenständen. Foto 1941*

Was bedeuten „Shoah" und „Holocaust"?

Während des Zweiten Weltkrieges wurden von deutschen Erschießungskommandos und durch den Einsatz von Giftgas in den Vernichtungslagern Millionen jüdische Männer, Frauen und Kinder ermordet. Das Konzentrationslager Auschwitz ist zum Symbol für die Unmenschlichkeit des NS-Regimes geworden. „Endlösung" nannten die Nationalsozialisten in ihrer Sprache verharmlosend das Morden. In englischsprachigen Ländern wird für den Massenmord der Begriff Holocaust verwendet (griech. = „vollständig verbrannt"). Heute hat sich der hebräische Ausdruck Shoah („die Katastrophe" oder „das große Unglück") durchgesetzt. Die Shoah gilt als Zivilisationsbruch, weil hier alle Grundlagen sozialen Handelns außer Kraft gesetzt und das Vertrauen in die Vernunft des Menschen aufgehoben wurden.

Die jüdische Bevölkerung in Osteuropa

Seit den Vertreibungen jüdischer Familien im Mittelalter aus West- und Mitteleuropa waren im Laufe der Zeit große jüdische Gemeinden im Königreich Polen, im Großfürstentum Litauen und auf dem Balkan entstanden. Der Anteil der jüdischen Bewohner lag in vielen Städten Polens und Litauens bei einem Drittel der Gesamtbevölkerung, im weißrussischen Minsk bei mehr als der Hälfte. Allein in der polnischen Hauptstadt Warschau und ihrer direkten Umgebung lebten 1939 mehr Juden als in ganz Deutschland im Jahre 1933. Die osteuropäischen Juden bildeten keine einheitliche Gruppe. Sie lebten unterschiedlich ihre jüdischen Traditionen bei Religionsausübung, Unterricht und im vielfältigen Kulturleben. Gemeinsame Sprache aller jüdischen Gläubigen war das aus dem mittelalterlichen Deutsch stammende Jiddisch, das mit hebräischem Alphabet geschrieben wird. Der größte Teil der jüdischen Familien lebte sehr einfach oder in Armut.

Menschenjagd und Massenerschießungen

In den besetzten Gebieten übernahmen besondere „Einsatzkommandos" der SS die Organisation und Durchführung der gezielten Tötung von Menschen jüdischen Glaubens. Bis August 1941 wurde das Personal für die Massenerschießungen auf 20 000 Soldaten verstärkt. Über das Vorgehen berichtete der Leiter einer solchen Einsatzgruppe am 28. September 1941 aus der ukrainischen Stadt Kiew nach Berlin: „Maßnahmen eingeleitet zur Erfassung des gesamten Judentums. Exekution (= Erschießung) von mindestens 50 000 Juden vorgesehen. Wehrmacht begrüßt das Vorgehen". Auf Plakaten in Kiew wurden die ukrainischen Juden der Stadt aufgefordert, sich zur Umsiedlung zu melden und dazu ihr Geld und ihre Wertsachen mitzubringen. Statt zur Umsiedlung marschierten Tausende jüdische Familien zum Stadtrand von Kiew in die Schlucht von Babi Jar (heute ukrainisch Babyn Jar). Dort erschossen deutsche SS-Truppen und Polizeieinheiten in zwei Tagen 33 000 jüdische Männer, Frauen und Kinder.

M 2

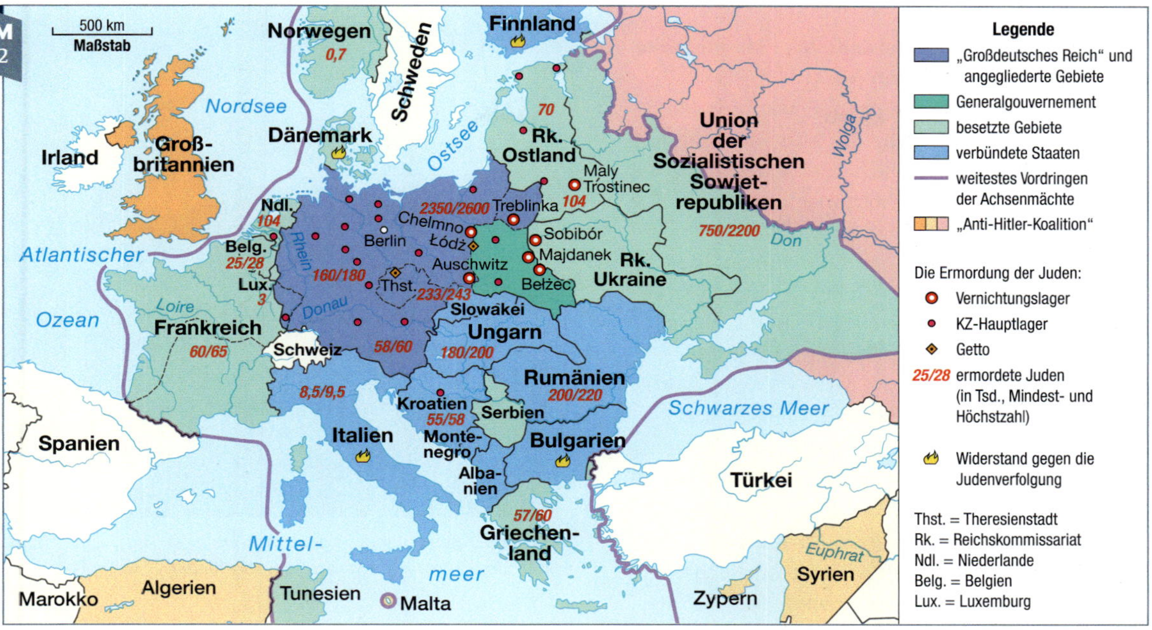

Das Deutsche Reich, das angegliederte besetzte Gebiet mit Namen „Generalgouvernement“ und die weiteren von Deutschen im Weltkrieg besetzten Gebiete mit den dort errichteten Vernichtungslagern

M 3

Hans Frank, Leiter des „Generalgouvernements“ am 16. Dezember 1941:

Sie [die Juden] müssen weg. Aber was soll mit den Juden geschehen? Glauben Sie, man wird sie im Ostland (in Osteuropa) in Siedlungskolonien unterbringen? Meine Herren, ich muss Sie bitten, sich gegen alle Mitleidserwägungen[1] zu wappnen[2]. Wir müssen die Juden vernichten, wo immer wir sie treffen. Jedenfalls müssen wir einen Weg finden, der zum Ziele führt, und ich mache mir darüber meine Gedanken. Die Juden sind für uns außergewöhnlich schädliche Fresser. Wir haben im Generalgouvernement schätzungsweise 2,5 Millionen, vielleicht mit den jüdisch Versippten [Verwandten] 3,5 Millionen Juden. Diese 3,5 Millionen können wir nicht erschießen, wir können sie nicht vergiften, werden aber doch Eingriffe vornehmen, die irgendwie zu einem Vernichtungserfolg führen.

*Werner Präg (Hg.), Das Diensttagebuch des deutschen Generalgouverneurs in Polen 1939–1945, Stuttgart 1975, S. 457.***

1 Überlegung, ob man Mitleid haben sollte; 2 sich auf etwas Unangenehmes einstellen

Die Berliner Wannseekonferenz – Planung der „Endlösung“

In vielen Städten der besetzten Gebiete zwangen die Deutschen die jüdische Bevölkerung zum Umzug in spezielle „Judenbezirke“ (Gettos). Die größten Gettos entstanden in den Städten Warschau und Łódz. Das Warschauer Getto war von einer hohen Mauer umgeben, dort lebten rund 350 000 Menschen. Die Bewohner mussten für die Besatzer arbeiten und erhielten zu wenig Nahrung zum Überleben. Tausende starben durch Hunger und Krankheiten. Die Nationalsozialisten suchten nach immer „effektiveren“ Methoden des Mordens. Reinhard Heydrich, Leiter des für die Polizei und SS zuständigen Reichssicherheitshauptamtes, wurde 1941 mit der, wie es in der NS-Sprache hieß, „Endlösung der Judenfrage“ beauftragt. Heydrich berief dazu am 20. Januar 1942 eine Konferenz am Berliner Wannsee ein. Dort wurden der Bau von Todesfabriken zur Ermordung der Menschen durch Giftgas, Verbrennungsöfen für die Leichen sowie Schienenwege für die Transporte beschlossen. Die Vernichtungslager entstanden in dünn besiedelten und entlegenen Orten in den von Deutschen besetzten Gebieten Polens, Litauens und Lettlands.

M 4

Der Auschwitz-Überlebende Max Mannheimer in seinen Erinnerungen (1985):

Der Zug hält kreischend an. Eintausend Männer, Frauen, Kinder. Die Begleitmannschaft umstellt den Zug. Wir sind an der Todesrampe von Auschwitz-Birkenau. Mitternacht vom 1. zum 2. Februar 1943 ... Männer auf diese Seite, Frauen auf die andere, Frauen mit Kindern auf die Lkws ... Ein SS-Offizier steht vor uns ... Einzeln treten wir vor. Fragt nach Alter, Beruf, ob gesund. Lässt sich die Hände vorzeigen. Einige Antworten höre ich. Schlosser – links, Lagerverwalter – rechts, Schreiner – links. Dann ist mein Vater an der Reihe. Hilfsarbeiter. Er geht den Weg des Lagerverwalters. Er ist 55 Jahre. Das dürfte der Grund sein. Dann komme ich, Straßenbauarbeiter – links. Mein Bruder Ernst, zwanzig, Installateur – links. Versuche, meine Mutter, Frau, Schwester zu entdecken. Es ist unmöglich. Wir marschieren. Wachtürme mit Maschinengewehren. Doppelter Stacheldraht. Scheinwerfer, Baracken. Wir sind in Auschwitz-Birkenau. Dreistöckige Bettgestelle. Sechs Häftlinge eine Pritsche. Pritschen ohne Stroh und ohne Decken. Schlafen können wir nicht.

*Max Mannheimer, Erinnerungen, in: Dachauer Hefte 1, hg. von Wolfgang Benz und Barbara Diestel, 12/1985, S. 100ff.***

M 5

Jüdischer Aufruf zum Widerstand in Wilna (Vilnius, Litauen) vom 1. Januar 1942:

Lasst uns nicht wie Schafe zur Schlachtbank gehen! ... Von den 80 000 Juden Wilnas sind noch 20 000 übrig. Wer aus dem Getto fortgeführt wird, wird niemals wiederkommen, denn alle Wege der Geheimen Staatspolizei führen ins Lager Ponary. Und Ponary heißt Tod! Eure Kinder, eure Frauen, eure Männer gibt es nicht mehr! Ponary ist kein Lager. Man hat dort alle erschossen. Hitler hat ein System erfunden, um die Juden in Europa zu vernichten. Brüder! Es ist besser, im Kampf zu sterben, aber frei zu sterben, als ein Leben von Henkers Gnaden zu fristen. Widerstand bis zum letzten Atemzug!

*Karl Schlögel, Promenade in Jalta und andere Städtebilder, München (Hanser) 2001, S. 58f.**

M 6

Nach der Befreiung des Konzentrationslagers Auschwitz. Unter den Überlebenden befanden sich 180 Kinder. Foto, 1945

Das Arbeits- und Vernichtungslager Auschwitz

Am 27. Januar 1945 rückte die sowjetische Armee in die polnische Stadt Oświęcim vor, in deren Umgebung die drei deutschen Arbeits- und Vernichtungslager Auschwitz errichtet worden waren. Kurz zuvor hatten die SS-Wachmannschaften etwa 35 000 Häftlinge auf „Todesmärschen" mit Richtung Westen gezwungen. Die sowjetischen Soldaten befreiten halbverhungerte Männer, Frauen und Kinder, die von Schwerstarbeit, Folter und medizinischen Versuchen gekennzeichnet waren. Erstmals erfuhr die Weltöffentlichkeit durch die Berichte der Überlebenden von dem ganzen Ausmaß des Schreckens. In aller Eile hatten die geflohenen deutschen Bewacher des KZ versucht, die Spuren ihrer Massenmorde zu verwischen. Gaskammern und Todesöfen waren gesprengt worden.

M 7

Rudolf Höß, Lagerkommandant in Auschwitz, als Angeklagter vor Gericht nach dem Krieg 1946:

Ich hatte den Befehl, Ausrottungserleichterungen in Auschwitz im Juni 1942 zu schaffen ... Ich gebrauchte also Zyklon B, eine kristallisierte Blausäure ... Es dauerte 3-15 Minuten, um die Menschen in der Todeskammer zu töten. Nachdem die Leichen fortgebracht waren, nahmen unsere Sonderkommandos die Ringe ab und zogen das Gold aus den Zähnen ...

*Zit. nach Léon Poliakov & Josef Wulf, Das Dritte Reich und die Juden, Berlin (Arani) 1955, S. 128f.**

Die Bilanz des Holocaust

Insgesamt starben mindestens sechs Millionen Menschen, darunter ca. 1,5 Millionen Kinder. Aus Deutschland gelang vielen Menschen jüdischen Glaubens noch rechtzeitig die Auswanderung. Etwa 160 000 Deutsche mit jüdischem Glauben wurden über die Gettos in Polen und Lettland oder auf direktem Wege in die Vernichtungslager transportiert. Rund 10 000 konnten sich verstecken. In Bulgarien verhinderte die orthodoxe Kirche den Abtransport von Menschen jüdischen Glaubens. In Dänemark brachten Fischer in ihren Booten mit Unterstützung der Bevölkerung fast alle Dänen jüdischen Glaubens rechtzeitig ins benachbarte neutrale Schweden.

Von allem nichts gewusst?

Nach heutigen Forschungsergebnissen waren allein in Deutschland rund 500 000 Personen am Völkermord an den europäischen Juden beteiligt. Die Planung und Durchführung der Mordaktionen erforderte die Mithilfe der mittleren und unteren Führungsebenen, also der Männer und Frauen, die in den Kommunen, Behörden, Polizeidienststellen und Verkehrsbetrieben des Deutschen Reichs sowie in den Konzentrations- und Vernichtungslagern arbeiteten. Nach dem Krieg erklärten die meisten Deutschen, man habe vom Schicksal der Juden nichts gewusst. Doch nur wenige Jahre zuvor waren die Rassenideologie und der Antisemitismus der Nationalsozialisten noch auf Zustimmung gestoßen. Bei Kriegsende fühlten sich die meisten Deutschen selbst als Opfer von Bombenabwürfen, Kriegsniederlage, Flucht und Vertreibung. Auch wenn es Menschen gab, die sich gegen die NS-Regierung stellten, erfuhren Deutsche mit jüdischem Glauben insgesamt nur vereinzelt Hilfe aus der Bevölkerung. Auch die Vertreter der katholischen und evangelischen Kirchen protestierten nur selten gegen Verfolgungen und Massenmord.

M8

Der britische Historiker Harold James über Zwangsarbeit in Auschwitz (2004):

Erst in jüngster Zeit wurde deutlich, wie tief die deutsche Gesellschaft und Wirtschaft in den Völkermord verwickelt waren. Die Produktionsanlagen der [Interessengemeinschaft Farben[1]] sollten außerhalb der Reichweite der britischen Bomberflotte liegen. Darüber hinaus war jedoch klar, dass die SS und ihr Angebot an Sklavenarbeitern einen bedeutsamen Anreiz für die Wirtschaft darstellten, in der Arbeitskräfte immer knapper wurden. Zahlreiche Unternehmen haben in Auschwitz und Umgebung Fabriken gebaut. Die größte deutsche Versicherungsgesellschaft versicherte die SS-Baracken ... Ausgebombte Deutsche erhielten Kleidung, Schuhe und Uhren, die man den ankommenden Deportierten abgenommen hatte. Gold aus Auschwitz und den übrigen Todeslagern, darunter auch Zahngold ... wurde eingeschmolzen und an die deutsche Reichsbank verkauft und von dieser an die deutschen Geschäftsbanken und die Schweizer Nationalbank. Der Terror und der Raub hatten überall ihre Verbindungen.

*Harold James, Geschichte Europas im 20. Jahrhundert, München (Beck) 2004, S. 199. Übers. v. Udo Rennertz.***

[1] *Zusammenschluss acht deutscher Unternehmen*

1 Erkläre die geografische Lage der deutschen Vernichtungslager (M2, Darstellungstext S. 200).
2 Beschreibe, was Hans Frank (M3) und Rudolf Höß (M7) unter „Endlösung der Judenfrage“ verstanden. Nutze den **Wortschatz**.
3 Überprüfe die Möglichkeiten des Widerstands oder der Flucht für die Verfolgten (M2, M5).
4 **Gruppenarbeit:** Verteilt M1, M3, M4, M5 und M7. Begründet, warum es ein gezielter Völkermord war.
5 Erkläre die Bedeutung der Arbeitslager für die deutsche Kriegswirtschaft (M8).
6 **Wähle eine Aufgabe aus:**
a) Die Auseinandersetzung mit der Frage nach der Schuld und Verantwortung ist eine bedeutende Aufgabe. Diskutiere auf Grundlage deiner Arbeitsergebnisse, warum diese wichtig ist.
b) Diskutiere, aus welchen Gründen auch in Zukunft an den Holocaust erinnert werden sollte.

Zusatzaufgabe → S. 240

Wortschatz: eine Tradition leben • ein Getto • eine Siedlungskolonie • eine Rampe • eine Selektion (= Auswahl, hier: bei Ankunft der Transportzüge wurden die Menschen, die zur Zwangsarbeit gewiesen wurden, von denjenigen getrennt, die zur Ermordung geschickt wurden) • etwas oder jemanden selektieren • eine Pritsche (= ein einfaches Bettgestell) • Zwangsarbeit leisten • augebombt sein (= Zerstörung der Wohnung nach einem Bombenangriff)

Ein Experteninterview analysieren

Auch Interviews mit Expertinnen und Experten sind historische Darstellungen. Der amerikanische Historiker Timothy Snyder fand nach Öffnung der Archive in Osteuropa viele unbekannten Quellen zum deutschen Vernichtungskrieg.

- ***Analysiere mithilfe der Arbeitsschritte, was der Experte herausfand.***

M 1

Interview mit Timothy Snyder über seine Forschungen (2016):

einestages: Professor Snyder, deutsche SS-Männer und Polizisten erschossen fast 34 000 Juden Ende September 1941 in der Schlucht Babi Jar bei Kiew. Die Deutschen erschossen ihre Opfer stundenlang, aus nächster Distanz. Wie lässt sich diese ungeheure Gewalt erklären?

Snyder: Meiner Meinung nach sind wir von den damaligen Ereignissen schockierter, als wir sein sollten. Ich denke, heute ist es nicht viel schwieriger, Menschen dazu zu bringen, Zivilisten zu töten. Es braucht dazu keine SS-Ideologie oder so viel Propaganda, wie wir glauben.

einestages: Sie meinen, ein Massaker wie Babi Jar könnte heute erneut verübt werden? In Europa?

Snyder: Geschichte wiederholt sich natürlich niemals. Aber lassen Sie uns nicht vergessen, dass Menschen vor nicht allzu langer Zeit in Europa auf ähnliche Weise ermordet wurden – in Jugoslawien.[1] Was wir heute als Zivilisation erfahren, ist viel zerbrechlicher, als wir denken. Mir ist nicht klar, warum wir heute vor Massenmord eher geschützt sein sollten.

einestages: In Babi Jar mordeten aber nicht nur SS-Leute, sondern auch normale deutsche Polizisten. Wie ließen sich Polizisten zum Morden bringen?

Snyder: Indem man den Männern sagte, dass die normalen Regeln hier nicht gelten würden. Dann nahmen sie am Töten teil. Das meldeten die Einsatzgruppenleiter nach Berlin: Im Osten waren Dinge möglich, die anderswo undenkbar waren. Im Moment, in dem die Wehrmacht die sowjetische Grenze überschritt, begannen Einsatzgruppen überall, Juden zu erschießen. Zuerst waren es jüdische Männer im wehrpflichtigen Alter. Damit war ein Tabu gebrochen: das Töten von Zivilisten. Wenige Tage nach dem Einmarsch brachten Leute der Waffen-SS dann genauso jüdische Frauen und Kinder um.

einestages: Welche Bedeutung hat Babi Jar für die Entwicklung des Holocaust?

Snyder: Massenmorde wie diese – in der besetzten Ukraine wie auch in den baltischen Staaten, in Weißrussland und Russland – ermöglichten es der deutschen Führung, die Idee der "Endlösung" in die Realität umzusetzen. Die Deutschen waren in der Lage, dort 95 Prozent der Juden zu ermorden. Der mit Kugeln durchgeführte Holocaust tötete über 2,5 Millionen Juden.

einestages: In Ihrem letzten Buch entwickeln Sie die These, dass erst die Zerstörung von Staaten den Holocaust ermöglichte.

Snyder: Der einzige Weg für Deutschland, die Juden zu töten – inklusive seiner eigenen –, war die Schaffung einer gesetzlosen Zone außerhalb seiner eigenen Grenzen. Dort wurden Dinge möglich, die eigentlich undenkbar waren. Erst die Vernichtung eines Staates ermöglichte neue radikale Schritte. Vergleichen wir: In Estland wurden 99 Prozent der Juden umgebracht, in Dänemark überlebten 99 Prozent. Der Unterschied war keineswegs, dass in dem einen Staat Antisemitismus herrschte, im anderen nicht. Aber: Estland wurde Opfer einer Staatszerstörung, während in Dänemark eine sehr konventionelle Besatzung stattfand. Der gesamte Holocaust fand in einer Zone statt, in der Staaten zerstört waren ... In Polen und im deutsch besetzten Teil der Sowjetunion erklärten die Deutschen, der Staat habe aufgehört zu bestehen. Das Recht aus der Vorkriegszeit gelte nicht mehr. Sie beseitigten Eigentumsrechte und Staatsbürgerschaften. Das waren die Bedingungen, unter denen Mordraten von 95 Prozent möglich waren ... Umgesetzt werden konnte der Völkermord nur dort, wo der Staat zerstört war.

*http://www.spiegel.de/einestages/timothy-snyder-ueber-babi-jar-und-den-holocaust-interview-a-1113924.html (Stand: 20.04.2020).**

[1] *siehe Information rechts unter dem Methodenkasten*

Arbeitsschritte „Ein Experteninterview analysieren“

Formale Analyse	Sprachliche Formulierungshilfen
1. Wer ist der Interviewpartner?	• *Der Beitrag des Interviews stammt von ...*
2. Wann und wo wurde das Interview veröffentlicht?	• *Der Text erschien ...*
3. Welches Thema/welche Problematik behandelt das Interview?	• *Das Experteninterview behandelt ... im Vernichtungskrieg gegen die Sowjetunion am Beispiel ...*
4. An wen ist das Interview gerichtet?	• *An interessierte Leserinnen und Leser ....*
Inhaltliche Analyse	
5. In welche Sinnabschnitte lässt sich das Interview gliedern?	• *Eine mögliche Gliederung wäre die in drei Sinnabschnitte Zeilen 1–22, Zeilen 23–49 und 50–75. Auch eine andere Einteilung kann sinnvoll sein, zum Beispiel ...*
6. Welche Kernaussagen enthält der Text?	• *Im ersten Sinnabschnitt ist es die Aussage „Geschichte wiederholt sich niemals“. Dennoch sind nach Aussage des Autors auch in der heutigen Zeit Gewaltausbrüche ... Er begründet dies mit ...* • *Im zweiten Sinnabschnitt behauptet der Autor, ...* • *Im dritten Sinnabschnitt unterstreicht der Autor, ...*
7. Welche Argumente stützen als historische Fakten die Kernaussagen?	• *Der Experte nennt als ein Beispiel für schreckliche Gewaltausbrüche die Massaker in den Kriegen der 1990er Jahren auf dem Balkan, die zum Zerfall des jugoslawischen Staates führten.*
Die Bedeutung der angesprochenen historischen Ereignisse für unsere heutige Zeit	
8. Gibt es im Text Hinweise darauf, welche Wirkung der Interviewpartner bei den Leserinnen und Lesern erzielen möchte?	• *Leserinnen und Leser erkennen, dass grauenhafte Gewaltausbrüche jederzeit möglich sind, wenn ...*
Eine eigene Einschätzung zu den Thesen abgeben	
9. Wie bewertest du die Thesen des Interviewpartners?	• *Ich bin der Überzeugung, dass ...* • *Eingewendet werden könnte, dass ...*

Der Vielvölkerstaat Jugoslawien
zerfiel in den 1990er Jahren durch grausam geführte Kriege. In Bosnien wurden im Sommer 1995 im Ort Srebrenica 8000 muslimische Jungen und Männer zwischen 13 und 78 Jahren von serbischen Soldaten der „Republika Srpska“ ermordet und ihre Leichen vergraben. Das Massaker gilt als das schwerste Kriegsverbrechen in Europa seit dem Zweiten Weltkrieg.

MK 1 Analysiere M1 mithilfe der Arbeitsschritte. Ergänze die sprachlichen Formulierungshilfen an den entsprechenden Stellen (...). Du kannst auch die Kopiervorlage im Webcode nutzen.

MK 2 **a) Recherche:** Suche im Internet ein Interview zum Thema „Vernichtungskrieg“ oder „Ermordung der jüdischen Bevölkerung Europas“ aus jüngster Zeit heraus. Analysiere es mithilfe der Arbeitsschritte.
b) Stelle es in der Klasse vor.
c) Vergleiche die Aussagen mit denen Snyders.

cornelsen.de/webcodes
Code: benubi
Kopiervorlage Methodentabelle

Die Dokumentation „Inside Auschwitz“

Das ehemalige Vernichtungslager Auschwitz-Birkenau wurde von der polnischen Regierung 1947 als Museum zum Erinnerungsort für die ungeheuren deutschen Verbrechen gegen die Menschlichkeit ernannt. Seither haben über 25 Millionen Menschen diesen Ort besucht. Ihr könnt ihn auf digitalem Weg erkunden und die Berichte von drei Überlebenden anhören.

- ***Bewerte den Virtual-Reality-Rundgang durch diesen Erinnerungsort.***

M 1

Die 360-Grad-Doku „Inside Auschwitz“, Foto, 2017

Das Konzentrationslager Auschwitz

Auschwitz ist der deutsche Name der polnischen Stadt Oświęcim. In deren Nähe errichteten die deutschen Besatzer drei Haupt- und über 40 Nebenlager. Das Lager Auschwitz I diente ab 1939 als „Stammlager“ und wurde von der SS in einer ehemaligen polnischen Kaserne errichtet. Dort wurden zunächst polnische Bürgerinnen und Bürger aus der Intelligenz des Landes (siehe S. 168), polnische Oppositionelle (= Gegner des Regimes) und nach dem Überfall auf die Sowjetunion ab 1941 auch sowjetische Kriegsgefangene gefangen gehalten. Die Ermordung von Gefangenen durch das Gift Zyklon B wurde von den deutschen Verantwortlichen erstmals an sowjetischen Kriegsgefangenen „getestet“. Im Stammlager wurden grausame medizinische Experimente an Menschen durchgeführt.

Das Lager Auschwitz II in Birkenau entstand 1941 etwa drei Kilometer vom Stammlager entfernt. Beide Lager nahmen eine Fläche von fünf bis sechs Fußballfeldern ein. Auschwitz-Birkenau war das größte Vernichtungslager während des Nationalsozialismus. Aus allen Teilen Europas trafen Züge am „Rampe“ genannten Bahnsteig in Auschwitz ein, wo die meisten Ankommenden zur Ermordung in die Gaskammern geführt und mit Zyklon B getötet wurden. In Birkenau starben über eine Million Menschen jüdischen Glaubens und etwa 23 000 Sinti und Roma. Ihre Leichen wurden in Krematorien verbrannt. Viele Häftlinge starben auch an den hier durchgeführten Menschenversuchen, zum Beispiel bei Operationen ohne Narkose oder weil zu Versuchszwecken den Opfern tödliche Krankheitserreger geimpft und Medikamente an ihnen ausprobiert wurden.

Auschwitz III in Monowitz wurde 1942 als riesiger Industriekomplex verschiedener Firmen unter dem Namen IG Farben errichtet. Es war das Arbeitslager für Zwangsarbeiterinnen und Zwangsarbeiter, die an der „Rampe“ für „arbeitsfähig“ erklärt wurden und damit zunächst am Leben blieben. Sie erhielten so wenig Essen, dass viele an Unterernährung und dadurch ausgelösten Krankheiten starben. Dies wurde auch „Vernichtung durch Arbeit“ genannt.

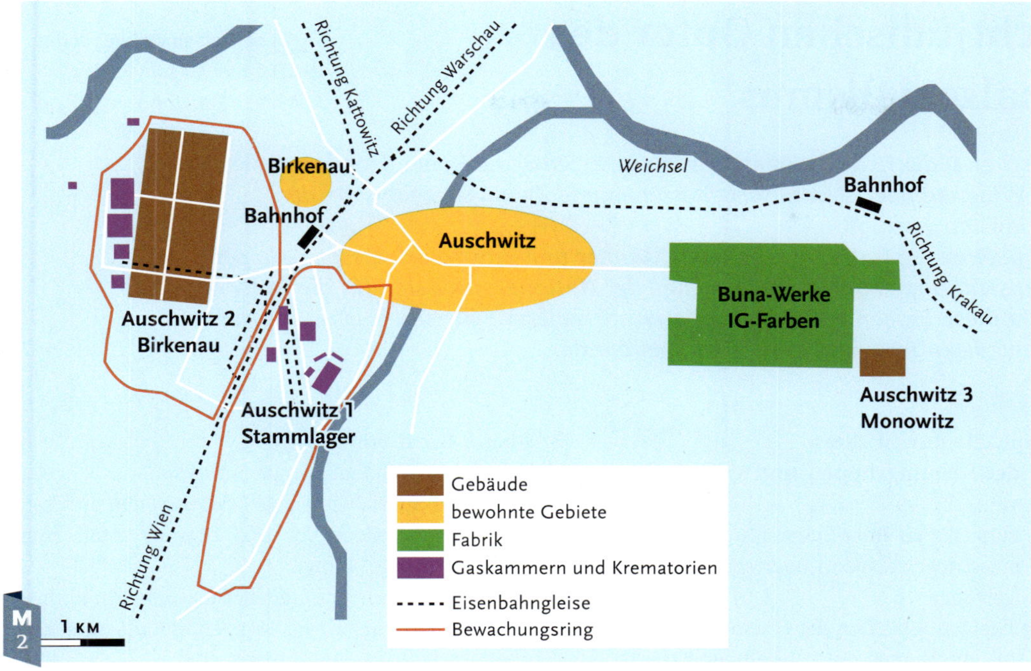

Lageplan des Konzentrationslagers Auschwitz

Das 360-Grad-Video „Inside Auschwitz" des Westdeutschen Rundfunks (WDR)

Der WDR veröffentlichte im Jahr 2017 eine Dokumentation über das Vernichtungslager Auschwitz-Birkenau. Diese Dokumentation wurde mit einer speziellen 360-Grad-Drohne aufgenommen. Ein Journalisten-Team hat dazu den historischen Ort besucht und darüber hinaus drei Zeitzeuginnen befragt, die die Zeit in Auschwitz-Birkenau überlebt haben. Sie berichten im Film über das Lagerleben. Während des Videos kann der Benutzer auf einem Smartphone oder Tablet seine eigene Perspektive wählen und sich selbst im Lager umsehen. Dabei können die Größe und die Dimensionen des Lagers erfasst werden. Die Dokumentation war im Jahr 2017 für den „Grimme Online Award" nominiert. Dies ist eine Auszeichnung für besonders wertvolle journalistische Beiträge im Internet.

cornelsen.de/webcodes
Code: bupufu
Die Dokumentation „Inside Auschwitz"

1 Beschreibe mithilfe des Darstellungstextes und M2 den Aufbau des ehemaligen Konzentrationslagers Auschwitz. Nutze den **Wortschatz**.

MK 2 **a)** Untersuche mithilfe des Webcodes die Dokumentation „Inside Auschwitz" (M1). **Tipp** → S. 244.
b) Partnerarbeit: Vergleiche mit deiner Partnerin oder deinem Partner die Eindrücke über die Dokumentation und versucht, eure Fragen zu klären.
c) Diskutiert den Nutzen einer solchen Dokumentation, um etwas über den Holocaust zu erfahren.

MK 3 Nimm mithilfe deiner Arbeitsergebnisse und dieser Doppelseite dazu Stellung, inwiefern es vertretbar ist, dass das ehemalige Vernichtungslager Auschwitz-Birkenau als Virtual-Reality-Erlebnis inszeniert wurde.

4 Nach dem Krieg kam es zur Anklage gegen Ärzte, die in den Konzentrationslagern Menschenversuche durchführten. Ein Arzt rechtfertigte im Prozess seine Handlungen mit dem Satz: „Das Dritte Reich hat mir auf ärztlichem Gebiet eine große Chance gegeben. Ich habe die Chance genutzt." Bewerte diesen Satz aus Sicht der Ankläger.

Wortschatz: eine Inszenierung (= Aufführung oder Darbietung) • Virtual Reality (= künstlich hergestellte Wirklichkeit) • für etwas berüchtigt sein • eine Drohne (= ein unbemanntes Fluggerät) • durch Eisenbahnschienen miteinander verbunden sein • eine Gaskammer

Die nichtjüdischen Opfer des Nationalsozialismus

cornelsen.de/webcodes
Code: mekafi
Kopiervorlage Übersichtstabelle

Neben Menschen jüdischen Glaubens wurden auch Sinti und Roma, Homosexuelle, „Asoziale“, Widerständler, Zwangsarbeiterinnen und Zwangsarbeiter von den Nationalsozialisten verfolgt.

- ***Wie behandelten die Nationalsozialisten Männer und Frauen aus diesen Gruppen?***
- ***Welche Auswirkungen hatte das Vorgehen der Nationalsozialisten für die Opfer?*** ***Untersucht diese Fragen mithilfe der Materialien dieser Seite sowie einer Internetrecherche und diskutiert sie in einem Gruppenpuzzle.***

Ein Gruppenpuzzle durchführen

1. Phase: Bildet Stammgruppen und verteilt Expertenthemen

a) Setzt euch zunächst zu einer Stammgruppe zusammen. Hier muss noch niemand über spezielle Vorkenntnisse verfügen.

b) Verteilt die Themen A bis D in der Gruppe: Für jedes Teilthema soll mindestens ein zukünftiger Experte ausgebildet werden. Je nach Gruppengröße können es auch zwei Experten sein.

2. Phase: Bildet euch als Experten aus

a) Bildet Expertengruppen für die Bearbeitung der Themen A bis D.

b) Erarbeitet als „Experten für …“ gemeinsam die Materialien mithilfe der Arbeitsaufträge.

c) Haltet die Ergebnisse fest, damit ihr sie später in der Stammgruppe vorstellen könnt. Fertigt vorab eine Übersichtstabelle für alle Opfergruppen an, die ihr später in der Stammgruppe mithilfe des Wissens der übrigen Experten vervollständigen könnt. Eine Vorlage findet ihr im Webcode.

3. Phase: Lernt voneinander

a) Kehrt in eure Stammgruppe zurück.

b) Stellt euer Spezialwissen als „Experte“ den anderen Gruppenmitgliedern vor und fügt es somit zum „Themen-Puzzle“ hinzu.

c) Die übrigen Gruppenmitglieder machen sich mithilfe der Übersichtstabelle Notizen, sodass nun alle über alle Teilthemen informiert sind.

d) Diskutiert in der Gruppe über erste Eindrücke zu euren Untersuchungsergebnissen.

e) Charakterisiert und beurteilt gemeinsam die Motive für die Verfolgung der untersuchten Gruppen.

4. Phase: Wertet eure Untersuchungsergebnisse aus

Diese Phase könnt ihr in der Stammgruppe oder im Klassenverband durchführen. Bei einer Auswertung im Klassenverband präsentiert ihr zunächst eure Untersuchungsergebnisse und klärt eventuelle Fragen aus den einzelnen Gruppen gemeinsam.

Für die weitere Auswertung eurer Untersuchungsergebnisse können folgende Anregungen hilfreich sein:

a) Die Dauerausstellung des EL-DE-Hauses bezeichnet die hier aufgeführten Gruppen als „vergessene Opfer“. Diskutiert mögliche Gründe hierfür und warum die Erinnerung an die Opfer auch heute bedeutsam ist.

b) Diskutiert, inwiefern sowohl der deutsche Staat als auch die deutsche Gesellschaft heute noch etwas zur Aufarbeitung und zum Gedenken beitragen können.

MK **c)** Entwickelt Ideen, in welcher Form in eurer Schule an diese Opfergruppen erinnert werden kann. Ihr könnt dazu auch Schicksale aus eurem Wohnort oder der Region recherchieren. Gestaltet eine digitale Pinnwand.

M 1

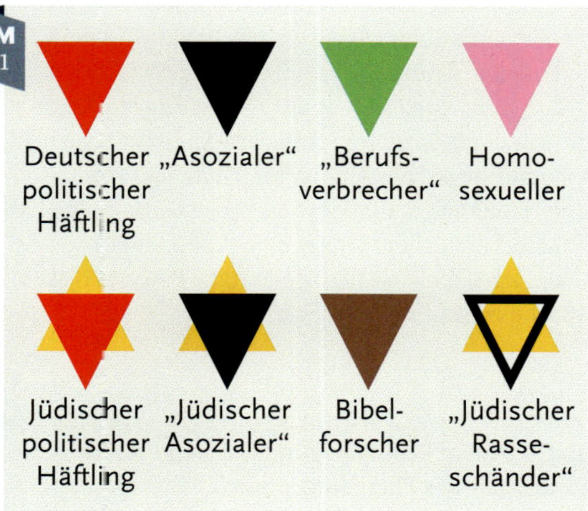

Kennzeichnungen von KZ-Häftlingen durch die Nationalsozialisten

Das NS-Dokumentationszentrum „EL-DE-Haus" in Köln
Es trägt die Anfangsbuchstaben seines Bauherrn, des Kölner Kaufmanns Leopold Dahmen. 1935 beschlagnahmte die Geheime Staatspolizei (Gestapo) das noch unfertige Gebäude als Hauptquartier und Folterkeller bis März 1945. Das Haus wurde 1981 zur Gedenkstätte und durch Erweiterung 1997 Ort der Dauerausstellung zu Köln unter der NS-Herrschaft. Du kannst die Ausstellung auf einem virtuellen Rundgang erkunden und zahlreiche Bild- und Tondokumente abrufen. Nutze dazu den Webcode.

Thema A: Sinti und Roma

Bei den Sinti und Roma handelt es sich um eine Volksgruppe, die aus dem Nordwesten Indiens und Pakistans bis nach Europa wanderte. Heute bilden Sinti (Einzahl: Sinto, weibliche Form: Sinteza) und Roma mit sechs Millionen Menschen die zahlenmäßig größte Minderheit in der Europäischen Union. Die insgesamt zwölf Millionen Sinti und Roma in Europa waren und sind immer wieder Diskriminierungen ausgesetzt. Ab dem Beginn der NS-Herrschaft und verstärkt nach dem Erlass der Nürnberger Rassegesetze* 1935 wurden Sinti und Roma als „rassisch minderwertig" ausgegrenzt und verfolgt: Die deutsche Staatsbürgerschaft wurde ihnen aberkannt, Ehen mit „Ariern" wurden verboten. Es folgten Ausbildungs- und Berufsverbote. Seit 1935 erfolgte eine umfangreiche „rassenbiologische Erfassung" der Sinti und Roma und im Jahr darauf wurden erstmals 400 Roma ins KZ Dachau deportiert. Ab Mai 1940 begann das NS-Regime mit der Massendeportation ganzer Familien in Gettos und in Arbeitslager in den besetzten polnischen Gebieten. Einsatzgruppen der SS töteten Zehntausende Roma in der Sowjetunion, Jugoslawien, Rumänien und Ungarn. Nur Bulgarien widersetzte sich der Ermordung seiner Roma. Nach dem sogenannten „Auschwitzerlass" vom 16. Dezember 1942 wurden im März 1943 über 23 000 Menschen in das neu eingerichtete „Zigeunerlager" nach Auschwitz-Birkenau deportiert. Nur etwa 1000 bis 2000 von ihnen überlebten Unterernährung, Seuchen, Misshandlungen und medizinische Experimente. Die Gesamtzahl der ermordeten Sinti und Roma wird auf bis zu 500 000 geschätzt. In ihrer Sprache Romani bezeichnen die Sinti und Roma dieses Verbrechen mit dem Begriff „Porajmos" („das Verschlingen").

M 2

Theresia N., 1940 aus Köln deportiert, berichtete über ihre Erlebnisse in einem Getto:
Mein Vater arbeitete auf dem Gleisbau, und wir Kinder mussten in die Fabrik, Scherben und alles aufkehren. Ich habe heute noch Schnittwunden an den Beinen von den Glasscherben, weil ich immer in die Scherben fiel, wenn der Aufseher mich schlug oder umstieß. Wir mussten jeden Morgen zum Appell. ‚Raus!' Wehe, wenn noch einer sich versteckte, den haben sie direkt abgeknallt. Dann musste man den Namen sagen, vor Angst wussten wir unseren Namen nicht mehr! Juden hatten ja den Stern, und wir hatten eine weiße Armbinde mit dem ‚Z'. Und dann standen wir da draußen, ob kalt, ob Sommer, und haben gezittert: ‚Jetzt sind wir dran, jetzt werden wir erschossen, jetzt werden wir erschossen'. Manche hatten gar keine Angst mehr, manchen war das egal. Vor uns allen haben sie ein paar abgeschossen oder mit dem Gewehrkolben einfach drüber geschlagen, und wieder rein. Und so ging das jeden Tag und jeden Tag.

Zit. nach: https://museenkoeln.de/ns-dokumentationszentrum/rundgang/rundgang.aspx?rnr=2_6_1&lang=de (Stand: 16.11.2020).

1 Fasse zusammen, welche Maßnahmen gegen Sinti und Roma ergriffen und wie diese begründet wurden (Darstellungstext, M2).

MK 2 Recherchiere ergänzend anhand des Schicksals von Ilga Grünholz den Umgang mit Kindern aus Roma-Familien. Nutze dafür den Webcode.

cornelsen.de/webcodes
+ *Code: dizuzu*
Sinti und Roma

cornelsen.de/webcodes
+ *Code: juweyo*
EL-DE-Haus in Köln

Thema B: Homosexuelle

Nach der nationalsozialistischen Rassenideologie galt Homosexualität als eine „Seuche", die zu einer „Schwächung der Volkskraft" führe. Homosexuelle galten als „Entartete". In der Sprache der Nationalsozialisten wurden sie auch als „Jugendverführer" bezeichnet, die die „moralische und körperliche Gesundheit" von Jugendlichen gefährden. 1935 wurde der Paragraf 175 des Strafgesetzbuches, der „widernatürliche Unzucht" mit Gefängnis bestrafte, erheblich verschärft. Die Überwachung durch die Kriminalpolizei wurde als „vorbeugende Verbrechensbekämpfung" gerechtfertigt. Zu den drastischsten Maßnahmen gegen Homosexuelle gehörten Kastrationen, die Hinrichtung in Gefängnissen und die Verschleppung in Konzentrationslager, wo Homosexuelle mit einem rosafarbenen Abzeichen (S. 208 M1) gekennzeichnet wurden.

M3

Stolperstein für den Kölner Künstler Johann Baptist „Tilla" Welsch, Foto, undatiert. Die „Stolpersteine" sind ein Projekt des Künstlers Gunter Denning. Sie werden seit 1992 am letzten Wohnort der Opfer verlegt.

1 Arbeite aus dem Darstellungstext heraus, weshalb der NS-Staat die Homosexuellen verfolgte.

2 Recherchiere im Internet die Biografie Johann Baptist Welschs (M3) und benenne mögliche weitere Motive für die Verfolgung.

3 Stelle Maßnahmen gegen die Homosexuellen und deren Auswirkungen für die Betroffenen zusammen. Weitere Informationen kannst du aus den Zeitzeugeninterviews im Webcode recherchieren.

cornelsen.de/webcodes
+ Code: dofaqa
Homosexuelle im Nationalsozialismus

Thema C: „Asoziale"

M4 *NS-Propagandaplakat, Foto, 1936*

„Asoziale" war eine Sammelbezeichnung der Nationalsozialisten für als minderwertig eingeschätzte Personen, die „sich in die Ordnung der Volksgemeinschaft nicht einfügen wollen". Darunter fielen nach NS-Auffassung Bettler, Obdachlose, „Arbeitsscheue", Prostituierte, Alkoholiker und unangepasste Jugendliche. Der Begriff „asozial" konnte willkürlich verwendet werden und betraf vor allem Menschen aus den sozialen Unterschichten. Als „asozial" beurteilte Menschen wurden häufig zwangssterilisiert mit der Begründung, es liege „angeborener Schwachsinn" vor, da man die Vererbung „asozialer" Charaktereigenschaften behauptete. Die Kriminalpolizei erfasste diese als „Asoziale" abgestempelten Menschen. Sie wurden überwacht, in polizeiliche „Vorbeugungshaft" genommen und konnten ins Konzentrationslager eingewiesen werden. In den Lagern waren sie mit einem schwarzen Abzeichen gekennzeichnet.

1 Arbeite aus dem Darstellungstext und M4 die Kriterien heraus, nach denen Menschen in der NS-Zeit als „Asoziale" beurteilt und verfolgt wurden.

2 Stelle Maßnahmen gegen die als „asozial" eingestuften Personen zusammen.

3 Recherchiere mithilfe des Webcodes, welche Folgen die Einstufung einer Familie als „asozial" für die Kinder hatte.

cornelsen.de/webcodes
+ Code: xuxezo
„Asoziale" im Nationalsozialismus

Thema D: Zeugen Jehovas (Bibelforscher)
Die christliche Glaubensgemeinschaft der „Ernsten Bibelforscher“ entstand in den 1870er Jahren in den USA. Seit 1931 nannten sie sich „Zeugen Jehovas“. Aufgrund ihrer strengen Bibelauslegung akzeptierten die Zeugen Jehovas neben der Königsherrschaft Jehovas (Gottes) grundsätzlich keine andere Obrigkeit. Sie nahmen deshalb nicht an Wahlen teil und verweigerten jegliche Beteiligung an staatlichen Angelegenheiten. Obwohl sie in Deutschland bereits 1933 verboten wurde, blieb die Glaubensgemeinschaft mit ihren in Deutschland rund 25000 Mitgliedern weiterhin aktiv. Trotz Verfolgung lehnten die Zeugen Jehovas den „Hitlergruß“ ab und traten weder der NSDAP noch einer ihr angegliederten Organisation bei. Für die Nationalsozialisten war die konsequente Verweigerung des Wehrdienstes und der Mitarbeit in der Rüstungsproduktion nicht hinnehmbar und sie reagierten mit brutaler Willkür: Insgesamt wurden etwa 1200 „Zeugen Jehovas“ in der Zeit des Nationalsozialismus ermordet. Die Zeugen Jehovas wurden in den Konzentrationslagern mit braunen oder auch lila Abzeichen gekennzeichnet.

M 5

Bericht der Augenzeugin Hermine Pietzka über ihre Begegnung mit Zeugen Jehovas in der Zeit des Nationalsozialismus (1998):
Es ist richtig, dass man dieser „Randgruppe“ gedenkt. Es waren derer nicht wenige, die nur deshalb ihr Leben lassen mussten, weil sie keine Waffen in die Hand nehmen wollten ... Das erschütternde Erlebnis mit ihnen wird mir unvergesslich bleiben. Ich war ... nach Berlin transportiert worden, weil ich vor dem Militärgericht über meinen späteren Mann ... aussagen sollte. Wir wurden zur Einvernahme in einen tiefer gelegenen, kellerartigen Raum geführt ... Es dauerte nicht lange, da kamen etliche junge Männer aus einer Tür heraus, offensichtlich von einer Verhandlung, und erzählten lachend, dass sie soeben zum Tode verurteilt worden waren. Uns fuhr der Schreck in alle Glieder. Wir konnten keine Worte finden, wie man so ein Todesurteil so fröhlich hinnehmen konnte! Man reichte ihnen dann etwas zu essen, das sie mit größtem Appetit und unter fröhlichen Gesprächen verzehrten, so als ob sie einen Freispruch geschenkt bekommen hätten. Wir hätten keinen Bissen hinuntergebracht! Wir waren fassungslos! War das ihr tiefer Glaube an ihre Auferstehung nach dem Tode? Es waren auf alle Fälle sehr tapfere Menschen, die für ihren friedlichen Glauben ihr Leben hingaben! Und deshalb wurden sie unbarmherzig umgebracht!

*Zit. nach Dokumentationsarchiv des österreichischen Widerstandes (Hg.), Zeugen Jehovas – vergessene Opfer des Nationalsozialismus?, Wien (Dokumentationsarchiv des österreichischen Widerstandes) 1998, S. 54.**

M 6

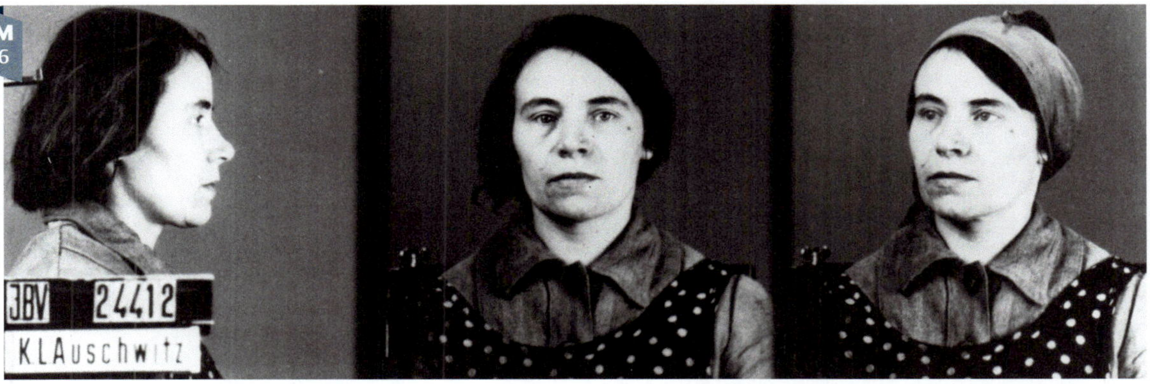

Erkennungsdienstliches Foto eines weiblichen Häftlings (Mitglied der Zeugen Jehovas), aus dem KZ-Auschwitz. Foto, 1943

1 Arbeite aus dem Darstellungstext und M5 heraus, weshalb der NS-Staat gegen diese vergleichsweise kleine Gruppe so massiv vorgegangen ist.

cornelsen.de/webcodes
Code: *fexaqi*
„Zeugen Jehovas“

MK 2 Stelle Maßnahmen des NS-Staates, deren Ziele und Auswirkungen für die Zeugen Jehovas zusammen (M5, M6). Recherchiere hierfür ergänzend die vom EL-DE-Haus in Köln zusammengetragenen Schicksale verfolgter Zeugen Jehovas. Nutze den Webcode.

Widerstand gegen das NS-Regime

Die Widerstandsgruppen in den von deutschen Truppen besetzten Gebieten kämpften für die Freiheit ihres Landes. In Deutschland hingegen gab es nur wenige Frauen und Männer, die Widerstand* gegen das NS-Regime leisteten und dabei ihr Leben riskierten.

- ***Welche Möglichkeiten, Motive und Formen des Widerstandes gab es?***

M 1

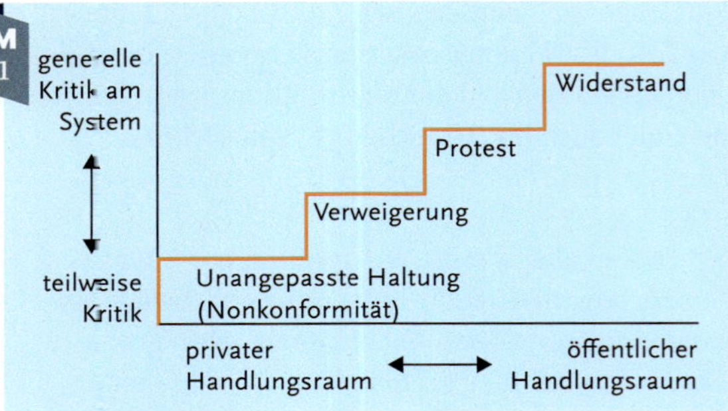

Modell „Stufen abweichenden Verhaltens" des Historikers Detlev Peukert, 1981

Widerstand in den besetzten Gebieten

In Frankreich und Belgien gab es zahlreiche Bewegungen, die unter dem Namen „Résistance" zusammengefasst werden. Im besetzten Ost- und Südosteuropa kämpften von Griechenland im Süden bis zu den baltischen Republiken der Sowjetunion im Norden verschiedenste Partisanengruppen gegen die Wehrmacht und die SS. Die Widerstandskämpfer verübten Sabotageakte, darunter die Sprengung von wichtigen Strommasten, Brücken oder Eisenbahnlinien. Auf Angriffe antworteten deutsche Soldaten mit Massenerschießungen von Zivilisten, darunter viele Frauen und Kinder. Die Ermordung der Bevölkerung ganzer Dörfer wie zum Beispiel in Oradour-sur-Glane (Frankreich), Marzabotto (Italien) oder Distomo (Griechenland) sind Beispiele für diese entsetzlichen Verbrechen deutscher Soldaten.

„Widerstand ohne Volk" in Deutschland

Unter der Herrschaft der Nationalsozialisten gab es nur vereinzelten Widerstand von kleinen Gruppen oder Einzelkämpfern. Diese oppositionellen Gruppen erhielten keinerlei Rückhalt durch die Bevölkerung, da die Zustimmung zu Hitlers Herrschaft angesichts seiner außenpolitischen und militärischen Erfolge sehr groß war. Der Historiker Hans Mommsen hat dafür die Bezeichnung „Widerstand ohne Volk" geprägt. Ein zweiter Grund für den schwachen Widerstand in Deutschland gegen die offensichtlichen Verbrechen des Regimes war das Überwachungsnetz der Geheimen Staatspolizei. Massive Einschüchterung und die Angst vor brutaler Verfolgung ließen die Menschen schweigen. Die Verschärfung des Strafrechts und die Einführung des Volksgerichtshofs* erlaubten dem Regime willkürliche Verhaftungen und Hinrichtungen ohne rechtsstaatliches Verfahren.

Dennoch leisteten Deutsche als Einzelne oder in Gruppen Widerstand. Das konnte unangepasstes (nonkonformes) Verhalten wie das Verweigern des Hitlergrußes sein, Kontakte zu jüdischen Mitbürgern aufrechterhalten oder Zwangsarbeitern heimlich Essen zukommen lassen. Einige Gruppen druckten und verteilten Flugblätter oder planten einen Umsturz.

Wer leistete Widerstand? Einige Beispiele:

- **Kommunisten, Sozialdemokraten und Gewerkschafter:** Sie waren von Anfang an Gegner der NS-Herrschaft und gründeten trotz Verfolgung Untergrundorganisationen (zum Beispiel die kommunistische „Rote Kapelle"), arbeiteten im Exil oder verteilten Flugblätter, die zum Widerstand aufriefen.
- **Kirchen:** Einzelne evangelische und katholische Pfarrer predigten öffentlich gegen die Ermordung von behinderten Menschen und verfassten Protestschreiben. Bedeutung erlangten die Pfarrer Martin Niemöller und Dietrich Bonhoeffer als Gründer der evangelischen „Bekennenden Kirche", die sich gegen die hitlertreue Mehrheit der evangelischen Kirche wandte und den Rassismus verurteilte. Der katholische Bischof von Münster, Clemens August Graf von Galen, verurteilte in seinen Predigten die Euthanasie-Politik der Nationalsozialisten.
- **Konservative Militärs:** Angesichts der sich abzeichnenden Niederlage im Weltkrieg verübten Oberst Graf Schenk von Stauffenberg (siehe Bild in M3) und andere Offiziere am 20. Juli 1944 ein Attentat auf Hitler. Das Attentat missglückte (siehe M3).

Wortschatz: über einen Rückhalt in der Bevölkerung verfügen • ein nonkonformes (= nicht angepasstes) Verhalten • ein ziviler Ungehorsam • jemanden diffamieren (= Schlechtes über jemanden verbreiten oder ihn verraten) • einen Akt der Sabotage verüben oder etwas sabotieren • etwas verfemen (= etwas verdammen)

• **Vertreter aus dem Bürgertum:** Der „Kreisauer Kreis“ aus Militärs, Beamten, Geistlichen und Sozialdemokraten plante im Untergrund die politisch-gesellschaftliche Neuordnung nach dem Zusammenbruch des Nationalsozialismus. Aus ihrer Sicht war ein Umsturz nur mithilfe des Militärs möglich.

• **Einzelkämpfer:** Es gab über 40 Attentatsversuche einzelner Personen, zum Beispiel den fehlgeschlagenen Sprengstoffanschlag des Schreiners Georg Elser auf Adolf Hitler am 8. November 1938.

M 2

Urteil des Volksgerichtshofes gegen Karl Friedrich Stellbrink, Pastor in Lübeck (1943):

In dem Gespräch [mit dem Vater eines Täuflings] führte er dann aus, der Führer habe den Krieg auf dem Gewissen, jedermann in Deutschland müsse dazu beitragen, den heutigen Staat zu Fall zu bringen, daran könne jeder zu seinem kleinen Teile mitwirken, indem man z. B. Kupfermünzen nicht abliefere, Altpapier vernichte und Lebensmittelreste beseitige und dadurch kriegsnotwendiges Material der Verwendung entziehe. Wenn jeder so mitarbeite, würde die Regierung in 14 Tagen erledigt sein, sie müsse Frieden machen und würde dann gestürzt werden ... „Diese“ Regierung müsse verschwinden, damit die Kirche zu ihrem Recht komme ...

Der Angeklagte setzte seine staatsfeindliche Betätigung sogar noch in der Haft fort, indem er unter Mitgefangenen Gerüchte über militärische und politische Ereignisse aussprengte ... Als Strafe kam allein die Todesstrafe in Frage.

*Zit. nach https://www.luebeckermaertyrer.de/de/geschichte/urteile/urteil-stellbrink.html (Stand: 24.03.2020).***

M 3

Aus dem Aufruf der Widerstandskämpfer vom 20. Juli 1944, der nach dem Anschlag auf Hitler verbreitet werden sollte:

Deutsche! Hitler ... hat die göttlichen Gebote verhöhnt, das Recht zerstört, den Anstand verfemt[1], das Glück von Millionen vernichtet. Er hat Ehre und Würde, Freiheit und Leben anderer für nichts erachtet. Zahllose Deutsche, aber auch Angehörige anderer Völker schmachten seit Jahren in Konzentrationslagern ... Durch grausame Massenmorde ist unser guter Name besudelt ... Unser Ziel ist die wahre, auf Achtung, Hilfsbereitschaft und soziale Gerechtigkeit gegründete Gemeinschaft des Volkes. Wir wollen Gottesfurcht anstelle von Selbstvergottung, Recht und Freiheit anstelle von Gewalt und Terror, Wahrheit und Sauberkeit anstelle von Lüge und Eigennutz ... Wir wollen mit besten Kräften dazu beitragen, die Wunden zu heilen, die dieser Krieg allen Völkern geschlagen hat, und das Vertrauen zwischen ihnen wieder neu beleben.

*Zit. nach Bodo Scheurig (Hg.), Deutscher Widerstand 1938–1944, 2. Aufl., München (dtv) 1984, S. 278 ff.**

[1] *hier im Sinne von: beseitigt*

1 Entwickle mithilfe des Darstellungstextes eine Begriffskarte (→ S. 253) zum Begriff „Widerstand“.

2 **Gruppenarbeit:** Verteilt die im Darstellungstext genannten fünf Gruppen, die sich gegen das NS-System auflehnten.
  a) Arbeitet arbeitsteilig Beispiele, Motive und Mittel heraus (Darstellungstext, M2, M3).
  Tipp → S. 244.
  b) Vergleicht eure Ergebnisse.
  c) Ordnet die Beispiele in M1 ein.
  d) Beurteilt die Auswirkungen des „abweichenden Verhaltens“ auf den totalen NS-Staat.

3 Erkläre mithilfe des Darstellungstextes, warum sich kein breiter Widerstand in Deutschland bildete.

4 Beurteile, ob der Widerstand gegen das NS-Regime aussichtslos war. Nutze den **Wortschatz**.

5 Nimm dazu Stellung, ob und warum Widerstand gegen eine Regierung heute noch gerechtfertigt ist.

6 **a)** Recherchiere zu einer der Widerstandkämpferinnen Soja Anatoljewna Kosmodemjanskaja, Marie-Madeleine Fourcade oder Madeleine Riffaud.
  b) Stelle in einem Kurzvortrag (→ S. 251) vor, welche Rolle die Frauen in der jeweiligen Widerstandsbewegung spielten.

cornelsen.de/webcodes
Code: hizihi
Film: Widerstand gegen Hitler

Jugendlicher Protest und Widerstand

Gegen die Gleichschaltung aller Kinder und Jugendlichen widersetzten sich einige junge Menschen.

- ***Welche Formen von jugendlichem Protest und Widerstand gab es?***

M 1

Mitglieder der Swing-Jugend, Foto, 1938

M 2

Mitglieder der Hitlerjugend, Foto, 1939

Jugendlicher Protest

Die Anhänger der „Swing-Jugend" verband eine Vorliebe für amerikanische Swing-Musik. Für die Nationalsozialisten galt diese Musik als „entartet". Daher waren Swing und Jazz verboten. Die „Swing-Jugend" grenzte sich durch lange Haare und das Tragen übergroßer Hosen, von Trenchcoats, Hüten und Regenschirmen von der Hitlerjugend ab. Mädchen der Swing-Jugend schminkten sich auffällig, rauchten und trugen modische Kleidung, die sich von der Einheitsuniform des Bund Deutscher Mädel unterschied und dem nationalsozialistischen Frauenbild widersprach. Die Anhänger der Swing-Jugend kamen häufig aus dem städtischen Bürgertum. Der NS-Staat ging hart gegen sie vor. Wer erwischt wurde, musste mit Verhaftung und Einweisung in ein Konzentrationslager rechnen. Trotz zahlreicher Verhaftungen gelang es der Gestapo nie, die meist unpolitischen Gruppen zu zerschlagen.

Auch die Gruppen der „Edelweißpiraten" waren eher unpolitisch. Sie wollten ihr eigenes jugendliches Leben abseits der Hitlerjugend gestalten. Die verschiedenen Jugendgruppen stammten meist aus der Arbeiterschicht in den Städten an Rhein und Ruhr. Sie nannten sich auch „Navajos" (Köln), „Fahrtenjungs" (Düsseldorf) oder „Ruhrpiraten". Jungen und Mädchen trafen sich gemeinsam in kleinen Gruppen und trugen bunte Wanderkleidung, Halstücher und die Jungen kurze Lederhosen. Sie benannten sich nach den Edelweißansteckern, die sie als Erkennungszeichen trugen. Einige Gruppen ergriffen Partei gegen den NS-Staat, verteilten Flugblätter oder versorgten versteckte Juden und Zwangsarbeiter mit Nahrung. In Köln wurden im Dezember 1942 zahlreiche Edelweißpiraten verhaftet, die in Lagerhaft kamen oder zum lebensgefährlichen Wegräumen von Minen an die Front geschickt wurden. Nach Kriegsende wurden die Gruppen weiter als „Kriminelle" betrachtet. Erst 2005 wurden die Edelweißpiraten in Köln als Widerstandskämpfer geehrt.

Jugendlicher Widerstand

Mit „Weißer Rose" waren sechs Flugblätter unterschrieben, die eine Gruppe junger Münchener Studierende 1942 und 1943 verteilte. Führende Mitglieder dieser Gruppen waren die Geschwister Sophie und Hans Scholl sowie ihr Professor Kurt Huber. Nachdem Hans Scholl als Soldat an die Ostfront geschickt worden war, schwand die anfängliche Begeisterung der Geschwister für den Nationalsozialismus. In ihren Flugblättern riefen sie zum Kampf gegen Adolf Hitler und die Herrschaft der Nationalsozialisten auf. Am 18. Februar 1943 wurden die Geschwister beim Verteilen des sechsten Flugblatts verhaftet. Vor dem „Volksgerichtshof" wurden sie in vier Tagen wegen Hochverrats zum Tode verurteilt und am 22. Februar 1943 hingerichtet. Professor Huber und drei weitere Studierende wurden ebenfalls ermordet.

Wortschatz: für etwas eintreten (= sich für etwas einsetzen) • in eine Organisation eintreten • sich von etwas abgrenzen oder abheben • rigoros (= hart) gegen jemanden vorgehen • seine Identität ausleben • eine Schikane

M 3

Ein ehemaliger Edelweißpirat aus Düsseldorf berichtet:

In dem Jahr, in welchem der Krieg begann, beendete ich die allgemeine Volksschule und begann eine Dreherlehre[1] ... Trotz der verschiedenen Formen des Drucks und Schikanen, denen ich ausgesetzt war, weigerte ich mich, der HJ beizutreten. Es war keine politisch motivierte Weigerung: ich hasste nur den militärischen Drill und die Erziehung zum Krieg, die in der HJ betrieben wurde ... In Gerresheim, wo ich aufgewachsen bin, fand sich bald ein Kreis gleichgesinnter Jugendlicher zusammen. Bald wurden der Ostpark und der Floragarten beliebte Treffpunkte. Dorthin fuhren wir an den Wochenenden, wenn wir keine Wanderungen unternahmen.

Zit. nach Arno Klönne, Jugend im Dritten Reich. Die Hitlerjugend und ihre Gegner, Köln (Diederichs) 1982, S. 258f.

[1] *Berufsausbildung in der Metallindustrie*

M 4

„Aufruf an alle Deutsche", Auszug aus einem Flugblatt der Weißen Rose (1942):

Der Krieg geht seinem sicheren Ende entgegen ... Mit mathematischer Sicherheit führt Hitler das deutsche Volk in den Abgrund. Hitler kann den Krieg nicht gewinnen, nur noch verlängern! Seine und seiner Helfer Schuld hat jedes Maß unendlich überschritten. Die gerechte Strafe rückt näher und näher! Was aber tut das deutsche Volk? Es sieht nicht und es hört nicht. Blindlings folgt es seinen Verführern ins Verderben ... Sollen wir auf ewig das von aller Welt gehasste und ausgestoßene Volk sein? Nein! Darum trennt Euch von dem nationalsozialistischen Untermenschentum! Beweist durch die Tat, dass Ihr anders denkt! ... Zerreißt den Mantel der Gleichgültigkeit, den Ihr um Euer Herz gelegt!

*Zit. nach Hans Hürten, Deutsche Geschichte in Quellen und Darstellungen. Band 9. Weimarer Republik und Drittes Reich 1918–1945. Stuttgart (Reclam) 1995, S. 402f.**

M 5

Anweisung des Reichsführers SS und Chefs der deutschen Polizei, Heinrich Himmlers an Reinhard Heydrich, Leiter der Sicherheitspolizei (26. Januar 1942):

Alle Rädelsführer [= Anführer] ..., die die Swing-Jugend unterstützen, sind in ein Konzentrationslager einzuweisen. Dort muss die Jugend zunächst einmal Prügel bekommen und dann in schärfster Form exerziert [= bestraft] und zur Arbeit angehalten werden. Irgendein Arbeitslager oder Jugendlager halte ich bei diesen Burschen und diesen nichtsnutzigen Mädchen für verfehlt. ... Es muss klar sein, dass sie nie wieder studieren dürfen. Bei den Eltern ist nachzuforschen, wie weit sie das unterstützt haben. Haben sie es unterstützt, sind sie ebenfalls in ein Konzentrationslager zu verbringen und das Vermögen ist einzuziehen. Nur wenn wir brutal durchgreifen, werden wir ein gefährliches Umsichgreifen dieser anglophilen [= das Englische mögende] Tendenz in einer Zeit, in der Deutschland um seine Existenz kämpft, vermeiden können.

*Zit. nach Verachtet – Verfolgt – Vernichtet, hg. v. d. Projektgruppe für die vergessenen Opfer des NS-Regimes, 2. Aufl., Hamburg 1988, S. 15f.***

1 Vergleiche die Fotos M1 und M2 hinsichtlich der abgebildeten Kleidung. **Tipp** → S. 244.

2 **a)** Ordne die Beispiele aus dem Darstellungstext für Jugendliche im Protest und Widerstand in das Modell M1 auf S. 212 ein.

b) Erkläre wichtige Unterschiede zwischen den Gruppen (Darstellungstext).

3 Begründe, warum sich Jugendliche den „Edelweißpiraten" anschlossen (M3, Darstellungstext). Nutze den **Wortschatz**.

4 Arbeite aus M4 heraus, wie die Mitglieder der „Weißen Rose" ihren Widerstand begründen.

MK **5** **Gruppenarbeit:** Erstellt in einer Dreiergruppe einen Podcast, in dem ihr vor dem Hintergrund der Anweisung in M5 den Mut der Jugendlichen bewertet.

cornelsen.de/webcodes
\+ Code: natisu
Jugendliche im Widerstand

Der Weltkrieg wird zum „totalen Krieg"

Die verbündeten Gegner Deutschlands kämpften für ein Kriegsende mit der bedingungslosen Kapitulation der Deutschen. Dies nutzte Propagandaminister Joseph Goebbels, um die deutsche Bevölkerung auf den „Entscheidungskampf" einzuschwören: Alle Kräfte sollten für einen „totalen Krieg" mobilisiert werden.

- ***Was kennzeichnete den „totalen Krieg" und wie endete er?***

M 1

Hitler zeichnet zehn Tage vor seinem Suizid an seinem Geburtstag jugendliche Kämpfer aus. Foto, 20.04.1945

Die Kriegswende

Der Vormarsch der deutschen Truppen in der Sowjetunion kam Ende 1941 zum Stillstand. Im selben Jahr entwickelten der amerikanische Präsident Roosevelt und der britische Premierminister Churchill mit der „Atlantik-Charta*" vom 14. August 1941 die Vorstellung von einer künftigen Weltordnung: Zu dieser gehörten Verzicht auf Annexionen und Gewalt, Anerkennung des Selbstbestimmungsrechts der Völker, Freiheit des Handels und der Meere sowie die Gründung einer Weltsicherheitsorganisation.

Nach dem Kriegseintritt der USA im Dezember 1941 schlossen sich die drei alliierten (= verbündeten) Hauptmächte Sowjetunion, USA und Großbritannien zur Anti-Hitler-Koalition zusammen. Bei ihrem Treffen in der marokkanischen Stadt Casablanca im Januar 1943 forderten die Alliierten die „bedingungslose Kapitulation" der Achsenmächte* Deutschland, Italien und Japan. Zur entscheidenden Kriegswende in Europa kam es dann im Januar/Februar 1943, als die 6. deutsche Armee in Stalingrad von sowjetischen Truppen eingekesselt wurde und kapitulieren musste. Von den 250 000 deutschen Soldaten starben in Stalingrad 90 000. Die Überlebenden gerieten in russische Kriegsgefangenschaft. Von diesen kehrten nach Jahren 10 000 lebend nach Deutschland zurück. Auf russischer Seite starben in Stalingrad 700 000 Soldaten und Zivilisten.

Die letzte Mobilisierung – der „totale Krieg"*

Am 18. Februar 1943 rief Reichspropagandaminister Joseph Goebbels im Berliner Sportpalast unter dem Jubel ausgewählter Anhänger des NS-Regimes zum „totalen Krieg" auf: Sieg mit allen Mitteln oder Niederlage hießen die Alternativen, vor die er Zivilbevölkerung und Soldaten stellte. Entgegen der NS-Ideologie wurden immer mehr Frauen zu Verwaltungsaufgaben, als Luftwaffenhelferinnen bei der Flugabwehr oder in der Rüstungsindustrie dienstverpflichtet. An der „Heimatfront" sollten sie für den „Endsieg" mitkämpfen. Jugendliche und ältere Männer wurden als „Volkssturm" ohne militärische Ausbildung und schlecht bewaffnet in den Kampf geschickt. In der Landwirtschaft und in der Industrie arbeiteten rund zwölf Millionen Zwangsarbeiterinnen und Zwangsarbeiter, Häftlinge und die meisten Kriegsgefangenen für die Deutschen.

Kriegsende und Kapitulation

Mit dem Vorrücken der sowjetischen Armee nach Westen und der Landung alliierter Truppen in der Normandie im Nordwesten Frankreichs im Sommer 1944 zeichnete sich ein Ende des Krieges ab. Getrieben durch Propaganda oder Angst vor Bestrafung, kämpften die Deutschen weiter: Bis zuletzt wurden Deserteure oder Befehlsverweigerer ohne Gerichtsverhandlung erschossen. Zum Jahreswechsel 1944/45 standen die Truppen der drei Alliierten an den Reichsgrenzen. Im Osten begann die Flucht von Millionen Deutschen aus Angst vor Racheakten der sowjetischen Armee.

Nach erbitterten Kämpfen trafen sich amerikanische und sowjetische Truppen am 25. April 1945 an der Elbe bei Torgau in Sachsen. Am 30. April, während die sowjetische Armee in die Hauptstadt einrückte, tötete sich Hitler in seinem „Führerbunker" in Berlin selbst. Kurz darauf unterzeichnete die Wehrmachtsführung am 7. Mai im US-Hauptquartier im französischen Reims die bedingungslose Kapitulation Deutschlands. In der Nacht vom 8. auf den 9. Mai wurde dies im sowjetischen Hauptquartier Karlshorst bei Berlin wiederholt.

M 2

Auszug aus der Rede von Joseph Goebbels im Berliner Sportpalast (18. Februar 1943). Die Zuschauer waren überzeugte Anhänger des Nationalsozialismus:

Ich frage euch: Soldaten, Arbeiter und Arbeiterinnen, seid ihr und ist das deutsche Volk entschlossen, wenn der Führer es einmal in Notzeiten befehlen sollte, zehn, zwölf, wenn nötig vierzehn oder sechzehn Stunden täglich zu arbeiten und das Letzte für den Sieg herzugeben? (Stürmische Rufe: „Ja!", starker Beifall) ... Viertens: Die Engländer behaupten, das deutsche Volk wehrt sich gegen die totalen Kriegsmaßnahmen der Regierung. (Rufe: „Nein!"). Es will nicht den totalen Krieg, sagen die Engländer, sondern die Kapitulation! (Stürmische Rufe: „Nein!" „Pfui!"). Ich frage euch: Wollt ihr den totalen Krieg? (Stürmische Rufe: „Ja!", starker Beifall, Trampeln und Klatschen). Wollt ihr ihn (Rufe: „Wir wollen ihn!"), wenn nötig, totaler und radikaler, als wir ihn uns heute überhaupt erst vorstellen können? (Stürmische Rufe: „Ja!", Beifall) ... Wir müssen nur die Entschlusskraft aufbringen, alles seinem Dienste [gemeint ist der Sieg] unterzuordnen ... Und darum lautet von jetzt ab die Parole: Nun, Volk, steh auf – Sturm brich los![1]

*Zit. nach Werner Hofer, Der Nationalsozialismus. Dokumente 1933–1945, Frankfurt/M. 1957, S. 250f.**

[1] Dieser Satz ist ein fast wörtliches Zitat aus einem Gedicht von Theodor Körner aus dem Jahre 1813, in dem er zum Aufstand gegen die französische Fremdherrschaft aufruft.

M 3

Todeszahlen im Zweiten Weltkrieg (ausgewählter) Länder

Die erste Zahl bezieht sich auf die getöteten Soldaten, in Klammern dahinter die Zahl der getöteten Zivilisten):

Tote insgesamt: circa 65 Millionen

Deutschland	6 350 000 (1 170 000)
Sowjetunion	27 000 000 (14 000 000)
China	13 500 000 (10 000 000)
USA	407 316 (0)
Frankreich	360 000 (150 000)
Polen	6 000 000 (5 700 000)
Ungarn	950 000 (590 000)
Jugoslawien	1 690 000 (950 000)
Niederlande	220 000 (198 000)
Griechenland	180 000 (160 000)
Japan	3 760 000 (1 700 000)

*Zusammengestellt nach Rolf-Dieter Müller (Hg.), Das Deutsche Reich und der Zweite Weltkrieg, Bd. 10: Der Zusammenbruch des Deutschen Reiches 1945, Halbband 2: Die Folgen des Zweiten Weltkrieges, München (Deutsche Verlags-Anstalt) 2008. Die Menschenverluste im Zweiten Weltkrieg (Karte mit Grafik/Tabelle), ohne Seitenangabe.***

cornelsen.de/webcodes
Code: pagohu
Kopiervorlage Methodentabelle

cornelsen.de/webcodes
Code: veyini
Audio: Rede von Joseph Goebbels

1 Beschreibe den Eindruck, den das Foto M1 bei dir hinterlässt.

2 Erläutere mithilfe des Darstellungstextes den Begriff „totaler Krieg" in einer Mind-Map. Du kannst sie auch digital (→ S. 254) erstellen.

3 Erweitere mit dem Darstellungstext die Zeitleiste zur NS-Außenpolitik bis zum Kriegsende 1945 (siehe S. 191, Aufgabe 1).

4 Wähle eine Aufgabe aus:

a) Erstelle mithilfe von M3 ein Säulendiagramm und fasse die wichtigsten Ergebnisse zusammen.

b) Analysiere M3 mithilfe der Arbeitsschritte auf S. 135.

5 **a) Methode:** Analysiere M2 mithilfe der Arbeitsschritte „Eine politische Rede analysieren" auf S. 161 oder der Kopiervorlage im Webcode.

b) Beurteile die Mittel der totalen Kriegspropaganda (M2). Nutze den **Wortschatz**.

Zusatzaufgabe → S. 240.

Wortschatz: eine Entschlusskraft aufbringen (= die Kraft, sich für etwas zu entschließen oder etwas in die Tat umzusetzen) • eine bedingungslose Kapitulation fordern • einen Sieg mit allen Mitteln erreichen • eine Menge von Zuhörerinnen und Zuhörern auf etwas einschwören

Der Zweite Weltkrieg in Ostasien

In Ostasien führten die Japaner, angetrieben von einer rassistischen Ideologie, einen grausamen Eroberungs- und Vernichtungskrieg, vor allem in China. Ab 1941 wurde der Pazifische Ozean Schauplatz japanisch-amerikanischer Kämpfe.

- ***Was waren die Ursachen, der Anlass und die Folgen des Eintritts der USA in den Zweiten Weltkrieg?***

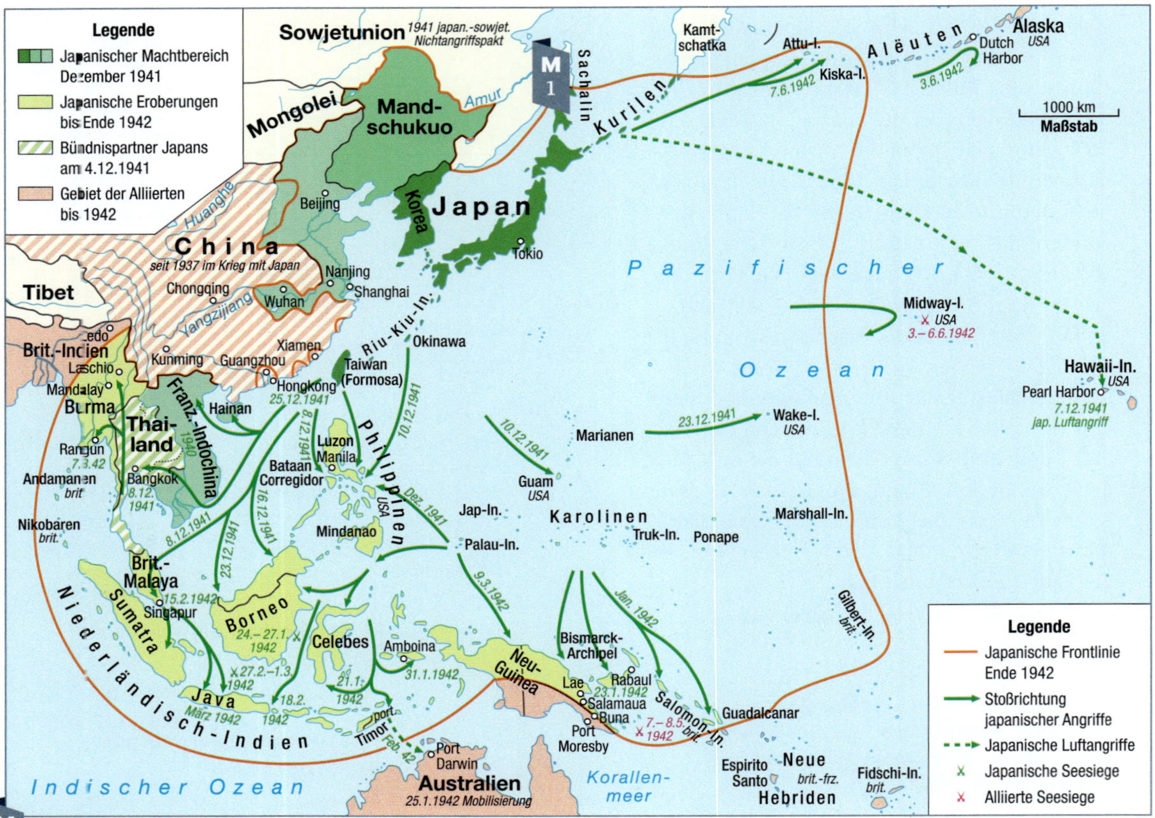

M 1 *Die japanische Expansion in Asien 1941–1942*

Die japanische Expansion in Asien

Japan stieg Ende des 19. Jahrhunderts durch eine staatlich geförderte Industrialisierung zur Weltmacht auf. Nach dem Krieg zwischen Japan und China 1898 musste das chinesische Kaiserreich Korea und die Insel Taiwan an Japan abtreten. 1931 marschierten japanische Truppen erneut in China ein und riefen dort 1932 den japanischen Staat „Mandschukuo“ aus. Die Besetzung Nordchinas brachte dem rohstoffarmen Japan den Zugriff auf reiche Eisenerz-, Öl- und Kohlevorkommen. Ab 1937 führten die Japaner einen Angriffskrieg gegen China und besetzten große Teile des Landes mit den Städten Shanghai, Nanjing und Guangzhou (Kanton). Es kam dabei zu entsetzlichen Massakern der japanischen Truppen an chinesischen Zivilisten; allein in der Stadt Nanjing wurden 200 000 Menschen ermordet. Japan schloss mit Deutschland und Italien 1940 ein Bündnis zur Aufteilung der Welt. Das Hauptkriegsziel der Japaner war der Ausbau und die Festigung ihrer Vorherrschaft über China, Südostasien und den pazifischen Raum.

Wortschatz: die Ausfuhr von Erdöl sperren • einen Truppenrückzug fordern • an den Folgen radioaktiver Verstrahlung sterben • Parallelen sehen in Bezug auf • im Mittelpunkt einer Ideologie stehen

Die USA treten in den Zweiten Weltkrieg ein

Die Ausweitung der japanischen Macht beunruhigte die amerikanischen Politiker. Die Amerikaner nutzten die Abhängigkeit Japans vom Erdöl. Sie sperrten ab Juli 1941 die Erdölausfuhr nach Japan und forderten einen Rückzug der Japaner aus China. Japan antwortete am 7. Dezember 1941 mit einem Überraschungsangriff aus der Luft auf den Stützpunkt der amerikanischen Pazifikflotte Pearl Harbor auf Hawaii. Dabei starben 2403 amerikanische Soldaten, und viele amerikanische Kriegsschiffe wurden zerstört. Einen Tag später traten die USA in den Zweiten Weltkrieg ein. In dem nun folgenden Krieg im gesamten Pazifikraum gelang es den USA, die Japaner ab 1943 allmählich zurückzudrängen. Dennoch wehrte sich die japanische Führung bis in den Sommer 1945 – als der Krieg in Europa bereits beendet war – gegen eine bedingungslose Kapitulation.

Eine neue Waffe: die Atombombe

Anfang August 1945 wurden zum einzigen Mal in der Menschheitsgeschichte Atombomben in einem Krieg zum Einsatz gebracht. Am 6. August 1945 warf ein amerikanisches Flugzeug die erste Atombombe über der japanischen Stadt Hiroshima ab: 80 Prozent des Stadtgebiets wurden zerstört, nahezu 100 000 Menschen starben innerhalb weniger Minuten. Zehntausende fanden in den folgenden Monaten und Jahren den Tod an den Folgen der erlittenen Verbrennungen und der radioaktiven Verstrahlung. Am 9. August 1945 folgte der Abwurf einer zweiten Atombombe über der Stadt Nagasaki. Wenige Tage später verkündete der japanische Kaiser die Annahme der amerikanischen Kapitulationsbedingungen.

M2 *Die Innenstadt der japanischen Stadt Hiroshima nach dem Abwurf der Atombombe am 6. August 1945*

M3

Der Historiker Takuma Melber im Interview mit der Frankfurter Rundschau (2017):

FR: Kann man Japan mit dem Deutschen Reich in punkto Aggressivität vergleichen?

Melber: Durchaus ... wenn wir nur an die durch japanische Truppen in China – aber auch später andernorts in Asien verübten Kriegsgräuel – und an die generell brutale Kriegsführung etwa im Rahmen der Widerstandsbekämpfung denken, so sehe ich ... hier klare Parallelen in punkto Aggressivität. Allerdings ist die Shoah in Europa der zentrale Unterschied. Denn eine derartig systematisch betriebene Massenvernichtungspolitik mit industriellen Methoden gab es in Asien so nicht.

FR: Welche Ideologie herrschte in Japan?

Melber: Ideologisch herrschte in Japan eine übersteigerte Form des Nationalismus vor. Im Mittelpunkt der Ideologie Japans stand der Tenno, der japanische Kaiser, der gottgleich verehrt wurde. Zudem wollte Japan als die imperialistische Macht Ostasiens anerkannt werden. Ihr sollten sich alle Völker Asiens unterordnen, auch Rassismus spielte dabei eine ganz große Rolle – sehr zum Leidwesen der Chinesen, die aufgrund zeitgenössischer rassistischer Anschauungen von vielen japanischen Militärs als minderwertig angesehen wurden ...

*Zit. nach http://www.fr.de/kultur/zweiter-weltkrieg-graeuel-im-namen-des-gottgleich-verehrten-kaisers-a-1309213 (Stand: 15.04.2020). FR Online vom 07.07.2017/ Michael Hesse/ © Alle Rechte vorbehalten. Frankfurter Rundschau GmbH, Frankfurt.**

1 a) Beschreibe mithilfe des Darstellungstextes und der Karte M1 den Verlauf der Expansion Japans.
b) Erkläre mithilfe des Darstellungstextes die Gründe für den Kriegseintritt der USA.

2 Vergleiche ausgehend von M3 Kriegsführung und Ideologie des Deutschen Reichs und Japans. Nutze den **Wortschatz**.

3 Der amerikanische Präsident Truman äußerte sich 1965 im Rückblick auf den Einsatz der Atombomben 1945: „Ich betrachte die Bombe als militärische Waffe und hatte nie den geringsten Zweifel, dass sie eingesetzt werden sollte." Bewerte unter Berücksichtigung von M2 diesen Standpunkt.

4 Diskutiert Ursachen, Anlass und Folgen des Kriegseintritts der USA.

5 Recherchiere, wie in Hiroshima an den Abwurf der Atombombe erinnert wird.

Bombenkrieg über Deutschland

Ab dem Frühjahr 1942 begannen Briten und Amerikaner mit der großflächigen Bombardierung deutscher Städte. Hauptziele waren die Industriestädte an Rhein und Ruhr. Wähle A, B oder C und untersuche:

- ***Welche Rolle spielte der Bombenkrieg und wie wurde er gerechtfertigt?***

Gelingt die Demoralisierung der Deutschen?
Die deutsche Luftwaffe griff bereits nach Kriegsbeginn auch zivile Ziele an. Sie flog verheerende Luftangriffe auf britische Städte wie Coventry (S. 188/189) und London. Die Altstadt Rotterdams in den Niederlanden wurde 1940 vollkommen zerstört. Britische und amerikanische Bomberverbände antworteten ab 1942 mit massiven Flächenbombardements. Sie sollten die Zivilbevölkerung durch das „moral bombing" demoralisieren und gegen das NS-Regime aufstacheln, damit Deutschland kapitulierte. Das gelang nicht. Im Gegenteil: Der Krieg wurde zum „totalen Krieg", bei dem insgesamt in Deutschland 380 000 Frauen, Kinder und Männer als Zivilpersonen dem Bombenkrieg zum Opfer fielen. Noch kurz vor Kriegsende starben täglich Tausende Zivilisten. Bis dahin unzerstörte Städte wie Dresden, Würzburg oder Potsdam versanken in den letzten Kriegsmonaten in Schutt und Asche. In Köln harrten noch 20 000 der vorher 700 0000 Einwohner in den Ruinen aus. Zahllose Innenstädte im heutigen Nordrhein-Westfalen wurden zu Ruinenlandschaften. Bis heute werden bei Bauarbeiten immer wieder nicht explodierte Bomben aus den Kriegsjahren gefunden, die entschärft werden müssen.

A

M 1 *Die zerstörte Stadt Wesel, Foto, 1945. Die Stadt wurde durch mehrere alliierte Bombenangriffe im Februar 1945 fast vollständig zerstört.*

1 Beschreibe mithilfe von M1 und M2 die Auswirkungen des Bombenkrieges auf die Bevölkerung.
2 Stelle Vermutungen an, warum die Alliierten zunächst Brand- und Phosphorbomben abwarfen.

Aufgabe für alle:
Diskutiert, ob man den Bombenkrieg als Kriegsverbrechen bezeichnen sollte.

M 2 **Ein Zeitzeuge über die Bombardierung Duisburgs, 14./15. Oktober 1944:**
Um Mitternacht wurden wir von einem neuen Angriff aus dem tiefen Schlaf gerissen. Die Bomber waren so überraschend über uns, dass wir keine Zeit mehr fanden, über die Straße in den „Hagemann-Bunker" zu laufen. So verkrochen wir uns im eigenen, ungeschützten Keller. [Es war] ein ununterbrochenes Heulen und Beben ... Dann war es plötzlich wieder ganz still. Vorsichtig krochen wir hinaus. Der Himmel strahlte glutrot vom Feuerschein, denn überall brannte es lichterloh! Offensichtlich wurden viele Brand- und Phosphorbomben [= konnten nicht mit Wasser gelöscht werden] abgeworfen ... Wir waren noch nicht ganz zur Besinnung gekommen, da folgte die nächste Bomberwelle. Diesen Angriff ließen wir jedoch im schützenden „Hagemann-Bunker" über uns ergehen ... Danach erkannten wir unser Duisburg nicht mehr wieder! Obwohl es Nacht war, wurde die ganze Szenerie taghell vom Feuerschein erleuchtet. In der Nähe der brennenden Häuser raste ein unheimlicher Feuersturm und die Luft war voller sprühender Funken.

*Zit. nach Bomben auf Duisburg, hg. vom Kultur- und Stadthistorischen Museum der Stadt Duisburg, Duisburg (Mercator) 2004, S. 64 f.***

B

M3

Der Autor Thomas Mann (1875–1955) hielt 1942 diese Radioansprache aus dem Exil:
Zum ersten Mal jährt sich der Tag der Zerstörung von Coventry durch Görings Flieger – einer der schauderhaftesten Leistungen, mit denen Hitler-Deutschland die Welt belehrte, was der totale Krieg ist ... Hat Deutschland geglaubt, es werde für die Untaten, die sein Vorsprung in der Barbarei ihm gestattete, niemals zu zahlen haben? ... Beim jüngsten britischen Raid [= engl. für Angriff] über Hitlerland hat das alte Lübeck zu leiden gehabt. Das geht mich an, es ist meine Vaterstadt ... Aber ich denke an Coventry – und habe nichts einzuwenden gegen die Lehre, dass alles bezahlt werden muss ... Hitler-Deutschland hat weder Tradition noch Zukunft. Es kann nur zerstören, und Zerstörung wird es erleiden. Möge aus seinem Fall ein Deutschland erstehen, ... dem Liebe gegeben ist rückwärts zum Gewesenen und vorwärts in die Zukunft der Menschheit hinaus. So wird es, statt tödlichen Hasses, die Liebe der Völker gewinnen.

*Zit. nach http://www.cicero.de/berliner-republik/ich-habe-nichts-einzuwenden/36748 (Stand: 14.04.2020).***

M4

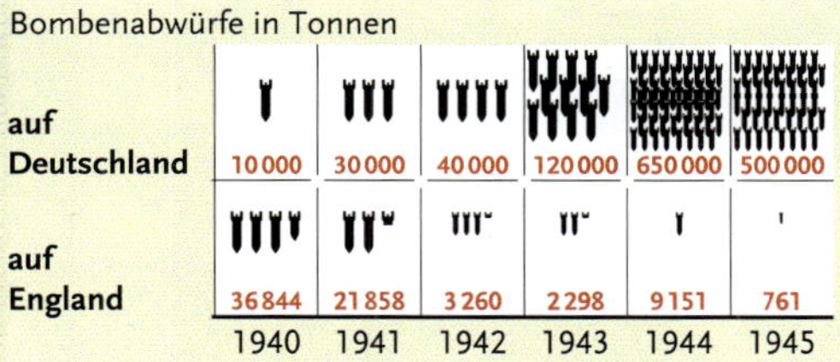

1 a) Fasse die Position Thomas Manns (M3) zum alliierten Bombenangriff auf deutsche Städte in eigenen Worten zusammen.
b) Nimm Stellung, inwiefern eine Tat mit einer anderen Tat aufzuwiegen ist (M3, M4).

C

M5

Der britische Pilot Denis Hornsey über einen Angriff auf Duisburg am 26. April 1942:
Während der Angriff ... in Gang kam, stieg eine dicke Rauchwolke wie ein Pilz aus der getroffenen Stadt zu uns empor. Ähnlich wie das Ungetüm unten in dem roten sprudelnden Kessel wütete es auch bald bei uns am Himmel ... Wir ließen unsere Bomben fallen und drehten ab. Diese grausige Szene machte auf mich einen unbeschreiblichen Eindruck: Unheimlich schön und schrecklich in ihrer Unwirklichkeit. Nur ein Künstler könnte diese Szene darstellen und nur die erbarmungslosen Taten, die die Nazis begangen hatten, konnten sie rechtfertigen.

*Denis Hornsey, Hare today, Bomb Tomorrow. Imperial War Museum, London, o. J., S. 272.**

1 Beschreibe die Haltung des Piloten (M5).
2 Nimm Stellung zu der Gleichsetzung des deutschen Angriffskriegs mit dem Bombenkrieg (M6).

M6

Der Historiker Hans-Ulrich Wehler in einem Interview mit „Der Spiegel" (2003):
Ich bin durchaus nicht dagegen, dass man die Gräuel des Krieges miteinander vergleicht. Es geht aber um die Kriterien. Man muss dann schon die Gräuel der Landtruppen vergleichen oder die Bombardements von Wohnvierteln durch die deutsche Luftwaffe mit denen durch die Engländer ... Wenn man die Flächenbombardements von rund 30 Städten anschaulich schildert, ohne das Ganze aber einzubetten in einen totalen Krieg, der sich hochgeschaukelt hat, dann droht Emotionalisierung. Wenn [der Historiker Jörg Friedrich] schreibt, die Bomberflotten seien „Einsatzgruppen", brennende Luftschutzkeller „Krematorien" und die Toten „Ausgerottete", dann hat man sprachlich die völlige Gleichsetzung mit dem Holocaust. [Damit] bedient [= fördert] man ... Vorstellungen von einem Opferkult.

*Zit. nach http://www.spiegel.de/spiegel/spiegelspecial/d-26766637.html (Stand: 15.04.2020).***

Flucht und Vertreibung in Europa

Nach dem Ende des Krieges wurden vor allem im Osten und Südosten Europas 30 Millionen Menschen Opfer von Vertreibungen und Zwangsumsiedlungen. Zwischen 6 und 11 Millionen Männer und Frauen, die zur Zwangsarbeit nach Deutschland verschleppt wurden, warteten als „Displaced Persons" auf eine Rückkehrmöglichkeit in ihre Heimatländer.

- *Aus welchen Gründen und unter welchen Umständen flohen die Menschen?*

M 1

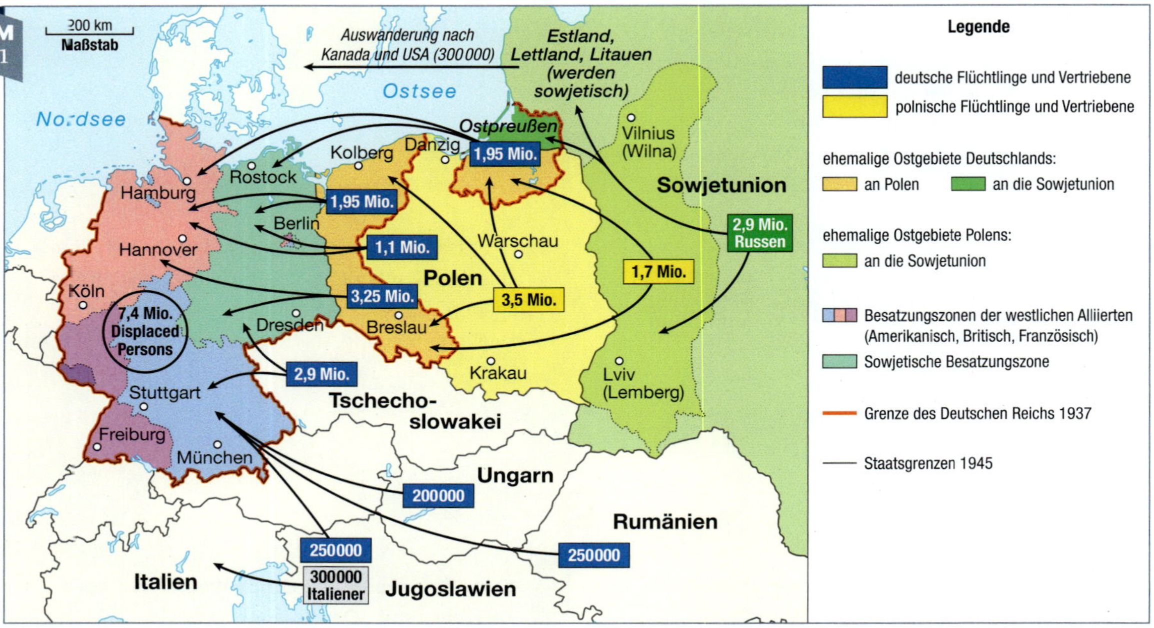

Bedeutende Bevölkerungsverschiebungen in Mittel- und Osteuropa 1944–1946. Ziele der „Displaced Persons" werden nicht dargestellt.

M 2

Ausgewählte Flüchtlingsschicksale:

Familie S. aus Lemberg (heute Lviv in der Ukraine) im Osten Polens muss nach Kriegsende ihre Heimat verlassen, da weite Teile Ostpolens sowjetisch werden. Sie wartet, bedroht von ukrainischen Nationalisten, wochenlang auf Transportwaggons. Möbel und Vieh darf sie mitnehmen. Nach Monaten in Behelfsunterkünften weisen die polnischen Behörden ihr das Haus einer vertriebenen deutschen Familie in Schlesien zu.

Elfriede F. flieht im Winter 1944 mit einem Pferdewagen und vier Kindern im Alter von 3 bis 11 Jahren aus Ostpreußen vor den sowjetischen Truppen nach Westen. Ein Kind stirbt an Erschöpfung auf der Flucht. Vom Hafen Kolberg in Pommern gelangen sie auf einem Schiff nach Kiel. Dort erfährt die Familie, dass ihr Vater an der Ostfront gestorben ist. Die Familie lebt viele Jahre in einer Sammelunterkunft bei Hannover in einem einzigen Zimmer.

Rosa M. aus Warschau, Überlebende aus dem Konzentrationslager Buchenwald, wird in ein Lager der Amerikaner für überlebende Juden in der Nähe von Frankfurt gebracht. Alle ihre Familienangehörigen sind von den Deutschen ermordet worden. Die britischen Verwalter Palästinas erlauben nur wenigen Juden die Einreise. Erst nach der Gründung des Staates Israel 1948 darf Rosa zu einem Cousin nach Israel auswandern.

Herschel K., jüdischer Kaufmann aus Wilna und litauischer Staatsbürger, schließt sich den Partisanenkämpfern gegen die Deutschen an. Seine Familie wird ermordet, sein Haus beschlagnahmt. Ihm gelingt die Flucht zu den amerikanischen

Truppen in Deutschland. Er gehört zu den 329 000 Displaced Persons, die ab 1948 ein Visum für die USA erhalten.
Olga B., russische Zwangsarbeiterin auf einem Bauernhof in Bayern, wird von den Amerikanern an die sowjetischen Behörden übergeben. Sie wandert mit vielen Hunderttausend anderen russischen Zwangsarbeitern in ein sowjetisches Straflager. Weil sie in Deutschland gelebt hat, wird ihr Zusammenarbeit mit dem Feind vorgeworfen. Viele Zwangsarbeiter begehen Selbstmord. Olga B. kommt erst 1954 frei.
Familie O., seit vielen Generationen als deutsche Bauern in Jugoslawien, wird mit Tausenden anderer Deutscher als „Naziunterstützer" von serbischen Nationalisten aus ihrem Haus vertrieben und findet eine neue Heimat in der Nähe von Ulm.

Vom Verf. nach Quellen der bpb zusammengestellt.

M 3

Der Historiker Philipp Ther über „Displaced Persons" (2017):

Die rasche Rückkehr nach Hause entsprach den Wünschen der meisten osteuropäischen Zwangsarbeiter, die nur eines wollten: zurück nach Hause. Das Problem war, dass es die alte Heimat oft nicht mehr gab ... In der Sowjetunion erwarteten sie oft Schauprozesse oder Lagerhaft. Dennoch übergaben die westlichen Alliierten [= Amerikaner und Briten] bis September 2,7 Millionen Menschen an die Sowjetunion. Viele Zwangarbeiter wollten nicht dorthin zurück und reagierten mit Verzweiflungstaten [= begingen Selbstmord].

*Philipp Ther, Außenseiter. Flucht, Flüchtlinge und Integration im modernen Europa. Berlin (Suhrkamp) 2017, S. 221 ff.***

M 4

Bericht der amerikanischen Journalistin Martha Gellhorn aus dem Rheinland (April 1945):

Es gibt hier in der Gegend Zehntausende von russischen, polnischen, tschechischen, französischen, jugoslawischen und belgischen Zwangsarbeitern und sie strömen jetzt lastwagenweise in die Lager, die von der 82. amerikanischen Luftlandedivision unterhalten werden. Es herrscht offenbar ein unerschöpflicher Vorrat an Menschen, die von ihren Familien weggerissen wurden und jahrelang im Elend lebten, ohne medizinische Versorgung und auf Hungerrationen gesetzt, während sie 12 Stunden am Tag für ihre deutschen Herren schufteten. [Es kommen britische Kriegsgefangene aus deutschen Lagern hinzu]: „Die Deutschen, das sind keine Menschen", sagt ein Neuseeländer. „Ich wünschte, sie würden uns die deutschen Gefangenen überlassen", erklärt ein junger Bursche aus Wales. „Man schafft es einfach nicht, diese Leute zu mögen, solange sie nicht tot sind."

*Zit. nach Hans-Magnus Enzensberger (Hg.), Europa in Ruinen. Augenzeugenberichte aus den Jahren 1944–1948, Frankfurt/M. (Eichborn) 1990, S. 95 f. Übers. v. Hans-Ulrich Möhring.***

1 Beschreibe die Flucht- und Vertreibungsbewegung in der Karte M1.

2 **Wähle eine Aufgabe aus:**
a) Arbeite aus M2 heraus, aus welchen Gründen die Menschen flüchten mussten oder vertrieben wurden und wie es ihnen danach ergangen ist.
b) Untersuche mithilfe von M2, warum die Menschen geflohen waren und welche Auswirkungen dies auf ihr Leben hatte.

3 Erläutere die Sicht der britischen Kriegsgefangenen auf die Deutschen in M4.

MK 4 Beurteile anhand von M2, M3, M5 und des Webcodes die Folgen der Flucht- und Vertreibungsbewegungen für die Betroffenen.

5 **Gruppenarbeit:** Gestaltet in Dreiergruppen ein Lernplakat (→ S. 251), auf dem das Schicksal von den Flüchtlingen deutlich wird (M1–M5). Nutzt den **Wortschatz**.

Wortschatz: in Behelfsunterkünften oder Sammelunterkünften auf engem Raum wohnen • eine Genehmigung zur Einreise oder Ausreise erhalten • vor etwas oder jemandem fliehen

cornelsen.de/webcodes
Code: deyuhu
Displaced Persons

Gedenken an die Opfer der NS-Herrschaft

1945 endeten der Zweite Weltkrieg und die totalitäre NS-Diktatur. Das wahre Ausmaß der nationalsozialistischen Verbrechen wurde in den Folgejahren nach und nach bekannt und beschäftigt die deutsche Gesellschaft bis heute.

- ***Wie wird mit der historischen Verantwortung umgegangen?***

Das Erinnern an NS-Verbrechen

Die Siegermächte verurteilten die Haupttäter für die schrecklichen Verbrechen der NS-Zeit. Doch durch die neue Feindschaft der vorherigen Verbündeten USA und der Sowjetunion geriet die Verfolgung der NS-Täter in der Bundesrepublik Deutschland ins Stocken. In den 1950er Jahren war die Mehrzahl der Täterinnen und Täter aus der NS-Zeit ohne Anklage wieder in die Gesellschaft integriert. Viele machten Karriere in Wirtschaft und Politik. Über die Verbrechen wurde geschwiegen.
Erst die Prozesse gegen die Täter in den Konzentrationslagern Auschwitz und Treblinka in den 1960er Jahren erreichten große Aufmerksamkeit in der Öffentlichkeit Täglich berichteten die Medien neue grausame Details. Die Angeklagten waren unauffällige Personen, die nach ihren Mordtaten in ihre alten Berufe zurückgekehrt waren. Viele Westdeutsche wollten einen Schlussstrich unter die deutsche Verantwortung für die Verbrechen ziehen. Der deutsche Bundestag verlängerte nach erbitterten Diskussionen mehrfach die Verjährungsfrist für die nationalsozialistischen Mordtaten. Die eigentliche „Aufarbeitung der Vergangenheit" setzte in der Bundesrepublik erst in den 1970er und 1980er Jahren ein. Auslöser war die Ausstrahlung der amerikanischen Fernsehserie „Holocaust" im westdeutschen Fernsehen 1979. Die Rede von Bundespräsident Weizsäcker zum 40. Jahrestag des Kriegsendes bedeutete einen Wendepunkt, denn der CDU-Politiker Weizsäcker sprach nicht wie bis dahin üblich von der „totalen Niederlage" eines besiegten Volkes, sondern erstmals von einer „Befreiung" der Deutschen. Dafür wurde er von rechten und von konservativen Politikern heftig kritisiert. In der Deutschen Demokratische Republik (DDR) war der 8. Mai bis 1966 als „Tag der Befreiung vom Hitlerfaschismus" arbeitsfreier Feiertag. Heute gibt es fast keine Zeitzeugen mehr aus der Zeit des Nationalsozialismus. Wie lässt sich eine „Kultur der Erinnerung" an das Geschehen lebendig halten? Zahlreiche Geschichtswerkstätten und Vereine befragen kritisch die lokale Beteiligung an der NS-Herrschaft. Israel baute für alle Opfer der Shoah die Gedenkstätte Yad Vashem bei Jerusalem, in der die Namen und Lebensläufe aller ermordeten Juden aufbewahrt werden.

M 1

Richard von Weizsäcker anlässlich des 40. Jahrestages des Kriegsendes (1985):
Der 8. Mai war ein Tag der Befreiung. Er hat uns alle befreit von dem menschenverachtenden System der nationalsozialistischen Gewaltherrschaft …
Wir gedenken heute in Trauer aller Toten des Krieges und der Gewaltherrschaft. Wir gedenken insbesondere der sechs Millionen Juden, die in deutschen Konzentrationslagern ermordet wurden.
Wir gedenken aller Völker, die im Krieg gelitten haben, vor allem der unsäglich vielen Bürger der Sowjetunion und der Polen, die ihr Leben verloren haben.
Als Deutsche gedenken wir in Trauer der eigenen Landsleute, die als Soldaten, bei den Fliegerangriffen in der Heimat, in Gefangenschaft und bei der Vertreibung ums Leben gekommen sind.
Wir gedenken der ermordeten Sinti und Roma, der getöteten Homosexuellen, der umgebrachten Geisteskranken, der Menschen, die um ihrer religiösen oder politischen Überzeugung willen sterben mussten …
Jüngere und Ältere müssen und können sich gegenseitig helfen zu verstehen, warum es lebenswichtig ist, die Erinnerung wach zu halten. Es geht nicht darum, Vergangenheit zu bewältigen. Das kann man gar nicht. Sie lässt sich ja nicht nachträglich ändern oder ungeschehen machen. Wer aber vor der Vergangenheit die Augen verschließt, wird blind für die Gegenwart. Wer sich der Unmenschlichkeit nicht erinnern will, der wird wieder anfällig für neue Ansteckungsgefahren.

*http://www.bundespraesident.de/SharedDocs/Reden/DE/Richard-von-Weizsaecker/Reden/1985/05/19850508_Rede.html (Stand: 21.02.2020).**

M2

Der britische Historiker Tony Judt (2005):
Die Deutschen beschäftigten sich lieber mit ihren Nachkriegsproblemen wie Lebensmittelknappheit oder Wohnungsnot als mit dem Leid, das sie über ganz Europa gebracht hatten. Überhaupt sahen sie sich gern als Opfer und betrachteten alle Formen der Auseinandersetzung mit der braunen Vergangenheit als Rache der Siegermächte ... Noch 1949 war eine Mehrheit der Deutschen überzeugt davon, dass der Nationalsozialismus eine gute Sache, aber nur schlecht ausgeführt worden sei. Im November 1947 fanden 46 % der Befragten, dass die Vernichtung der Juden und Polen für die Sicherheit der Deutschen notwendig gewesen sei. In derselben Meinungsumfrage stimmte jeder Dritte der These zu, dass Juden nicht die gleichen Rechte haben sollten wie „Arier". Das ist nicht sonderlich überraschend, da die Befragten 12 Jahre in einer Diktatur gelebt hatten. Überraschend ist die Umfrage von 1952, bei der 37 % erklärten, dass es besser sei, wenn in Deutschland keine Juden lebten.

*Tony Judt, Geschichte Europas von 1945 bis zur Gegenwart, München (Hanser) 2006, S. 77f.**

1 Fasse die Hauptaussage des Darstellungstextes zusammen.

2 Die amerikanische Philosophin Susan Neiman erklärte 2020, Weizsäcker habe mit dieser Rede die bis dahin gängige deutsche Überzeugung geändert: Aus einem „Opfervolk" wurde ein „Tätervolk". Erkläre diese Aussage.

3 **a)** Stelle die Formen des Umgangs mit der Erinnerung an den Holocaust dar (M3 bis M5). Nutze den **Wortschatz**.
b) Vergleiche sie mit den Aussagen in M2.

4 **Wähle eine Aufgabe aus:**
a) Diskutiere, ob eine Gedenkstunde zum 27. Januar an deiner Schule notwendig ist oder nicht.
b) Diskutiere: Gibt es eine historische Verantwortung im Umgang mit der eigenen Geschichte?

5 **Partnerarbeit:** Tauscht euch zur Problematik von „Selfies" in Gedenkstätten oder an Mahnmalen wie dem Holocaust-Mahnmal (M3) aus und nehmt begründet Stellung.

M3

Denkmal für die ermordeten Juden Europas in Berlin. Es besteht aus 2700 Betonstelen und einem Infozentrum. Foto, 2011

M4

Stolperstein in der Gedenkhalle zur Erinnerung an die Opfer des Nationalsozialismus in Oberhausen, Foto, 2016. Sie wurde 1962 als die erste deutsche Gedenkstätte ihrer Art eröffnet.

M5

Überlebende und Angehörige versammeln sich am 75. Jahrestag der Befreiung des Konzentrationslagers Auschwitz am 27.01.2020. Foto

Wortschatz: eine Erinnerungskultur (= die Art, wie an etwas erinnert wird) • eine Verjährungsfrist verlängern • die Aufarbeitung der deutschen Vergangenheit • einer Sache oder Person gedenken

Der Umgang mit dem Nationalsozialismus heute

Umfragen zeigen regelmäßig die Haltung der deutschen Bevölkerung zur Zeit des Nationalsozialismus und zum Antisemitismus. Dabei wird deutlich, wie viele Mythen und Lügen sich aus dieser Zeit bis heute erhalten haben.
- ***Wie handeln Rechtsextreme heutzutage, um ihre Botschaften zu verbreiten?***
- ***Warum halten sich bis heute Lügen über den Nationalsozialismus?***

M 1

Umfrageergebnisse zu rechtsextremen Einstellungen in Deutschland (2019):

	Ablehnung	*teils/teils*	*Zustimmung*
Wir sollten einen starken Führer haben.	82,8 %	5,8 %	11,4 %
Wir sollten endlich wieder Mut zu einem starken Nationalgefühl haben.	39,9 %	21,6 %	38,5 %
Der Nationalsozialismus hatte auch seine guten Seiten.	76,5 %	14,1 %	9,4 %
Deutschland ist duch Ausländer überfremdet.	63 %	17,8 %	19,2 %
Auch heute ist der Einfluss der Juden zu groß.	80,3 %	13,1 %	6,5 %
Deutsche sind anderen von Natur aus überlegen.	81,6 %	10,8 %	7,6 %

Die Teilnehmer waren 18 bis 97 Jahre alt (52 % weiblich; 48 % männlich). 42 % waren voll erwerbstätig.

Nach Andreas Zick u. a., Verlorene Mitte: Feindselige Zustände. Rechtextreme Einstellungen in Deutschland 2018/19, Dietz (Bonn) 2019, S. 48ff. und S. 124f.

Ein Erbe des Nationalsozialismus?

In der Bundesrepublik galten Rechtsextreme seit den 1970er Jahren als kleine Randgruppe von „Unbelehrbaren". Rechtsextreme wollten durch Geschichtsfälschung den Blick auf den Nationalsozialismus beschönigen. Sie bezeichneten die Existenz der NS-Konzentrationslager als „Lüge" und versuchten, den Holocaust abzustreiten und die Opferzahlen infrage zu stellen. Das Leugnen des Holocaust steht allerdings in mehreren Staaten unter Strafe. Zusätzlich verübten rechtsextreme Einzeltäter oder Gruppen immer wieder Gewalt und Terror. Dazu zählt die Mordserie des sogenannten „Nationalsozialistischen Untergrundes" (NSU) zwischen 2000 und 2007.

Auffällig ist, dass es der rechtsextremen Szene seit 2015 gelang, mehr Aufmerksamkeit zu erhalten. Heute agieren Rechtsextreme in Parteien und Organisationen, die sich als „demokratische Mitte" bezeichnen und sich äußerlich wenig radikal geben. Rechte Positionen erhalten Zustimmung von Menschen aus der Mitte der Gesellschaft – ein Trend, der international zu beobachten ist. Viele Rechtsextreme treten heute aus taktischen Gründen nicht mehr offen antisemitisch auf, geben sich äußerlich „hip" und nutzen moderne Kommunikationswege und soziale Netzwerke. Auf eigenen Internetseiten und Blogs verbreiten sie Videos und falsche Nachrichten, sogenannte „Fake News", und erreichen so ein potenziell breites Publikum. Sie nutzen das Internet, um ihre Demonstrationen zu planen und dazu aufzurufen. An ihren Inhalten hat sich jedoch wenig geändert: Sie kämpfen zum Beispiel für eine „ethnisch reine Volksgemeinschaft", gegen demokratische Gewaltenteilung, gegen die Freiheit der Forschung, gegen die Gleichberechtigung von Frauen und Homosexuellen und die Wertschätzung kultureller Vielfalt.

Wortschatz: eine Geschichtsfälschung • Aufmerksamkeit in der Mitte der Gesellschaft erlangen (= einen Teil der Gesellschaft für seine Ziele interessieren) • ein breites Publikum (= viele Menschen) erreichen • „Fake News" (= Falschnachrichten) verbreiten • eine Überfremdung (= die Angst vor zu vielen Fremden im eigenen Land)

M 2

Über den Mythos „Hitler erfand die Autobahn" (2000):

Die erste deutsche Autobahn wurde 1921 ... in Berlin errichtet. 1927 legte die Studiengesellschaft für Automobilstraßenbau einen Plan für ein Fernstraßennetz von 22 500 Kilometer Länge vor. 1932 wurde zwischen Bonn und Köln die erste Autobahn eingeweiht. Die seit 1926 vorliegenden Pläne zum Bau einer Autobahn Hamburg–Frankfurt–Basel konnten wegen der Wirtschaftskrise nicht verwirklicht werden. Erst Hitler griff sie kurz nach seiner Ernennung zum Reichskanzler auf ... Am 23. September 1933 begann der Bau der ersten Teilstrecke Frankfurt–Darmstadt. Dies geschah unter einem großen Propagandaeinsatz. Hitler persönlich setzte den ersten Spatenstich ... Die Autobahnen wurden als Beweis und Mittel für die Überwindung der Arbeitslosigkeit gefeiert. Dabei waren Mitte 1936 gerade einmal 125 000 Menschen beim Bau der Autobahnen eingesetzt. Bei einer Gesamtbeschäftigtenzahl von damals über 18 Millionen war dies nicht viel.

*Zit. nach Jürgen Stillig & Wolfgang Wippermann, Der Nationalsozialismus, Berlin (Cornelsen) 2000, S. 54.**

M 3

Über den Mythos „Hitler hat die Arbeitslosigkeit besiegt" (2006):

[Die] Politik des „Deficit spending"[1] in bisher nicht gekanntem Ausmaß ließ die Arbeitslosigkeit ... auf 1937: 912 000 ... sinken ... Die Steigerung der Rüstungsausgaben von 1932/33 mit 7,5 Prozent der Staatsausgaben auf 1938/39 mit 60 Prozent erklärt den mit der massierten Aufrüstung ab 1936 erkennbaren starken Rückgang der Arbeitslosenzahl ... Mochte die Aufgabe persönlicher Freiheiten und Rechte [zum Beispiel Streikrecht] manchen ehemaligen Arbeitslosen als Solidarbeitrag zur Bekämpfung der Krise vertretbar erscheinen, so entzog sich die letztlich unsolide Finanzierung des Wirtschaftsaufschwungs der Kenntnis der breiten Masse.

*Hermann Weiß, Arbeitslosigkeit, in: Wolfgang Benz (Hg.), Legenden, Lügen, Vorurteile. Ein Wörterbuch zur Zeitgeschichte, 13. Aufl., München (dtv) 2006, S. 27–29.***

[1] Der Staat nimmt Schulden auf, um mit staatlich finanzierten Aufträgen die Wirtschaft in Gang zu halten. Dabei gibt ein Staat eine Zeit lang mehr Geld aus, als er einnimmt.

Hasskommentare in sozialen Medien

Wenn jemand in sozialen Netzwerken mit Diskriminierung, Hass und Hetze konfrontiert oder mit menschenverachtenden Aussagen beleidigt wird, ist von Hasskommentaren die Rede. Solche Kommentare sind häufig mit rechtsextremen Inhalten verknüpft. Oft werden Angst geschürt und Unwahrheiten verbreitet. Die rechtsextremen Inhalte können durch geschriebene Kommentare, durch Videos oder auch durch scheinbar lustig gestaltete Bilder verbreitet werden. Zu erkennen sind rechtsextreme Inhalte häufig daran, dass sie auf schwierige gesellschaftliche Fragen scheinbar ganz einfache Antworten haben. In ihren Antworten werden in der Regel auch bestimmte Personengruppen oder einzelne Personen als „die Schuldigen" für die Probleme identifiziert und öffentlich beschuldigt. In sozialen Netzwerken ist oft am Profil des Kommentarschreibers zu erkennen, ob die Person rechtsextreme Positionen vertritt. Es ist genau zu prüfen, ob es sich tatsächlich um ein rechtsextremes Profil handelt. Wenn der Profilnutzer mehrere als rechtsextrem zu identifizierende Bilder, Kommentare oder Videos geteilt hat, kann der Nutzer bei dem sozialen Netzwerk gemeldet werden.

1 Erkläre, wie es rechtsextremen Gruppen gelingt, ihre Meinungen in die Gesellschaft zu tragen (Darstellungstext). Nutze den **Wortschatz**.

MK **2** Diskutiere, welche Gefahren von rechtsextremen Inhalten in sozialen Medien ausgehen und wie dagegen vorgegangen werden kann (Kasten, Darstellungstext).

MK **3** **a)** **Methode:** Analysiere M1 mithilfe der Arbeitsschritte „Eine Statistik auswerten" auf S. 135. Du kannst auch die Kopiervorlage im Webcode nutzen.

b) Begründe, welche aktuellen Tendenzen zu diesem Thema dir besorgniserregend erscheinen.

c) **Partnerarbeit:** Diskutiert, wie Politik und Gesellschaft entgegensteuern könnten.

4 Formuliere in kurzen, prägnanten Sätzen zu jedem Mythos (M2, M3) ein Gegenargument.

cornelsen.de/webcodes
Code: seduke
Kopiervorlage Methodentabelle

Fake News erkennen

Fake News sind Falschmeldungen, die gewollt oder auch ungewollt vor allem im Internet verbreitet werden. Häufig werden solche Meldungen von extremistischen Gruppen, Personen oder auch Verschwörungstheoretikern erfunden und verbreitet. Durch verschiedene Fragen kannst du überprüfen, ob eine dir seltsam erscheinende Meldung der Wahrheit entspricht.

- ***Wie kannst du mithilfe der App „Fake News Check" auf deinem Smartphone vermeintliche Falschmeldungen entdecken?***

Über die App „Fake News Check"

Im Unterschied zu Hasskommentaren sind Fake News in der Regel keine beleidigenden Kommentare, sondern gezielt verbreitete falsche Informationen. Inhalte der Falschnachrichten sind oft Themen, die gerade kontrovers diskutiert werden und die öffentliche Meinung bewegen. Ziel der Verbreitung von solchen Falschinformationen ist es, Unsicherheit und Misstrauen gegenüber Nachrichten und journalistischen Meldungen in Zeitungen, Blogs, Radio und Fernsehen zu schüren. Es ist wichtig, vermeintliche Falschnachrichten von echten Nachrichten zu unterscheiden. Dabei kann die App „Fake News Check" helfen. Die App selbst erkennt Falschnachrichten nicht automatisch. Jedoch kann mit ihrer Hilfe durch die Beantwortung mehrerer Fragen der Wahrheitsgehalt einer Meldung eingeschätzt werden. Dabei musst du wie folgt vorgehen:

- Es müssen insgesamt 19 Fragen beantwortet werden. Jede Frage ist auf einer Karte notiert.
- Mithilfe von Buttons und Reglern kannst du zu jeder Frage eine Einschätzung abgeben (M1).
- Mit Klick auf „Karte umdrehen" findest du auf der Rückseite jeder Karte zu jeder Frage weitere Hintergrundinformationen und Hilfestellungen.
- Im Glossar der App findest du Worterklärungen für viele Begriffe aus den Bereichen Politik, Journalismus oder aus dem Internet.
- Wenn alle 19 Fragen beantwortet sind, erfolgt in der App eine Auswertung des Checks. Wenn das Ergebnis für oder gegen eine Falschnachricht spricht, ändert sich der Hintergrund der App wie eine Ampel in Richtung Rot (vermutlich eine Falschmeldung), Orange oder Grün (vermutlich eine echte Nachricht).

Auf der letzten Karte erhältst du abschließend eine ausführliche Rückmeldung. Die App bietet je nach Ergebnis weitere Hinweise, wie mit der Nachricht weiter umgegangen werden sollte.

M 1

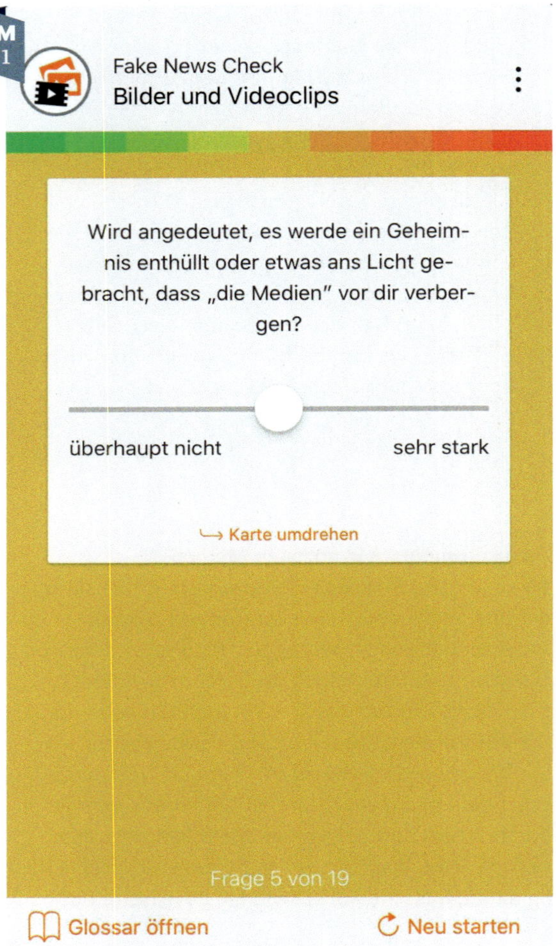

Screenshot der App „Fake News Check"

Arbeitsschritte „Fake News erkennen“

Ersten Eindruck festhalten	Lösungshinweise und Tipps
1. Die vermeintliche Falschnachricht lesen.	• *Lies dir die Nachricht oder den Artikel genau durch und achte auf Hinweise, ob die Nachricht nicht der Wahrheit entsprechen könnte.*
2. Die Funktionsweise der App untersuchen.	• *Öffne die App und verschaffe dir zunächst einen Überblick darüber, wie die App funktioniert. Nimm dazu auch M1 und den Darstellungstext zu Hilfe.* • *Klicke auf der Startseite der App unten auf die Begriffe „Bedienung“ und „Einleitung“, um weitere Informationen zur Funktionsweise zu erhalten.*
Die mögliche Falschmeldung überprüfen	
3. Die Nachricht mithilfe der App „Fake News erkennen“ überprüfen. **Tipp:** Fake News sind oft daran zu erkennen, dass sie bestimmte Gefühle wie Angst oder Wut hervorrufen. In der Regel werden zum Beispiel auch keine seriösen (= vertrauensvolle) Quellen angegeben. Auch vermitteln sie oft den Eindruck, dass sie ein skandalöses Geheimnis offenbaren, das vor der Öffentlichkeit unbedingt verborgen bleiben soll. Seiten, die Fake News verbreiten, geben in der Regel auch keine Quellen an und verfügen über kein glaubwürdiges Impressum.	• *Lies den Artikel oder die Nachricht noch einmal.* • *Die App stellt dir zur Einschätzung 19 Fragen. Dies sind die Kriterien zur Bewertung des Wahrheitsgehaltes der Meldung (siehe M1 und Darstellungstext).* • *Du kannst auch Fragen überspringen. Unter dem Verweis „Karte umdrehen“ werden die Fragen weiter erläutert. Zur nächsten Frage kommst du, indem du auf deinem Display nach links wischst.*
4. Den Wahrheitsgehalt des Artikels oder der Nachricht beurteilen.	• *Stimmst du der Einschätzung der App zu?* • *Suche gegebenenfalls nach weiteren Quellen und Artikeln, um das Ergebnis zu überprüfen.*
Den Nutzen der App beurteilen	
5. Beurteile den Nutzen der App.	• *Hat die App dir bei der Beurteilung geholfen? Begründe deine Antwort.*

MK 1 Untersuche anhand der App „Fake News Check“, welche Kriterien zur Überprüfung von auffälligen Nachrichten angewendet werden können. Du musst dir dazu die kostenlose App herunterladen und installieren. Nutze auch den Darstellungstext.

MK 2 Suche im Internet nach aktuellen Meldungen und überprüfe sie mit der App „Fake News Check“. Nimm die Arbeitsschritte oder die Kopiervorlage im Webcode zur Hilfe. Suche nach folgenden Begriffen: Flüchtlingskriminalität, Jüdische Weltverschwörung, Holocaustleugner.

MK 3 Beurteile die Kriterien der App „Fake News Check“ zur Überprüfung der Glaubwürdigkeit von Nachrichten oder anderen Quellen.

cornelsen.de/webcodes
Code: sukupo
Kopiervorlage Methodentabelle und App „Fake News Check“

Deutscher Rap und Antisemitismus: Provokation um jeden Preis?

Auf den Seiten zuvor hast du untersucht, wie heute an den Nationalsozialismus erinnert wird. Seit einigen Jahren gibt es eine zunehmende Zahl von deutschen Rappern, die neonazistische und antisemitische Inhalte über die Musik verbreiten.

- ***Untersuche, welche Beispiele es gibt und wie darüber diskutiert wird.***

Rap – Herkunft und Funktion

Rap bzw. Hip-Hop gehört heute zu den weltweit beliebtesten Musikrichtungen. Seine Wurzeln liegen in Sprachformen und Erzähltechniken, die afrikanische Sklaven in die USA mitgebracht haben. Inhaltlich ging es oft darum, politische und soziale Missstände zu kritisieren. In der Rap-Szene, die ihre Ursprünge in den Gettos der Schwarzen in den USA hatte, sind Rassismus, soziale Benachteiligung und Konflikte mit der Polizei immer wieder ein Thema. Zu den Grundwerten der sich aus dem Rap entwickelnden Hip-Hop-Kultur gehören ein tolerantes Miteinander und friedfertige Konfliktlösung. Im Battle-Rap kommen Rituale hinzu, mit denen möglicherweise gewalttätige Auseinandersetzungen verhindert werden sollen.

Gangsta-Rap und Battle-Rap

Eine erfolgreiche Unterkategorie des Hip-Hop ist der sogenannte Gangsta-Rap. Neben der Provokation gehört zum Hip-Hop auch das sogenannte *Dissen* eines anderen Rappers. In einem solchen *Battle* wird der Gegner beleidigt und/oder in seinen verbalen Fähigkeiten schlecht geredet. Dies geschieht ebenfalls mittels derber und obszöner Wortwahl. Battle- und Gangsta-Rap etablierten sich auch in der deutschen Musik, wobei insbesondere in Deutschland die Nachkommen eingewanderter Familien großen Einfluss auf die Szene nehmen. Sie greifen Themen wie Arbeitslosigkeit, Chancenlosigkeit der Jugend, Rassismus sowie Straßen- und Drogenkriminalität auf. Die Zahl der Deutschrapper, die auf antisemitische Inhalte anspielen, ist nicht groß, aber einige Rapper sind damit kommerziell erfolgreich. Wenn es sich hierbei um Antisemitismus handelt, der im Kern auf nationalsozialistisches Gedankengut zurückgreift, kann dieser Tabubruch nicht mehr mit dem Anspruch auf künstlerische Freiheit gerechtfertigt werden. Die Frage nach dem öffentlichen Umgang mit der NS-Vergangenheit wird damit aufs Neue gestellt.

(der) sekundäre Antisemitismus
ist jede Art von Leugnung der Shoah oder deren Relativierung. Heute handelt es sich dabei vor allem um negative Stereotypisierungen (= Vorurteile) gegenüber Jüdinnen und Juden. In dieser Vorstellung gelten „die Juden“ als einheitliche Gruppe mit gleichen Interessen, die als anonyme (unbekannte) Mächte im Hintergrund die Fäden der Politik ziehen. Für Deutschland wichtig ist eine Täter-Opfer-Umkehr oder eine Abwehr der Erinnerung an die Gräuel der Shoah. Angeblich benutzen „die Juden“ die Shoah, um „die Deutschen“ schlecht zu machen. Die Bezeichnung der Luftangriffe auf deutsche Städte als „Bombenholocaust“ ist eine von rechtsextremen Kreisen benutzte Relativierung der Shoah. Oft wird auch die Forderung erhoben, einen „Schlussstrich“ unter die Debatte der deutschen Verantwortung zu ziehen und die Politik des Staates Israel wird als „das Böse“ schlechthin dargestellt.

M 1

Karikatur über den „Echo“, 2018

Wortschatz: eine Provokation • jemanden provozieren • ein verantwortungsvoller Umgang mit Medien • eine Mediennutzung unterstützen • ein Thema aufgreifen • ein Tabu (= ein moralisches Verbot) • ein Tabubruch

M 2

Über Antisemitismus im deutschen Hip-Hop äußert sich der Rapper P.A. Sports:
Dass Juden überall auf der Welt geschäftlich erfolgreich sind, ist etwas, was allgemein bekannt ist. Stell dir mal vor, das würde bei Muslimen passieren, dass wir so die ganze Weltwirtschaft übernehmen und überall die Reichsten sind bei allem ... Wenn wir die Bosse in der Weltwirtschaft werden.

*Zit. nach https://www.spiegel.de/kultur/tv/kollegah-und-farid-bang-wie-antisemitisch-ist-der-deutsche-rap-a-1203607.html (Stand: 11.1.2021).**

M 3

Text des Rappers Dissziplin (2009):
Ich bin Deutschland
Und ich hab es satt mit der Vergangenheit
Über 60 Jahre sind für mich eine lange Zeit Wir
müssen aufhören nach hinten zu schaun Denn
ein Schritt weit voran, Leute, bringt uns das
kaum

„Ich bin Deutschland“ aus dem Album „Platz an der Sonne“ (2009)

M 4

Kollegah & Farid Bang (2017):
Nutte, meine Lambositze Alcantara
Mache wieder mal 'nem Holocaust, komm' an
mit dem Molotow [= ein Sprengsatz]
Im Hennessy [= eine Spirituose] für meine
Enemies und lasse deine Family
Verbrennen an 'nem Waldrandparkplatz

*„Gamechanger“ vom Album „Jung Brutal Gutaussehend 3“ (2017).***

M 5

Campino, Sänger der „Toten Hosen“, zu den Texten von Kollegah und Farid Bang (2018):
[Es] geht doch nicht um einen Gangsterrap-Song, ... es geht doch vielmehr um einen Geist, der zurzeit überall präsent ist ... Wann ist die moralische Schmerzgrenze erreicht? ... Im Prinzip halte ich Provokation für gut und richtig ... aber man muss doch unterscheiden zwischen dieser Art als Stilmittel oder einer Form der Provokation, die nur dazu da ist zu zerstören und andere auszugrenzen. Für mich ... ist diese Grenze überschritten, wenn es um frauenverachtende, homophobe [= Abneigung gegen Homosexualität], rechtsextreme, antisemitische Beleidigung geht.

*Zit. nach https://www.faz.net/aktuell/gesellschaft/menschen/eklat-bei-campinos-echo-rede-einer-muss-den-job-ja-machen-15540087.html (Stand: 11.01.2021).***

M 6

Die Rap-Gruppe „Antilopen Gang“ in einem Statement auf ihrer Facebook-Seite (2018):
Eine Diskussion über den Antisemitismus von Kollegah ... findet in der aktuellen Debatte überhaupt nicht statt. Denn dann würde es nicht immer nur um Kunstfreiheit und diese eine Auschwitzinsassen-Zeile[1] gehen. Diese eine schreckliche, aber vernachlässigenswerte Zeile, die tatsächlich eine Battlerap-Punchline ist, gefällt den wiedergutgewordenen Deutschen nicht, denn sie möchten bekanntlich stolz auf ihre Erinnerungskultur sein. Wollte man aber Kollegahs Antisemitismus thematisieren, müsste man über seinen Israelhass reden.

*https://www.facebook.com/antilopengang/posts/gestern-haben-wir-spiegel-online-ein-statement-zur-aktuellen-debatte-um-kollegah/10156099412020575/ (Stand: 23.04.2020).**

[1] *Im Songtext „0815“ von Kollegah und Farid Bang (2017) heißt es: „Mein Körper definierter als von Auschwitz-Insassen“.*

MK **1** **a)** Recherchiere zur Musikpreisverleihung „Echo“ und warum diese seit 2018 nicht mehr stattfindet.
b) Analysiere die Aussage der Karikatur M1 mithilfe der Arbeitsschritte auf S. 257.

2 **a)** Arbeite aus dem Begriffskasten heraus, was unter sekundärem Antisemitismus verstanden wird.
b) Nimm Stellung: In welchen Texten oder Aussagen (M2–M4) siehst du Anknüpfungspunkte für antisemitische Denkmuster? **Tipp** → S. 244.
c) Fasse in eigenen Worten die Reaktionen von anderen Künstlern (M5 und M6) zusammen.

MK **3** Ein Künstler verbreitet in Liedern antisemitische Inhalte. Verfasse ein Posting in einem sozialen Netzwerk und stelle dar, wie ein verantwortungsvoller Umgang mit derartigen Inhalten aussehen kann. Nutze den **Wortschatz**. **Tipp** → S. 244.

4 **Partnerarbeit:** Diskutiert vor dem Hintergrund eurer Kenntnisse aus den Kapiteln 5 und 6 die Forderungen des Rappers in M3.

1933 | 1934 | 1935 | 1936 | 1937 | 1938 | 1939

1933 Austritt Deutschlands aus dem Völkerbund

1934 Nichtangriffspakt mit Polen

1935 Volksabstimmung im Saargebiet; Wiedereinführung der allgemeinen Wehrpflicht

1936 Bündnis mit Italien („Achse Berlin–Rom"); Vierjahresplan zur Aufrüstung

März 1936 Besetzung des entmilitarisierten Rheinlandes

1937 Japanischer Krieg gegen China beginnt

1938 Anschluss Österreichs; Münchner Abkommen

1939
März: Annexion der „Rest-Tschechei"
August: Hitler-Stalin-Pakt
1. September: Überfall auf Polen; Beginn des Zweiten Weltkrieges

Zweiter Weltkrieg und Shoah

Die Rolle der Wirtschafts- und Außenpolitik

Deutschland profitierte ab 1933 von einer allgemeinen Erholung der Weltwirtschaft. Die Nationalsozialisten investierten massiv in die Bereiche Infrastruktur und militärische Aufrüstung. Diese Ausgaben wurden durch Kredite finanziert. Der Aufschwung gab dem Regime **Rückhalt in der Bevölkerung**.

Die bedeutendsten außenpolitischen Ziele der Nationalsozialisten waren die Rücknahme der Bedingungen des Versailler Vertrages und die Eroberung von „Lebensraum im Osten". Zur Erreichung seiner Ziele verfolgte Hitler eine Doppelstrategie: Er beteuerte in der Öffentlichkeit stets Deutschlands „friedliche Absichten", während er gleichzeitig die Kriegsplanung vorantrieb. Die aggressive Außenpolitik der Nationalsozialisten zeigte sich bei der Besetzung des entmilitarisierten Rheinlandes 1936 und beim **„Anschluss" Österreichs** 1938. Die Bevölkerung reagierte mit Begeisterung. Die außenpolitischen Erfolge förderten die Zustimmung der breiten Bevölkerung zum Nationalsozialismus. Zur Wahrung des Friedens akzeptierten Großbritannien und Frankreich im Münchner Abkommen 1938 die Abtrennung des Sudetenlandes aus der Tschechoslowakischen Republik und eine Eingliederung ins Deutsche Reich. Die **Appeasement-Politik** der Westmächte endete, als deutsche Truppen ganz Tschechien besetzten.

Vom „Blitzkrieg" zum Vernichtungskrieg

Am 1. September 1939 überfielen deutsche Truppen ohne Kriegserklärung die Republik Polen. Aufgrund einer Zusatzvereinbarung im Geheimabkommen mit der Sowjetunion im **Hitler-Stalin-Pakt** wurde Polen aufgeteilt, und sowjetische Truppen rückten am 17. September im Osten Polens ein. Die Deutschen verübten schwere **Verbrechen an der Zivilbevölkerung** und ermordeten innerhalb weniger Monate 61 000 Bürgerinnen und Bürger Polens aus der polnischen Intelligenz. Mit einer Serie von „Blitzkriegen" unterwarfen deutsche Truppen andere Länder Europas, darunter Dänemark, Norwegen, Frankreich und den Balkan bis Griechenland. Trotz schwerer Bombenangriffe auf englische Städte gelang es der deutschen Luftwaffe nicht, Großbritannien wesentlich zu schwächen. Am 22. Juni 1941 überfielen die deutschen Truppen die Sowjetunion. Der Angriff weitete sich zu einem beispiellosen Vernichtungskrieg gegen die Armee und die Zivilbevölkerung der Sowjetunion aus. Rund drei Millionen sowjetische Kriegsgefangene ließen die Deutschen entgegen allen Regeln des Kriegsrechts verhungern.

Besatzungspolitik und Kriegsverbrechen

Der rassistisch begründete **Vernichtungskrieg** der Deutschen in Osteuropa, den baltischen Staaten und auf dem Balkan kostete Millionen Menschenleben. Erschießungskommandos der SS, deutsche Polizei und Wehrmachtsangehörige machten gezielt Jagd auf jüdische Familien, Sinti und Roma sowie Führungskräfte der Kommunistischen Partei und Armee. Hunderttausende Zivilisten und Kriegsgefangene wurden zur **Zwangsarbeit** nach Deutschland geschickt, um in der Landwirtschaft und allen Bereichen der Industrieproduktion unter oft entwürdigenden Bedingungen zu arbeiten.

„Totaler Krieg" und bedingungslose Kapitulation

In Asien hatte Japan bis 1939 große Teile Chinas besetzt und weitete seinen Eroberungskrieg auf ganz Südostasien und die Inseln im Pazifik aus. Als die USA

1940 | 1941 | 1942 | 1943 | 1944 | 1945

1940 deutsche „Blitzkriege“ gegen Dänemark, Norwegen, die Niederlande und Frankreich; Dreimächtepakt (Deutschland, Italien, Japan)

1941
ab Juni: deutscher Überfall auf die Sowjetunion
ab Herbst: Beginn der Deportation von Juden in Konzentrationslager
7. Dezember: japanischer Angriff auf Pearl Harbor; Eintritt der USA in den Krieg

1942 Januar Wannsee-Konferenz: Organisation der Ermordung der europäischen Juden

1943 Januar/Februar Kapitulation der deutschen Truppen bei Stalingrad; Aufruf zum „totalen Krieg“

1945
30. April: Selbstmord Hitlers
7.–9. Mai: bedingungslose Kapitulation der Wehrmacht
6. und 9. August: Atombomben auf Nagasaki und Hiroshima; Kapitulation Japans (2. September)

den Rückzug der Japaner aus China forderten und den Erdölexport nach Japan sperrten, bombardierte die japanische Luftwaffe am 7. Dezember 1941 die amerikanische Pazifikflotte in Pearl Harbor. Am nächsten Tag traten die USA in den Weltkrieg ein. Für Deutschland leitete die Niederlage bei Stalingrad im Januar 1943 den militärischen Rückzug und späteren Untergang ein. Goebbels rief die deutsche Bevölkerung zum „totalen Krieg“ auf. Die Überlegenheit der Alliierten im Luftkrieg führte zu Flächenbombardements auf deutsche Städte und Industriezentren, bei denen 380 000 deutsche Zivilisten starben. Der Krieg endete am 8. Mai 1945 mit der bedingungslosen Kapitulation des Deutschen Reichs. In Asien endete der Zweite Weltkrieg mit dem Abwurf amerikanischer **Atombomben** auf Hiroshima und Nagasaki im August 1945.

Der Völkermord an den europäischen Juden

Mit der Besetzung großer Teile Europas durch die Wehrmacht gerieten etwa sieben der zehn Millionen Juden in Europa in unmittelbare Lebensgefahr. In den größeren Städten Polens wurden Gettos eingerichtet. Auf der **Wannsee-Konferenz** im Januar 1942 organisierten führende NS-Beamte die systematische Ermordung der Juden. In den neu errichteten Vernichtungslagern, bei Massenerschießungen und in den 42 500 Gefangenenlagern der Deutschen in ganz Europa wurden über sechs Millionen **Juden, Sinti und Roma, Homosexuelle, politisch Andersdenkende sowie Zwangsarbeiterinnen und Zwangsarbeiter** ermordet. Die Geschichtswissenschaft bezeichnet den Völkermord an den Juden Europas mit den Begriffen **Shoah oder Holocaust**. Den Völkermord verschleierten die Nationalsozialisten mit dem Begriff „Endlösung“.

Widerstand in Deutschland und Europa

Widerstand gab es in den meisten von Deutschland besetzten Ländern, zum Beispiel durch die Résistance in Frankreich und Belgien oder eine Vielfalt von Partisanengruppen in allen von den Deutschen besetzten Ländern, die Sabotageakte gegen die Besatzer verübten. Wurden deutsche Soldaten angegriffen, kam es zu grausamen „Vergeltungsaktionen“ gegen die örtliche Zivilbevölkerung.

Der Widerstand in Deutschland gegen den Nationalsozialismus blieb schwach. Das Spektrum reichte von der Verbreitung von Flugblättern über Hilfe für Verfolgte bis hin zu Attentatsversuchen. Die Gestapo und der Volksgerichtshof gingen schnell und brutal gegen Verdächtige vor. Bekannte Widerstandsgruppen waren zum Beispiel die Mitglieder der „Weißen Rose“ und der Kreis um Oberst von Stauffenberg, der mit seinem Attentat auf Hitler am 20. Juli 1944 das Regime stürzen wollte. Als Einzelkämpfer scheiterte Georg Elser mit einem Attentatsversuch auf Hitler am 8. November 1939.

Flucht und Vertreibung

Der Zweite Weltkrieg machte in Europa 30 Millionen Menschen heimatlos, da sie Opfer von **Flucht und Vertreibungen** wurden. Zwischen 6 und 11 Millionen Männer und Frauen, die zur Zwangsarbeit nach Deutschland verschleppt wurden, warteten anschließend als „Displaced Persons“ auf eine Rückkehrmöglichkeit in ihre Heimatländer.

1 Diskutiert in der Klasse, weshalb es wichtig ist, das Thema Nationalsozialismus in der Schule zu behandeln.

In diesem Kapitel konntest du folgende Kompetenzen erwerben

- Auswirkungen der nationalsozialistischen rassistischen Maßnahmen auf Juden, Sinti und Roma, Homosexuelle, Andersdenkende und Zwangsarbeiterinnen und -arbeiter erläutern
- Verbrechen an der Zivilbevölkerung der besetzten Länder während des Zweiten Weltkrieges darstellen
- Anlass und Folgen des Kriegseintritts der USA im Pazifikraum erklären
- die Rolle der Außen- und Wirtschaftspolitik für den Grad der Zustimmung der deutschen Bevölkerung zum Nationalsozialismus beurteilen
- die historische Verantwortung aus der Geschichte des Nationalsozialismus für nachfolgende Generationen erörtern
- Verlauf und Folgen kriegsbedingter Flucht- und Vertreibungsbewegungen für die Betroffenen beurteilen
- **Medien und Methoden:** Ein Experteninterview analysieren
- **Medien und Methoden:** Fake News erkennen

M 1

Yad Vashem (hebräisch „ein Denkmal und ein Name") lautet der Name der zentralen Gedenkstätte für alle Opfer der Shoah in Jerusalem. Hier ein Blick in die „Hall of Names". Die Gedenkstätte bewahrt die Biografie aller Ermordeten auf.
Auf der Webseite der Gedenkstätte kannst du in der „Shoah Victims' Database" deinen Heimatort angeben und das Schicksal einzelner Menschen aus deinem Ort recherchieren.

M 2

Der Historiker Michael Wildt über die Bilanz des Zweiten Weltkrieges (2008):

Am Ende des NS-Regimes war von der Volksgemeinschaft eine „Trümmergesellschaft" übrig geblieben. Über 5 Millionen deutsche Soldaten waren getötet worden ... Über 5 Millionen Wohnungen vor allem in den Großstädten und industriellen Ballungsregionen waren zerstört. 14 Millionen Deutsche hatten durch die Bombardierungen ihren Besitz ganz oder teilweise verloren, etwa 5 Millionen waren aus ihren Städten evakuiert worden. Rund [10.000] Juden hatten in Deutschland überlebt, hinzu kamen Tausende, die aus den verschiedensten Lagern befreit worden waren, aber auch Zehntausende, die aus Osteuropa in die von den Westalliierten besetzten Gebiete flüchteten. Über 150 000 jüdische „Displaced Persons" (DPs) wurden im Sommer 1946 in diversen Lagern von den Besatzungsmächten und jüdischen Hilfsorganisationen versorgt. Hunderttausende von Häftlingen hatten die alliierten Armeen aus den Konzentrationslagern befreit, allein in Buchenwald 35 000 Menschen. Millionen von ausländischen Zwangsarbeitern befanden sich noch in den Arbeitslagern auf deutschem Gebiet. Insgesamt fanden die alliierten Armeen auf dem Gebiet der späteren westlichen Besatzungszonen zwischen 6,5 und 7 Millionen DPs vor. Hinzu kamen mehr als 10 Millionen Flüchtlinge und Vertriebene aus Osteuropa ...

*Michael Wildt, Geschichte des Nationalsozialismus, Göttingen (Vandenhoeck & Ruprecht) 2008, S. 207.***

M 3

Der Historiker Eckart Conze über die gemeinsamen Ursachen von Gewaltverbrechen in den Kolonien des Kaiserreichs bis zum Vernichtungskrieg der Nationalsozialisten (2020):

Den deutschen Vernichtungskrieg der Jahre 1939 bis 1945 in eine historische Linie kolonialer Gewalt und [Völkervernichtung zu stellen, fragt nach den besonderen] deutschen Entwicklungen zwischen dem Genozid an Herero und Nama und dem nationalsozialistischen Völkermord im Zweiten Weltkrieg. Zu diesen Entwicklungen und Bedingungen gehört der sich seit den 1870er Jahren radikalisierende völkische Nationalismus, dessen rassistische und antisemitische Aufladung in den letzten Jahrzehnten des Kaiserreichs ... immer stärker zunahm ... Vor dem Hintergrund des Ersten Weltkriegs verstärkte sich der auf das östliche Europa zielende Kolonialismus der Germanisierung, der schon zuvor in den polnischen Provinzen Preußens eingeübt worden war ... Mit dem Frieden von Brest-Litowsk im März 1918 nahm ein raum- und rasseideologisch bestimmtes, deutsch beherrschtes Ostimperium zumindest temporär [= kurzzeitig] Gestalt an. Der Verlust der ... Kolonien im Versailler Vertrag lenkte das deutsche Kolonialdenken dann noch stärker auf kontinentaleuropäische Bahnen. Mehr als bisher sah die nationalistische Rechte einschließlich der aufsteigenden Nationalsozialisten das östliche Europa nun als Ernährungs- und Siedlungsraum, als „Lebensraum im Osten“, dessen Eroberung und rücksichtslose Germanisierung ... die nationalsozialistische Kriegs- und Vernichtungspolitik von Anfang an bestimmten.

*Eckart Conze, Schatten des Kaiserreichs. Die Reichsgründung 1871 und ihr schwieriges Erbe, München (dtv) 2020, S. 187f.***

M 4

Der „Wert“ eines Zwangsarbeiters

Die SS „verlieh“ KZ-Häftlinge gegen Gebühr an deutsche Industriefirmen und stellte folgende Rechnung auf:

Täglicher Verleihlohn (durchschnittlich) RM 6,–
abzüglich Ernährung und Kleidung RM 0,70
durchschnittliche Lebensdauer 9 Monate
= 270 x RM 5,30 = RM 1431,–
Erlös aus rationeller Verwertung der Leiche:
1. Zahngold
2. Kleidung
3. Wertsachen
4. Geld
abzüglich Verbrennungskosten RM 2,–
durchschnittlicher Nettogewinn RM 200,–
Gesamtgewinn nach 9 Monaten **RM 1631,–**
zuzüglich Erlös aus Knochen und Aschenverwertung

Zit. nach Reimund Schnabel, Macht ohne Moral. Eine Dokumentation über die SS, Frankfurt/M. (Röderberg-Verlag) 1957, S. 205.

Sachkompetenz

1 Erkläre die Begriffe Shoah/Holocaust, Appeasement, Widerstand, Vertreibung, Atombombe.
2 Stelle mithilfe des Kapitels die deutschen Verbrechen an der Zivilbevölkerung dar.
3 Erkläre mithilfe deiner Kenntnisse Anlass und Folgen für den Kriegseintritt der USA im Pazifikraum.

Urteilskompetenz

4 Beurteile mithilfe des Kapitels: Durch innen- und außenpolitische Erfolge konnten sich die Nationalsozialisten die Zustimmung der Mehrheit der Bevölkerung sichern.
5 **a)** Beurteile mithilfe von M1 und M4 die Folgen der NS-Rassenideologie.
b) Erkläre anhand von M3 die „historische Linie“ der Ursachen deutscher Völkermorde und „Germanisierungspolitik“ vom Kaiserreich bis zum NS-Staat. Du kannst auch auf den Seiten 24/25, 52/53 und 89 nachschlagen.
6 **Gruppenarbeit:** Erstellt ein Placemat (→ S. 252): Im Jahre 2000 wurde unter Beteiligung zahlreicher deutscher Industrieunternehmen, die Zwangsarbeiter beschäftigt hatten, eine Stiftung gegründet. Diese zahlte noch lebenden ehemaligen Zwangsarbeiterinnen und -arbeitern (M4) eine Entschädigung von je 2556 Euro.
a) Nimm Stellung, ob eine Entschädigungszahlung angemessen ist.
b) Lest und kommentiert die Ergebnisse der anderen Gruppenmitglieder.
c) Einigt euch auf eine Position, begründet sie und haltet sie in der Mitte des Placemats fest.
7 Diskutiere die historische Verantwortung bei der Erinnerung an den Nationalsozialismus (M1).
8 Beurteile die Folgen der Flucht- und Vertreibungsbewegungen für die Betroffenen (M2).

cornelsen.de/webcodes
Code: qovope
Selbsteinschätzungsbogen

Kapitel 1:

→ S. 30/31

1 **Recherche**: Suche Informationen über die Frauenrechtlerinnen aus dem Darstellungstext (S. 30/31). Erstelle eine Kurzbiografie über eine von ihnen.

→ S. 32/33

1 a) Arbeite heraus, welche antisemitischen Vorstellungen das Gedicht M1 nutzt.
b) Bewerte die Aussagen des Gedichts M1.

M1

Max Bewer (1861–1921), antisemitischer Schriftsteller, in einem Gedicht um 1910

Hintergrundinformation zum Gedicht: Juden durften jahrhundertelang keinen handwerklichen Beruf ausüben und kein Land erwerben. Sie haben vor allem Geld gegen Zinsen verliehen:

Wenn alle Menschen Juden wären,
was würde aus der Welt?
Kein Acker ständ in Ähren [= Blüten],
Kein Pflug schnitt mehr durchs Feld,
Kein Förster schritt im Walde,
Kein Bergmann mehr zur Schicht,
Auch auf dem Meer zu segeln,
Behagt den Juden nicht!

Kein Dampfschiff wär erfunden
Und keine Eisenbahn,
Kein Luftschiff ungebunden
Stieg leuchtend himmelan;
Wir hätten auch kein Pulver
Und kein elektrisch Licht,
Denn handeln kann der Jude,
Erfinden kann er nicht!
…
Was kann der Jude geben,
Dem selber alles fehlt?
Im frechen Überheben [= Anmaßung]
Sich selbst nennt „auserwählt"[1]!
Der Teufel mag es wissen,
Der Stolz und Hochmut liebt,
Gottlob, dass es auf Erden
auch andre Menschen gibt!

*Zit. nach Daniel Roos, Julius Streicher und „Der Stürmer" 1923–1945, Paderborn (Schöningh) 2014, S. 110 f.***

[1] *Laut jüdischem Glauben hat Gott das jüdische Volk dazu auserwählt, für alle Menschen Vermittler zwischen Gott und seiner Schöpfung zu sein.*

Kapitel 2:

→ S. 46/47

1 Analysiere die Karikatur M2 mithilfe der Arbeitsschritte auf S. 257.

M2

„So kolonisiert der Engländer", Karikatur von Thomas Th. Heine in der deutschen satirischen Zeitschrift „Simplicissimus", 1905. Dem Afrikaner wird Whiskey eingeflößt.

→ **S. 52/53**

1 Arbeite die Ursachen für Bismarcks Ablehnung einer deutschen Kolonialpolitik heraus (M1a/b).

2 Erkläre die Ursachen für die veränderte Haltung der deutschen Regierung in der Kolonialfrage (M1c).

3 Beurteile anhand deiner Ergebnisse aus 1 und 2 Bismarcks Haltung zum Erwerb deutscher Kolonien. Stelle aus damaliger Sicht Argumente, die für und die gegen seine Position sprachen, gegenüber.

M 1

Der deutsche Reichskanzler Bismarck über die Kolonialpolitik:

Nach der Gründung des deutschen Kaiserreichs 1871 machte Bismarck deutlich, dass Deutschland kein Interesse an Kolonien habe. Die deutsche Regierung wollte so Konflikte mit anderen europäischen Staaten um Kolonien vermeiden. Mit der Erklärung von Deutsch-Südwestafrika zum „Schutzgebiet" 1884, was von der breiten öffentlichen Meinung unterstützt wurde, änderte sich dies. Der 1882 gegründete Deutsche Kolonialverein warb nun für einen deutschen Kolonialismus.

a) 1868: Einerseits beruhen die Vorteile, welche man sich von Kolonien für den Handel und die Industrie des Mutterlandes verspricht, zum größten Teil auf Illusionen. Denn die Kosten, welche die Gründung, Unterstützung und namentlich die Behauptung der Kolonien veranlasst, übersteigen sehr oft den Nutzen, den das Mutterland daraus zieht ... Andererseits ist unsere Marine noch nicht weit genug entwickelt, um die Aufgabe nachdrücklichen Schutzes in fernen Staaten übernehmen zu können.

*Zit. nach Michael Fröhlich, Imperialismus. Deutsche Kolonial- und Weltpolitik 1880–1914, München (dtv) 1994, S. 32.**

b) 1885: Wir müssen uns stets gegenwärtig halten, dass wir in Ägypten [einem damals umstrittenen Gebiet] selbst nur geringes Interesse haben, wohl aber an der Frage, wie wir in Europa zu Frankreich und England stehen. Wir dürfen uns keine von beiden Mächten ohne Not verfeinden und weder ihre Intimität anbahnen helfen noch die Verstimmung zwischen ihnen bis zum Krieg zwischen beiden fördern.

*Zit. nach Ekkhard Verchau, Otto von Bismarck, München (Knaur) 1981, S. 121.***

c) 1885: Die öffentliche Meinung legt gegenwärtig in Deutschland ein so starkes Gewicht auf die Kolonialpolitik, dass die Stellung der Regierung im Innern von dem Gelingen derselben wesentlich abhängt.

Zit. nach Johannes Lepsius u. a. (Hg.), Die große Politik der europäischen Kabinette, Bd. 4, Nr. 758, Berlin (Deutsche Verlagsgesellschaft für Politik) 1922, S. 96.

Kapitel 3:

→ **S. 66/67**

1 Gestalte ein Antwortschreiben auf den Zuruf in der Parlamentsdebatte (S. 67, M3C): „Nach jedem Kriege geht es besser!" (Zeile 48).

→ **S. 68/69**

1 Analysiere M2 mithilfe der Arbeitsschritte „Eine Karikatur analysieren" auf S. 257.

M 2

„Balkan-Probleme", Karikatur aus einer englischen Zeitschrift, 1912. Die Figuren zeigen die Staatsoberhäupter der Großmächte.

→ S. 78/79

1 Vergleiche M1 und S. 78 M1 mit dem Bild auf der Postkarte M2.

M1

Tote Soldaten im Schützengraben in der Schlacht um Verdun, Foto, Frühjahr 1916

M2

„Rauchpause" deutscher Soldaten vor ihrem Unterstand, Bildpostkarte, um 1914

→ S. 90/91

1 Erkläre, welche Bedeutung die Einweihung eines Kriegerdenkmals in einem Dorf nach dem Ersten Weltkrieg hatte (M3).

2 Diskutiere, ob Kriegerdenkmäler eine Mahnung oder eine Heldenverehrung darstellen.

M3

Zeitungsartikel zur Einweihung des Kessenicher Kriegerdenkmals (1926):

Kriegerdenkmaleinweihung in Kessenich

... Da wurde die alte Linde stolz, als Tausende Kessenicher Jungens hinauszogen, Heimat und Heim zu schützen. In stiller Wehmut erzitterte sie, wenn oftmals abends unter ihrem Schatten von denen da draußen erzählt wurde, von denen wieder einer gefallen war. Dann kam in rauher Novembernacht das Ende ... Müde, zerrissen, tottraurig kehrten Kessenichs Söhne heim. Nicht alle. 279 sahen nie mehr die Sonne sich über den Sieben Bergen erheben .... Es begann eine eiserne Notzeit. Da erinnerte man sich auch der alten Linde. Auch ihre Freiheit war dahin; auch an sie erging der Ruf: „Werde hart!" Und so umzog man sie mit Ringen aus hartem Stein und umgab sie mit eisernem Gitter. Sechs Steinsäulen künden der Nachwelt Kessenichs Heldensöhne. Abend des ersten Maientages. Geschäftig eilen die Menschen hin und her und schmücken den Denkstein und warten – warten. In den Zweigen der Linde aber erzählen die Vöglein von seltenem Geschehen in dem stillen, arbeitsamen Dörfchen. Sie erzählen von vielen Fahnen und Hausschmuck, von vielen, vielen Menschen in festlicher Gewandung, von Gesang und Musik ... Während das Vöglein noch von den herrlichen, begeisterten Schlußworten [eines Redners] erzählte, wurde ferner Trommelschlag hörbar, Fackeln flammten auf, rote Beleuchtung bestrahlte den ehrwürdigen Lindenbaum und seinen steinernen Notring, und dann kam es die steile Straße heran: Fahnen, viele, viele Fahnen und ernste Männer und Frauen. Verstummt war der Vogelsang und in andächtigem Erschauern vernahm es die Linde, wie sie und ihr Denkmal in den Schutz der Stadt Bonn gestellt wurden. Deren Oberbürgermeister ... sprach von Stunden der Weihe, der Erhebung, der Ehren. Er sprach von Frühlingsmaiennacht und lichten Höhen, von denen die Helden grüßten. Und dann legte er einen prächtigen Kranz nieder. Lorbeer, geschmückt mit den Farben der dankbaren Heimat.

*Bonner Zeitung, 35. Jg., Nr. 3 vom 03.05.1926. Zweites Blatt, in: https://zeitpunkt.nrw/ulbbn/periodical/zoom/4042912 (Stand: 28.03.2020).**

Kapitel 4:

→ S. 108/109

1 Bewerte mithilfe von M1, ob das Rätesystem demokratisch ist.

M 1

Ernst Friedrich Däumig (1866–1922) war ein sozialistischer Politiker und Journalist. Er beschreibt die Grundsätze des Rätesystems:

1. Träger des Rätegedankens kann nur das Proletariat sein, d. h. alle die Hand- und Kopfarbeiter, die gezwungen sind, ihre Arbeitskraft dem Kapital zu verkaufen, um leben zu können. Damit steht der Rätegedanke in einem ebenso scharfen wie natürlichen Gegensatz zu dem landläufigen demokratischen Gedanken, der die Staatsbürger als eine *einheitliche Masse* wertet, ohne Rücksicht auf den großen *Gegensatz* zwischen Kapital und Arbeit und die aus diesem hervorgehenden Klassenscheidungen zu nehmen.
2. Da das dem Rätegedanken folgende Proletariat ausgesprochen antikapitalistische Ziele verfolgt, kann es in seinen Räteorganisationen *keine kapitalistischen Vertreter dulden.*
3. Da die ... Parlamente solange kapitalistischen Tendenzen dienstbar gemacht werden, solange die kapitalistische Produktionsform besteht, kann der Rätegedanke nicht mit den Mitteln des Parlamentarismus verwirklicht werden, sondern muß in den *Keimzellen* der kapitalistischen Produktion, den *Betrieben*, dann aber auch in verschiedenen Einrichtungen des Obrigkeitsstaates, der auf der Grundlage der kapitalistischen Produktion errichtet ist, zur Anwendung gebracht werden.
4. Da die Verwirklichung des Rätegedankens die ständige aktive *Anteilnahme* des Proletariats an allen wirtschaftlichen und politischen Fragen erfordert, können die Organe der Räteorganisation ... jederzeit abberufen werden ..., wenn sie das Vertrauen ihrer Wähler nicht mehr haben.
5. Da der Rätegedanke die Befreiung des gesamten Proletariats von der kapitalistischen Ausbeutung zum Ziele hat, kann die Räteorganisation nicht die Domäne einer einzelnen Partei oder einzelner Berufsgruppen sein, sondern muß das Proletariat als *Ganzes* umfassen.

*Revolution. Unabhängiges Sozialdemokratisches Jahrbuch, Berlin (Verlag Genossenschaft Freiheit) 1920, S. 86ff.**

→ S. 126/127

1 Recherchiere zu einem der Begriffe: Kunst – Bauhaus – Mode – Film – Musik – Sport – Erfindungen. Stelle Beispiele und deren Bedeutung deiner Klasse vor. Nutze den Webcode auf S. 126.

→ S. 132/133

1 Beschreibe das Bild M2 und stelle Vermutungen an, welche politischen Folgen die Weltwirtschaftskrise hatte.

M 2

„Erst Essen – dann Miete". Aufschrift in einem Hinterhof in Berlin. Aus den Fenstern hängen Fahnen der NSDAP und der KPD. Foto, 1932

Kapitel 5:

→ S. 164/165

MK 1 Recherchiere im Internet das Schicksal eines von den Nationalsozialisten verbotenen Künstlers oder Werkes und bereite eine Präsentation vor der Klasse vor.

Kapitel 6:

→ S. 202/203

1 Beschreibe die Lebensumstände der Zwangsarbeiter. Unterscheide dabei zwischen Arbeitern aus West- und Osteuropa (M1).

2 Stelle unter Berücksichtigung der Wortwahl und der zum Ausdruck kommenden Gefühle dar, wie die Verfasserin in M2 ihre Zeit in Deutschland beschreibt.

M 1

Lebensumstände der Zwangsarbeiter:

Ende 1944 gab es über zehn Millionen Zwangsarbeiter in Deutschland, darunter fast zwei Millionen Russen und 850 000 Polen – mehr als die Hälfte von ihnen Frauen. Wie die Zwangsarbeiter behandelt wurden, hing stark von ihrem Einsatzgebiet in Industrie und Landwirtschaft ab. Während den Arbeitern auf dem Land häufig ein Rest von Menschlichkeit begegnete, fristeten diejenigen in den Rüstungsbetrieben meist ein Leben unter unzumutbaren Bedingungen. Bereits bei geringen Verstößen gegen die zahlreichen Regelungen waren sie drastischen Strafen ausgesetzt, z. B. Essensentzug, Strafarbeit oder Prügel. Öffentliche Einrichtungen wie Kinos oder Schwimmbäder durften sie nicht betreten. Auf Liebesverhältnisse mit Deutschen stand die Deportation in ein KZ oder sogar die Todesstrafe. Aufgrund der mangelnden Hygiene in den Unterkünften litten die Bewohner der Lager zudem häufig unter Ungezieferplagen. Neben ihrem Einsatzort war vor allem die Herkunft der Zwangsarbeiter für die Lebens- und Arbeitsbedingungen von zentraler Bedeutung. Die aus Westeuropa stammenden Zivilarbeiter wurden deutlich besser behandelt, wenngleich auch sie kaum Rechte hatten. Die als „artfremde Untermenschen" geltenden „Ostarbeiter" aus Polen, der Ukraine und der Sowjetunion waren der Ausbeutung ihrer Arbeitskraft jedoch fast schutzlos ausgeliefert und gesellschaftlich isoliert. Somit hatte die Zwangsarbeit nicht nur eine wirtschaftliche Funktion, sondern war auch Teil der rassistischen NS-Gesellschaftsordnung.

Verfassertext

M 2

Ein Gedicht der ukrainischen Zwangsarbeiterin Elena Bogomaz, die von 1942 bis 1945 in einer Malzfabrik in Deutschland arbeiten musste:

Der Winter ist vergangen, der Sommer ist gekommen.
In den Gärten blühen wieder Blumen.
Mich – ein junges Mädchen – hat man nach
Deutschland ins Lager verschleppt.
Die Kerze brennt mit einer zitternden Flamme,
In den Baracken schlafen alle fest,
Um die Baracke sind die Aufseher,
Sie gehen wachend durch die Gegend.
...
Ich träume von meinem Heimatland,
Ich Arme kann nicht schlafen.
Warum gebarst du mich, meine Mutter?
Warum zwangst du mich, hier zu leben?
Du schenktest mir mein armseliges Schicksal.
Du ließest zu, dass man mich in dieses „Kulturland" verschleppte.
In diesem „Kulturland" hasst man uns,
Nirgendwo sind wir willkommen,
Man nennt uns „Russenschwein",
Man schickt uns ins Konzentrationslager.
Schwere Klötze erdrücken unsere Füße,
„OST" steht auf unserer Brust,
Sperren, Stacheldrahtzäune und Aufseher
Haben uns unserer Freiheit beraubt.
Lass' diese Wälder verbrennen
Lass' dieses Lager verschwinden,
Wir möchten so gern in der heimatlichen Ukraine
bei unseren Familien leben und wieder froh sein.

*Zit. nach http://www.zwangsarbeit.rlp.geschichte.uni-mainz.de/F_Bruechert_d8.htm (Stand: 11.01.2021).**

→ S. 216/217

1 **Recherche:** Wie verliefen die letzten Kriegsmonate in eurer Heimatregion? Gestalte einen Beitrag und stelle ihn vor. Du kannst dazu ein Erklärvideo, eine digitale Präsentation oder einen Podcast erstellen.

Kapitel 1:

→ **S. 15, Aufgabe 1:** Du kannst dazu auch ein Textbearbeitungsprogramm verwenden.

→ **S. 15, Aufgabe 3:** Überprüfe, ob sich die dargestellte Vorhersage erfüllt hat. Berücksichtige bei der Analyse vor allem die Herkunft der Karikatur.

→ **S. 17, Aufgabe 2 b):** Nutze dazu deine Lösungen zu Arbeitsschritt 10.

→ **S. 19, Aufgabe 1 a):** Lege eine Tabelle an:

Beispiel für Beharrung	Beispiel für Veränderung
…	…

→ **S. 21, Aufgabe 1 a):** Du kannst die Mind-Map auch digital erstellen (→ S. 252).

→ **S. 21, Aufgabe 3 a):** Nimm den Darstellungstext zu Hilfe.

→ **S. 23, Aufgabe 1:** Bei der Interpretation des Denkmals helfen dir folgende Erklärungen:

Symbole/Elemente	**Bedeutung**
ein Lorbeerkranz	der Sieg, das Heldentum
eine Uniform	das Militär
ein Pallasch (= Stichwaffe)	ein hoher Rang beim Militär
eine Krone	die Macht, die Herrschaft, die Dynastie
ein Krönungsmantel	die Herrschaft, die Dynastie

→ **S. 24, Aufgabe A 2:** Was könnte sie gedacht und gefühlt haben?

→ **S. 25, Aufgabe D 1 b):** Nimm den Darstellungstext zu Hilfe.

→ **S. 27, Aufgabe 6:** Beachte auch die Ziele, die Bismarck damit verfolgte.

→ **S. 27, Aufgabe 7:** Welche Versicherungen gab es? Wer war versichert? Was kostete die Versicherung? In welchen Fällen zahlt die Versicherung?

→ **S. 31, Aufgabe 5 a):** Berücksichtige mehrere Perspektiven, zum Beispiel die Frau und einen konservativen Mann.

→ **S. 33, Aufgabe 1:** Verwende den Begriff Judenemanzipation.

Kapitel 2:

→ **S. 43, Aufgabe 2:** Lege eine Tabelle an zum Kolonialerwerb von Großbritannien, Frankreich und Deutschland.

→ **S. 45, Aufgabe 1 b):** Was zeigen die Bilder nicht?

→ **S. 47, Aufgabe 1:** Nimm die Informationen zu Rhodes zu Hilfe.

→ **S. 47, Aufgabe 4:** Welchen Nutzen erhofften sich die Mutterländer von den Kolonien?

→ **S. 55, Aufgabe 5 a):** Sucht zum Beispiel nach: Adolf Lüderitz, Carl Peters, Lothar von Trotha, Hermann von Wissmann.

→ **S. 57, Aufgabe für alle:** Was fehlt eurer Meinung nach bei der Beschreibung der einzelnen Objekte? Welche Informationen sollte das Museum unbedingt bei der Objektbeschreibung berücksichtigten und aufnehmen?

Kapitel 3:

→ **S. 67, Aufgabe 1:** Beziehe den Kommentar des französischen Generals mit ein und schätze die Belegbarkeit des Zitats ein.

→ **S. 69, Aufgabe 3 a):** Beachte, dass ein Anlass ein einzelnes, klar benennbares Ereignis ist. Ursachen sind dagegen oft vielschichtig und beziehen sich auf mittel- oder langfristig zurückreichende bzw. andauernde Sachverhalte.

→ **S. 69, Aufgabe 5:** Beachte auch die Zeitspanne zwischen dem Attentat und dem Ultimatum an Serbien.

→ **S. 75, Aufgabe 3:** Denke an den Deutsch-Französischen Krieg 1871.

→ **S. 77, Aufgabe 2 b):** Was bedeutet der Begriff „total"? Gib ihm vorab eine eigene Definition.

→ **S. 79, Aufgabe 4:** Achte auf Gemeinsamkeiten und Unterschiede zu den Texten dieser Doppelseite.

→ **S. 83, Aufgabe 1:** Achtet auf die Darstellung der Personen, die Kleidung, die Gesten, die Umgebung.

→ **S. 83, Aufgabe 5:** Dieser Titel wurde in den 1920er Jahren von der französischen Regierung an alle Städte vergeben, die von den Deutschen im Ersten Weltkrieg stark zerstört wurden.

→ **S. 84, Aufgabe B 1:** Achte auf die Schriftzüge der einzelnen Bildelemente.

→ **S. 84, Aufgabe D 1:** Verwende dazu auch die Arbeitsschritte „Eine Karikatur analysieren" auf S. 257.

→ **S. 87, Aufgabe 2:** Berücksichtige deine Kenntnisse über die Kriegserlebnisse der Soldaten.

→ **S. 87, Aufgabe 6:** Berücksichtige dabei zum Beispiel folgende Aspekte: Graphic-Novel-Stil (Comic-Stil), Sprache, Wirkung der Musik, Handeln der Figuren, Darstellung der Figuren, Darstellung von Gewalt, Darstellung von Leid.

→ **S. 91, Aufgabe 8:** Inwiefern gab es 1917 einen Einschnitt (Zäsur) in die Weltgeschichte? Welche politischen und gesellschaftlichen Systeme entstanden, welche Ideologien standen sich gegensätzlich gegenüber und von welchen politischen Systemen wurde das Ende eingeläutet?

→ **S. 95, Aufgabe 1:** Überlege bei den einzelnen Punkten, welche Vorteile sie mit sich bringen könnten.

→ **S. 95, Aufgabe 4:** Suchbegriffe: Südtirol, polnischer Korridor, Sudetenland

→ **S. 99, Aufgabe 2 a):** Stelle die Inhalte der beiden Verträge in einer Tabelle gegenüber.

Kapitel 4:

→ **S. 109, Aufgabe 2:** Beantworte folgende Fragen: a) An welche Bevölkerungsgruppen wenden sie sich? b) Wie werden der vergangene Krieg und die Monarchie beschrieben? c) Überprüfe, an welchen sprachlichen Signalen erkennbar wird, ob der Redner für eine parlamentarische Demokratie oder ein Rätesystem wirbt. d) Wie lassen sich die Unterschiede erklären?

→ **S. 109, Aufgabe 4:** Wer konnte sich durchsetzen? Begründe deine Antwort.

→ **S. 111, Aufgabe 1:** Wie ist die Gewaltenteilung umgesetzt? Kläre vorab noch unbekannte Begriffe wie Volksentscheid oder Volksbegehren im Lexikon.

→ **S. 111, Aufgabe 2 a):** Orientiere dich an folgenden Fragen: Wer durfte wählen? Gab es eine Gewaltenteilung? Wer war jeweils Staatsoberhaupt und welche Rechte hatte er? Wurden Grundrechte in der Verfassung garantiert? Welche Staatsform liegt der Verfassung zugrunde?

→ **S. 111, Aufgabe 2 b):** Was hat sich verändert (Wandel) und was ist geblieben (Kontinuität)?

→ **S. 111, Aufgabe 3:** Orientiert euch an folgenden Begriffen: Föderalismus, Parlamentarismus, Wahlrecht, Stellung von Reichspräsidenten und Reichskanzler.

→ **S. 111, Aufgabe 5:** Stelle Vorteile (Chancen) und Nachteile (Risiken) gegenüber.

→ **S. 119, Aufgabe 6 b):** Achte auf das Datum der Aufzeichnungen Prinz Max von Badens und vergleiche es mit dem Ausbruch der Revolution.

→ **S. 121, Aufgabe 3 a):** Nimm die Methodenseite 118/119 zu Hilfe.

→ **S. 121, Aufgabe 4 b):** Stabilisierte sich durch seine Außenpolitik die Demokratie?

→ **S. 125, Aufgabe 1:** Markiere die Parteien, die die Republik unterstützten, und die Parteien, die gegen die Republik waren, in je einer Farbe (Darstellungstext). Nutze das Lexikon und die Seitenverweise!

→ **S. 125, Aufgabe 2:** Nimm die Ergebnisse aus Aufgabe 1 zu Hilfe. Beachte, wie die Parteien die politischen Gegner darstellen.

→ **S. 127, Aufgabe 4 b):** Berücksichtige die Zweiteilung und den Titel des Bildes.

→ **S. 129, Aufgabe 2:** Bezieht den Titel des Bildes mit ein.

→ **S. 133, Aufgabe 1:** Achte auf Haltung und Mimik beider Personen.

→ **S. 133, Aufgabe 2:** Nutze die folgenden Begriffe: Börsenkrach – Kredite – Banken – Kapital – Unternehmen – Absatzmärkte – Produktion – bankrott – Löhne – Massenarbeitslosigkeit – Verelendung – Arbeitslosenversicherung

→ **S. 135, Aufgabe 3:** Trage die Jahreszahlen auf der x-Achse ein. Setze pro Jahreszahl jeweils einen Balken für die männlichen und einen für die weiblichen Wähler. Orientiere dich bei der Farbgebung an M1.

→ **S. 137, Aufgabe 1:** Legt eine Tabelle an:

USA	Deutschland

→ **137, Aufgabe 2 b):** Übersetze zunächst mithilfe des Internets oder eines Wörterbuches die Karikatur ins Deutsche.

→ **S. 137, Aufgabe 4:** Betrachte dir die Wahlergebnisse in der Statistik M1 auf S. 134. Welche politischen Folgen hat die Deflationspolitik?

→ **S. 140, Aufgabe 4 b):** Berücksichtige dazu auch Artikel 25 und 48 der Weimarer Reichsverfassung auf S. 110/111. Welche Rolle spielten dabei auch die Parteien?

→ **S. 140, Aufgabe 6 b):** Bedenke dabei, dass wir heute in einer sogenannten „wehrhaften Demokratie" leben. Heute können Parteien verboten werden, die offenkundig die Demokratie bekämpfen. Auch ist im heutigen Grundgesetz das Widerstandsrecht festgeschrieben, das Widerstand erlaubt, wenn die Demokratie angegriffen wird. All dies gab es in der Verfassung der Weimarer Republik nicht.

→ **S. 145, Aufgabe 4:** Die Männer sollen folgende Personen darstellen (von links nach rechts): einen Geistlichen, einen Gelehrteren, einen Soldaten der Reichswehr, eine Person aus der Arbeiterschicht, ein Arbeitsloser, einen Unternehmer, einen Bürger und ein Mitglied der SA.

Kapitel 5:

→ **S. 153, Aufgabe 1:** Die dargestellten Personen stehen für bestimmte Gruppen der Gesellschaft.

→ **S. 159, Aufgabe 2 b):** Ein Ziel Hitlers war es, dass die NSDAP bei der Wahl die absolute Mehrheit erhält.

→ **S:159, Aufgabe 5 b):** Was passierte mit der Gewaltenteilung zwischen Exekutive und Legislative?

→ **S. 161, Aufgabe 2 b):** Zum Beispiel ideologische Ausrichtung, Beschreibung der gegenwärtigen Situation, Intention der Rede?

→ **S. 165, Aufgabe 3:** Achte besonders auf die Verwendung der Begriffe „Kunstentartung", „Kunstbolschewismus", „Juden- und Bolschewistenrummel".

→ **S. 173, Aufgabe 5:** Welche Erziehungsziele stehen heute im Mittelpunkt?

→ **S. 175, Aufgabe 2 b):** Warum sollte man historische Bauten aus verschiedenen Zeiten erhalten?

→ **S. 181, Aufgabe 5:** Sucht zum Beispiel nach „Stolpersteinen", die an das Leben von Menschen mit jüdischem Glauben erinnern. Oft finden sich solche Steine vor den ehemaligen Wohnhäusern der Menschen. Weitere Stationen könnten sein: eine alte Synagoge, ein jüdischer Friedhof oder Denkmäler.

Kapitel 6:

→ **S. 193, Aufgabe 1:** Analysiere die Statistiken hinsichtlich der wirtschaftlichen Entwicklung Deutschlands. Die NS-Regierung gab zwischen 1933 und 1938 mehr Geld für Rüstung aus als Frankreich, Großbritannien und die USA zusammen.

→ **S. 193, Aufgabe 3:** Nutze alle Materialien der Seite. Woher kam das Geld für die staatlichen Investitionen und was bedeutete das für die Zukunft?

→ **S. 193, Aufgabe 1:** Nimm auch die Karte M1 auf S. 185 zu Hilfe.

→ **S. 195, Aufgabe 4:** Beachte hierbei, dass zu diesem Zeitpunkt die politische Opposition bereits fast vollständig ausgeschaltet war.

→ **S. 197, Aufgabe 1:** Du kannst auch die Zeitleiste zur NS-Außenpolitik fortführen.

→ **S. 197, Aufgabe 4 a):** Orientiert euch an folgenden Fragen: Wer berichtet in dem Video? Wo lebte das Kind während des Zweiten Weltkrieges? Was wird in dem Video beschrieben?

→ **S. 197, Aufgabe 4 c):** Der Weltkrieg liegt Jahrzehnte zurück. Bedenkt, dass Erinnerungen immer subjektiv sind und sich im Lauf der Zeit auch ändern können.

→ **S. 207, Aufgabe 2 a):** Schau dir dazu das gesamte Video an und mache dir Notizen zu dir besonders erscheinenden Aspekten und zu Fragen, die sich dir dabei stellen.

→ **S. 213, Aufgabe 1 b):** Legt eine Tabelle an:

Widerstandsgruppen	Beispiele	Motive	Mittel
in besetzten Gebieten			
Kirche			
…			

→ **S. 215, Aufgabe 1:** Achtet auch auf die Haltung der Personen.

→ **S. 215, Aufgabe 2:** Nutze dazu den Darstellungstext.

→ **S. 231, Aufgabe 2 b):** Suche die Bedeutung der dir unbekannten Wörter heraus (M2 bis M8). Mögliche Suchbegriffe: Lambo – Lamborghini, NWO – New World Order.

→ **S. 221, Aufgabe 3:** Überlegt euch Kriterien für eine altersgerechte Mediennutzung, zum Beispiel: Worauf sollte bei der verantwortungsvollen Mediennutzung besonders geachtet werden? Wird mit dem Inhalt des Mediums für eine politische Ansicht geworben? Lässt sich etwas über die politischen Ansichten des Künstlers herausfinden? Wird eine bestimmte Bevölkerungs- oder Personengruppe beleidigt?

Kapitel 1

→ S. 36/37

1 individuelle Lösung
2 Sozialgesetzgebung: Bis heute werden aufgrund der gesellschaftlichen Veränderungen die Sozialgesetze angepasst und verändert. Nach der Gesetzeslage ist zum Beispiel jede Bürgerin und jeder Bürger pflichtversichert in einer Krankenversicherung.
In einem Bundesstaat besteht das Parlament aus zwei Kammern (Häusern): In der heutigen Bundesrepublik Deutschland wird der Bundestag als erste Kammer direkt vom Volk gewählt. Die zweite Kammer heißt in Deutschland Bundesrat, in den die 16 Bundesländer ihre Vertreterinnen und Vertreter entsenden. Im Bundesrat werden die im Bundestag beschlossenen Gesetzesvorlagen diskutiert und verabschiedet (rechtskräftig gemacht).
Das Parlament der Bundesrepublik Deutschland heißt Bundestag und tagt im Reichstagsgebäude in Berlin.
Heute ist es selbstverständlich, dass Menschen jüdischen Glaubens die gleichen bürgerlichen Rechte haben wie alle anderen Menschen auch. Jeder Form von Antisemitismus ist entschieden entgegenzutreten.
3 Der Autor betont, dass bei allen bedeutenden Leistungen im Kaiserreich Deutsche jüdischen Glaubens beteiligt waren. Die rechtliche Gleichstellung der Juden von 1871 bedeutete aber keine Chancengleichheit bei der Jobvergabe in Justiz und Verwaltung. Die einzige Chance der vollständigen Gleichbehandlung für Deutsche jüdischen Glaubens im öffentlichen, wirtschaftlichen und politischen Leben bestand im Übertritt zu einer der christlichen Kirchen. Dies war jedoch äußerst selten.
4 **a)** Die Postkarte nimmt im Text jahrhundertealte und nicht haltbare Vorurteile gegen das vorgebliche Aussehen von Juden auf („krumme Nase, krause Haare"). Eine jüdische Familie wird an der Rezeption abgewiesen, während drinnen die Hotelgäste feiern und dabei die nationalen Embleme des Kaiserreichs (Uniformstücke, Hüte, Farben) zeigen.
b) Die vorhandenen Vorurteile wurden verstärkt und die Diskriminierungen im Alltag als „rechtmäßig und richtig" empfunden. Dies hatte zur Folge, dass Deutsche jüdischen Glaubens nicht als gleichberechtigt angesehen wurden und Schritt für Schritt aus der Gesellschaft ausgeschlossen wurden. Sie galten nun häufig nicht mehr als „Deutsche", sondern als Juden (Rassismus).
c) individuelle Lösung
5 Modernität zeigt sich in der Industriewirtschaft und den Leistungen der Forschung in Wissenschaft und Technik. Tradition und Rückständigkeit drücken das absolutistisch anmutende kaiserliche Hofzeremoniell und die Vergötterung des Militärischen aus. Die politische Tendenz, einen demokratischen Staat zu formen, wird bedroht durch Kräfte, die eine Militärdiktatur errichten wollen. Einer reichen Vielfalt der Presse und der Kulturszene steht eine kleinliche Zensurbehörde gegenüber.
6 **a)** individuelle Lösung
b) individuelle Lösung

Kapitel 2

→ S. 60/61

1 A-3; B-2; C-5; D-4; E-1; F-6
2 **a)** Die Ausführungen des britischen Kolonialministers Cecil Rhodes stammen aus dem Jahr 1877, also aus dem Zeitalter des Imperialismus. Der Autor wendet sich vermutlich an die politische Führung Großbritanniens und an die britische Öffentlichkeit, um sie von der Notwendigkeit der eigenen Expansionsbewegung in Afrika zu überzeugen. Er unterstreicht, dass er selbst diese Bewegung anführen will, und bezeichnet die Briten als „erste Rasse der Welt". Sein Sendungsbewusstsein wird durch die mehrfache Verwendung der Begriffe „ich", „Rasse" und „Gott" betont.
b) Cecil Rhodes ist nach heutigen Wertmaßstäben ein Rassist. Außerdem vertritt er ein zivilisatorisches Sendungsbewusstsein, was typisch für viele Zeitgenossen war. Der Kolonialismus und das Expansionsstreben in Afrika galten daher den meisten Europäern Ende des 19. Jahrhunderts als gerechtfertigt und wurden mit Ideologien wie dem Nationalismus und Rassismus gerechtfertigt.

3 Das Plakat mit dem Titel „Das Kolonial-Gespenst“ zeigt das Zerrbild eines riesigen Afrikaners, der als „aggressiver Wilder“ mit einem Knüppel die europäischen Schiffe bedroht. Der Künstler hinterfragt die Ängste der Eroberer vor Aufständen der indigenen Bevölkerung und beleuchtet den europäischen Rassismus.

4 Im Zeitalter des Imperialismus stahlen die europäischen Kolonialherren verschiedenste Objekte aus den einheimischen Kulturen, darunter Kunstobjekte, Schmuck, Keramik, Werkzeuge, Waffen, Altäre und Gebeine. Der senegalesische Forscher Felwine Sarr stellt die Frage, ob an diesen Objekten „Blut klebt“. Damit meint er, dass die gewaltsam entwendeten Gegenstände zurückgegeben werden müssten.

5 Der Historiker Wolfgang Reinhard betont, dass keiner der imperialistischen Staaten aus den Kolonien einen finanziellen Gewinn erzielte. Nur Privatunternehmer und Kolonialgesellschaften profitierten von ihren Handelsbeziehungen mit den Kolonien. Eigenes Verwaltungspersonal in die Kolonien zu schicken war teuer. Daher wurden einheimische Kräfte als Hilfspolizisten oder Verwaltungsmitarbeiter ausgebildet. Diese erhofften sich von ihrer Tätigkeit einen höheren Status in der Gesellschaft.

6 **a)** individuelle Lösung
b) individuelle Lösung

Kapitel 3

→ **S. 102/103**

1 individuelle Lösung

2 Im Ersten Weltkrieg kam es zu einem nie zuvor gesehenen Materialeinsatz, daher wird er als erster „industrialisierter Krieg“ bezeichnet. Dessen Kennzeichen waren Materialschlachten, Stellungskrieg mit riesigen Systemen an Schützengräben ohne große Geländegewinne und die Mobilisierung aller zur Verfügung stehenden Ressourcen für die Aufrechterhaltung der Kriegsmaschinerie. Folgen waren die Zerstörung ganzer Landstriche, wie zum Beispiel auf dem Gebiet der Schlacht bei Verdun in Frankreich im Jahr 1916. Neue Waffen veränderten den Krieg ebenfalls: Im Ersten Weltkrieg wurde zum ersten Mal Giftgas eingesetzt. Viele Soldaten kehrten durch Bomben verstümmelt in die Heimat zurück. Viele waren traumatisiert.

3 Der Krieg hatte eine große Auswirkung auf die sogenannte „Heimatfront“. Lebensmittel wurden rationiert, das bedeutet, dass vorhandene Lebensmittel durch den Staat an die Bevölkerung über die Ausgabe von Lebensmittelkarten verteilt wurden. Die Menge der Lebensmittel reichte kaum zum Überleben und machte Tauschgeschäfte nötig. Hunger herrschte in Deutschland vor allem im Winter 1917/1918. Wegen der Abwesenheit von Millionen, die an den Fronten kämpfen mussten, übernahmen Frauen die Arbeit in Fabriken und in den landwirtschaftlichen Betrieben. Die Anstrengungen der Menschen in der Heimat für den Krieg zum Beispiel durch Essensverzicht und zusätzliche Arbeit wird mit dem Begriff „Heimatfront“ beschrieben.

4 Die deutsche Bevölkerung reagierte entsetzt. Nach der Veröffentlichung der „14 Punkte“ des amerikanischen Präsidenten Wilson hatten die Deutschen auf einen „milden Frieden“ gehofft. Die Interviewpartnerin Margaret MacMillan bezeichnet diese Haltung als deutsche „Traumwelt“. Denn nur wenige Monate vor dem Kriegsende hatte Deutschland im Frieden von Brest-Litowsk den Russen härteste Friedensbedingungen mit Gebietsabtretungen und der Kontrolle über Bergwerke und Industrieanlagen diktiert. Daher solle sich Deutschland nicht wundern, so die Autorin, nun von den Siegermächten genauso behandelt zu werden wie zuvor die Russen von den Deutschen.

5 Der Historiker befasst sich mit den Ursachen und dem Anlass des Ersten Weltkrieges. Hauptursache war die Sicht der Deutschen, von „feindlichen Mächten eingekreist“ zu sein. Das deutsche Kaiserreich erwartete einen militärischen Angriff aus Frankreich oder aus Russland oder von beiden Nationen. Hintergrund dieser Überzeugung, von außen bedroht zu sein, war die Vorstellung, in einem „Überlebenskampf der Nationen“ bestehen zu müssen.
Anlass des Ersten Weltkrieges war das Attentat von Sarajevo. Deutschland trieb durch eine „unverantwortliche Politik des Drohens und Bluffens“ den Ausbruch des Krieges voran. Krieg galt als ein Mittel der Politik, denn die meisten Verantwortlichen konnten sich den dann folgenden industrialisierten Krieg mit seinen ungeheuer hohen Opferzahlen nicht vorstellen.

6 Beispiele als Grundlage für die Beurteilung sind der Kriegseintritt der USA auf Seite der Entente und die russischen Revolutionen im Februar und Oktober 1917. Sie führen zum Ausscheiden Russlands aus dem Weltkrieg durch Abschluss eines Sonderfriedens in Brest-Litowsk, dessen Bedingungen den Russen von Deutschland diktiert werden.

7 **a)** Der Volksbund Deutsche Kriegsgräberfürsorge wurde 1919 gegründet und betreut die Gräber deutscher Soldaten im Ausland. Er hilft Angehörigen bei der Gräbersuche und bietet Jugendlichen als „Lernort Geschichte" die Möglichkeit der freiwilligen sozialen Arbeit auf den Friedhöfen.
b) Nur ein wirtschaftlich und politisch vereintes Europa kann als „Friedensprojekt" militärische Konfrontationen wie 1914–1918 unterbinden.
c) individuelle Lösung.

Kapitel 4

→ **S. 144/145**

1 **Arbeitsschritte:**

1. Ersten Eindruck festhalten
individuelle Lösung

2. bis 5. Einzelne Bild- und Textelemente beschreiben
Das Wahlplakat der liberalen „Deutschen Demokratische Partei" zeigt in der Mitte einen nach oben ausgestreckten Arm in blauer Farbe. Die Hand hält eine Waage mit zwei Waagschalen. Auf jeder der Schalen sind streitende Figuren zu erkennen: links in roter, rechts in grau-weißer Farbe. Über der blauen Hand steht „Gegen Diktatur", über den roten Figuren „von links" und über den grau-weißen Figuren „gegen rechts". Außerhalb des Bildes steht auf dem Plakat der Satz „Für jede ehrliche Arbeit in Stadt und Land" als Leitmotto der Liberalen.

6. bis 7. Zusätzliche Informationen zur Entstehung des Plakats heranziehen
Die DDP war die kleinste der drei Parteien der „Weimarer Koalition". Das Wahlplakat wurde 1920 von Karl Arnold entworfen. Es stammt somit aus der Anfangszeit der jungen Demokratie. Es wirbt vermutlich für die Reichstagswahlen am 6.6.1920.

8. bis 10. Aussagen formulieren und Absicht deuten
Die DDP sieht sich als „Partei der Mitte", die gegen jede nach „links" oder „rechts" ausgerichtete Partei antritt. Die DDP scheint vor diesen Parteien warnen zu wollen.

2 **a)** Der Dichter zeichnet ein sehr positives und fast euphorisches Bild vom Leben in Berlin. Er bezieht sich offensichtlich auf die Jahre nach Überwindung der Hyperinflation 1923 bis zur Weltwirtschaftskrise, die als „Goldene Zwanziger" bezeichnet werden. Der Verfasser betont die Bedeutung des amerikanischen Kapitals in Form von Krediten, die auch das Kulturleben förderten. So fanden selbst junge und noch unbekannte Maler Möglichkeiten, ihre Bilder zu verkaufen. Auswärtige Besucher empfanden Berlin als Weltmetropole und wollten nach Ansicht des Verfassers kaum wieder von dort weggehen.
b) Die Darstellung des Dichters erscheint geschönt, da sie das soziale Elend ausblendet, das der Krieg geschaffen hatte: Hunderttausende Kriegsinvaliden mussten von unzureichenden Renten leben, die Hyperinflation vernichtete die Sparguthaben vieler Menschen und für die meisten blieb das Alltagsleben hart und entbehrungsreich. Die politischen Auseinandersetzungen gaben der jungen Republik bis 1923 wenig Chancen, bei der Bevölkerung positiv aufgefasst zu werden.

3 Hindenburg war in seinem Denken in der Monarchie des Kaiserreichs verhaftet, auch wenn er formal die Verfassung der Republik achtete. Angesichts der Radikalisierung der Politik infolge der Weltwirtschaftskrise zeigte sich, dass Hindenburg die Demokratie nicht offensiv verteidigte, sondern die Idee eines nationalistisch-autoritären Staats bevorzugte.

4 Acht Männer tragen je einen Buchstaben, der den Begriff „Republik" formt. Der Kommentar des Karikaturisten Theodor Th. Heine lautet „Sie tragen den Buchstaben der Firma – aber wer trägt den Geist?" und verweist auf das Anliegen des Zeichners: In der Weimarer Demokratie mussten sich die unterschiedlichsten politischen Lager oft nur halbherzig mit der Staatsform der Republik auseinandersetzen oder „arrangieren". Einige Personen weisen typische Merkmale der Zugehörigkeit zu bestimmten Gruppen der Gesellschaft auf: Vorne marschiert ein

Geistlicher, gefolgt von einer Person im Frack, die einen Gelehrten darstellen soll. Dann folgt ein Soldat in Uniform und mit Stahlhelm. Darauf folgt ein Arbeiter oder Handwerker sowie ein Arbeitsloser. Diesem folgt ein kapitalistischer Unternehmer, ein Bürger sowie ein am Hakenkreuz auf der Armbinde erkennbarer NSDAP-Anhänger. Einige Personen tragen ihre Buchstaben eher lustlos, andere halten sie stramm hoch. Die Gesichter wirken geschlossen und nahezu abweisend. Die Farbwahl des Karikaturisten nimmt die Farben Schwarz-Rot-Gold der Fahne der Weimarer Republik auf.

5 **a)** individuelle Lösung
b) individuelle Lösung

6 **a)** Otto Dix malte 1926 im Stil der „Neuen Sachlichkeit" die in der damaligen Zeit bekannte Journalistin Sylvia von Harden als Vertreterin der „Neuen Frau" in der Weimarer Republik: emanzipiert und beruflich erfolgreich. Dix malt sie mit Bubikopf und einem knielangen Kleid, rauchend und einem Monokel im echten Auge als Zeichen der Intellektuellen.
b) Im Ersten Weltkrieg hatten die meisten Frauen verantwortungsvolle Tätigkeiten ausgeübt und ließen sich nicht ohne Weiteres wieder in die alten Rollenbilder aus der Kaiserzeit zurückdrängen. In der ersten deutschen Demokratie durften die Frauen erstmals wählen und gewählt werden. Für Marie Juchacz ist das kein Recht, für das die Frauen Dank schuldeten, sondern die Verwirklichung einer längst überfälligen Selbstverständlichkeit.
Die in der Verfassung festgeschriebene Gleichheit entsprach jedoch weitgehend nicht der Realität. Frauen verdienten in der Regel weniger als ihre männlichen Kollegen. Auch in den politischen Parteien hatten Männer weiterhin das Sagen. In der Ehe bestimmte nach wie vor der Mann über seine Ehefrau, die ihren Arbeitsplatz zugunsten eines Mannes aufgeben sollte, wenn ihr Ehemann einer Arbeit nachging.

7 USA: Öffentliches Arbeitsbeschaffungsprogramm vor allem im Bereich Infrastruktur gibt 25-50 Millionen Menschen Arbeit bei geringer Entlohnung, Geldzahlungen für hungernde Menschen. Die Einführung einer Arbeitslosenversicherung und Altersrente mit geringen Auszahlungen und hohen Beiträgen können sich nur wenige leisten.
Deutschland: strikte Sparpolitik, massive Kürzung der öffentlichen Ausgaben, Senkung der Gehälter der Beamten und Angestellten im öffentlichen Dienst, Steuererhöhungen.

Kapitel 5

→ **S. 184/185**

1 Individuelle Lösung. Du findest die Definitionen auf den Seiten 152 und 168.

2 Individuelle Lösung mit den Orientierungspunkten „Notverordnung zum Schutz von Volk und Staat" (Aufhebung der demokratischen Grundrechte), „Ermächtigungsgesetz" (Gesetze benötigen keine Zustimmung des Parlaments mehr, Selbstabschaffung der verbliebenen Parteien, siehe S. 156/157), Abschaffung der Gewerkschaften, Gleichschaltung auf allen Ebenen (siehe S. 162/163).

3 Das Schwarz-Weiß-Foto zeigt einen Massenaufmarsch der NS-Organisationen SA und SS auf dem Reichsparteitag in Nürnberg 1934. Adolf Hitler steht als „Führer" des totalen Staates am Rednerpult und die Menge ist auf ihn ausgerichtet. Mit diesen Inszenierungen sollte bei den Teilnehmern das Gefühl der Zusammengehörigkeit in einem neuen Staat gestärkt werden, in dem sich der Einzelne als Teil des großen Ganzen fühlen konnte. Für die Betrachterinnen und Betrachter entstand das Bild eines totalen einheitlichen Staates unter der zentralen Lenkung des „Führers".

4 **a)** Die Karikatur von Oskar Garvens, der das nationalsozialistische Regime begrüßte, trägt den Titel „Der Bildhauer Deutschlands". Auf dem Tisch sind Figuren eines Künstlers zu sehen, die ein Gewimmel kleiner kämpfender Menschen darstellen. Der Künstler (schwarzhaarig, demütig schauend, kurzsichtig mit Brillengläsern auf der dicken Nase) ist stolz auf sein Werk und wird vom Zeichner mit den Merkmalen der antijüdischen Propaganda dargestellt. Hitler zerschlägt angewidert die Figuren und formt aus dem Material einen kraftstrotzenden nackten Mann, den „arischen Menschen", der heldenhaft in die Ferne schaut. Der Künstler der ersten Figuren verschwindet in den beiden unteren Zeichnungen.
b) Die Nationalsozialisten gaben klare Regeln vor, was für sie „Kunst" zu sein hatte, und verwarfen alles andere als „entartete Kunst", die zu vernichten war.

Die Nationalsozialisten lehnten jede Art von Vielfalt kategorisch ab.

c) Die Karikatur zeigt das Idealbild des nationalsozialistischen „Herrenmenschen".

5 Die Judenpogrome im ausgehenden Mittelalter waren spontane Hetzjagden, bei denen sich wirtschaftliche und soziale Spannungen entluden. Unter der nationalsozialistischen Herrschaft ab 1933 war das Herausdrängen der Deutschen jüdischen Glaubens aus der Gesellschaft genauestens geplant. Die Reichspogromnacht stellte den Höhepunkt rassistischer Gewalt mit Verfolgung und Mord dar.

6 Die Führer der Deutschnationalen Volkspartei und des rechtsnationalen „Stahlhelms" waren überzeugt, Hitler und die nationalsozialistischen Minister bald wieder aus der Regierung verdrängen zu können. Dies erwies sich als „krasse Fehleinschätzung".

7 **a) Arbeitsschritte:**

1. **Eine Leitfrage formulieren**
Wie begründet Reinhold Maier die Entscheidung zur Zustimmung der DDP für das „Ermächtigungsgesetz"?

2. **bis 3. Formale Analyse**
Reinhold Maier ist Abgeordneter der DDP. Die Rede wurde während der Debatte um das „Ermächtigungsgesetz" am 23. März 1933 gehalten. Reinhold Maier begründet darin, warum seine Fraktion für das Gesetz stimmen wird.

4. **bis 6. Inhaltliche Analyse**
Trotz starker Einwände gegen die mit dem Gesetz verbundenen Einschränkungen der Grundrechte (Z. 4–15) stimmt die Fraktion „im Interesse von Volk und Vaterland" (Z. 15) dem „Ermächtigungsgesetz" zu. Maier ermahnt die Regierungspartei, sich in Zukunft an die Gesetze zu halten. (Z. 16)

7. **bis 9. Ergebnisse beurteilen und bewerten**
In der Rede Maiers wird deutlich, dass sich die Abgeordneten der Partei auf die Weimarer Verfassung und besonders auf die Freiheit des Individuums berufen. Die Haltung der Partei ist eindeutig demokratisch, aber die DDP war nur mit fünf Abgeordneten im Reichstag vertreten. Skepsis gegenüber der Gefährdung der Grundrechte im „Ermächtigungsgesetz" wird deutlich. Dennoch stimmen die Abgeordneten der DDP „im Interesse von Volk und Vaterland" für das Gesetz. Die eigene Bewertung der Argumente Maiers und die Beantwortung der Leitfrage: individuelle Lösung.

b) Wels begründet in seiner Rede vom 23. März 1933, warum die SPD das „Ermächtigungsgesetz" ablehnen müsse, denn Mitglieder der Partei werden bereits massiv verfolgt. Die Kontrolle der öffentlichen Angelegenheiten sei massiv wie noch nie in der Parlamentsgeschichte Deutschlands ausgeschaltet worden. Wels stellt das Handeln der Nationalsozialisten klar als Zerstörung des Rechtsstaats dar, endet mit einem Gruß an alle Sozialdemokraten im Reich und drückt seine Hoffnung auf eine „hellere Zukunft" aus.

c) Die Entscheidung der Abgeordneten kam unter Druck durch die massive Einschüchterung angesichts des Auftretens der SS vor dem Gebäude zustande.

d) Aus heutiger Sicht war die Zustimmung zum Ermächtigungsgesetz die wesentliche Voraussetzung für die Errichtung der NS-Diktatur.

Kapitel 6

→ **S. 234/235**

1 Individuelle Lösung. Du findest die Definitionen auf folgenden Seiten: Shoah und Holocaust S. 200; Appeasement S. 194; Widerstand S. 212/213; Vertreibung S. 222/223; Atombombe S. 218/219.

2 Wichtige Punkte für deine Darstellung sind:
- Gewaltherrschaft und Terror in den besetzten Ländern Ost- und Südosteuropas und in der Sowjetunion

- Ermordung der polnischen Intelligenz. Ermordung von Zivilisten in den besetzten Gebieten der Sowjetunion; „Aushungern" der Stadt Leningrad (Sankt Petersburg)
- Massenerschießungen von Jüdinnen und Juden.
- Massendeportationen von Jüdinnen und Juden aus fast allen Ländern Europas in die Vernichtungslager
- Verschickung von Millionen Arbeiterinnen und Arbeitern aus den besetzten Gebieten zur Zwangsarbeit nach Deutschland

3 Anlass des Krieges zwischen Japan und den USA war der Bombenangriff der Japaner auf die in Pearl Harbor auf Hawaii stationierte Pazifikflotte der USA. Nach verlustreichen Kämpfen drängten die Amerikaner die japanischen Truppen allmählich aus Südostasien und großen Teilen des Pazifikraumes heraus. Der Abwurf von zwei amerikanischen Atombomben auf die Städte Hiroshima und Nagasaki führte zum raschen Kriegsende in Ostasien.

4 Innenpolitisch erschien den meisten Deutschen der Erfolg in der von Hitler ausgerufenen „Arbeitsschlacht" am bedeutendsten. Durch den Abbau der Arbeitslosigkeit und das Erreichen der Vollbeschäftigung bis 1938 wurde diese Tatsache zur wichtigsten Grundlage der massenhaften Zustimmung zum Regime. Außenpolitisch begrüßte die Mehrheit der Bevölkerung die Bekämpfung der Bedingungen des Versailler Vertrages zum Beispiel beim Einmarsch deutscher Truppen ins entmilitarisierte Rheinland.

5 a) Im rassistischen Weltbild der Nationalsozialisten wurden alle Menschen, die ihnen „minderwertig" erschienen, zu Objekten, mit denen beliebig umgegangen werden konnte. Besonders zynisch ist die „Aufrechnung" des „Wertes" eines Zwangsarbeiters, die die menschenverachtende Haltung der NS-Ideologie zeigt.

b) Der Historiker E. Conze zieht eine direkte Linie von der „Germanisierungspolitik" der polnischen Minderheit im Kaiserreich (S. 24) und den deutschen Kolonialverbrechen in der Kolonie Deutsch-Südwestafrika an den Herero und Nama (S. 52/53) zum Vernichtungskrieg der Deutschen in Osteuropa im Zweiten Weltkrieg. Im Kaiserreich habe sich der „völkische rassistische Nationalismus" in Verbindung mit dem herrschenden Antisemitismus zu einer in der Bevölkerung akzeptierten Ideologie entwickelt. Der deutsche Diktatfrieden gegenüber Russland 1917 in Brest Litowsk sei ein erster Versuch der Schaffung eines „deutschen Ostimperiums" gewesen. Durch den Verlust der deutschen Kolonien im Versailler Vertrag wurde Osteuropa als neuer „Ernährungs- und Siedlungsraum" angestrebt, was in der NS-Ideologie „Gewinnung von Lebensraum im Osten" genannt wurde.

6 individuelle Lösung

7 Die historische Verantwortung zeigt sich in der Art des Erinnerns. Möglich sind individuelle Lösungen am Beispiel des Heimatortes (zum Beispiel Denkmäler, Recherche über Yad Vashem) oder im Kapitel genannte Beispiele auf S. 225 (Denkmal für die ermordeten Juden in Berlin, Stolpersteine, ausgewählte Gedenkfeiern).

8 Die „Volksgemeinschaft" wurde zur „Trümmergesellschaft", in der die NS-Ideologie zusammen mit zerstörten Wohnhäusern, Handwerksbetrieben und Industrieanlagen unterging. Millionen von Zwangsarbeitern und Überlebenden der NS-Konzentrationslager warteten, wann und unter welchen Umständen sie in die Heimat zurückkehren konnten. Oft gab es die alte Heimat nicht mehr oder die Betroffenen hatten Angst vor neuer Verfolgung. Hinzu kamen zehn Millionen Vertriebene, die aus den deutschen Ostgebieten und osteuropäischen Staaten nach Deutschland strömten und dort aufgenommen und versorgt werden mussten.

Ein Standbild entwickeln

In einem Standbild stellt ihr eine bestimmte Handlung oder eine Szene aus einem Bild oder Text nach. Dafür benötigt ihr:
einen oder mehrere Standbildbauer, einen oder mehrere Darsteller, Zuschauer.

- Der Standbildbauer formt durch Anweisungen und Vormachen das Standbild. Er/sie gibt dabei möglichst viele Einzelheiten vor, zum Beispiel Körperhaltung, Gesichtsmimik, Gestik der Hände. Die Darsteller verhalten sich hierbei wie „lebendige Puppen" und folgen, ohne zu sprechen, den Anweisungen.
- Es ist auch möglich, dass jede Rolle doppelt besetzt wird: Ein Darsteller nimmt die Position einer bestimmten Person ein, der andere steht dahinter und sagt laut, was diese Person in dieser Situation vielleicht denkt.
- Die Zuschauer beurteilen im Anschluss das Standbild und können Veränderungen vorschlagen.
- Zum Abschluss berichten die Darsteller über ihre Wahrnehmung.

Einen Kurzvortrag halten

- Vorbereitung: Sammle und ordne alle Informationen zu deinem Thema in einer Mind-Map.
- Entwickle eine Gliederung für deinen Vortrag: Lege zu jedem Hauptpunkt eine Karteikarte mit den wichtigsten Informationen an und nummeriere die Karteikarten in einer sinnvollen Reihenfolge.
- Überlege dir einen interessanten Einstieg und Schluss für deinen Vortrag.
- Versuche, möglichst frei vorzutragen. Sprich laut, deutlich und nicht zu schnell.
- Schau dein Publikum an. So siehst du auch, wenn es Zwischenfragen gibt.
- Unterstütze deinen Vortrag durch Anschauungsmaterial (Bilder, Grafiken, Gegenstände).

Ein gutes Lernplakat gestalten

- Verwende für das Plakat mindestens die Größe DIN A2, besser DIN A1 (= 8 DIN A4-Blätter).
- Beschränke dich auf die wesentlichen Informationen.
- Das Thema des Plakats muss deutlich zu lesen sein.
- Schreibe in Stichpunkten oder in kurzen Sätzen.
- Unterstreiche Schlüsselbegriffe oder rahme sie ein.
- Verwende für die Schrift einen schwarzen oder dunkelblauen Stift. Andere Farben eignen sich für Pfeile, Linien oder Hervorhebungen.
- Achte auf die Lesbarkeit der Schrift (Größe und Ordnung). Du kannst Hilfslinien mit Bleistift zeichnen und später wegradieren.
- Gliedere deine Informationen durch unterschiedliche Schriftgrößen. Verwende Ordnungszahlen, wenn du eine bestimmte Reihenfolge darstellen möchtest.

Ein Rollenspiel durchführen

- **Ausgangslage festhalten:** Fertigt eine Situationskarte und mehrere Rollenkarten an.
  Situationskarte: kurze Beschreibung, welche Situation nachgespielt werden soll
  Welche Probleme sind zu lösen?
  Rollenkarte: Je eine für die dargestellten Personen und für die Beobachter. Auf den Karten sind Tätigkeit, Eigenschaften, Verhalten und die Ziele der Personen notiert.
- **Rollen verteilen:** Vorgaben der Rollenkarten beachten, eigene Vorstellungen dürfen aber auch eingebracht werden.
- **Spiel vorbereiten:** Die Spielerinnen und Spieler heften sich ein Schild mit ihrer Rollenkennzeichnung an. Sie besprechen die Situation (Situationskarte) und die Rollen (Rollenkarten) untereinander.
- **Spiel durchführen:** Spielbeobachter machen sich während des Spiels Notizen zu den einzelnen Rollen.
- **Spiel auswerten:** Die Beobachter bewerten das Spiel und begründen ihre Meinung. Wurden die Rollen glaubhaft gespielt? Welche Argumente wurden genannt? Passten sie in die Situation und die Zeit? Was war gut, was könnte verbessert werden?

Eine Mind-Map erstellen

Eine „Mind-Map" (englisch für „Gedächtnislandkarte") dient dazu, Informationen zu einem Thema oder einer Fragestellung übersichtlich darzustellen. Dazu werden Begriffe und kurze Stichpunkte mithilfe von Ästen und Zweigen sinnvoll angeordnet. Durch unterschiedliche Schriften, Schriftgrößen, Farben, Symbole, Pfeile, Bilder etc. kann die Mind-Map zusätzlich gestaltet werden. Eine Mind-Map hilft, die wichtigsten Informationen zu einem Thema zu lernen oder zu wiederholen. Du kannst eine Mind-Map auch digital erstellen (→ S. 254).

Informationen zusammenstellen und ordnen

1. Sammle alle Begriffe und Informationen zum Thema, entweder, indem du dir Stichpunkte machst oder sie in einem Text markierst.
2. Überlege dir, welche Hauptbereiche („Äste") es geben soll. Ordne deine Notizen den Ästen zu („Zweige").

Mind-Map entwerfen

1. Schreibe das Thema/die Frage in die Mitte des Blattes. Benutze am besten ein unliniertes DIN-A4-Blatt im Querformat. Achte auf einen ausreichend großen Rand, um das Blatt abheften zu können.
2. Zeichne von der Mitte aus für jeden Hauptbereich einen Ast; notiere darauf den Namen des Bereichs (ein Wort, eine kurze Wortgruppe).
3. Vom Ende der Hauptäste gehen die Zweige ab. Notiere hier die Begriffe auf den Zweigen. Von diesen Zweigen können gegebenenfalls noch feinere Zweige abgehen.
4. Achte bei deiner Skizze darauf, den Raum auszunutzen: Die Äste sollten nicht zu weit von der Mitte entfernt sein, sonst bleibt zu wenig Platz für die Zweige.

Mind-Map gestalten

1. Erstelle mithilfe deiner Skizze die endgültige Mind-Map: Achte darauf, sauber und deutlich – am besten in Druckschrift – zu schreiben. Und am besten schreibst du deinen Text waagerecht; so lässt sich der Text leichter lesen, ohne das Blatt oder den Kopf drehen zu müssen.
2. Gestalte deine Mind-Map farbig (**Tipp:** Verwende immer eine Farbe für einen Ast mit seinen Zweigen!) und zeichne passende Bilder, Symbole, Pfeile etc.

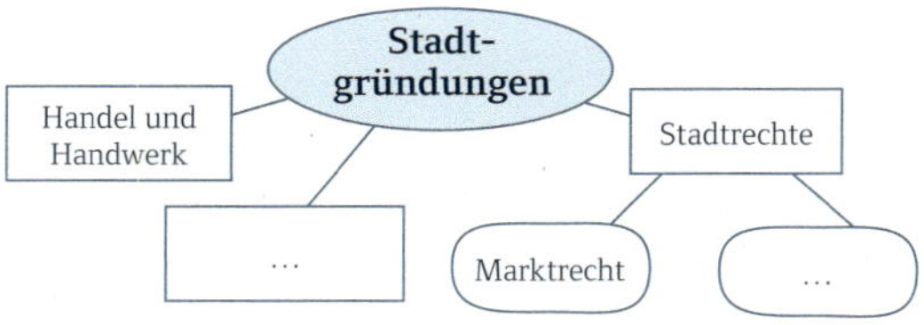

Ein Placemat gestalten (Gruppenarbeit für 4 Personen)

- Findet euch in Vierergruppen zusammen.
- Nehmt ein DIN-A2- oder DIN-A3- Blatt und zeichnet folgendes Schema darauf:
- Legt es auf den Tisch. Vor jeder weißen Fläche sitzt einer aus eurer Gruppe.
- Es wird ein Thema gestellt. Jeder notiert in der festgelegten Zeit (ca. 5 min), was er darüber weiß, wissen möchte und welche Ideen er dazu hat.
- Dreht das Blatt, sodass jeder lesen kann, was die anderen aufgeschrieben haben. Stellt Fragen zum Verständnis (ca. 5 min).
- Entscheidet am Ende als Gruppe, welche der Notizen ihr als Ergebnis in die Mitte des Blattes schreiben wollt. Einigt euch auf 4–6 Stichpunkte (ca. 10 min).
- Präsentiert euer Ergebnis anschließend der Klasse.

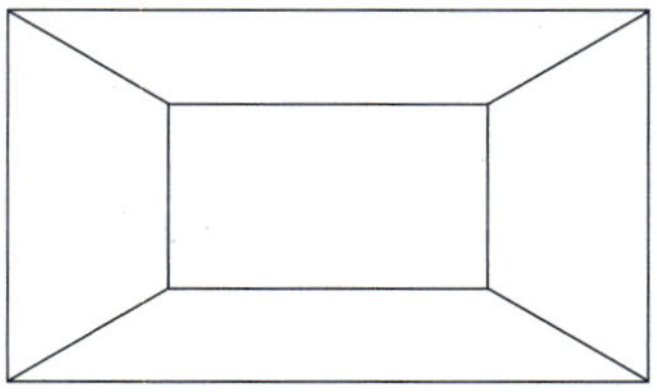

Arbeitshilfen zur Begriffs- und Texterschließung

Einen Sachtext lesen und verstehen

1. Den Text überfliegen
- Welche Überschrift/Zwischenüberschrift hat der Text?
- Worum könnte es in dem Text gehen?
- Auf welche Frage gibt der Sachtext Antworten?

2. Den Text lesen und bearbeiten
- Welche Textstellen hast du gut verstanden?
- Welche Wörter und Textpassagen hast du nicht verstanden?
- In welche Abschnitte lässt sich der Text einteilen?
- Was sind die wichtigsten Informationen in jedem Textabschnitt?

3. Den Inhalt zusammenfassen
- Was sind die wichtigsten Informationen und Begriffe im Text?
- Stelle die Textinformationen bildlich dar, zum Beispiel als Schaubild, Mind-Map oder Tabelle.
- Gib den Inhalt des Textes wieder (mündlich oder schriftlich).

Die Strukturlege-Technik

Diese Technik hilft dir, einen Text, den du gelesen hast, noch besser zu verstehen und die wichtigsten Informationen zu lernen. Du benötigst dafür kleine Papierkärtchen und Stifte. Gehe dabei so vor:

a) Einzelarbeit: Lies jeden Absatz eines Darstellungstextes einzeln. Schreibe die wichtigen Begriffe aus dem Darstellungstext auf Papierkärtchen (ein Begriff pro Kärtchen).

b) Einzelarbeit: Lege die Kärtchen so auf den Tisch oder ein Blatt Papier, dass sie eine sinnvolle Struktur bilden. Verbinde deine Kärtchen mit Linien oder Pfeilen.

c) Partnerarbeit: Erkläre deinem Partner, warum du deine Kärtchen in diese Struktur gelegt hast. Du kannst deine Struktur im Gespräch mit deinem Partner auch verändern.

d) Einzelarbeit: Klebe deine Struktur in dein Heft oder schreibe sie ab. Ergänze Pfeile oder Symbole und beschrifte diese.

Begriffskarten

In jeder Themeneinheit lernst du neue Fachbegriffe kennen. Diese sollst du nicht nur verstehen, sondern auch selbst erklären und aktiv verwenden können – zum Beispiel in deinen Antworten im Unterricht oder bei der Bearbeitung der Aufgaben.

So erstellst du eine Begriffskarte:
1. Zeichne eine Begriffskarte (M1) in dein Heft. Verwende dazu etwa die Hälfte einer Heftseite. Mithilfe des Webcodes kannst du dir auch eine Vorlage herunterladen.
2. Notiere den Fachbegriff in dem Feld in der Mitte (gib auch den Artikel an).
3. Fülle die vier Felder deiner Begriffskarte aus. Sollte es keine Gegenbeispiele für deinen Begriff geben, kannst du sie weglassen.
4. Stelle deine Begriffskarte in einem Kurzvortrag vor.

M 1

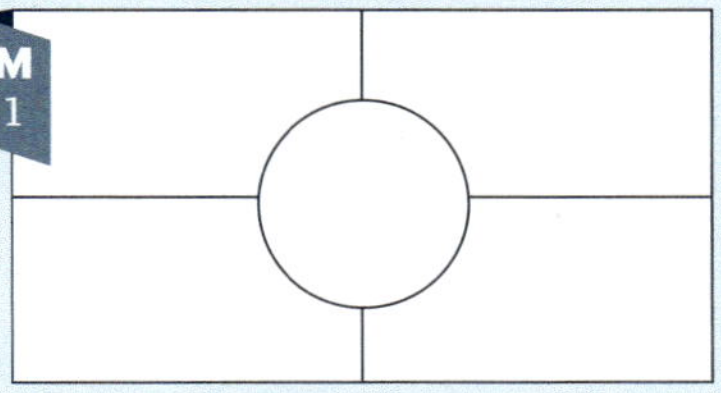

Begriffskarte

cornelsen.de/webcodes
Code: devaco
Vorlage Begriffskarte

Übersicht digitaler Anwendungen und Internetseiten zur Aufgabenbearbeitung

Alle Aufgaben in diesem Buch, die mit dem Symbol MK markiert sind, kannst du auch digital bearbeiten. In der folgenden Übersicht findest du Vorschläge für digitale Anwendungen (Apps), mit denen du deine Lösungen mit dem Smartphone, dem Tablet oder mithilfe eines Computers erstellen kannst. Wenn du die unten genannten Apps nutzen möchtest, musst du sie im Internet suchen. Die hier aufgelisteten Apps sind nur Beispiele. Es gibt im Internet noch andere Angebote. Achte bei der Verwendung von Apps immer darauf, ausschließlich kostenlose Angebote zu nutzen. Damit stellst du sicher, dass keine Kosten entstehen. Bespreche die Nutzung mit deiner Lehrerin oder deinem Lehrer.

1. Ideen sammeln

Im Unterricht werden bei der Erarbeitung eines Themas oft Ideen oder erste Gedanken zu einem Thema gesammelt. Anstelle mit der Tafel zu arbeiten, könnt ihr eure Ideen und Gedanken auch digital mithilfe eines Smartphones, eines Tablets oder eines Computers sammeln und gemeinsam auswerten. Dazu eignen sich zum Beispiel Apps wie **„Padlet"** oder **„Answer Garden"**, mit denen du verschiedene Themen schnell und übersichtlich darstellen kannst oder mit denen ihr gemeinsam in der Klasse Ideen zu einem Thema sammeln könnt.

2. Eine Mind-Map erstellen

Im Schulbuch wirst du in mehreren Aufgaben dazu aufgefordert, eine Mind-Map zu erstellen. Arbeitsergebnisse oder Überlegungen zu einer Leitfrage kannst du aber auch in einer digitalen Mind-Map zusammenfassen und grafisch darstellen. Dazu kannst du beispielweise die Apps **„MindMeister"** oder **„Popplet"** verwenden. Nutze dazu ein Smartphone, ein Tablet oder einen Computer.

3. Ein Quiz erstellen

Zum Abschluss eines Themas und zum Wiederholen der Inhalte kannst du ein digitales Quiz erstellen. Dazu eignet sich zum Beispiel die App **„Quizlet"**. Mit dieser App kannst du dir zu jedem Thema dein eigenes digitales Quiz mit eigenen Fragen erstellen. Deine Mitschülerinnen und Mitschüler können die Fragen dann am Smartphone, am Tablet oder am Computer beantworten.

4. Audio- und Videobearbeitung

Mithilfe deines Smartphones oder einer Kamera kannst du ganz einfach Audios oder Videos aufnehmen. Diese kannst du dann beispielsweise für Interviews oder einen eigenen Erklärfilm nutzen. Zur einfachen Bearbeitung von Audioaufnahmen eignet sich zum Beispiel die App **„Audacity"**. Wenn du selbstgedrehte Videos bearbeiten möchtest, könntest du die App **„SoundCloud"** oder eine andere geeignete App verwenden.

Informationen beschaffen

Eine Internetrecherche durchführen

→ Band 1, S. 27

Die Suche beginnen
1. Zu welchem historischen Thema, zu welcher Frage suche ich Informationen?
2. Welche Internet-Suchmaschine wähle ich aus?
3. Welche Internethinweise gibt das Schulbuch?

Die Suchabsicht festlegen
4. Welche Suchwörter helfen mir zur Beantwortung meiner Fragen weiter?

Überblick über das Suchergebnis bekommen
5. Welche Links sind interessant und brauchbar für mich?
6. Welche Links stammen von glaubwürdigen Anbietern?

Ergebnisse ordnen
7. Wie gehe ich mit den Informationen einer Webseite um?

Informationen sichern und auswerten
8. Wie halte ich die gefundenen Informationen fest?

Orte erkunden

Einen außerschulischen Lernort besuchen

→ Band 3, S. 175

Mit digitalen Hilfsmitteln arbeiten

Ein Erklärvideo erstellen

→ Band 1, S. 137

1. **Ideenfindung und Recherche:** Was soll im Video gezeigt und gelernt werden? Welche Informationen braucht der Zuschauer unbedingt, um das Thema zu verstehen?
2. **Das Storyboard:** Das Storyboard ist die Kurzversion eines Drehbuchs zum Film. Es sollte maximal ein DIN-A4-Blatt umfassen. Im Storyboard werden Szenen oder Bilder und der dazugehörige Text des Sprechers festgehalten. Der gesprochene Text sollte in jedem Fall zu dem gezeigten Bild passen. Die Bilder können zum Beispiel per Hand ins Bild gelegt oder „gewischt" werden. Möglich wäre, dass ihr die Bilder selbst zeichnet oder mit kleinen Figuren Situationen nachstellt. Auch Toneffekte können eingesetzt werden.
3. **Das Video drehen:** Dann dreht ihr mithilfe eines Smartphones oder Tablets ein zwei- bis dreiminütiges Erklärvideo, das ihr anschließend im Unterricht präsentiert.

Eine digitale Präsentation erstellen

→ Band 2, S. 19

Thema vorbereiten und recherchieren
1. Welches Thema interessiert dich? Wie lautet das Thema/die Leitfrage?
2. Welche Informationen benötigst du? Welche Bilder, Zeichnungen, Fotos oder Karten eignen sich, um den Vortrag zu veranschaulichen?

Vortrag verschriftlichen
3. Wie lässt sich das Thema sinnvoll gliedern?
4. Was sind die wesentlichen Informationen für deinen Vortrag/für die jeweiligen Folien?

Präsentation digital gestalten
5. Wie kann die Präsentation anschaulich aufgebaut werden?
6. Wie werden die Informationen für die Zuhörer verständlich festgehalten?
7. Welche Schriftart, -größe und -farbe ist geeignet?

Arbeiten mit der App BIPARCOURS
→ Band 2, S. 223

Ideen sammeln
1. Welches Thema/welche Fragestellung könnte der BIPARCOURS behandeln?

Planung und Organisation
2. Wie könnte man sich die Arbeit aufteilen?

Recherche
3. Welche Informationen und welches Quellenmaterial gibt es zu den jeweiligen Orten und Ereignissen?

Erstellung des BIPARCOURS
4. Wie kann ein BIPARCOURS erstellt werden? **Tipp:** Auf der Website findet ihr einen Link zur Materialseite. Die Schritt-für-Schritt-Anleitung für den Parcours-Creator erklärt euch den Creator im Detail. Auch das Video „So funktioniert der Parcours-Creator" gibt einen kurzen Einblick.
5. Wie kann ein BIPARCOURS gestaltet werden?

Eine Bildquelle mit thinglink interpretieren
→ Band 3, S. 29

Ein Bild „verfilmen"
→ Band 3, S. 129

Fake News erkennen
→ Band 3, S. 229

Texte, Bilder, Karten, Gegenstände untersuchen

Eine Bildquelle auswerten
→ Band 1, S. 47

Die einzelnen Bildelemente beschreiben
1. Welche Art von Bild liegt hier vor (zum Beispiel Vase, Wandmalerei, Gemälde, Fotografie)?
2. Wer hat das Bild erstellt? Wann wurde es erstellt?
3. Welche Personen, Tiere oder Gegenstände sind zu sehen?
4. Wie werden sie dargestellt (zum Beispiel Kleidung, Farbe, Körperhaltung, Gesichtsausdruck)?
5. Wo befinden sich die Personen, Tiere und Gegenstände?

Die Zusammenhänge erklären
6. In welcher Beziehung stehen die abgebildeten Personen, Tiere oder Gegenstände zueinander?
7. Findest du Merkmale, die auf bestimmte Eigenschaften, Beruf oder gesellschaftliche Stellung hinweisen?

Die Bildquellen deuten
8. Warum wurde das Bild gemalt? Der Titel des Bildes und die Bildunterschrift geben dir weitere Informationen.
9. Welche Botschaft soll dem Betrachter des Bildes vermittelt werden?

Ein Schaubild auswerten
→ Band 1, S. 86

Einzelne Elemente des Schaubildes beschreiben
1. Was ist das Thema des Schaubildes?
2. Lassen sich verschiedene Farben, Kästen und Symbole erkennen? Wofür stehen diese?
3. Welche Gruppen, staatlichen Einrichtungen/Institutionen und Ämter werden genannt?
4. Wer darf in der Stadt oder im Staat mitbestimmen, wer nicht? Gibt es Unterschiede bei den Zahlenverhältnissen der einzelnen Gruppen?

Den Aufbau des Schaubildes untersuchen
5. Wie ist das Schaubild am besten zu lesen? Gibt es Pfeile, die in eine bestimmte Richtung zeigen?

Die Gesamtaussage des Schaubildes formulieren
6. Zusammenfassung der zentralen Inhalte des Schaubildes in eigenen Worten

Eine schriftliche Quelle untersuchen

→ Band 1, S. 113

Die Textquelle lesen

1. Formulierung einer Leitfrage: Welche Frage kann mithilfe der Quelle beantwortet werden?
2. Lies den Text gründlich durch.

Informationen zum Autor und der Entstehungszeit herausarbeiten

3. Wer ist der Autor/die Autorin der Quelle?
4. Wann und wo wurde die Quelle geschrieben?
5. Um welche Art von Text handelt es sich (zum Beispiel: Tagebuch, Brief, Rede, Zeitungsartikel)?
6. An wen ist der Text gerichtet?

Den Inhalt der Textquelle zusammenfassen und erklären

7. Welche Begriffe muss ich klären?
8. Welche Textstellen muss ich erklärt bekommen? Stelle dazu passende W-Fragen und versuche sie in Partnerarbeit zu klären.
9. Wie ist die Quelle aufgebaut? Finde Überschriften für die wichtigsten Abschnitte.
10. Was ist die Hauptaussage des Textes? Fasse sie in zwei bis drei Sätzen zusammen und beantworte damit auch die Leitfrage aus Schritt 1.

Die Absicht des Autors erläutern

11. Welche Absicht des Autors wird im Text deutlich?

Ein historisches Urteil bilden

→ Band 2, S. 47

Eine Leitfrage formulieren

1. Welche Frage(n) soll(en) beantwortet werden?

Informationen zur Quelle und deren Inhalt erfassen

2. Wer war der Autor/die Autorin der Quelle/der Darstellung?
3. Wann und wo wurde die Quelle/die Darstellung geschrieben? Welche Rückschlüsse kannst du daraus über den Wahrheitsgehalt ziehen?
4. An wen war der Text gerichtet?
5. Was ist die Hauptaussage des Textes? (Arbeite die Positionen, Argumente und Meinungen zur Leitfrage aus der Quelle/der Darstellung heraus.)

Ein historisches Sachurteil bilden

6. Welches Interesse verfolgt der Autor und wie ist der Inhalt der Quelle/der Darstellung zu beurteilen (zum Beispiel: was wollte der Redner erreichen)?
7. Wie würden die Zeitgenossen (in diesem Fall Christen) aus ihrer Zeit heraus die Leitfrage beantworten und wie begründen sie dies?
8. Wie könnte die Leitfrage aus einer anderen Perspektive anhand von weiteren Quellen und/ oder Darstellungen beantwortet werden (unterschiedliche Sichtweisen von Beteiligten)?

Ein historisches Werturteil bilden

9. Wie würdest du aus heutiger Sicht die Leitfrage beantworten?

Eine Karikatur analysieren

→ Band 2, S. 143

Ersten Eindruck festhalten

1. Wie wirkt die Karikatur auf dich?
2. Welche Personen, Gegenstände und anderen Details lassen sich auf der Karikatur erkennen? Achte auf den Gesichtsausdruck und die Körperhaltung. Beziehe die Bildunterschrift mit ein.

Zusätzliche Informationen heranziehen

3. Wer ist der Zeichner?
4. Wann und wo ist die Karikatur entstanden?
5. Hat die Karikatur einen Titel?
6. Welches Thema hat die Karikatur?

Bildaussage erkennen

7. Welche Bedeutung haben die Personen und Gegenstände?
8. Auf welches Ereignis bezieht sich die Karikatur?

Aussage der Karikatur formulieren

9. Was ist die Botschaft?
10. Was wird kritisiert?
11. Welche Wirkung könnte die Karikatur haben?

Eine historische Fotografie analysieren → Band 2, S. 213

Angaben zur Entstehung machen
1. Wann ist die Fotografie entstanden?
2. Wo ist sie entstanden?
3. Wer hat in wessen Auftrag fotografiert?
4. Für wen ist die Fotografie angefertigt worden?

Die Fotografie beschreiben
5. Handelt es sich um eine Farb- oder Schwarz-Weiß-Fotografie? Wurde das Foto nachträglich bearbeitet?
6. Welche Bildtechnik ist zu erkennen (Perspektive, Entfernung, Ausschnitt)?
7. Was ist genau zu sehen (Umgebung, Menschen, Kleidung, Gesichtsausdruck, Körperhaltung, Gegenstände)?

Die Fotografie deuten
8. Was ist der erste Eindruck?
9. Welche Gesamtaussage lässt sich formulieren? Was erfahren wir über die dargestellte Situation, die Umgebung und die Menschen?
10. Ist die Fotografie glaubwürdig? Ziehe gegebenenfalls weitere Quellen hinzu. Was gilt als sicher belegt, vermutlich oder unklar?
11. Welche Absicht verfolgt der Fotograf? Welche Wirkung soll das Bild erzielen?
12. Welche Fragen bleiben offen?

Ein Verfassungsschaubild auswerten → Band 3, S. 17

Ein Denkmal interpretieren → Band 3, S. 23

Schriftliche Quellen vergleichen → Band 3, S. 51

Eine Darstellung analysieren → Band 3, S. 71

Ein Kriegerdenkmal untersuchen → Band 3, S. 93

Politische Plakate analysieren → Band 3, S. 123

Eine Statistik auswerten → Band 3, S. 135

Eine politische Rede analysieren → Band 3, S. 161

Ein Experteninterview analysieren → Band 3, S. 209

Im Lexikon werden Fremdwörter, historische Begriffe und Ereignisse erläutert, die in den Texten dieses Buches vorkommen und mit einem * versehen sind. Die Fachbegriffe, die auf den Themenseiten erklärt werden, haben einen Verweis auf die entsprechende Seite.

A

die **Achsenmächte,** während des Zweiten Weltkrieges Bezeichnung für das Deutsche Reich und seine Bündnispartner, insbesondere Italien und Japan.

der **Alldeutsche Verband,** politische Bewegung, die Ende des 19. Jahrhunderts gegründet wurde. Sie vertrat ein starkes Nationalbewusstsein und imperialistische Ziele. Aggressiver Nationalismus sollte die Bedeutung Deutschlands steigern.

die **Allegorie,** ist eine menschliche oder tierische Figur, die einen abstrakten Inhalt darstellt. Die Göttin Justitia mit Waage und Schwert steht zum Beispiel für die Gerechtigkeit. Nationen stellte man gerne als Frauen dar.

die **Anleihe,** ist eine langfristige Geldaufnahme am Kapitalmarkt – ein an der Börse gehandeltes Wertpapier, das einem Gläubiger das Recht auf Rückzahlung samt vereinbarter Zinsen einräumt.

die **Annexion,** Bezeichnung für die gewaltsame und widerrechtliche Aneignung, den Anschluss oder die Unterwerfung eines fremden Gebiets oder staatlichen Territoriums.

der **Antisemitismus,** siehe S. 152.

das **Appeasement** (engl. to appease = beschwichtigen), Politik der Beschwichtigung durch Nachgeben im Konfliktfall. Der Begriff meint besonders die britische Außenpolitik gegenüber Hitler. Großbritannien hoffte, durch Zugeständnisse den Frieden in Europa zu erhalten. Höhepunkte der Appeasement-Politik waren das Münchner Abkommen 1938 und die Hinnahme der deutschen Besetzung der Tschechoslowakei 1939.

das **Arbeitsbeschaffungsprogramm,** Investitionen vom Staat, um arbeitslose Menschen wieder in Beschäftigung zu bringen und die Wirtschaft voranzutreiben. Während des Zweiten Weltkrieges wurden hier vor allem Maßnahmen wie der Straßen- und Wohnungsbau oder die militärische Aufrüstung eingesetzt.

die **Arbeiterbewegung,** Gesamtheit der Organisationen der Industriearbeiter. Sie entstanden während der Industrialisierung im 19. Jahrhundert. Die Arbeiterbewegung entwickelte sich zu einer Massenbewegung mit Arbeiterparteien und Gewerkschaften. Hauptziele waren die Verbesserung der wirtschaftlichen und sozialen Lage der Arbeiter und politische Mitsprache.

die **Arbeiter- und Soldatenräte,** Vereinigung von Arbeitern und Soldaten. Sie übernahmen während der Novemberrevolution ab 9. November 1918 die Macht in deutschen Fabriken und Kasernen. Mit dem Ende der Revolution lösten sie sich auf.

die **„Arier“,** siehe S. 152.

die **„Arisierung“,** nationalsozialistischer Begriff: Verdrängung der Juden aus dem Berufs- und Wirtschaftsleben durch Gesetze. Durch die Verordnung zur „Arisierung“ (26. April und 12. November 1938) wurde jüdisches Eigentum in „arische Hände“ überführt. Es erfolgte ein Zwangsverkauf zu Niedrigpreisen oder entschädigungslose Enteignung. Nutznießer der Arisierung waren die Staatskasse und Nichtjuden.

die **Atlantik-Charta,** am 14. August 1941 von dem britischen Premierminister Churchill und dem amerikanischen Präsidenten Roosevelt beschlossene Erklärung der gemeinsamen Kriegs- und Nachkriegspolitik, die zu einem Grunddokument der UNO wurde. Sie forderte unter anderem einen Verzicht auf Gebietsgewinn, die Anerkennung des Selbstbestimmungsrechts der Völker über ihre Regierungsform, die Gleichberechtigung im Welthandel, die Freiheit der Weltmeere und den Verzicht auf Waffengewalt.

die **Autarkie,** bedeutet die wirtschaftliche Unabhängigkeit eines Landes. Es kann sich selbst versorgen und ist nicht von anderen Ländern und deren Exporte abhängig.

die **Autonomie,** Bezeichnung für den Zustand der Selbstbestimmung. Ein autonomer Staat ist von anderen Staaten unabhängig (Souveränität). Er verwaltet sich selbst und ist in seinen Entscheidungen frei.

das **autoritäre Regime,** siehe S. 148.

B

die **Bolschewiki und Menschewiki,** russisch „Mehrheitler“ und „Minderheitler“, Fraktionen, die aus der Spaltung der russischen Sozialdemokratischen Partei 1903 hervorgingen. Die Bezeichnungen sind irreführend, denn die Menschewiki waren in der Überzahl. Ihr Ziel war die Einführung einer parlamentarischen Demokratie. Die Bolschewiki unter Lenin wollten eine Revolution und waren strikt gegen die Zusammenarbeit mit anderen Parteien. Sie verstanden sich als „Kaderpartei“ (Kader = geschulte Führungskräfte) mit strenger Hierarchie. Die Bolschewiki wollten alle Gesellschaftsbereiche durchdringen, um die Massen zum Sozialismus zu führen.

der **Bolschewismus,** politisches System der Bolschewiki in der UdSSR. Kennzeichen: Diktatur einer Parteielite, Terror und ein Unterdrückungsapparat. Seit den 1930er Jahren war der Begriff „Bolschewismus" im Westen negativ besetzt. In NS-Deutschland wurde er verwendet, um den Kommunismus insgesamt zu verurteilen.

der **Bundesstaat,** Zusammenschluss von selbstständigen Einzelstaaten zu einem Gesamtstaat, wobei die Einzelstaaten einen Teil ihrer Rechte in der Gesetzgebung und Verwaltung an den Gesamtstaat übertragen, zum Beispiel die Außen- und Finanzpolitik, einen anderen Teil aber weiter behalten, zum Beispiel die Schul- und Kulturpolitik. Man bezeichnet dieses Gestaltungsprinzip von Staaten als → Föderalismus.

das **Bündnissystem,** Abkommen und Verträge, die dazu dienen, einen Kriegsfall zu verhindern beziehungsweise in einem Kriegsfall den jeweiligen Bündnispartner dazu zu verpflichten, ihm beizustehen oder neutral zu bleiben. Berühmt wurde das Bündnissystem von Reichskanzler Bismarck, das aus wechselnden Bündnissen mit verschiedenen Nationen bestand. Bismarck wollte damit einerseits die Macht des Deutschen Reichs sichern, andererseits den europäischen Mächten die Angst vor einem erstarkten Deutschland nehmen.

der **„Burgfrieden",** ursprünglich Bereich um eine Burg, in der keine feindlichen Handlungen ausgeführt werden durften. In der Politik Zurückstellen innenpolitischer Konflikte und wirtschaftlicher Auseinandersetzungen zugunsten eines gemeinsamen Zieles. Im Ersten Weltkrieg gab die SPD ihre antimilitaristische Haltung auf und unterstützte die Kriegsziele des Deutschen Reichs. Der Regierung war es gelungen zu überzeugen, dass das Kaiserreich sich in einem Verteidigungskrieg gegen Russland befände. Für die SPD war die Zarenherrschaft schon lange ein Symbol für Unterdrückung. Daher stimmte auch sie den zur Kriegsführung benötigten Kriegskrediten zu.

D

die **Deflation,** beschreibt eine anhaltende, allgemeine Abnahme des Preisniveaus für Güter und Dienstleistungen. Sie entsteht, wenn die Nachfrage nach Produkten oder Dienstleistungen geringer ist als das Angebot.

die **Deportation,** Zwangsverschleppung von Menschen. Zur Zeit des Nationalsozialismus wurden ausländische Arbeitskräfte, politische Gegner oder als feindlich betrachtete Bevölkerungsgruppen deportiert.

die **Demokratie,** Staatsform, bei der die Macht vom Volk ausgeht (Volkssouveränität). Gewählte und vom Volk kontrollierte Vertreter (Abgeordnete) lenken den Staat.

der **Deutsche Flottenverein,** wurde 1898 gegründet; trat für Weltmachtpolitik Deutschlands ein und versuchte die öffentliche Meinung dafür zu gewinnen. Der Verein war überzeugt, dass eine starke Flotte wichtig sei für die nationale Größe, militärische Stärke und für den wirtschaftlichen Wohlstand. Nach dem Ersten Weltkrieg wurde der Flottenverein 1919 in „Deutscher Seeverein" umbenannt. Er bestand bis zu seiner Auflösung durch die Nationalsozialisten im Jahr 1934.

die **Diktatur** (von lat. dictatura), siehe S. 148.

die **Diskriminierung** (lat. discriminare = abgrenzen, unterscheiden), Benachteiligung und Herabwürdigung von Gruppen oder Personen aufgrund von Hautfarbe, Geschlecht, Religion, Abstammung, politischer oder sexueller Orientierung, sozialer Herkunft usw. Diskriminierung geschieht zum Beispiel durch Benachteiligung bei der Teilnahme am öffentlichen Leben, bei der Ausbildung, Berufsausübung oder Entlohnung.

die **Displaced Persons (DPs)** (wörtlich aus dem Englischen übersetzt: „verschobene Personen"), Begriff der Alliierten im Zweiten Weltkrieg, meint Zwangsarbeiter und KZ-Häftlinge, die 1939–1945 durch Deutschland und seine Verbündeten verschleppt oder zum Verlassen ihrer Heimat gezwungen wurden. Nach dem Krieg wanderten viele jüdische „DPs" nach Palästina aus.

die **DNVP,** siehe S. 124.

die **DVP,** siehe S. 124.

das **Dritte Reich,** nationalsozialistische Bezeichnung für Deutschland 1933–1945. Der Begriff soll eine Beziehung zu den zwei vorherigen Reichen herstellen: dem Heiligen Römischen Reich Deutscher Nation (962–1806) und dem deutschen Kaiserreich (1871–1918). Das „Dritte" Reich sollte laut NS-Propaganda die deutsche Geschichte vollenden.

E

der **Ebert-Groener-Pakt,** Vereinbarung zwischen Friedrich Ebert (SPD-Vorsitzender, Mitglied des Rates der Volksbeauftragten) und General Wilhelm Groener, Chef der Obersten Heeresleitung, während der Novemberrevolution 1918. Der Pakt regelte das gemeinsame Vorgehen gegen linksradikale Gruppen, die die Revolution fortsetzen wollten. Groener wollte die Armee schützen, sie möglichst rasch nach Deutschland zurückholen und integrieren. Die SPD wollte eine parlamentarische Demokratie schaffen.

die **Entente cordiale,** war ein Militärbündnis zwischen Großbritannien und Frankreich. Es wurde 1904 abgeschlossen.

die **Einsatzgruppen,** Sondereinheiten aus Polizei, → Gestapo und SS, unterstellt dem „Reichsführer SS" Heinrich Himmler. In Osteuropa ermordeten sie ab 1939 systematisch die jüdische Bevölkerung, Roma, polnische Intellektuelle, Kranke und Behinderte. Einsatzgruppen hatten eine Stärke von einigen hundert Mann und führten meist Erschießungen durch. Ab 1942 wurden sie durch Vernichtungslager „abgelöst".

das **„Ermächtigungsgesetz",** das nationalsozialistische „Gesetz zur Behebung der Not von Volk und Reich" vom 23. März 1933. Es hob die Gewaltenteilung auf. Die NS-Regierung erhielt dadurch unumschränkte Macht und konnte selbst Gesetze erlassen. Sie war nicht mehr an das Parlament gebunden. Staatliche Willkür wurde möglich.

die **Eugenik,** siehe S. 183.

die **„Euthanasie",** siehe S. 183.

F

der **Faschismus,** ursprünglich Bezeichnung für das Herrschaftssystem Italiens unter Benito Mussolini; „fasces" = Rutenbündel mit einem Beil, Machtsymbol der höchsten römischen Beamten. Merkmale des Faschismus: antidemokratische, antisozialistische, antikirchliche und nationalistische Einstellung. Die Nationalsozialisten bezeichneten sich selbst nicht als Faschisten, weil sie eine deutsche und keine internationale Bewegung sein wollten. In sozialistischen Ländern nannte man dagegen alle antikommunistischen Parteien und Regierungen „faschistisch".

die **Freikorps,** Freiwilligenverbände ehemaliger Frontsoldaten des Ersten Weltkrieges. Sie sahen durch Kriegsende und Revolution keine Chance für eine gesicherte Zukunft. Freikorps bekämpften im Auftrag des „Rates der Volksbeauftragten" und der Reichsregierung die linksradikalen Aufstände von 1923. Ihre Mitglieder wurden allmählich in die Reichswehr überführt.

der **Föderalismus** (lat. foedus = Bund), eine Zusammenfassung mehrerer Staaten unter einer gemeinsamen Regierung, wobei den einzelnen Mitgliedern weitgehend die Selbstverwaltung gelassen wird. Man unterscheidet Staatenbund und Bundesstaat. Grundsatz ist die Idee, die Eigenständigkeit eines jeden Mitglieds zu bewahren und es zugleich zu Leistungen nach eigenem Vermögen für das Gemeinwohl zu verpflichten.

die **Fraktion** (lat. fractio = Bruchteil), Zusammenschluss von Abgeordneten in einem Parlament. Seit Entstehung der Parteien Ende des 19. Jahrhunderts gehören Fraktionsmitglieder meist derselben Partei an.

der **Führer,** vom → Faschismus und Nationalsozialismus geprägter Begriff, meint in NS-Deutschland die Person Adolf Hitlers. Der „Führer" vereint in sich die oberste vollziehende, gesetzgebende und richterliche Gewalt und kennt keine Gewaltenteilung; er bedarf keiner Legitimation und verlangt unbedingten Gehorsam. Seine Person wird kultisch verehrt. Der „Führerstaat" funktioniert nach dem „Führerprinzip": Autorität wird in der Staats- und Parteiorganisation von oben nach unten ausgeübt, Verantwortung nach oben abgegeben.

G

der **Generalstreik,** schärfste Form des Streiks. Durch Arbeitsniederlegung aller oder der meisten Arbeitnehmer wird das wirtschaftliche Leben eines Landes lahmgelegt. Dadurch wird der Streik zu einem wirkungsvollen politischen Druckmittel.

die **Genossenschaft,** ist ein Zusammenschluss mehrerer Personen (zum Beispiel Bäuerinnen und Bauern) mit dem Ziel, durch gemeinschaftlichen Geschäftsbetrieb den Einzelnen wirtschaftlich zu fördern.

die **Gestapo,** Geheime Staatspolizei, nationalsozialistische Behörde zur Verfolgung von Regimegegnern, Juden und anderen Opfern, gegründet 1933. Sie war maßgeblich auf Spitzel und Verräter in der Bevölkerung angewiesen und beteiligte sich ab 1941 an den Massenmorden der → Einsatzgruppen.

die **Gewaltenteilung,** ist ein Grundsatz, der die Teilung der Staatsmacht in drei Teilgewalten fordert. Legislative (gesetzgebende Gewalt, zum Beispiel ein Parlament), Exekutive (ausführende Gewalt, zum Beispiel der Könige oder die Regierung) und Judikative (rechtsprechende Gewalt, zum Beispiel Richter) kontrollieren sich gegenseitig, um einen Machtmissbrauch zu verhindern.

die **Gewerkschaften,** Zusammenschlüsse von Arbeitern mit dem Ziel, ihre soziale Lage zu verbessern. Ziele waren geringere Arbeitszeiten, höhere Löhne und bessere Arbeitsbedingungen. Ein beliebtes Mittel zur Durchsetzung waren Streiks.

die **Gleichschaltung,** siehe S. 163.

die **Grundrechte,** Rechte, die jedem Bürger eines Staates durch die → Verfassung garantiert werden, zum Beispiel das Recht auf Freiheit. Diese Rechte kann der Bürger vor Gericht einklagen.

H

die **Hansestädte,** die Hanse war ein mittelalterlicher Städtebund

hierarchisch, nach Rang oder in Stufen geordnet bzw. strukturiert

der **Hitler-Stalin-Pakt,** Nichtangriffspakt vom 23. August 1939 zwischen dem Deutschen Reich und der Sowjetunion. Hitler wollte damit die Sowjetunion als Kriegsgegner ausschließen. Die Sowjetunion sagte zu, wichtige Erze und Rohstoffe zu liefern, die Deutschland für die Kriegsführung benötigte. In einem geheimen Zusatzprotokoll verständigten sich beide Länder über die Aufteilung Polens im Kriegsfall.

die **Hoheitsrechte,** einem Staat nach der Verfassung zur Ausübung der Staatsgewalt zustehendes Recht. Beispiel sind die Hoheitsrechte für Gerichtsbarkeit, Finanzgewalt oder die Wehrhoheit.

I

die **Ideologie,** Denkrichtung und umfassende Deutung gesellschaftlich-politischer Verhältnisse und historischer Entwicklungen. Die Deutung ist meist einseitig und verzerrt; sie dient den Interessen bestimmter Gruppen und soll bestehende Verhältnisse oder gesellschaftliche Umbrüche begründen und rechtfertigen.

der **Imperialismus,** siehe S. 43.

die **Inflation** (lat. „Aufblähung), siehe S. 115.

J

das **Judentum,** Bezeichnung für die jüdische Religion, Tradition, Philosophie und die Gesamtheit der Juden; erste monotheistische Religion. Die Heilige Schrift der Juden ist die Thora (hebr. = Lehre). Das sind die fünf Bücher Mose, die dem Volk der Juden von Gott übergeben wurden. Der Ort des jüdischen Gottesdienstes ist die Synagoge.

K

der **Kapitalismus,** eine Form der Wirtschaft, bei der Angebot und Nachfrage den Markt bestimmen. Private Unternehmer gründen Firmen und streben nach möglichst großem Gewinn. Das Gegenteil ist der Sozialismus.

die **Klassengesellschaft,** Begriff aus dem 19. Jahrhundert, den man in Verbindung mit dem Sozialismus gebraucht. Man versteht darunter eine Gesellschaft, die sich in eine besitzende und eine besitzlose Klasse teilt. Die Besitzenden nannte man Kapitalisten, die Besitzlosen Proletarier.

die **Koalition** (lat. = Vereinigung), politischer Zusammenschluss von zwei oder mehr Parteien, um gemeinsam zu regieren. Sie ist nötig, wenn eine Partei allein keine Mehrheit erreicht.

der **Kolonialismus,** Errichtung von Handelsstützpunkten und Siedlungskolonien in wenig entwickelten Ländern, vor allem außerhalb Europas, seit dem Ende des 15. Jahrhunderts; später Inbesitznahme der Länder durch die überlegenen Staaten. Der Kolonialismus hatte vor allem wirtschaftliche und militärische Ziele.

die **Kolonien,** auswärtige, abhängige Gebiete eines Staates ohne eigene politische und wirtschaftliche Macht. Im Zeitalter des → Imperialismus war die Gründung von Kolonien ein wesentliches Instrument zur Machtausdehnung europäischer Staaten.

der **Kommunismus,** siehe S. 89.

konservativ (lat. conservare = bewahren), Bezeichnung für politische und soziale Bewegungen seit dem 19. Jahrhundert. Konservative wollen den gegenwärtigen Zustand der Gesellschaft erhalten oder einen älteren wiederherstellen. Sie glauben an Autorität, Traditionen, Privateigentum und akzeptieren oder rechtfertigen soziale Ungleichheit.

Konsumgesellschaft, Form der modernen kapitalistischen Industrie- und Wohlstandsgesellschaft. Sie ist vor allem durch eine relativ hohe Massenkaufkraft sowie durch Massenproduktion von Verbrauchs- und Gebrauchsgütern geprägt. Infolge der weitgehend gesicherten Befriedigung von Grundbedürfnissen (Lebensmittel usw.) richtet sich in der Konsumgesellschaft das Prestige der Bürger zum Teil nach dem Besitz oder Nichtbesitz von bestimmten Konsumgütern (zum Beispiel Autos bestimmter Marken); diese gelten als Hinweis für soziale Gruppenzugehörigkeit. Mit Konsumgesellschaft bezeichnet man auch abwertend eine Gesellschaft, in der die Steigerung der Produktion und der Verbrauch von Gütern ein Übermaß an Aufmerksamkeit finden.

das **Konzentrationslager,** zur Zeit des Nationalsozialismus (1933 bis 1945) ein Lager, in dem Gegner des nationalsozialistischen Regimes und Angehörige von minderwertig erachteten Völkern oder auch politische Gegner unter menschenunwürdigen Bedingungen gefangen gehalten wurden. Viele wurden in den Lagern planmäßig getötet.

die **KPD,** siehe S. 124.

L

der **Liberalismus,** ist eine politische Bewegung, die großen Wert auf Freiheit in Staat und Gesellschaft legt. Der Mensch und seine Rechte stehen im Vordergrund. Der Staat soll die Bürger schützen und die Ordnung aufrechterhalten. Liberale setzen sich für Gewaltenteilung, einen Rechtsstaat und Pressefreiheit ein.

M

die **Marktwirtschaft,** Produktionsmittel (Arbeit, Kapital und Boden) befinden sich in Privatbesitz von Unternehmern und großen Gesellschaften. Gewinne vermehren das Produktivkapital. Der freie Wettbewerb richtet sich nach Angebot und Nachfrage. Der Staat überwacht diese Wirtschaftsform, zum Beispiel durch ein Verbot von Firmenzusammenschlüssen, wenn dadurch der Wettbewerb gefährdet wird. Den Schutz der Arbeitnehmer regeln Sozialgesetze wie das Arbeitslosengeld und der Kündigungsschutz.

der **Marxismus,** Lehre von Karl Marx, ihre Auslegung und Weiterführung. → Sozialismus, Kommunismus.

das **Massenmedium,** bezeichnet ein Kommunikationsmittel, das zur Verbreitung von Informationen in der Öffentlichkeit beiträgt. Heute sind das Internet und Fernsehen die wichtigsten Massenmedien. In der Frühen Neuzeit wurden mit der Einführung des Buchdrucks Flugblätter und Bücher zu Massenmedien.

die **Menschewiki** → Bolschewiki und Menschewiki.

der **Militarismus,** Vorrang militärischer Werte und Ideale in einer Gesellschaft: Glaube an das „Recht des Stärkeren" und die Unvermeidbarkeit von Kriegen als Mittel der Politik. Rüstungs- und Verteidigungspolitik haben Vorrang. Militärische Tugenden wie Gehorsam und Disziplin bestimmen die Erziehung.

die **Minderheitsregierung,** eine Regierung, die im → Parlament nur von einer Minderheit von Abgeordneten gestützt wird. Die Opposition ist dabei in der Überzahl.

die **Mittelmächte,** Bezeichnung für ein Militärbündnis der kriegführenden Parteien im Ersten Weltkrieg, Deutsches Reich und Österreich-Ungarn. Diese Bezeichnung rührt von der geografischen Lage dieser beiden Staaten in der Mitte Europas her. Später schlossen sich dem Bündnis noch Bulgarien und das Osmanische Reich an.

die **MSPD (Mehrheitssozialdemokratische Partei Deutschlands),** Name der Sozialdemokratischen Partei Deutschlands (SPD) von 1917 bis 1922. Die SPD hatte sich 1917 wegen der Kriegspolitik im Ersten Weltkrieg in zwei Flügel gespalten: → USPD und MSPD.

N

die **Nation** (lat. natio = Volk, Stamm), ursprüngliche Idee: große Gruppe von Menschen mit gemeinsamer Sprache, Tradition oder Abstammung. Seit dem 18. Jahrhundert entstand die Idee des Nationalstaats, bei dem die Nation und der Staat deckungsgleich sein sollen. Der übersteigerte Glaube an die eigene Nation führte im 19. Jahrhundert zur Konkurrenz der Nationalstaaten und zum Nationalismus. Er ist häufig mit der Ausgrenzung religiöser oder ethnischer Minderheiten verbunden.

das **Nationalitätenprinzip,** beruht auf dem Gedanken, dass jede Nationalität das Recht auf einen eigenständigen Staat hat.

der **Nationalsozialismus,** rechtsradikale politische Bewegung und Ideologie, die 1933 in Deutschland zum Aufbau einer Diktatur und zum Verlust demokratischer Freiheiten führte. Kennzeichen: extremer Nationalismus, Streben nach „Lebensraum" für die Bevölkerung, Glaube an einen „Führer", Rassismus und Antisemitismus.

der **Nobelpreis,** eine seit 1901 jährlich vergebene Auszeichnung für besondere Leistungen in Literatur, Naturwissenschaften oder Friedensbemühungen. Der Preis geht auf den schwedischen Erfinder und Industriellen Alfred Nobel (1833–1896) zurück.

die **Notverordnung,** durch die Weimarer Verfassung garantiertes Recht des Reichspräsidenten, ohne Einwilligung des Parlaments Regierungsverordnungen mit Gesetzeskraft zu erlassen, die einzelne Grundrechte vorübergehend außer Kraft setzen können.

die **Nürnberger Rassegesetze,** wurden 1935 beim „Reichsparteitag der Freiheit" in Nürnberg erlassen. Sie stellten die rechtliche Grundlage zur weiteren Entrechtung und Ausgrenzung der Juden aus der „Volksgemeinschaft" dar.

O

orthodox, die orthodoxe Kirche entstand 1054 durch die Kirchenspaltung in orthodoxe und katholische Kirche. Die orthodoxe Kirche ist damit eine Konfession des Christentums. „Orthodox“ heißt dabei so viel wie „richtige Verehrung“.

P

der **Parlamentarismus,** Bezeichnung für eine demokratische Regierungsform. Im Parlamentarismus ist die Regierung dem Parlament verantwortlich.

die **Parlamentarische Demokratie,** Republik mit einem gewählten Präsidenten als Staatsoberhaupt. Die Gesetzgebung liegt beim Parlament, die Regierung wird vom Präsidenten ernannt, ist aber vom Parlament abhängig.

die **Partisanen,** bewaffnete Kämpfer, die nicht zu den regulären Streitkräften eines Staates gehören.

der **Patriarch,** Bezeichnung für eine Person mit einer herausragenden, autoritären Stellung.

das **Pogrom,** siehe S. 180.

das **Präsidialkabinett,** Bezeichnung für eine Regierung in der Endphase der Weimarer Republik, die allein vom Vertrauen des Reichspräsidenten abhängig war. Der Reichspräsident konnte Notverordnungen als Gesetze erlassen (Artikel 48). Wenn das Parlament die Rücknahme der Notverordnung verlangte, konnte er den Reichstag auflösen (Art. 25) und Neuwahlen herbeiführen.

der **Proletarier,** das **Proletariat,** durch Karl Marx geprägter Begriff, er meint die Klasse der Lohnarbeiter in einer industrialisierten Gesellschaft. Sie besitzen nichts außer ihren Nachkommen (= lat. proles), verfügen über keine Produktionsmittel wie Maschinen oder Fabriken und müssen vom Verkauf ihrer Arbeitskraft leben.

das **Protektorat,** ein Staat, der unter „Schutzherrschaft“ eines anderen Staates steht.

R

der **Rassismus,** die **Rassenlehre,** Einteilung und Bewertung von Menschen aufgrund ihrer äußeren biologischen Merkmale (Hautfarbe) oder ihrer Abstammung. Bestimmten „Rassen“ werden bestimmte Eigenschaften zugeschrieben. Sie gelten als höher- oder minderwertig. Die eigene „Rasse“ wird verherrlicht, andere aggressiv abgelehnt. Rassisten schüren Angst vor der „Vermischung“ oder „Überfremdung“ der Bevölkerung. Seinen Höhepunkt fand der Rassismus im nationalsozialistischen Rassenwahn.

das **Rätesystem,** in einem Rätesystem wählen Arbeiter und Soldaten – in ihrem Betrieb, in ihrer Kaserne oder in ihrem Wohnviertel – in Vollversammlungen Vertreter aus ihren eigenen Reihen und senden sie in die jeweils nächsthöhere Ebene (über Regionalräte zum Zentralrat). Die Souveränität liegt also beim Proletariat*. Es gibt keine Parteien, Verbände oder Gewerkschaften*. Alle öffentlichen Ämter werden durch Wahl besetzt. In Rätesystemen existiert keine Gewaltenteilung. Die Räte üben die legislative, exekutive und judikative Gewalt gleichzeitig aus.

der **Reichsarbeitsdienst (RAD),** halbjährlicher Arbeitsdienst in der NS-Zeit, ab 1935 für alle Männer zwischen 18 und 25 Jahren verpflichtend; ab 1939 auch für Frauen. Die Männer dienten meist in Bau- und Instandsetzungstrupps für die Wehrmacht, die Frauen übernahmen karitative Aufgaben oder halfen in der Landwirtschaft.

der **Reichsparteitag,** eine NS-Propagandaveranstaltung, die auf dem Reichsparteitaggelände in Nürnberg abgehalten wurde. Die Reichsparteitage fanden vereinzelt von 1923 bis 1933 und ab 1933 bis 1939 jedes Jahr statt.

das **Regiment,** eine Einheit im Militär.

das **Relief,** ein aus einer Fläche aus Metall oder Stein erhabenes herausgearbeitetes Bildwerk. Es kann auch darin vertieft sein.

die **Reparationen** (lat. reparare = wiederherstellen), Entschädigung in Form von Geld oder Sachleistungen, die ein Staat einem anderen zahlen muss, zum Beispiel nach einem verlorenen Krieg.

die **Republik** (lat. res publica = öffentliche Sache), eine Staatsform, in der kein König herrscht. Die Macht wird vom Volk oder von Teilen des Volks ausgeübt.

die **Revision,** das Bemühen, bestehende Zustände durch Verhandlungen zu ändern. In der Weimarer Republik zum Beispiel das Bestreben, die Regelungen des Versailler Vertrages für Deutschland abzumildern bzw. rückgängig zu machen.

der **Rotfrontkämpferbund,** Bezeichnung für einen paramilitärischen (= dem Militär ähnlicher) Kampfverband der → KPD zur Zeit der Weimarer Republik.

die **Runen,** Zeichen, die von den Germanen als Schrift genutzt wurden.

S

die **SA (Sturmabteilung),** nationalsozialistische Kampforganisation, 1920 von der NSDAP zur Sicherung ihrer Parteiveranstaltungen gegründet. Vorbilder der SA kamen aus dem faschistischen Italien. Nach 1921 wurde sie zur paramilitärischen Organisation umgeformt. Nun übte sie Gewalt und Terror gegen politische Gegner und Juden aus. Nach der Machtübernahme Hitlers wurden SA-Männer als Wachpersonal in den ersten Konzentrationslagern eingesetzt.

der **Schlieffen-Plan,** ein Plan des deutschen Generals Schlieffen im Ersten Weltkrieg. Im Plan war vorgesehen, dass die deutschen Truppen 1914 zu Kriegsbeginn rasch nach Westen vorstoßen sollten. Erst im Anschluss daran sollten die Truppen gegen Russland kämpfen.

die **Schutzhaft,** beschönigende Bezeichnung der Nationalsozialisten für die unrechtmäßige Inhaftierung von Gegnern in Konzentrationslagern ab 1933. SA und SS verwendeten die „Schutzhaft" als Instrument des Terrors gegen sogenannte „Volksfeinde".

die **Schutztruppe,** war von 1891 bis 1919 die Bezeichnung für die militärischen Einheiten in den deutschen Kolonien in Afrika.

der **SD (Sicherheitsdienst),** Geheimdienst der NSDAP, unterstand dem „Reichsführer SS" Heinrich Himmler. 1931 als Spionagedienst gegründet, beteiligte er sich ab 1939 aktiv an den Morden der → Einsatzgruppen.

das **Selbstbestimmungsrecht der Völker,** Grundsatz des Völkerrechts: Anspruch einer Nation oder Bevölkerungsgruppe auf Unabhängigkeit. Das Selbstbestimmungsrecht wurde 1918 von US-Präsident Woodrow Wilson in seinem 14-Punkte-Programm formuliert und später von der UNO aufgegriffen.

die **Shoah (der Holocaust),** auf die Phase der Entrechtung und Verfolgung Menschen jüdischen Glaubens (zum Beispiel Nürnberger Gesetze 1935, Pogromnacht 1938) folgte die Ermordung von Millionen Juden in Vernichtungslagern. Sie war die konsequente Umsetzung der NS-Rassenideologie. Das Lager Auschwitz wurde als Ort des „industriellen" Mordens zum Symbol für die Unmenschlichkeit des NS-Regimes. Die Deportation der Juden, Sinti und Roma in die Vernichtungslager begann 1941, die Massenvergasungen 1942. Den Völkermord an den Juden verschleierten die Nationalsozialisten mit dem Begriff „Endlösung". Die Geschichtsschreibung spricht vom Holocaust (griech. „totale Verbrennung"). Überlebende Juden nennen die Ereignisse meist Shoa (hebr. „Katastrophe"). Sie gilt als Zivilisationsbruch, weil sie die Grundlagen des sozialen Handelns außer Kraft setzte und das Vertrauen in die Vernunft des Menschen aufhob.

der **Spartakusbund,** war zunächst eine Gruppe innerhalb der SPD und dann der USPD. Er war eine Vereinigung von marxistischen Sozialisten. Während der Novemberrevolution 1918 wurde der Spartakusbund eigenständig, 1919 ging er in der KPD auf.

die **SS (Schutzstaffel),** nationalsozialistische Kampforganisation, gegründet 1925 als kleine Eliteeinheit zum Schutz Hitlers und anderer NSDAP-Funktionäre. 1934 übertrug Hitler ihr die alleinige Zuständigkeit für alle Konzentrationslager. Sie wurde zum Instrument des NS-Terrors. Später stellte sie mit der „Waffen-SS" eigene Truppenverbände auf – als Gegenpol zur Wehrmacht. Die SS war verantwortlich für eine Vielzahl grausamer Kriegsverbrechen in besetzten Ländern.

der **Sowjet (russ. = Rat),** siehe S. 89.

der **Sozialdarwinismus,** siehe S. 43.

der **Sozialismus** (lat. socialis = gemeinschaftlich), siehe S. 89.

T

die **T4-Aktion,** Bezeichnung für die systematische Ermordung von mehr als 70 000 Menschen mit körperlichen, geistigen und seelischen Behinderungen in Deutschland von 1940 bis 1945 unter Leitung der Zentraldienststelle T4. Diese Ermordungen waren Teil der Krankenmorde in der Zeit des Nationalsozialismus mit über 200 000 Opfern. Neben rassenhygienischen Vorstellungen der → Eugenik sind kriegswirtschaftliche Erwägungen während des Zweiten Weltkrieges zur Begründung der „Vernichtung lebensunwerten Lebens" herangezogen worden.

der **totale Krieg,** Vernichtungskrieg, der sich auch gegen die Zivilbevölkerung des Feindes richtet. Dafür werden alle Kräfte und Mittel des gesamten Volkes mobilisiert.

der **totale/totalitäre Staat,** siehe S. 150.

die **Triple Entente,** war ein Militärbündnis zwischen Großbritannien, Frankreich und Russland. Es wurde 1907 geschlossen und entwickelte die vorhergehenden Bündnisse → Entente cordiale 1904 (zwischen GB und F) und Zweiverband 1894 (zwischen R und F) weiter. Im Ersten Weltkrieg war die Triple Entente Gegner der Mittelmächte.

U

die **USPD (Unabhängige Sozialdemokratische Partei Deutschlands),** war eine Abspaltung der Sozialdemokratischen Partei Deutschlands (SPD), die zu dieser Zeit als → MSPD bezeichnet wurde. Die sozialistische Partei wurde während des Ersten Weltkrieges gegründet und existierte bis 1931.

V

die **Verfassung,** Gesetzesdokument, das den Aufbau eines Staates festlegt. Die Verfassung bestimmt über Machtverteilung im Staat, Staatsgebiet, Rechte und Pflichten der Bürger. Eine Verfassung steht über anderen Gesetzen und ist oft nur schwer änderbar.

das **Verhältniswahlrecht,** dabei werden die Sitze im Parlament nach dem Verhältnis der auf die Parteien entfallenen Stimmen verteilt. Bei diesem Wahlsystem können auch Parteien mit wenigen Stimmen einen Vertreter oder eine Vertreterin ins Parlament entsenden. Dadurch waren viele Parteien im Parlament vertreten. In der heutigen Bundesrepublik werden nur Parteien berücksichtigt, die mindestens fünf Prozent der Stimmen erhalten.

der **Völkerbund,** erste internationale Organisation zur Sicherung des Weltfriedens, bestand 1920–1946. Vorläuferorganisation der UNO.

der **Völkermord,** Bezeichnung für ein Verbrechen, bei dem eine bestimmte Volksgruppe oder eine ethnische Gruppe ermordet wird.

„völkisch", ein nationalsozialistischer Begriff. In der rassistischen NS-Ideologie wurde das deutsche Volk als eigene Rasse angesehen und „völkisch" bedeutete hiernach deutsch.

das **Veto(recht)** (lat. = ich verbiete), Einspruchsrecht, um bestimmte Entscheidungen zu verhindern oder aufzuschieben.

das **Volksbegehren,** zur Herbeiführung einer parlamentarischen Entscheidung konnte in der Weimarer Republik ein Antrag gestellt werden. Dieser bedurfte dann der Zustimmung von mindestens zehn Prozent der Wahlberechtigten. Wurde diese Zahl erreicht, gab es einen → Volksentscheid.

der **Volksentscheid,** bei wichtigen Fragen der Gesetzgebung konnte in der Weimarer Republik das Volk durch einen Volksentscheid mitbestimmen. Die Verfassung der Weimarer Republik sah vor, dass ein Volksentscheid herbeigeführt werden sollte, wenn in einem → Volksbegehren zehn Prozent der Stimmberechtigten nach Vorlegung eines Gesetzentwurfs dafür stimmten. Um das Gesetz dann anzunehmen, mussten im Volkentscheid mindestens 50 % der Wahlberechtigten dafür stimmen.

die **„Volksgemeinschaft",** zentraler Begriff der Nationalsozialisten. Sie verstanden darunter eine „Blut- und Schicksalsgemeinschaft", in der alle Standesgegensätze, Parteien und Einzelinteressen aufgehoben werden sollten. Die Gemeinschaft sollte sich dem Willen des „Führers" unterordnen. Ausgeschlossen von der „Volksgemeinschaft" waren politische Gegner (Sozialisten, Kommunisten) und alle, die aus ideologischen und rassistischen Gründen ausgegrenzt wurden, zum Beispiel die Juden.

der **Volksgerichtshof,** Sondergericht der Nationalsozialisten für die Verurteilung politischer Gegner. Es sprach Urteile im Sinne der NS-Ideologie, ohne objektive Beweise und ohne angemessene Verteidigung für die Angeklagten.

W

das **Wahlrecht,** Recht des Volkes, in regelmäßigen Abständen durch Wahl von Abgeordneten an Herrschaftsausübung im Staat teilzunehmen und sie zu kontrollieren. Unter passivem Wahlrecht versteht man das Recht, als Abgeordneter wählbar zu sein, unter aktivem Wahlrecht das Recht zu wählen.

die **Weimarer Koalition,** siehe S. 111.

die **Weltausstellung,** internationale Ausstellung, die zur Zeit der Industrialisierung entstand. Sie soll einen Überblick über den Stand von Technik und Kultur in den Ländern der Welt geben. Heute trägt sie häufig den Namen „Expo".

die **Weltwirtschaftskrise,** Krisenjahre nach 1929 und ihre wirtschaftlichen und politischen Folgen. Auslöser: geplatzte Börsenspekulationen von Kleinanlegern in den USA. Auswirkungen: hohe Arbeitslosigkeit, Elend und Not, politische Radikalisierung in der Weimarer Republik. Die Krise wurde durch soziale Reformen und Beschäftigungsmaßnahmen unter US-Präsident Roosevelt teilweise gelöst („New Deal").

der **Widerstand/**das **Widerstandrecht,** in der Antike gab es das Recht des „Tyrannenmordes", also den Widerstand gegen den Missbrauch staatlicher Gewalt durch Willkürherrschaft. In der Neuzeit wurde das Widerstandsrecht Teil der Menschenrechte (Grundgesetz Art. 20, Abs. 4); es dient vor allem zur Rechtfertigung der Abwehr diktatorischer staatlicher Gewalt oder völkerrechtswidriger Fremdherrschaft.

der **Wirtschaftsliberalismus,** siehe S. 48.

die **Deutsche Wochenschau,** zur Zeit des Nationalsozialismus von 1940 bis 1945 im Beiprogramm der Filmtheater gezeigte, wöchentlich wechselnde Zusammenstellung kurzer Filme über aktuelle Ereignisse. Sie informierte über das aktuelle Kriegsgeschehen im Zweiten Weltkrieg und diente gleichzeitig der nationalsozialistischen Propaganda.

Z

der **Zar** (von lat. Caesar = Kaiser), vom 18. bis ins frühe 20. Jahrhundert die Bezeichnung für den höchsten Herrschertitel in Russland. Das russische Zarenreich bestand von 1721 bis 1917.

die **Zivilisation,** beschreibt eine (bessere) Lebensart, die durch technischen und wissenschaftlichen Fortschritt und verbesserte soziale und materielle Lebensbedingungen geschaffen wurde.

Die mit einem * versehenen Begriffe werden im Lexikon erklärt.

Bildquellen

Cover: dpa Picture-Alliance/REUTERS; S. 2 un.li.: PEFC Deutschland e.V.; S. 3 ob.: bpk, un.: dpa Picture-Alliance/©Costa/Leemage; S. 4 ob.: Imago Stock & People GmbH/United Archives International, un.: bpk/Heinrich Hoffmann; S. 10/11: ©TimeRide; S. 13 M2: bpk, M3: dpa Picture-Alliance, M3: dpa Picture-Alliance, M4: bpk/Kunstbibliothek, SMB, Photothek Willy Römer; S. 14 M1: bpk; S. 15 Otto von Bismarck: bpk, Wilhelm I.: akg-images; S. 18 M1: bpk, M2: akg-images; S. 19 M3: bpk; S. 20 M1: interfoto e.k./TV-Yesterday; S. 21 M4: bpk; S. 22 M1und M2: stock.adobe.com/pixs:sell; S. 24 M2: Muzeum Okręgowe w Toruniu/Foto: Andrzej R. Skowroński; S. 25 M3: bpk/Coll. ES/adoc-photos; S. 26 M1: akg-images; S. 28 M1: Bridgeman Images/© SZ Photo; S. 30 M1: bpk/Georg Buxenstein; S. 31 M3: bpk/Dietmar Katz; S. 32 M1: akg-images/Bildarchiv Pisarek; S. 33 M2: interfoto e.k./IMAGNO/Archiv Seemann; S. 34 ob.: bpk; S. 36 M2: bpk/Deutsches Historisches Museum; S. 38/39: Interfoto e.k./Granger; S. 41 M2: akg-images/Science Photo Library, M3: bpk/Ethnologisches Museum, SMB/Jürgen Liepe; S. 44 M1: akg-images, M2: Imago Stock & People GmbH/United Archives International; S. 46 M1: dpa Picture-Alliance/©Costa/Leemage; S. 47 M6: Bridgeman Images/©Archives Charmet; S. 48 M2: Bridgeman Images; S. 53 M4: interfoto e.k./Mary Evans/Robert Hunt Library, M5: mauritius images/alamy stock photo/Zoonar GmbH; S. 54 M1: akg-images/Matthias Lüdecke; S. 55 M5: Imago Stock & People GmbH/imagebroker, M6: Imago Stock & People GmbH/Schöning; S. 56 M2: bpk/Ethnologisches Museum, SMB/Erik Hesmerg; S. 57 M4: bpk/Ethnologisches Museum, SMB; S. 58 ob.: Interfoto e.k./Granger; S. 59 ob.: interfoto e.k./Mary Evans/Robert Hunt Library; S. 60 M2: bpk; S. 62/63 : interfoto e.k./Granger, NYC; S. 65 M2: akg-images/Sammlung Berliner Verlag/Archiv, M3: akg-images/Erich Lessing/Léon Azéma: Beinhaus von Douaumont, M4: bpk; S. 66 M1: interfoto e. k./Sammlung Rauch; S. 76 M1: bpk; S. 77 M2: Bridgeman Images/Photo © Christie's Images, M3: bpk/Deutsches Historisches Museum/Sebastian Ahlers; S. 78 M1: Imago Stock & People GmbH/United Archives International; S. 79 M6: akg-images; S. 80 M1: Bridgeman Images/© Look and Learn, M2: akg-images; S. 81 M4: bpk; S. 82 M1: Interfoto/TV-Yesterday, M2: dpa Picture-Alliance/Lux-in-Fine/Leemage; S. 83 M4: akg-images; S. 84 M2: mauritius images/Circa Images/Glasshouse ; S. 85 M3: akg-images/Jean-Pierre Verney, M5: bpk/British Library Board; S. 86 M1-M3: UBISOFT GmbH, Düsseldorf; S. 87 M5: UBISOFT GmbH, Düsseldorf; S. 88 M1: Bridgeman Images/Peter Newark Historical Pictures; S. 91 M6: mauritius images /Niday Picture Library/Alamy; S. 92 M1: Roland Rossner; S. 94 M1: interfoto e.k./Austrian National Library/K.u.k. Kriegspressequartier, Lichtbildstelle – Wien; S. 97 M4: akg-images; S. 99 M2: interfoto e.k./awkz; S. 100 ob.: interfoto e. k./Sammlung Rauch; S. 101 ob: Imago Stock & People GmbH/United Archives International; S. 103 M4: Volksbund Deutsche Kriegsgräberfürsorge e. V., M5: akg-images; S. 104/105: bpk/Walter Gircke; S. 107 M2: interfoto e. k./Granger, NYC, M3: bpk, M4: Imago Stock & People GmbH/United Archives International; S. 111: Friedrich Ebert: interfoto/Friedrich; S. 112 M1: bpk/Kunstbibliothek, SMB/Dietmar Katz, M2: akg-images; S. 114 M1: Bridgeman Images/Universal History Archive/UIG; S. 115 M3: akg-images; S. 116 M1: bpk/Heinrich Hoffmann; S. 117 Adolf Hitler: bpk/Heinrich Hoffmann, M4: Unibibliothek Heidelberg/Rŏbert Berĕny/https://digi.ub.uni-heidelberg.de/diglit/ulk1925/0161; S. 118 M6: Quelle: Bibliothek der Friedrich-Ebert-Stiftung S. 119 Matthias Erzberger: Bridgeman Images/© SZ Photo /Scherl; S. 120 M1: bpk/Dietmar Katz; S. 121 M4: bpk/Dietmar Katz; S. 122 M1: mauritius images/Historic Collection/Alamy; S. 125 M2: bpk/Sprengel Museum Hannover/ Herling/Gwose/Werner, M3: Bridgeman Images/©Archives Charmet, M4: bpk, M5: bpk/Karl Geiss; S. 126 M1: bpk; S. 127 M2: akg-images/(c) Estate of George Grosz, Princeton, N. J./ (c) VG Bild-Kunst, Bonn 2021; George Grosz: Drinnen und Draußen, 1926, M4: akg-images, S. 129 M2: bpk/Nationalgalerie, SMB/Jörg P. Anders/(c) Estate of George Grosz, Princeton, N. J./ (c) VG Bild-Kunst, Bonn 2021; George Grosz: Stützen der Gesellschaft, 1926, mi.re: bpk/(c) Estate of George Grosz, Princeton, N. J./VG Bild-Kunst, Bonn 2021; George Grosz: Stützen der Gesellschaft, 1926; S. 131 M3: bpk/Deutsches Historisches Museum/Sebastian Ahlers; S. 132 M1: bpk/Herbert Hoffmann; S. 133 M2: Bridgeman Images/© SZ Photo, M3: imago images/KHARBINE-TAPABOR; S. 136 M1: Bridgeman Images/©Granger; S. 138 M1: akg-images; S. 142 ob.: Bridgeman Images/©Universal History Archive/UIG; S. 143 ob.: bpk/Dietmar Katz; S. 144 M1: bpk/(c) VG Bild-Kunst, Bonn 2021; Otto Dix: Bildnis Sylvia von Harden, 1926, M2: interfoto e.k./(c) VG Bild-Kunst, Bonn 2021; Karl Arnold: Für jede ehrliche Arbeit in Stadt und Land, 1920; S. 145 M5: bpk/Thomas Theodor Heine; S. 146/147: Bridgeman Images/© SZ Photo; S. 149 M2: akg-images/Imagno, M3: bpk, M4: Bridgeman Images/© SZ Photo/Scherl; S. 150 M1: akg-images; S. 153 M4: akg-images; M5: akg-images/Genozid - Denkmal vor der Alten Feste in Windhoek; S. 154 M1: interfoto e.k./Mary Evans Picture Library; S. 156 M1: akg-images; S. 158 M2: akg-images; S. 159 M3: bpk/Theodor Eisenhart, M4: Bridgeman Images/© SZ Photo/Scherl; S. 162 M1: bpk; S. 164 M1: akg-images; S. 166 M1: bpk; S. 167 M3: akg-images; S. 168 M1: bpk; S. 169 M2: Bridgeman Images/© SZ Photo/Scherl; S. 170 M1: interfoto e.k./Sammlung Rauch/(c) VG Bild-Kunst, Bonn 2021; Hans Liska: Das Luftschiff Hindenburg über dem Reichssportfeld, 1936; S. 171 M3: United States Holocaust Memorial Museum/Karikatur: Jerry Doyle, „The Modern Mercury"; S. 172 M1: akg-images; S. 174 M1: Vogelsang IP, M2: dpa Picture-Alliance/imageBROKER/ Clemens Klotz: Ordensburg Vogelsang; S. 176 M1: bpk/Staatsbibliothek zu Berlin/Dietmar Katz; S. 177 M3: akg-images, M4: akg-images/Erich Lessing; S. 178 M1: Bridgeman Images/Peter Newark Pictures; S. 180 M1: bpk/Fotoarchiv Ruhr Museum; S. 182 M1: Imago Stock & People GmbH/epd; S. 183 M3: Quelle: Jakob Graf, Biologie für höhere Schulen, J. F. Lehmanns Verlag München/Berlin 1943, Seite 171, Abb. 106 (RLB Koblenz, K Schu 215)./Datei: Landesbibliothekszentrum Rheinland-Pfalz/Pfälzische Landesbibliothek, Speyer; S. 187 M4: bpk/Bayerische Staatsbibliothek, M5: bpk/Bayerische

Staatsbibliothek/Heinrich Hoffmann / Albert Speer, Walter Brugmann: Reichsparteitagsgelände (Nürnberg); S. 188/189 : dpa Picture-Alliance/AP; S. 191 M2: akg-images/East News, M3: interfoto e.k./fine art images /(c) VG Bild-Kunst, Bonn 2021; Aleksey Alekseevich Kokorekin: So wird es mit der faschistischen Bestie kommen!, 1944-45, M4: interfoto e.k./Mary Evans/The Bilderwelt Collection; S. 193 M3: bpk/Deutsches Historisches Museum; S. 194 M1: akg-images; S. 196 M1: akg-images/De Agostini Picture Library; S. 198 M1: dpa Picture-Alliance/ASSOCIATED PRESS; S. 200 M1: Archiv des Hamburger Instituts für Sozialforschung/Sammlung Johannes Hähle, Bild 008,005; S. 202 M6: akg-images; S. 206 M1: WDR-Kommunikation/Redaktion Bild; S. 209 ob.: Imago Stock & People GmbH/ Horst Galuschka; S. 210 M3: Tim Lodemann/ Gunter Demnig: Stolpersteine, M4: bpk; S. 211 M6: akg-images; S. 213 mi.: dpa Picture-Alliance/AP Photo; S. 214 M1: interfoto e.k./fine art images, M2: dpa Picture-Alliance/Zentralbild/Berliner Verlag; S. 216 M1: Bridgeman Images/Universal History Archive/UIG; S. 219 M2: mauritius images/United Archives; S. 220 M1: mauritius images/alamy stock photo/colaimages; S. 225 M3: Bridgeman Images / Peter Langer/Design Pics/UIG / Peter Eisenman: Denkmal für die ermordeten Juden Europas, Berlin, M4: Imago Stock & People GmbH/Ralph Lueger/Gunter Demnig: Stolpersteine, M5: dpa Picture-Alliance/Zentralbild; S. 228 M1: ©Neue Wege des Lernens e. V. / Screenshot: Cornelsen, Inhouse; S. 230 M1: dpa Picture-Alliance/dieKLEINERT.de/Kostas Koufog; S. 232 ob.: bpk/Deutsches Historisches Museum; S. 233 ob.: dpa Picture-Alliance/ASSOCIATED PRESS; S. 234 M1: Bridgeman Images/Universal History Archive/UIG; S. 236 M2: bpk/Kunstbibliothek, SMB; S. 237 M2: akg-images; S. 238 M1: dpa Picture-Alliance/Heritage-I/The Print Collector/HIP, M2: akg-images; S. 239 M2: akg-images;

Illustrationen und Karten

Cornelsen/Carlos Borrell Eiköter: Vorsatz & Nachsatz (Karte 1-4), S. 12 M1, S. 24 M1, S. 40 M1, S. 42 M1, S. 43 M3, S. 49 M3, S. 64 M1, S. 68 M1, S. 69 M2, S. 74 M1, S. 95 M3 (beide), S. 96 M1, S. 98 M1, S. 106 M1, S. 148 M1, S. 190 M1, S. 197 M2, S. 201 M2, S. 218 M1, S. 222 M1

Cornelsen/Elisabeth Galas: S. 110 M1, S. 192 M1, S. 208 M1, S. 221 M4

Cornelsen/Elisabeth Galas, bearb. von Erfurth Kluger Infografik GbR: S. 16 M1

Cornelsen/Erfurth Kluger Infografik GbR:, S. 35 M2, S. 66 M2, S. 108 M1, S. 134 M1, S. 139 M2, S. 157 M2, S. 163 M2, S. 207 M2, S. 212 M1

Cornelsen/Hans Wunderlich: S. 78 M2